U0115898

閩臺民間信仰源流

林國平　著

第七輯
總序

　　適值福建師範大學一百一十五周年華誕，我校文學院又與臺北萬卷樓圖書公司合作推出「百年學術論叢」第七輯，持續為兩岸學術文化交流增光添彩。

　　本輯十種論著，文史兼收，道藝相通，求實創新，各有專精。

　　歷史學方面四種：王曉德教授的《美國文化與外交》，從文化維度審視美國外交的歷史與現實，深入揭示美國外交與文化擴張追求自我利益之實質，獨具隻眼，鞭辟入裏；林國平教授的《閩臺民間信仰源流》，通過田野調查和文獻考察，全面研究閩臺民間信仰的源流關係及相互影響作用，實證周詳，論述精到；林金水教授的《臺灣基督教史》，系統研究臺灣基督教歷史與現狀，並揭示祖國大陸與臺灣不可分割的歷史淵源與民族感情，考證謹嚴，頗具史識；吳巍巍研究員的《他者的視界：晚清來華傳教士與福建社會文化》，探討西方傳教士視野中的晚清福建社會文化的內容與特徵，視角迥特，別開生面。

　　文藝學方面四種，聚焦於詩學領域：王光明教授的《現代漢詩論集》，率先提出「現代漢詩」的詩學概念，集中探討其融合現代經驗、現代漢語和詩歌藝術而生成現代詩歌類型、重建象徵體系和文類秩序的創新意義，獨闢蹊徑，富有創見；伍明春教授的《早期新詩的合法性研究》，為中國新詩發生學探尋多方面理據，追根溯源，允足徵信；陳培浩教授的《歌謠與中國新詩》，理清「新詩歌謠化」的譜系、動因和限度，條分縷析，持正出新；王兵教授的《清人選清詩與清代文學》，從選本批評學角度推進清代詩學研究，論世知人，平情達理。

　　藝術學方面兩種：李豫閩教授的《閩臺民間美術》，通過田野調查和比較研究，透視閩臺民間藝術的親緣關係和審美特徵，實事求是，切中肯綮；陳新鳳教授的《中國傳統音樂民間術語研究》，提煉和闡釋傳統民間音樂文化與民間音樂智慧，辨析細緻，言近旨遠。

　　應當指出，上述作者分別來自我校文學院、社會歷史學院、音樂學院、美術學院和閩臺區域研究中心，其術業雖異，道志則同，他們的宏文偉論，既豐富了本論叢多彩多姿的學術內涵，又為跨院系多學科協同發展樹立了風範。對此，我感佩深切，特向諸位加盟的學者恭致敬意和謝忱！

　　薪火相傳，弦歌不絕。本論叢已在臺灣刊行七輯七十種專著，歷經近十年兩岸交流的起伏變遷，我輩同仁仍不忘初心，堅持學術乃天下公器之理念，堅信兩岸間的學術切磋、文化互動必將日益發揚光大。本輯論著編纂於疫情流行、交往乖阻之際，各書作者均能與編輯一如既往地精誠合作，敬業奉獻，確保書稿的編校品質和及時出版，實甚難能可貴。我由衷贊賞本校同仁和萬卷樓圖書公司的貞純合作精神，熱誠祈盼兩岸學術交流越來越順暢活躍，共同譜寫中華文化復興繁榮的新篇章！

汪文頂

西元二〇二二年十一月於福州

目次

第一章
閩臺民間信仰的由來與社會基礎

　　自古以來，閩臺民間信仰特別發達，林立的宮廟、成百上千的神靈、頻繁的宗教活動、眾多的信徒構成閩臺民間信仰的基本內容。閩臺民間信仰的產生和發展，在深受中華文化傳統影響的同時，與閩臺地區的自然、社會、歷史等密切相關。閩越族的「好巫尚鬼」的傳統，與陸續從中原傳來的巫術相結合，相沿成習，為閩臺地區民間信仰的滋生提供了肥沃的土壤；旱災、水災、颱風等自然災害和瘟疫等傳染病，以及戰爭、盜匪、械鬥等社會矛盾，促使閩臺民間信仰的形成；隨著漢代之後中原漢人大批遷徙福建，和明末清初閩人大批移民臺灣，民間信仰得到迅速傳播；而南宋經濟重心的南移，又有力地推動了福建民間信仰的發展。

第一節　「好巫尚鬼」的傳統與民間信仰的滋生

　　秦漢之前，中國大陸東南為百越族的聚居地，《漢書》〈地理志〉載：「自交趾至會稽七八千里，百越雜處，各有種姓。」[1]居住在福建境內的原住民稱「閩越」。同一時期居住在臺灣的土著民族族屬問題十分複雜，他們是不同時期，從不同地方遷徙入臺的，其中十分重要的一支是從福建遷徙入臺的閩越族，這從其後裔少數民族的文化特徵如紋身、斷髮、缺齒及蛇圖騰崇拜等與閩越族相同，反映了古越人與臺灣原住居民的淵源關係。泰雅人至今仍流傳著其祖先來自中國內地

1　《漢書》〈地理志〉，卷28（中華書局，1987年）。

的神話，略云上古時期有兄妹倆為了朝拜太陽，由大陸漂到臺灣，後來兩人成婚，繁衍了泰雅人的子孫。

　　閩越族在文化上的重要特徵之一是「信鬼神，重淫祀」。[2]巫術在閩越族中十分流行，閩越人的斷髮紋身的習俗實際上就是原始巫術的「模仿術」，即剪去頭髮，在身上紋上蛇的圖案，以嚇走水怪。漢代劉向《說苑》〈奉使〉載：「（越人）劗髮紋身，燦爛成章，以像龍子者，將避水神也。」在相當長的歷史時期內，閩越族的後裔一直保留著斷髮紋身的習俗。《隋書》記載臺灣土著婦女手臂上有「蟲蛇」花紋，直到清代，臺灣少數民族仍有斷髮紋身之俗。

　　原始巫術的另一重要形式是以歌舞來媚神和娛神。福建華安縣汰內村附近的九龍江支流汰溪邊有一處叫仙字潭的摩崖石刻。在高約六米、寬約三十米的峭壁上刻著多組風格相近、似字又似畫的紋樣，顯得古怪蒼老，「人莫能識」，遂有「仙字」、「仙篆」、「天書」、「雷劈顯字」等等帶有神話色彩的說法。近年來，學術界開展了對仙字潭摩崖石刻的研究，多數人認為摩崖石刻是漢以前閩越族的作品，但在摩崖石刻的性質和內容等問題上則眾說紛紜。[3]我們認為，華安摩崖石刻是閩越族留下的岩畫，記錄著閩越族載歌載舞祭祀神靈的場面。正如蓋山林先生所指出的：

> 舞者是仙字潭石刻的主要圖像，差不多各處皆有，而以第一處為最集中，是一幅熱情洋溢的群舞場面。其餘各處的舞者，或二三人一起，或一人獨舞。……畫面上有四個舞者無頭，可能

2　《漢書》〈地理志〉，卷28（中華書局，1987年）。

3　關於華安仙字潭石刻的性質，有「文字說」和「岩畫說」之爭；石刻所反映的內容則有「圖騰說」、「事件說」、「征戰說」、「宴飲說」、「紀功說」、「地界說」、「生殖崇拜說」、「祭祀說」、「舞蹈說」、「媚神、娛神說」等不同看法。詳見《福建華安仙字潭摩崖石刻研究》，北京市：中央民族學院出版社，1990年。

圖一　福建華安仙字潭摩崖石刻

　　表示頭已被割下。看來眾舞者是在跳媚神、娛神的舞蹈，為了
討得神的歡心，竟殺人以祭，當場將舞者血淋淋的頭顱取下拋
進水中，以祀祭水中的水神。[4]

實際上，福建境內還有數十處無法辨認的所謂「仙篆」，從有關文獻
的「如龍蛇糾纏不可識」之類的記載來看，其中有些可能也是記錄閩
人宗教祭祀歌舞的岩畫。[5]

　　臺灣少數民族至清代仍保留著許多原始宗教歌舞活動，無論是收
成、獵歸，還是出戰、酬神，都要載歌載舞以媚神，俗稱「番舞」。
舞者十餘人至數十人，手拉著手，圍繞著熊熊燃燒的篝火，有節奏地
踩腳、跳躍、搖身、擺手，他們相信通過舞蹈可以博得神靈的歡心，
賜福禳災。至今還在福建流行的鳥步求雨舞和拍胸舞，實際上也是閩

4　蓋山林：〈福建華安仙字潭石刻性質考辨〉，《美術史論》1988年第3期。《福建華安
　　仙字潭摩崖石刻研究》一書有轉載。蓋氏文中提到的殺死「舞者」來祭神說法似可
　　商榷，我們認為被殺死的不可能是「舞者」，很可能是戰俘。
5　朱維幹：〈福建少數民族的摩崖文字〉，《文物》1960年第6期。

越族宗教祭祀歌舞的遺存。[6]

　　鳥步求雨舞模仿鳥類翩翩起舞的動作，祈求風調雨順，主要流傳於閩北地區。在福建建陽縣崇雒一帶流行著鳥步求雨舞，這是百姓在祈雨時模仿鳥類跳躍的宗教祭禮舞蹈，有「高雀跳躍」和「矮雀跳躍」兩種不同跳法，顯然是越族的鳥崇拜祭祀舞蹈的遺存。奉鳥為圖騰的越人，在祭祀圖騰時，必然要模仿鳥類翩翩起舞，形成獨具一格的宗教祭祀舞蹈。

　　拍胸舞也是模仿老鼠、牛、驢、雞、青蛙、蜈蚣、蜘蛛、蟋蟀等動物和昆蟲的動作，舞者裸體赤腳，風格粗放，許多動作與華安仙字潭摩崖石刻的裸體舞者的圖像十分相似，顯然是原始宗教祭祀舞蹈的遺存，後來才發展為在歲時節慶和迎神賽會時表演的節目，甚至成為一些乞丐乞食的手段，主要流行於閩南。

圖二　閩南拍胸舞

　　秦漢以前，百越族的巫術名揚天下，連漢武帝也十分推崇越巫。《史記》記載：

6　葉明生：〈八閩儺文化形態概述〉，《藝術論叢》1992年第7輯。

是時，（漢武帝）既滅兩越（閩越和南越），越人勇之乃言「越
人俗鬼，而其祠皆見鬼，數有效。昔東甌王敬鬼，壽百六十
歲。後世怠慢，故衰耗」。乃令越巫立越祝祠，安臺無壇，亦
祠天神上帝百鬼，而以雞卜。上信之，越祠雞卜始用。[7]

漢武帝元封元年（前110），漢王朝派大軍入閩，滅亡了閩越國，並將
閩越族的官吏、貴族、軍隊及部分百姓強制遷徙到江淮一帶，以絕後
患。福建人口由是銳減，使原來就不發達的經濟文化愈加落後。但閩
越族並沒有滅亡，一部分閩越人躲入深山老林，逃避了漢軍的追捕，
後來有的與漢族融合，有的則成為疍民，有的成為後來臺灣少數民族
的祖先。但越人的「好巫尚鬼」的傳統並沒有退出歷史舞臺，而是與
陸續從中原傳來的漢族的巫術相結合，相沿成習，《後漢書》載：「會
稽俗多淫祀，好筮卜。」[8]《隋書》說：「江南之俗……信鬼神，好淫
祀。」[9]宋代福州「每一鄉率巫媼十數家」[10]，泉州也是「華剎淫祠，
山僧野覡，無處無之」[11]。直至明清時期，好巫尚鬼之風在福建等地
區猶盛，有關文獻記載頗多。民國《龍巖縣志》說：「南人好鬼，振古
如茲。石或稱公，樹或能靈。泥塑皂隸，更呼爺爺。疾病掉臂醫門，
乞靈木偶。道醮僧經，凣方神藥。子以此為孝，弟以此為悌。舍田入
寺以佞佛，而祠產族田，注意及焉者少；擇地葬親以求福，而椎埋盜
骨圖利忘義之事多。運道貴於通利，乃灘石開築，以為有傷地脈，是
自梏也；屋宇宜于高燥，乃以外高中凹為聚氣，是以沮洳也為樂土
也。岩地山嵐瘴癘，異氣鐘為金蠱，飲食中毒，萬蟲入腹。事固非盡

7　《史記》〈封禪書第六〉，卷28（中華書局，1897年）。
8　《後漢書》〈第五倫傳〉，卷41（中華書局1987年）。
9　《隋書》〈地理志〉，卷31（中華書局，1987年）。
10　淳熙：《三山志》〈公廨類三‧諸縣祠廟〉，卷9。
11　乾隆《德化縣志》〈祠宇志〉，卷8。

荒謬，乃婦人疑鬼疑神，謂蓄蠱之人，彈指即可殺人，側目亦能施毒。子女風寒偶中，瀉藥妄投，往往誤死。」[12]

好巫尚鬼的傳統在信巫不信醫方面表現得最為突出：

在中國上古社會，巫與醫合為一體，巫師兼有醫師的職能。《山海經》〈大荒西經〉說：大荒山有「巫咸、巫即、巫盼、巫彭、巫姑、巫真、巫禮、巫抵、巫謝、巫羅十巫」。由於他們與神靈相通，所以「從此升降，百藥爰在」。《山海經》〈海內西經〉也說巫彭、巫咸等巫師「皆操不死之藥」。「醫」字亦寫為「毉」，形象反映了上古社會醫與巫的密切關係。西周以後，醫與巫開始分離，出現了專門的醫生。但巫從來不放棄為人驅鬼治病的職能，即使在醫學相當發達的現代社會，仍有人樂此不疲。

閩臺沿海地區氣候潮濕炎熱，中原漢族遷入後，許多人難以適應，發病率高。而唐代之前閩臺沿海地區的醫療衛生比較落後，一旦生病，不少人只好求助於巫覡，逐漸形成「信巫不信醫」的風氣。唐宋以後，隨著閩臺沿海地區經濟文化的長足發展，醫療條件大有改善，醫學水平也明顯提高，但廣大農村缺醫少藥的現象還普遍存在，加上傳統習慣的影響，「信巫不信巫」的風氣並沒有根本的改變。所謂「越人尚機而信殺，自古然爾。至今風俗不可革，人有疾且憂也憐，于巫覡之徒戒之曰『參苓罔功，必須殺以為命，且有謗訕惑眾取媚』」[13]。自古然爾。至今風俗不可革。人有疾，且憂也憐。于巫覡之徒，戒之曰參苓罔功，必須殺以為命，且以謗訕惑眾取媚。[14]

「信巫不信醫」之風在閩臺地區尤烈。北宋時，蔡襄回福建興化

---

12 民國《龍岩縣志》〈禮俗志〉，卷21。

13 《徐仙翰藻》〈罩殺賦〉，卷4，收於《正統道藏》第58冊，臺北市：藝文印書館，1977年。

14 不著編撰人：《徐仙翰藻》〈罩殺賦〉，卷4，收於《正統道藏》第58冊，臺北市：藝文印書館，1977年。

做官，對「閩俗左醫右巫，疾家依巫索祟，而過醫門十才二三，故醫之傳益少」[15]的陋習深惡痛絕，大力提倡醫藥，「謂莆人巫覡主病，宜痛斷絕，因擇民之聰明者，教以醫藥，使治疾病」[16]。慶曆六年（1046）蔡襄為福州太守時，曾請精通醫學的何希彭從《太平聖惠方》中選出「便于民用」的藥方六〇九六方，抄錄於木板上，豎立在衙門左右，廣為宣傳，並親自作《太平聖惠方後序》，「曉人以巫祝之謬」，倡導百姓求醫問藥。[17]此後，其他一些州縣的地方官也曾採取過類似的措施，企圖改變信巫不信醫的陋習，但積重難返，收效甚微。宋代梁克家指出：「鬼神之為德不可掩也，而每為巫嫗所累。……慶曆中，蔡公襄為守，尤深惡疾家依巫索祟之弊。……然不擇貴賤，愚者常易惑；不問富貧，弱者常易欺。故風俗至今未能盡革，每一鄉率巫嫗十數家，奸民與為道地，遇有病者相為表裡，既共取其貨貲，又使其不得訪醫問藥以死，如是者可痛也。」[18]南宋嘉定年間（1208-1213），陳宓在〈惠民藥局記〉中描述了安溪縣信巫尚鬼、病不求醫的落後狀況：

> 安溪視諸邑為最僻，深山窮谷，距縣有閱五六日至者。又氣候多燠，春夏之交，雨涝則河魚腹疾，旱則瘴痭作焉。俗信巫尚鬼，市絕無藥，有則低價以貿州之滯腐不售者。貧人利其廉，服不療，則淫巫之說益信。于是，有病不藥，不夭闕幸矣。詩曰：「藍水秋來八九月，芒花山瘴一起發；時人信巫紙多燒，病不求醫命自活。」嗚呼，獸且有醫，而忍吾赤子誕于巫愚于

---

15 黃仲昭：《八閩通志》〈拾遺〉，卷85。

16 乾隆《海澄縣志》〈風土〉，卷15。

17 同注2。

18 淳熙：《三山志》〈公廨類三〉，卷9。

賈哉！[19]

直到明清民國時期，「信巫不信醫」的陋習仍在福建各地普遍存在。明代長樂謝肇淛指出：「今之巫覡，江南為盛，而江南又閩廣為盛，閩中富貴之家，婦人女子，其敬信崇奉，無異天神。少有疾病，即禱賽祈求無虛日，亦無遺鬼。楮陌牲醪相望于道，鐘鼓鐃鐸不絕于庭。」[20]有關方志記載頗多。[21]

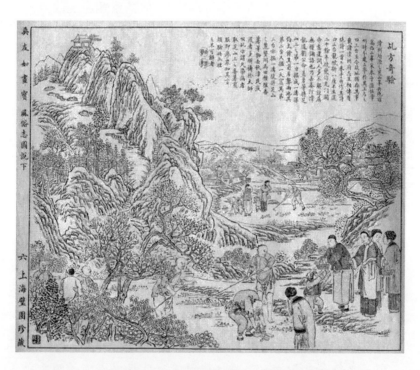

圖三　乩方治病（《吳友如畫寶》〈風俗志圖說下〉）

---

19 嘉靖《安溪縣志》〈文章類〉，卷7。
20 謝肇淛：《五雜俎》〈人部二〉，卷6。
21 林國平：〈福建傳統社會的民俗療法和寺廟藥籤〉，《宜蘭文獻雜誌》第37期（1991年1月）。

　　臺灣自古以來就是中華民族的一部分，早在遠古社會，閩臺之間就有人員和文化來往了。古地質學家證明，閩臺同屬亞洲大陸板塊，在更新世早中期，臺灣海峽為乾地，原始人可以毫不費力地從福建東山縣步入臺灣。距今三萬多年以前臺灣最早的古人類「左鎮人」和稍後一些的「長濱文化」的主人，都是從大陸直接遷入臺灣的古人類。到了更新世晚期，由於氣候變暖，冰川融化，海平面上升，臺灣遂成為島嶼，與大陸隔海相望。但臺灣與大陸之間的文化聯繫並未中斷，大量的考古發現證明，臺灣新石器時代出土的器物，無論是製作方法、造型、顏色還是圖案特徵，都與福建同期出土的器物極為相似，屬同一類型，說明閩臺之間的文化聯繫還是相當密切的。[22]

　　現在散布於臺灣各地的少數民族（或稱番族、土著、高山族等）分為排灣、魯凱、泰雅、布農、賽夏、卑南、阿美、雅美、曹等九族和平埔人，其祖先也是從閩浙沿海一帶進入臺灣。歷史學家翦伯贊在一九四六年撰寫的〈臺灣番族考〉一文中就指出：臺灣土著族是古代「百越之族」的支裔。他們和中國東南、西南諸種族以及澎湖、琉球（今沖繩）、日本的原始住民，在太古時代都是近親。[23]臺灣多數人類學家也認為，臺灣少數民族「是從大陸華南直接，或是迂迴透過東南亞島嶼，在不同時期，一波波的進入臺灣；惟有蘭嶼和雅美文化，已確定和菲律賓有極密切的關係，是惟一的例外」[24]。

---

22 參見田玨：《臺灣史綱要》（福州市：福建人民出版社，2000年），頁1-10。

23 田玨：《臺灣史綱要》（福州市：福建人民出版社，2000年），頁6。

24 鄭元慶等編著：《臺灣原住民文化》（一）（臺北市：光華畫報雜誌社，1994年），頁21-22。

圖四　扶鸞治病仍在臺灣存在

明代之前，福建漢人只是零星移民臺灣，明末以後，大批福建人陸續遷居臺灣。當時臺灣尚未開發，到處是密林雜草，加上地處亞熱帶海島，高溫潮濕，病菌易於繁殖，瘟疫蔓延，嚴重地威脅移民的生命。《臺灣外紀》載：「臺地初闢，水土不服，病者即死，故各島搬眷，俱遷延不前。」《海上見聞錄》卷二亦云：「初至，水土不服，疫癘大作，病者十之八九，死者甚多。」府志稱：「水土多瘴，人民易染疫病。」[25]鄭成功收復臺灣後，僅半年便染上熱疾而去世。其駐守雞籠山的將士，在康熙二十一年（1682）三月的瘟疫流行中，也「大發疾病，越八月，死者過半」[26]。直到清代後期至近代，臺灣地區的瘟疫仍時常發生，據統計，從咸豐六年（1856）至民國九年（1920）

25　康熙《臺灣府志》〈風土志〉，卷7。
26　江日升：《臺灣外紀》〈施提督連疏議剿，姚部院遣使再撫〉，卷26。

臺灣先後發生各種瘟疫二十四次之多，死亡數以萬計。在這麼惡劣的環境中生活，人們朝不保夕，極度不安，而當時的醫藥又無法有效地控制瘟疫的蔓延，福建本土尚鬼和「信巫不信醫」的陋習很快地在臺灣扎下根來，志稱：

> 俗信巫鬼，病者乞藥于神……亦皆漳、泉舊俗。[27]

> 南人尚鬼，臺灣尤甚，病不信醫而信巫。有非僧非道專事祈禳者曰客師，攜一撮米往占曰米卦；書符行法而禱于神，鼓角喧天，竟夜而罷。病即不愈，信之彌篤。[28]

> 俗尚巫，疾病輒令禳之。又有非僧非道名曰客仔師，攜一撮米往占病者，謂之米卦，稱說鬼神。鄉人為其所愚，倩貼符行法而禱于神，鼓角喧天，竟夜而罷。病未愈，費已三五金矣。[29]

> 澎人信鬼尚巫，疾病不問醫藥，只求神問卜而已。[30]

> 俗素尚巫，凡疾病輒令僧道禳之，曰進錢補運。[31]

> 信鬼尚巫，蠻貊之習猶存。……有為客師，遇病禳禱，曰進錢補運，金鼓喧騰，晝夜不已。有為乩童，扶輦跳躍，妄示方藥，手執刀劍，披髮剖額，以示神靈。[32]

---

27 嘉慶《續修臺灣縣志》〈地志・風俗〉，卷1。
28 丁紹儀：《東瀛識略》〈習尚〉，卷3。
29 乾隆《重修臺灣府志》〈風俗（一）附考〉，卷13。
30 光緒《澎湖廳志》〈風俗〉，卷9。
31 道光《彰化縣志》〈風俗〉，卷9。
32 同治《淡水廳志》〈風俗考〉，卷11，參見《苗栗縣志》〈風俗考〉。

圖五　臺灣少數民族的蛇圖騰

同治十年（1871）十一月，臺灣地方官府曾下令禁止迎神賽會，其中的禁條之一是「不准迎神像赴家，藉詞醫病，駭人聽聞」[33]。但積重難返，無濟於事。

「好巫尚鬼」的傳統，為閩臺地區民間信仰的滋生提供了肥沃的土壤。漢代以後，隨著大批漢族陸續遷入閩臺地區和漢族與當地土著的不斷融合，各地相繼出現了規模浩大的造神運動，而「好巫尚鬼」的傳統則為各地的造神運動提供了取之不盡的素材。從地方文獻中，我們很容易發現，這一區域的許多地方神的人物原型就是由巫覡轉變而來，或打上巫術的烙印。明代長樂人謝肇淛指出：

> 大凡吾郡人尚鬼而好巫章，醮無虛日，至于婦女，祈嗣保胎，

33　《臺灣理藩古文書》〈嚴禁迎神賽會〉，見《中國方志叢書》第62號，臺北市：成文
　　出版社，1983年。

及子長成，祈賽以百數，其所禱諸神亦皆里嫗村禝之屬，而強附以姓名。[34]

首先，由於閩臺地區女巫特別多，導致女神特別多，且影響大。

女巫生前裝神弄鬼，欺騙了百姓的信任，死後，一些女巫被百姓奉為神靈。如在閩臺沿海影響最大的媽祖，早在南宋時，廖鵬飛就認為她是女巫，生前「以巫祝為事，能預知人禍福。既歿，眾為立廟於本嶼」[35]。此說法後來被志書採納，如《仙溪志》〈三妃廟〉載：「順濟廟，本湄洲林氏女，為巫，能知人禍福，歿而人祠之，航海者有禱述必應。」

在福建、浙江有較大影響的馬夫人、臨水夫人也是女巫出身。馬夫人，又稱馬天仙、馬仙、馬氏真仙、馬仙姑等，原名馬元君，俗名馬五娘，或云建甌人，或說霞浦人，還有永安人之說等。其俗名和籍貫、事蹟等，閩浙各地說法不一。[36]據何喬遠《閩書》、馮夢龍《壽寧待志》載，馬五娘出嫁前夕，未婚夫突然去世。她發誓不嫁，奉侍公婆至孝。有一次外出，遇上山洪暴發，溪水暴漲，只見她將雨傘仰置於水上飛渡而過，觀者以為是仙女下凡。馬五娘自稱非凡世女子，待公婆終其天年後，就飛升而去。當地百姓遇到旱災，常請她祈雨，隨禱隨應。馬五娘去世後，當地人奉之為神，立廟祭祀。馬五娘的生平在永安民間則另有傳說，相傳馬五娘不願婚嫁，在九天玄女的指導下，吃了桃源洞百丈岩的仙桃而成仙。宋真宗先後兩次敕封馬五娘，分別是「靈澤感應馬氏真人」和「懿正廣惠馬氏真人」，其影響也逐漸擴大，浦城、崇安、沙縣、松溪、福安、壽寧等地都建有馬仙宮或

---

34 謝肇淛：《五雜俎》〈事部三〉，卷15。

35 廖鵬飛：《聖墩祖廟重建順濟廟記》，轉引蔣維錟《媽祖文獻資料》，福州市：福建人民出版社，1990年。

36 林國平、彭文宇：《福建民間信仰》（福州市：福建人民出版社，1993年），頁181。

馬仙祠。明清以後，馬仙信仰逐漸向浙江、閩中、閩南傳播，古田、閩清、侯官、永春等地也建有馬仙宮。馮夢龍《壽寧待志》〈香火〉指出：「民間佞佛者，男奉三官，女奉觀音，他非所知矣。惟馬仙則不問男女，咸虔事焉。……今建中名山，所在有香火，而壽寧尤盛，凡水旱無不祈焉。」馬仙信仰至今在浙南、閩北、閩東地區仍有較大影響，是群眾祈福禳災的主要對象之一。

　　臨水夫人也稱陳夫人、順懿夫人、順濟夫人、陳十四娘娘、太奶夫人、慈濟夫人等，其人物原型是唐代福建古田的女巫陳靖姑，志稱：「其神姓陳，諱靖姑，生於唐大曆元年正月十五日，福州下渡人。適本縣霍口里西洋黃演，由巫為神，鄉人祀之，禱雨暘驅旱癘，與凡祈年求嗣，無不立應。」[37]

圖六　福建柘榮馬仙廟

---

37 嘉靖《羅川志》〈觀寺志〉，卷3。

　　在福建，由女巫演變為神靈的還有很多，如徐登，東漢人，原來是一女子，後來變成男子，他「善巫術」，曾與山東的巫覡趙炳比試巫術，並結為方外遊。徐登能用禁咒之術禁溪水，使水不能流動，還用巫術為人治病，「惟以東流水為酌，削桑皮為脯，但行禁架，所療皆除」[38]。在福州地區，徐登和趙炳均被百姓奉為神靈，立廟祭祀。在莆田、仙遊地區有較大影響的靈應夫人，「生為女巫，殁而人祠之。婦人妊娠必禱之，神功尤驗」[39]。有很多的崇拜者，宋代朝廷還賜廟額封號。仙遊縣西的慈感廟中主神陳氏，「生為女巫，殁而人祠之，夫人妊娠者必禱焉。神功充驗……寶祐間，封靈惠懿得妃」[40]。又有孚應女神，福清人，傳說她姓陳，「能禁虎暴」，死後，當地人在義泉嶺立廟祭祀。長汀三聖妃廟，供奉的三位女神是從潮州傳播來的，她們生前都是女巫。

　　其次，除了女巫演變為神靈外，不少男巫也被塑造成地方神。張標，是唐末福建有名的巫覡，他的拿手好戲是「禱冥府」，與死去的人對話，「因言其家事，委曲皆中，人以為神」[41]。廣泛分布在福建上杭、武平、永定等地黃仙師廟，主神黃七，是當地有名的巫覡，相傳上杭未置縣時，妖怪虎狼經常出沒，傷害百姓，「巫者黃七以符法治之，因隱身入于其石不出。石壁隱映，有人影望之，儼若仙師像。按舊志，未縣前有妖怪虎狼為民害，黃七翁父子三人往治之，因隱身入石，群妖遂息。每風雨時，石中隱隱有金鼓聲」[42]。元明清時，黃仙師廟在上杭縣至少有十四座，武平縣至少有六座，永定縣也有若干座。至今，黃仙師在上杭縣仍頗有影響，縣西的黃仙師廟楹聯寫道：

38 民國《福建通志》〈福建列仙傳〉，總卷48，參見《後漢書》〈徐登傳〉，卷82下。

39 弘治《仙溪志》〈三妃廟〉，卷9。

40 弘治《仙溪志》〈祠廟〉，卷9。

41 民國《福建通志》〈福建道士傳〉，總卷47。

42 黃仲昭：《八閩通志》〈祠廟〉，卷59。

「虎跨三川臨福地，龍回一邑衛杭川」，說明上杭人把黃仙師作為地方保護神來奉祀。崇安縣有巫翁吉師者，「事神著驗，村民趨向籍籍。紹興辛巳九月旦，正為人祈禱，忽作神言曰：『吾當遠出，無得輒與人間事治病。』」百姓建廟奉祀。[43]仙遊縣林義，「生為巫醫，歿而有靈」。百姓在縣西建興福廟祭祀。[44]古田縣東北有顯應廟，主神黃師蓋，「善巫術，歿于宋景德間，葬竹州，遂祠焉」[45]。後來還被封為靈佑侯。莆田林康世，「生而神異，歿後百餘年，大著靈響」[46]。百姓建靈惠廟祭祀。南平倪師，「生而穎異，歿而神靈，凡水旱，禱之輒應。宋端平中，鄉人立廟祀之」。[47]

　　最後，許多神靈雖然不是從巫覡直接演變來的，但在形成的過程中，充滿巫術的色彩。不少僧尼道士也因精通巫術治病而被百姓奉為醫藥神，如宋代福安陳藥山、寧洋曹四公、漳州陳泥丸、建寧道士葉法廣，和在閩北有較大影響的扣冰古佛、僧惠吉等即是。還有長溪和尚幼安，德化祖膊和尚，仙遊九座禪師，安溪顯應禪師、圓光禪師，漳州窈然和尚，平和三平祖師，安溪清水祖師，汀州的定光古佛、伏虎禪師等福建土神，都有一套巫術，使百姓拜倒在他們腳下。[48]

　　綜上所述，越人的「好巫尚鬼」的傳統，與陸續從中原傳來的漢族的巫術相結合，相沿成習，為閩臺地區民間信仰的滋生提供了肥沃的土壤。

---

43 洪邁撰、何卓點校：《夷堅志》第2冊《夷堅丁志》，卷6（中華書局，1981年），頁585。

44 弘治《仙溪志》〈祠廟〉，卷9。

45 黃仲昭：《八閩通志》〈祠廟〉，卷58。

46 黃仲昭：《八閩通志》〈祠廟〉，卷60。

47 黃仲昭：《八閩通志》〈祠廟〉，卷60。

48 詳見林國平、彭文宇：《福建民間信仰》，福州市：福建人民出版社，1993年。徐曉望：《福建民間信仰源流》，福州市：福建教育出版社，1993年。

第二節　自然災害、社會矛盾與民間信仰的形成

　　閩臺地處亞熱帶海洋性季風氣候區，是自然災害多發的地區，一年四季均有發生。春季有雷暴、冰雹、暴雨、寒害和沿海大風，夏季有颱風、暴雨、高溫和乾旱，秋季有寒露風和秋旱，冬季有寒潮和沿海大風。自然災害出現的頻率高、強度大、危害嚴重。特別是洪澇、乾旱和颱風三種災害最為常見，危害也最大。[49]

　　在福建，洪澇災害常發生在每年五至六月份的梅雨期和七至九月份的颱風期，有文獻記載的福建最早的水災是東晉建武二年（318）。從這一年到民國三十七年（1948）止的一千六百三十年間，福建歷史上有文獻記載的水災為七〇三次，其中東晉至唐代共七次，宋代七十八次，元代二十二次，明代二一〇次，清代三三〇次，民國五十六次。[50]洪澇災害往往帶有突發性，對百姓的生命和財產造成非常大的損失。如宋端平三年（1236）六月，邵武大水，死者萬計。宋淳祐十二年（1252）六七月間，南平、順昌大水，漂室盧死者萬數；七月，大水淹入光澤城，死者萬數；同月，大水淹入邵武城，蕩盧舍，民死者萬計。元代至元五年（1339）六月，長汀大水，死者八千餘人。明永樂十四年（1416）七月，邵武、南平、建甌等縣澇災，死者數萬人。明萬曆三十七年（1609）五月二十四日，閩北、閩東、閩中等二十多個縣發大水，淹死十多萬人。清康熙十九年（1680）八月初六，仙遊大雨，毀壞城內房屋千餘間，死者萬餘人。康熙三十七年（1698）四月二十八日，同安發大水，西門城崩，民居漂沒數千家，死者千餘人。光緒三十四年（1908）七月，漳州、龍溪、南靖等地山

---

49 諸仁海主編：《福建省志》〈氣象志〉附錄二〈500年來福建主要氣象災害〉（北京市：方志出版社，1996年），頁205-263。

50 彭景舜、陳堅主編：《福建省志》〈民政志〉（北京市：方志出版社，1997年），頁85-87。

洪暴發，淹死、餓死五千多人。民國十年（1921）閩侯發大水，僅琅
岐鄉餓死、病死的多達一千三百多人。金砂、鳳窩等四個村逃荒一千
多人，賣妻、賣子女的五百多戶。民國三十七年（1948）六月中旬至
七月下旬，福建全省普降大雨暴雨，五十二個縣市受災，田園被淹近
七百萬畝，房屋倒塌近二萬間，漁船破壞近一千隻，死傷近二千人，
災民二百多萬。[51]

　　福建省旱災頻繁，多發生在春、夏季節。從唐代建中三年（782）
至民國三十七年（1948），有史可查的旱災共三五八次，其中唐代三
次，宋代三十九次，元代十次，明代一〇二次，清代一七七次，民國
二十七次。實際旱災的次數要遠遠超過此數字。[52]由於旱災的時間往
往比較長，受災的地區也比較廣，受害的百姓人數也較多，嚴重旱災
的危害性比水澇更大。在歷史上，比較大的旱災有：唐代貞元六年
（790）夏，福州至漳州沿海地區大旱，井泉竭，江河水涸，死者甚
眾。宋崇寧元年（1102），泉州、漳州地區大旱，泉水乾涸，山民要
到二十多里處汲水，鄉人多渴死。元至正十四年（1354）福建大旱，
禾不入土，赤地千里，出現「人相食」的慘狀。明代嘉靖十六年
（1357），閩南大旱，自五月至翌年四月不下雨，田園荒蕪，餓死者遍
野。嘉靖二十三年（1544）至二十四年（1545），閩南地區連年旱災，
出現大饑荒，餓死者載路。清雍正四年（1726），閩南、閩西大旱，
民食樹葉、海柯葉。[53]民國二十二年（1933），福建大旱，瘟疫流行，
有六萬戶農民背井離鄉。兩年後，福建又發生大旱災，受災有六十六

---

51 戴啟天編：《福建歷史上災害饑荒瘟疫輯錄》（福州市：福建省民政廳、福建省民政
　　學會，1988年），頁317-322。

52 彭景舜、陳堅主編：《福建省志》〈民政志〉（北京市：方志出版社，1997年），頁85-
　　87。

53 戴啟天編：《福建歷史上災害饑荒瘟疫輯錄》（福州市：福建省民政廳、福建省民政
　　學會，1988年），頁317-322。

個縣，災民八十四萬二千六百萬人，死亡五千零七人，哀鴻遍野。[54]

　　颱風經常發生在每年七至九月間，從唐代貞觀二十一年（647）至民國三十七年（1948），有案可查的颱風在福建共登陸三一九次，其中唐代一次，宋代二十四次，元代三次，明代一〇一次，清代一六七次，民國二十三次。實際颱風的次數要遠遠超過此數字。颱風往往伴隨著海潮，對沿海地區百姓的生命和財產的危害特別大。如宋元祐五年（1090），颱風在莆田登陸，莆田、仙遊沿海居民「各漂蕩萬數」。明成化十九年（1483）連江、羅源、霞浦等九縣發生海嘯，拔木發屋，田廬盡壞，官私船漂沒萬計。萬曆三十一年（1603），泉州、晉江、南安、同安等縣颶風驟作，海水暴漲，溺死萬餘人。漳州、龍溪、長泰、漳浦、東山等地颱風暴雨，溺死數千人。民國三十五年（1946）四月，颱風在福清登陸，房屋倒塌萬餘間，牲畜死亡十五萬頭，船舶漂失五百多隻，災民十萬多人。同年秋天，福清、長樂又受颱風、海潮襲擊，沖毀海堤一千二百多里，淹沒田園四十多萬畝，災民二十多萬人。[55]

　　應該指出，上述三大自然災害往往接連而至，加重災情，如元至正四年（1344），福州、興化、閩北、閩西等地的方志上就有「大旱、大疫、大饑，人相食」的記載。明成化二十一年（1485）三月至閏四月，福建四十多個縣淫雨不止，發大水，六月颱風襲擊，死亡萬數。[56]特別是「大災之後必有大疫」幾乎成為普遍規律，對於災民而言無疑是雪上加霜。如前面提到的成化二十一年，在暴雨颱風之後，「繼復大疫，死者相枕藉」[57]。嘉靖二十三年（1544），閩侯、大田、

---

54 彭景舜、陳堅主編：《福建省志》〈民政志〉（北京市：方志出版社，1997年），頁86。

55 戴啟天編：《福建歷史上災害饑荒瘟疫輯錄》（內部資料）（福州市：福建省民政廳、福建省民政學會，1988年），頁317-322。

56 戴啟天編：《福建歷史上災害饑荒瘟疫輯錄》（內部資料）（福州市：福建省民政廳、福建省民政學會，1988年），頁317-322。

57 黃仲昭：《八閩通志》〈祥異〉，卷81。

建寧、寧化等縣大旱、大饑又疫，民餓死者載道。[58]

　　在古代，人們抵抗自然災害的能力相當有限，加上官府的賑災措施不力，百姓面對各種自然災害，只好求助於各種超自然力量，賦予神靈消除旱災、水災和瘟疫的職能。如在《八閩通志》〈祠廟〉收錄的一百多位民間俗神中，主要職能是祈雨、祈陽、祈風濤、驅疫癘的神靈有六十九個。

　　在古人看來，所有的自然災害都有某種超自然的力量在主宰著，因此創造出各種相關神靈，加以祈禳。如暴雨引起的山洪暴發對沿江、沿溪百姓的危害極大，如明萬曆三十七年（1609）五月，閩北下了三天三夜暴雨，「建安山水暴發，建溪漲水數丈許，城門盡閉。有頃，水逾城而入，溺死數萬人。……翌日，水至福州，天色晴朗而水暴至，斯須沒階，又頃之，入中堂矣。……水方至時，西南門外，白浪連天，建溪浮屍，蔽江而下，亦有連樓屋數間泛泛水面，其中燈火尚熒熒者，亦有兒女尚聞啼哭聲者。其得人救援，免於魚鱉，千萬中無一二耳」[59]。古人以為是山洪暴發是蛟龍作怪，俗稱「出蛟龍」，《五雜俎》稱「閩中不時暴雨，山水驟發，漂沒室廬，土人謂之出蛟」[60]。因此對「蛟龍」特別敬畏。福州位於閩江下游，自古以來上游的山洪暴發對福州城形成巨大威脅，福州百姓以為山洪暴發是「鱔雨」作怪，《閩都別記》做了生動的描述：「剛至小午，西北城外河裡忽然水湧上岸，頃刻漲滿丈餘，波浪滔天，人走不及，被淹無數。水

58　戴啟天編：《福建歷史上災害饑荒瘟疫輯錄》（福州市：福建省民政廳、福建省民政學會，1988年），頁319。

59　謝肇淛：《五雜俎》〈地部二〉，卷4。萬曆《福州府志》〈時事〉，卷75記載：「本年五月二十四日，建寧蛟水發，沖壞城郭，漂流廬舍，淹溺男女以數萬計。是日延平之將樂、順昌等縣蛟水亦發，所蕩村落，悉為廢墟。二十六日澎湃而下，勢若奔馬，倏忽間會城中平地水深千尺，郭外則丈餘矣。一望瀰漫，浮屍敗椽，蔽江塞野，五晝夜不絕。故老相傳以為二百年未睹也。」

60　謝肇淛：《五雜俎》〈地部二〉，卷4。萬曆《福州府志》〈時事〉，卷75。

中有一物，翻騰如龍舞爪，似蛇擺尾，過處掀波滾浪，狂風驟雨，樹木怒號，迅雷閃電，如天翻地覆，數聲霹靂，風雨漸晴，波浪漸退。其地被沖裂一條坑弄。今北門鱔魚弄改名善余弄，即古跡也。當時西湖水面浮出大鱔魚，大三四圍，長十餘丈，被雷擊死。民間火牆大屋皆被沖倒，樹木連根拔起不計其數。」[61]在福州市東郊鼓山西麓的鱔溪，有一座廣應廟，供奉閩越王的三太子，相傳鱔溪經常有巨鱔出沒，引起山洪暴發，沖沒田園廬舍。三太子勇力過人，喜歡射獵，常騎白馬，人稱白馬三郎。他決心為民除害，射中巨鱔，巨鱔以尾纏之，同歸於盡。百姓感其功德，遂在溪畔立廟祭祀。

　　對於旱災，百姓則以為是旱魃作怪，要請神靈祈雨。福建各地神靈大多具有祈雨的職能，比較有名的「雨神」有閩東的馬仙、閩西伏虎禪師、閩南的清水祖師、閩北的扣冰古佛等。在古代，旱災發生後，各地百姓紛紛舉辦各種形式的祈雨活動，往往求此神不應，就求

圖七　送瘟船儀式（《吳友如畫寶》〈風俗志圖說上〉）

---

61 里人何求：《閩都別記》第9回（福州市：福建人民出版社，1987年），頁59。

彼神，求當地神不靈，就到外地求神賜雨，祈雨活動搞得轟轟烈烈。如宋嘉定元年（1208）初，泉州乾旱，官民曾多次「迎請在州諸佛諸廟神王」祈雨，但「未有感應」。到了四月二十二日，在百般無奈的情況下迎請清水祖師祈雨，碰巧天降甘霖。又如嘉定十年（1217）真德秀也是在「上下奠瘥，靡神不舉」的情況下，「爰聞清水大師，往而禱焉」。[62]

對於瘟疫，百姓更是畏懼萬分，認為是「刀兵之役，傷亡之鬼，無所歸者，化為瘟疫。」[63]瘟疫流行時，福州「家家奉祀五聖甚嚴。」[64]崇禎十五年（1642），福州發生大瘟疫「各社居民鳩集金錢，設醮大儺。……一鄉甫畢，一鄉又起，甚至三四鄉，六七鄉同日行者。自二月至八月，市鎮鄉村日成鬼國」[65]。福州還創造出專門收妖救瘟的神靈拿寶，其神像被奉祀在各里社神廟中，「現在各境之大王廟內，左旁立之執旗金者，即曾拿寶也。」[66]

在農村，蟲災對農業生產造成很大的威脅，當時沒有有效的農藥來滅蟲，農民只好求助於神靈來驅除蟲害，蟲神便被創造出來。福建上杭縣在驚蟄前後，各家各戶炒豆吃，一邊炒豆子一邊念念有詞，把所有常見的蟲害一一報出，一併炒死，希望通過炒豆（蟲），能減少自然蟲害，至今仍有此俗。光澤縣在春分之前，在田頭擺上三牲，敬奉五穀神，用草紙捲住冥香，點燃插在田埂上，這樣就能祈到天神的保護而不發生蟲病。閩南地方習慣將紙箔壓在田頭，叫「壓田頭」，

---

62 楊家珍：《安溪清水岩志》，見《中國佛寺志叢刊》第101冊，揚州市：江蘇廣陵古籍刻印社，1996年。安溪清水岩志編纂委員會編著：《清水岩志》，泉州市：泉州市文物管理委員會，1989年。

63 里人何求：《閩都別記》第236回（福州市：福建人民出版社，1987年），頁573。

64 謝肇淛：《五雜俎》〈事部三〉，卷15。

65 海外散人：《榕城紀聞·壬午十五年》，收於福建省文史研究館選編《福建叢書》第2輯之9（南京市：江蘇古籍出版社，2000年），第2頁。

66 里人何求：《閩都別記》第231回（福州市：福建人民出版社，1987年），頁544。

這樣做一是便於神靈識別，二是酬謝神靈禦蟲祛邪。安溪縣在四月初八，要煎麥粿（用麥粉、紅糖搓成方餅，放到油鍋煎），帶到田裡，祭祀土地爺，煎麥粿象徵著煎蟲害，能驅蟲保禾。[67]

建陽縣有的農家流行殺雞敬神的習慣，逢上蟲害，各家提隻公雞上土地廟祭神，當場殺雞獻血，並將雞血滴染在黃色紙製成的小三角旗上，再帶到田間，遍插四周，據說就能驅趕蟲瘟。連城縣農村，每家出一份錢，湊足延請一位法師來念經作福，隨後殺一頭豬祭祀滅蟲神，用豬血染灑在每張長二十至三十釐米、寬十釐米的草紙上，叫「血紙」，再將「血紙」黏在折好的樹枝上，插到每塊田地的中央，以示祭蟲。當地人把蟲害的發生，看成是凡人觸犯了蟲神所致的後果，為彌補過失，須殺豬祭蟲，祈求寬宥。[68]

一般來說，各地農村都有專門負責治理病害的某位神仙，如閩清縣碰上病蟲害，要去永泰縣祈請「盧公」，傳說它是為民做善事的歷史人物，能除蟲掃妖。大田縣遇蟲害是請當地的「萬公」，也是位專管田間蟲害的地方神，迎請時，延道士「打醮」作場，供案上擺放一些加糖油炸的米粿，犒勞萬公神，請它收拾害蟲。漳平地方每逢蟲害，農村請道士「打醮」作福，然後將道士書畫的神符綁在小竹條上，分別插到前田後壟，幻想依靠神道的法術來消災弭害。

臺灣地理環境與福建大同小異，特別是明末清初剛開發時，到處亂草叢生，野獸出沒，生存條件十分惡劣，《裨海紀游》的作者記載這樣一段可怕的經歷：

> 自臺郡至此（指淡水），計觸暑行二十日，兼馳凡四晝夜，涉
> 大小溪九十有六，若深溝巨壑，竣坂陡崖，馳下如覆，仰上如

---

67 林國平主編：《福建省志》〈民俗志〉（方志出版社，1997年），頁15-16。
68 林國平主編：《福建省志》〈民俗志〉，頁16。

削者，蓋不可勝數。平原一望，罔非茂草，勁者覆頂，弱者蔽
肩，車馳其中，如在地底，草梢割面破項，蚊蚋蒼蠅，吮砠肌
體，如饑鷹餓虎，撲逐不去。炎日曝之，項背欲裂，已極人世
勞瘁；既至，草廬中，四壁陶瓦；悉茅為之，四面風入如射，
臥恆見天。青草上棍，旋拔旋生；雨至，室中如洪流，一雨
過，屨而升榻者凡十日。蟬琴蚓笛，時沸榻下，階前潮汐時
至；出戶，草沒肩，古木樛結，不可名狀，惡竹叢生其間，咫
尺不能見物。蝮蛇癭項者，夜閣閣鳴枕畔，有時鼾聲如牛，力
能吞鹿，小蛇逐人，疾如飛矢，戶闥之外，暮不敢出；海風怒
號，萬籟響答，林谷震撼，屋榻欲傾。夜半猿啼，如鬼哭聲，
一燈熒熒，與鬼病垂危者聯榻共處。[69]

除此之外，「水土多瘴，人民易染疾病」[70]，不少移民死於各種傳染
病。在這樣惡劣的條件下，百姓只好求助於神靈保佑。

　　除了自然災害的因素外，民間信仰形成的另一重要因素是各種社
會矛盾。古代福建相對於中原地區，大規模戰亂較少，但小規模的戰
亂、各種盜賊的騷擾，還是相當頻繁發生的，對百姓的生命和財產的
危害也不小，百姓把那些為保護鄉民而獻出生命的英雄奉為地方保護
神。這類地方神很多，以福州府為例，僅《八閩通志》〈祠廟〉記載
的因禦寇弭盜有功而立廟祭祀的就有劉行全、徐知證、徐知諤、王忠
竭、鄭仲賢、鄭謹淨、鄭守道、鄭誠、王子元、王子清、林優、林
元、徐忠、虞雄、王康、陳霸先等十六人。另一方面賦予一些神靈禦
寇弭盜的職能，在《八閩通志》〈祠廟〉記載的一一九位神靈中，就

69　郁永河：《裨海紀遊》，《中國方志叢書》第46號（臺北市：成文出版社，1983年），
　　頁65-66。

70　康熙《臺灣府志》〈風土志〉，卷7。

有四十位具有或兼有禦寇弭盜的職能。[71]又如，百姓非常害怕貪官污吏和地痞流氓的欺壓，就把歷史上的一些清官良吏和鄉賢奉為神靈，作為自己的精神寄託。

臺灣地區開發時，大批福建移民湧入，引發一系列社會矛盾。首先是漢人與少數民族之間為了爭奪生存空間而引發的矛盾，經常發展為流血衝突。特別是一些少數民族部落有「出草」獵取漢人首級祭祀神靈的陋習，一些漢人因此喪命。面對死亡的威脅，漢族移民除了聯合起來共同抵禦少數民族襲擊外，還賦予神靈防禦少數民族襲擊的職能。如從漳州平和傳入臺灣的慚愧祖師，就有預兆土著「出草」的職能。《雲林採訪冊》記載：

> 居民入山作業，必帶（慚愧祖師）香火。凡有凶番出草殺人，神示先兆。或一二日，或三四日，謂之禁山，即不敢出入。動作有違者，恆為凶番所殺。故居民崇重之，為建祀廟。

嘉義一帶頗有影響的神靈吳鳳，也是因阻止少數民族「出草獵首」，被殺後被奉為當地保護神的，本書將另作介紹。

其次是來自不同地區的漢人之間為了政治、經濟利益，經常爆發大規模的「分類械鬥」，有福建人與廣東客家人的械鬥，有泉州人與漳州人的械鬥，泉州和漳州內部有時又分縣籍進行械鬥，十分複雜，給臺灣社會帶來動盪不安。「分類械鬥」還給人民的生命財產帶來巨大的損失，如清咸豐年間閩粵械鬥，彰化、淡水等地的不少村莊成為焦土，哀鴻遍野。[72]為了團結民眾，祈求在械鬥中獲勝，各種保護神被抬出來，成為百姓的精神支柱。在械鬥中被打死的，經常被死者一方的百姓視為英雄，成為「義民爺」，加以崇拜。

---

71 林國平、彭文宇：《福建民間信仰》（福州市：福建人民出版社，1993年），頁17-25。
72 詳見陳孔立：《清代台灣移民社會研究》，廈門市：廈門大學出版社，1990年。

再次，在清代，臺灣經常發生各種起義、暴動，有所謂「三年一小反，五年一大反」之說。統治階級少不了派兵鎮壓，使臺灣社會更加動盪不安。民眾朝不保夕，只好求助於神靈，因此臺灣的宗教信仰特別發達。

第三節　移民與民間信仰的傳播

先秦時期，東南地區居住著百越族。秦漢時期拉開了漢人向南方遷徙的序幕，此後，自晉代到南宋，先後出現三次漢人南遷高潮，即晉永嘉年間、唐安史之亂後和南宋靖康之亂後的北方漢人大批遷徙南方避難。東南沿海地區是北方漢人避難的首選之地，所以晉永嘉之後，東南沿海地區的漢人實際上已經占主導地位。南宋時期，由於大批北方人口的湧入，東南沿海地區開始出現人稠地狹的現象，產生了大量的無地少地的農民，由政府出面組織或百姓自發的移民在南方內部展開。[73]

移民的浪潮不但給遷入地帶去勞動力、生產技術、文化等，而且也帶去了宗教信仰，移民對民間信仰的影響主要表現在把特有的地方神信仰向遷入地傳播。

中國古代有安土重遷的傳統，沒有萬不得已，百姓不願意背井離鄉，北方漢人大規模南遷，均是由於北方長期戰亂，生存環境十分惡劣造成的。由於古代交通工具落後，遷徙既是一個漫長的過程，也是一個充滿危險的歷程，沿途遇到的困難可想而知。因此，他們在遷徙時，往往要把平常供奉的小神像或其他在他們看來有靈異的聖物帶上，祈求一路平安。到了遷入地後，就把家鄉帶來的公認最為最靈驗的小神像作為共同信仰的偶像。

---

73 詳見葛劍雄主編：《中國移民史》第2卷，福州市：福建人民出版社，1997年。

　　三國以後，隨著中央政府對福建的重視和北方漢族大批遷徙入閩，福建受中原文化的影響日益深刻。從西晉至唐五代，中原漢民族不斷南遷，出現了多次移民入閩的高潮，人數少則數千，多則數萬。漢民族的大批遷徙入閩，不但帶來了先進的生產工具和生產技術，也帶來了漢民族的文化傳統，包括宗教信仰。

　　首先，道教、佛教等官方宗教傳入福建，並對福建的民間信仰產生了不小的影響。以道教為例：道教的神仙思想至遲在東漢初傳入福建，一方面深刻地影響了閩越人的祖先崇拜，如閩越族的始祖太姥、武夷君均披上一層神仙的外衣，說太姥曾受某道士的九轉丹砂之法，七月七日乘五色龍馬而去，武夷君受上帝之命，在武夷山「統錄群仙」。另一方面，增加了福建民間信仰的對象。不少土神被改造為神仙，如傳說中的魏王子騫、張湛、孫綽、趙子奇、彭令昭、劉景、顧思遠、白石生、馬鳴生、胡氏、李氏、魚道超、魚道遠等被奉為十三仙人，立廟祭祀。[74]一些曾隱居於福建著名的道士如左慈、葛玄、葛洪、鄭隱、鄧伯元、褚伯玉等成為百姓崇拜的道教俗神。同時，也增加了民間信仰的活動形式，如仙遊九鯉湖自古以來一直成為百姓祈夢的場所，所謂「九鯉禱夢，海內咸知」。[75]

　　其次，道教與越巫初步結合為一體，一些巫覡去世後演變為神仙，為百姓所崇奉。福建歷史上最早從巫覡演變為神仙的是徐登，據文獻記載，徐登原來是一名女子，後來變為男子，擅長巫術，曾與山東東陽巫覡趙炳修煉於福建永泰高蓋山，福州等地百姓奉他們為神明，頂禮膜拜。永泰高蓋山上有徐真君廟，俗稱花林廟，「歲旱，禱雨于此多應」。[76]唐末五代以後，隨著道教與巫術的進一步緊密結合，從巫覡演化為道教俗神的人數劇增，成為福建人格神的主要來源。

---

74 董天工：《武夷山志》〈方外〉，卷18。
75 周亮工：《閩小記》〈仙門洞〉，卷2。
76 黃仲昭：《八閩通志》〈地理〉，卷5。

　　第三，中原地區固有的各種宗教信仰隨移民傳入福建，成為福建民間信仰的重要組成部分。如漢族對山川水火、日月星辰、風雨雷電以及天地的崇拜在東漢後傳入福建，建立各種壇廟以祭祀。同時，漢族的某些動物崇拜也帶入福建，近年來在福建發掘的許多魏晉南北朝墓葬中，發現了不少有青龍、白虎、朱雀、玄武等圖案的墓磚，還發現頭頂長著一隻角的「豬形怪獸」的隨葬品，反映了當時人對這些動物的崇拜。晉太康年間，侯官建造了全省第一座的城隍廟，永嘉年間邵武城西南建造了社廟──惠安廟，說明城隍和土地公信仰也在兩晉南北朝時期傳入福建。

　　第四，一些早先入閩且有功德於民的漢人死後被奉為神靈。如長汀的助威盤瑞二王廟中奉祀的石猛、盤瑞二大王，相傳是漢末人，曾

圖八　閩越王塑像

在縣南綵寨禦寇，不幸戰死於城下，被當地人奉為神靈。松溪境內有三國時建造的濟美廟，奉祀「有惠利於民」的會稽南部都尉陸宏。惠安的鳳山通靈廟也建於三國時期，祭祀東吳王將軍及其妻子。連江的大小亭廟建於晉代，祭祀因海難死亡的黃助兄弟。福安有馬郎廟，祭祀晉代江夏太守司馬浮，等等。

　　第五，閩越國的王公貴族被奉為神靈。閩越國滅亡後，還有一部分閩越人仍生活在八閩大地上，他們不會因亡國而忘祖的，相反會對祖先更加崇拜。漢族入閩後，為了緩解與閩越人的衝突，不但容許閩越人固有的宗教信仰存在，而且還對閩越族的祖先加以祭祀，如閩越國的開國君主無諸、無諸之子郢，郢之子白馬三郎，末代君主余善等在福建的許多地方都建有專廟祭祀，有的地方還把他們奉為保護神。

　　南宋時期，由於北方漢人的大量湧入，加上數百年相對安定的社會環境促進人口的繁衍，福建人口猛增。南宋嘉定年間（1208-1224），福建人口達1599215戶，比北宋端拱二年（989）的466815戶增長了342.58%，使福建出現人綢地狹的現象。因此，南宋時，福建人開始向外移民，移民的路線主要有：一是由政府組織移民淮南；二是沿海岸線移民廣東的潮州、廣西沿海、海南島、臺灣的澎湖列島；三是向閩浙、閩粵和閩贛交界的山區遷移，如浙江的溫州、廣東的梅州諸縣。大規模的對外移民，客觀上推動了福建文化的對外傳播，有的遷入地的福建人口占絕對多數，實際上是福建社會的縮影。如南宋時，潮州十有九人是閩人，所以「雖境土有閩廣之異，而風俗無潮漳之分」，「土俗熙熙，無福建廣南之異」。[77]因此，當時福建民間信仰也隨著移民傳播到這些遷入地，如媽祖信仰就是在這個時期向周邊地區輻射的。時人劉克莊說：「余北游邊，南使粵，見承楚、番禺之人祀妃尤謹，而都人亦然。」[78]潮州的天妃廟很多，其歷史大多可以追溯到宋

---

77 祝穆：《方輿紀勝》〈潮州・事要〉，卷36。
78 劉克莊：《後村先生大全集》〈風亭新建妃廟〉，卷91。

元時期，與移民浪潮有直接關係。[79]又如臨水夫人信仰的影響也相當
大，《閩都別記》寫道：古田臨水宮的香火很盛，「各處之人家或患邪
或得病，皆去臨水宮請香火。即無事之家，亦去請香灰裝入小袋內供
奉，以保平安。路上來往不絕，龍源廟內日夜喧騰，擁擠不開。」[80]
其信仰超出福州方言區，所謂：「八閩人多祀之。」唐宋時，開發浙
南山區的主要勞動力是來自於福建東北部的移民，因而接受福建移民
較多的縣，其陳夫人廟宇也相應要多。在浙江的東南部和閩北的許多
山岩都建有清水祖師廟，故民諺有「有岩就有祖師廟」。廣澤尊王的
影響更大，除閩南地區外，福建的福州、福安、寧德、建寧、汀州、
尤溪、龍岩、漳平等地、臺灣的臺南、臺北、彰化，廣東的潮州以及
東南亞華人聚居地都有廣澤尊王廟。[81]

　　明末清初，福建向臺灣移民的人數大量增多。明末鄭芝龍占據臺
灣時，曾到閩南招募上萬饑民去臺灣墾荒，這是臺灣歷史上第一次有
組織的大規模移民活動。一六二四年至一六六二年荷蘭殖民者占據臺
灣時期，也有不少福建人移居臺灣，在赤嵌附近形成了一個約有二萬
五千名壯丁的居民區，全島約有四點五萬至五點七萬人。一六六二年
鄭成功收復臺灣後，除了鄭氏軍隊外，又新增加移民二萬至三萬人，
使臺灣的漢族移民增至十萬至十二萬人，與土著居民的人數差不多。
乾隆五十四年（1789），清政府取消了海禁，大陸向臺灣移民出現了
新的浪潮，嘉慶十六年（1811）臺灣人口多達1901833人。在向臺灣
的移民中，福建人（主要是閩南人）占絕大多數，據統計，一九二六
年臺灣總人口3751600人，其中福建籍有3116400人，占83.07%。因
此，漢文化在臺灣的傳播歷史也是福建文化移植到臺灣並在臺灣進一

79　詳見葛劍雄主編：《中國移民史》第1卷（福州市：福建人民出版社，1997年），頁
　　125。
80　里人何求：《閩都別記》第128回（福州市：福建人民出版社，1987年），頁656-657。
81　光緒《郭山廟志》〈尊王分廟紀聞〉，卷8。

步發展的歷史，這在民間信仰方面也得到充分的體現。

　　閩人渡臺，首先面臨的是要跨越充滿危險的臺灣海峽，史書記載：臺灣海峽的海道複雜，稍微偏離航向或遇到風暴，萬幸者漂流異國他鄉，一去不復返，不幸者船隻沉沒，葬身魚腹。[82]為了祈求一帆風順，大多數都隨身攜帶原本崇奉的小神像或香灰之類的聖物。《重纂福建通志》記載的永定李嶸唐等人東渡臺灣遇到的險情以及與民間信仰的關係具有代表性：

> 永定湖坑李嶸唐偕邑人某往臺灣，船壞，同舟惟余李某二人。匍匐登小島，上有鳥如番鴨，黑色，見人至，競附人身，因有攜帶小斧，殺鳥而吮其血，得不死。島上有瓷碗片，類曾有人至者，環島約五六里，產松竹不甚高，每有大龜於草際伏卵，取而食，而精神頓健。于沙際掘得淡水，惟苦無火，烈日爍石，破龜卵暴乾，並脯鳥以果腹。二人素能為竹器，遂編竹作蓬，以避風雨，見有木棉，因取花捻線織為毯。不知時日，惟見月圓已二十七回矣。忽一日，有小舟漂至，無人，惟載黃蠟甚多。計居此終無了期，去則或冀一生。乃修補小舟，伐木為槳櫓，以蠟作缸載淡水，取平日所儲鳥脯卵脯為糧，登舟任風所之。已而漂至安南地界，安南巡海人執以見王，語不能達，取紙筆命寫來歷。王問：「爾同舟皆死，二人何獨得生？」李獻上天后小神像一顆曰：「此出海時所奉香火也。」王留神像及所織棉毯，資之路費，命附船從廣東回抵家。家中人向聞壞舟之信，已招魂祀之矣。及是見之，群駭為鬼也。其人居島生食日久，回家亦喜食生物。南溪江君孚蔚為預言，江與李某至戚也，親見其人，故詳悉如此。[83]

82 參見高拱乾：《臺灣府志》〈封域志〉，卷1。周元：《臺灣府志》〈封域志〉，卷1。
83 道光《重纂福建通志》〈叢談〉，卷276。

圖九　被安放在船上保佑航海安全的船仔媽

到達目的地後，開墾荒地，便將小神像或香火掛在田寮或供於居屋、公厝等處，朝夕膜拜，祈求神貺。由於初來乍到，大多數人尚處於變化不定、糊口維艱的境地，根本無暇也無力建造寺廟宮觀，所以明末以前臺灣的寺廟極少。等到開墾成功，形成村社，即歸功於神明庇佑，便集資建造粗陋廟宇，以答謝神恩，神靈信仰逐漸由私家奉祀發展為村社守護神。或者逢天災人禍時，祈求於私家所崇奉某神靈，偶爾有驗，為鄰里相傳，糜集祈禱，逐建小祠或遷祀於公廳，以便村社共同祭祀。隨著村社的拓展和人口的增加以及經濟實力的增強，村社寺廟也逐漸寬敞，新祀的神靈亦見增加。據《重修臺灣府志》記載，乾隆初年臺灣各地較普遍奉祀的神靈除了土地公外，另外排在前面四位的分別是：保生大帝廟二十三座，關帝廟十八座，媽祖廟十五座，玄天上帝廟十四座。這五位神靈都是從福建奉祀入臺的。

　　乾隆之後，臺灣從移民社會逐漸向定居社會轉化，大概在嘉慶年間才最後完成了這一轉化過程，民間信仰也相應發生了一些變化。

　　首先，信仰偶像增加。隨著社會分工的形成，各行業的祖師神傳入臺灣；隨著讀書人的增多，文昌祠陸續被興建起來；隨著城鎮的興起，文廟、城隍廟、社稷壇、昭忠祠等不斷湧現。

　　其次，神靈來源的多元化。隨著閩西、福州和潮州等地百姓遷徙臺灣，這些地區的民間神祇也傳入臺灣，如福州的臨水夫人信仰、閩西的定光佛信仰、廣東客家的三山國王信仰在臺灣都有較大的影響，從而改變了過去閩南民間信仰在臺灣獨尊的局面。

　　第三，家廟、宗祠大量興建。為了在新的環境中求得生存和發展，東渡臺灣往往是同鄉同族結伴而行，或是先後渡臺的同鄉同族互相援引，因此一開始就形成同鄉同族相對集中的趨勢。清中葉以後，在一些開發較早的地區，不同族姓及祖籍的移民經常發生「分類」械鬥，迫使勢力較弱的一方遷徙到同鄉同姓人數較多的地區居住，從而進一步促成了同族聚居規模的擴大，家廟、族祠也開始受到重視，大批地建造出來。據統計，民國八年（1919）臺灣共有祠廟一百二十座，其中建於乾隆之前屈指可數，絕大多數都是清中葉以後建造的。[84]

　　第四，宮廟的規模宏大。一宮一廟所供奉的神像往往有幾個或十幾個，甚至數十個，儒道佛三教的神像往往同處於一廟中和諧相處，共同接受信徒的頂禮膜拜。不少廟宇還設立神明會作為宮廟的經濟依託。

　　第五，廟會的規模盛大。志稱：「臺南郡城好尚鬼神。遇有神誕期，斂費浪用」。[85]特別是康熙二十二年（1683）之後的所謂王爺出巡，其規模超過閩南，志稱「建醮請王，饗祀極其豐盛。或一莊一會，或數十莊一會。有一年舉行一次者，有三五年舉行一次者，有十

---

84 詳見陸炳文：《臺灣各姓祠堂巡禮》，「臺灣省政府新聞處」，1987年。

85 《臺南見聞錄》〈風俗〉，卷下。

二年舉行一次者，擇吉日而行之，為費不少」。[86]

　　清代以後，民間信仰在臺灣的發展速度十分快，神明成百上千，大小廟宇猶如繁星點點遍布城鄉僻壤。一九一八年、一九三〇年、一九六〇年、一九六六年、一九七五年和一九八一年，臺灣當局曾先後六次對臺灣地區各種寺廟的主祀神進行統計，歷次調查統計名列前二十的主神，列表如下：

臺灣地區寺廟主要主祀神歷年資料統計表[87]

1918年		1930年		1960年		1966年		1975年		1981年	
主神	寺廟數	主神	寺廟數	主神	寺廟數	主神	寺廟數	主神	寺廟數	主神	寺廟數
福德正神	669	福德正神	674	王爺	677	王爺	556	王爺	747	王爺	753
王爺	447	王爺	534	觀音菩薩	443	福德正神	449	觀音菩薩	565	觀音菩薩	578
天上聖母	320	天上聖母	335	天上聖母	383	觀音菩薩	428	天上聖母	494	天上聖母	510
觀音菩薩	304	觀音菩薩	329	福德正神	327	天上聖母	381	釋迦牟尼	480	釋迦牟尼	499
玄天上帝	172	玄天上帝	197	釋迦牟尼	306	釋迦牟尼	308	福德正神	385	玄天上帝	397
有應公	143	關聖帝君	157	玄天上帝	267	玄天上帝	270	玄天上帝	375	福德正神	392
關聖帝君	132	三山國王	121	關聖帝君	192	關聖帝君	192	關聖帝君	334	關聖帝君	356
三山國王	119	保生大帝	117	保生大帝	141	保生大帝	139	保生大帝	160	保生大帝	162

---

86 光緒《安平縣雜記》〈官民四季祭祀典禮〉。
87 據余弘光：《臺灣地區民間宗教的發展——寺廟調查資料之分析》表4製作，本文刊登於《中研院民族學研究所集刊》第53期春季號（1982年）。

1918年		1930年		1960年		1966年		1975年		1981年	
主神	寺廟數	主神	寺廟數	主神	寺廟數	主神	寺廟數	主神	寺廟數	主神	寺廟數
保生大帝	109	釋迦牟尼	103	三山國王	124	三山國王	129	三山國王	133	三山國王	135
三官大帝	72	有應公	86	中壇元帥	94	中壇元帥	94	中壇元帥	114	中壇元帥	115
中壇元帥	66	清水祖師	83	神農大帝	80	神農大帝	81	神農大帝	114	神農大帝	112
神農大帝	60	三官大帝	82	清水祖師	63	清水祖師	68	清水祖師	83	清水祖師	99
釋迦牟尼	56	中壇元帥	73	三官大帝	60	三官大帝	67	三官大帝	76	玉皇大帝	81
開漳聖王	53	神農大帝	66	開臺聖王	57	有應公	62	玉皇大帝	74	三官大帝	77
玉皇大帝	51	開臺聖王	57	開漳聖王	53	開臺聖王	56	開臺聖王	69	開臺聖王	70
開臺聖王	48	開漳聖王	50	元帥爺	47	開漳聖王	55	孚佑帝君	56	開漳聖王	56
文昌帝君	39	大眾爺	47	三寶佛	46	城隍	44	開漳聖王	54	城隍	55
清水祖師	36	文昌帝君	30	有應公	46	元帥爺	44	城隍	54	孚佑帝君	52
元帥爺	36	護民爺	30	城隍	44	玉皇大帝	41	元帥爺	49	王母娘娘	51
城隍	29	元帥爺	29	玉皇大帝	38	三寶佛	41	廣澤尊王	46	廣澤尊王	50
合計	2961	合計	3200	合計	3490	合計	3505	合計	4462	合計	4600
臺灣寺廟總數	3476	臺灣寺廟總數	3661	臺灣寺廟總數	3840	臺灣寺廟總數	4786	臺灣寺廟總數	5338	臺灣寺廟總數	5539

圖十　臺灣同胞到福建祖廟進香謁祖

　　上表中的二十種臺灣影響最大的主神，除了三山國王從廣東傳入，開臺聖王和部分有應公、大眾爺為臺灣土生土長的神靈外，其餘的均是隨移民從福建傳入臺灣的。吳瀛濤在《臺灣民俗》一書中也指出：據民國十九年（1930）調查，臺灣有主神一七五種，三五八〇尊，其中福德正神六七四尊，王爺五三四尊，媽祖三三五尊，觀音三二九尊，此四神約占寺廟主神的半數。「而此等祭神大部分都是由福建以分身、分香、漂流三種方式傳來者，也有傳入後再傳播本省各地者。如北港的媽祖分出最多，其次則為彰化之南瑤宮、鹿港之舊媽祖宮等，均表示其靈聖興盛。」[88]其中，天上聖母、保生大帝、清水祖師、開漳聖王、廣澤尊王等為閩籍移民奉祀的祖籍神明，被稱為「桑梓神」，受到臺灣同胞的特別敬奉。

第四節　經濟重心的南移與民間信仰的發展

　　秦漢以前，中國的經濟重心在關中地區，所謂「故關中之地，于

---

88 吳瀛濤：《臺灣民俗》（臺北市：眾文圖書公司，1979年），頁47-48。

天下三分之一，而人眾不過什三，然量其富，什居其六。」[89]西漢時期，齊魯、巴蜀、河南的經濟得到長足的發展，江淮、長江以南地區經濟還相當落後，東南的浙江、廣東、江西、福建、臺灣的經濟更為落後，大批荒地未開墾。魏晉南北朝時期，北方戰亂，人口大量南遷，有力地推動了江南的經濟的發展，中國的經濟重心開始出現南移。至隋唐時期，江南經濟繼續迅速發展，唐代後期，國家財政主要依賴江南，所謂「當今賦出於天下，江南居十九。」[90]兩宋時期，中國的經濟重心，已移到江蘇、浙江、福建、江西和福建等東南地區。[91]

　　經濟重心的南移，有力地推動了包括民間信仰在內的宗教信仰的發展。民間信仰雖然屬意識型態，但意識型態必須建立在經濟基礎之上，沒有一定的經濟基礎，民間信仰的發展就缺乏必要的推動力。在秦漢之前，由於東南地區經濟比較落後，民間信仰主要表現在不要花費太多金錢的簡單易行的原始巫術上。隨著經濟重心的南移，民間信仰在強大的經濟支持下迅速發展。

　　秦漢以前，閩越族的巫術雖然名揚天下，但閩越國有多少宮廟，文獻沒有記載，不過就當時的經濟水平看，宮廟的數量不會太多，規模也不會太大。西晉至唐代，隨著中原漢民族不斷南遷入閩，福建的經濟得到一定的發展，但總的說來經濟還不發達，宮廟的數量還是很有限的，如《八閩通志》記載的福州府在唐末之前的宮廟只有九座。[92]唐末五代至宋元時期，福建社會相對穩定，經過原有居民和大批中原移民的辛勤勞動，經濟得到了長足的發展，進入了一個全面發展的繁榮時期，奇蹟般地在短時間內躋身於全國發達地區行列，詩人張守在《毗陵集》中有詩句云：「憶昔甌越險遠之地，今為東南全盛之

---

89 《史記》〈貨殖列傳〉，卷129（中華書局，1987年）。

90 韓愈：《韓昌黎全集》〈送陸歙州詩序〉，卷19。

91 詳見唐文基編著：《中國古代經濟史概論》（北京市：人民出版社，1996年），頁1-17。

92 黃仲昭：《八閩通志》〈祠廟〉，卷58。

邦。」集中地反映了時人對福建經濟突飛猛進的讚歎。[93]隨著經濟的繁榮，福建民間信仰進入一個新的發展階段，主要表現在以下幾方面：

首先，宮廟的數量急遽增加。《八閩通志》記載：「閩俗好巫尚鬼，祠廟寄閭閻山野，在在有之。」[94]宋代《仙溪志》：「閩俗機鬼，故邑多叢祠。」[95]宋代漳州的宮廟數以百計，陳淳在〈上趙寺丞論淫祀書〉說：「某竊以為南人好淫祀，而此邦尤甚。自城邑至村廬，淫鬼之有名號者，至不一。而所以為廟宇者，亦何啻數百所。」[96]在福州府，《八閩通志》記載的福州府在唐末宋元時期建造的宮廟有七十五座，比唐代之前增長八倍，而實際宮廟的數量要大大多於此數。宋景德二年（1005），古田縣令李堪「毀淫祠三百一十五，撤佛宮四十九，取其材植為縣廟學。」[97]古田原是福州府的一個小縣，被毀的淫祠就多達三百多座，由此可見當時福建的宮廟數量之多！

其次，形成聲勢浩大的造神運動。打開方志，我們很容易發現，至今仍在福建流傳的眾多地方神，如媽祖、臨水夫人、保生大帝、三平祖師、清水祖師、扣冰古佛、定光古佛、廣澤尊王、二徐真人、馬天仙、青山王、惠利夫人等都是在這個時期被塑造出來的。諸如此類，不勝枚舉。由於這些神靈是土生土長的，所以具有濃厚的地方特色，這一點在神靈的職能方面表現得尤為突出。如福建地處亞熱帶，氣候溫熱潮濕，瘟疫容易流行，加上古代福建醫療衛生落後，百姓一有疾病，便求助於神靈，所以福建大多數神靈都具有驅邪治病的職能。又如古代福建水利設施落後，在海洋季風的影響下，旱災經常發生，百姓除了向龍王求雨外，也賦予其他神靈以呼風喚雨的職能，絕

93　詳見林國平、彭文宇：《福建民間信仰》（福州市：福建人民出版社，1993年），頁8-9。

94　黃仲昭：《八閩通志》〈祠廟〉，卷58。

95　弘治：《仙溪志》〈祠廟〉，卷9。

96　陳淳：《北溪先生全集》〈上趙寺丞論淫祀〉，卷23。

97　淳熙：《三山志》〈公廨類三‧諸縣祠廟〉，卷9。

大多數神靈都成為百姓祈雨的對象。再如，唐末宋元時期，由於福建海外貿易發達，產生了不少航海保護神，泉州的通遠王海神廟，晉江真武海神廟，莆田的靈感廟、祥應廟、大蚶光濟王廟，福州的演嶼廟，閩清的武功廟以及遍佈東南沿海的媽祖廟，所供奉的神靈都有平定海道風濤，保護航海一帆風順的職能。[98]

　　第三，百姓熱衷於民間信仰活動。一方面，許多人從事巫覡職業，如古田縣「每一鄉率巫嫗十數家。」[99]一方面，百姓信仰神鬼十分虔誠，千方百計滿足神廟提出的要求。陳淳在〈趙寺丞論淫祀〉寫道：

> 自入春首，（廟祝）便措置排辦迎神財物事例，或裝土偶，名曰舍人，群呵隊從，撞入人家，迫脅題疏，多者索至十千，少者亦不下一千；或裝上土偶，名曰急腳，立于通衢，攔街覓錢，擔夫販婦，拖拽攘奪，真如白晝行劫。無一空過者；或印百錢小榜，隨門抑取，嚴於官租。

陳淳所說的，有一定事實根據，但更普遍的情況是百姓出於虔誠的信仰，樂意捐錢捐物。[100]

　　第四，宗教活動頻繁。由於神靈眾多，與神誕等相聯繫的祭祀活動、迎神賽會等宗教活動比較頻繁，陳淳指出：在漳州的數百座廟宇中，「逐廟各有迎神之禮，隨月迭為迎神之會。」[101]而且頻繁的宗教祭祀活動還往往伴隨著戲劇的演出，俗信要獲得神靈的歡心和庇佑，除了獻上豐盛的祭品和虔誠禮拜外，還要「演戲酬神」、「演戲媚神」、「演戲娛神」，這一傳統至遲在宋代就已形成。北宋時，每逢元宵節，

98　林國平、彭文宇：《福建民間信仰》（福州市：福建人民出版社，1993年），頁11-12。

99　淳熙：《三山志》〈公廟類三‧諸縣祠廟〉，卷9。

100　陳淳：《北溪先生全集》〈上趙寺丞論淫祀〉，卷23。

101　陳淳：《北溪先生全集》〈上趙寺丞論淫祀〉，卷23。

官府就在福州譙門架設棚臺，「集俳優長娼伎，大合樂其上」。[102]由官府出面聘請戲班演出，其本意在於粉飾太平，而對百姓而言，演戲的主要目的則在於祈求靈保佑，祈福禳災，時人王子獻曾明確指出：「欲識使君行樂意，姑循前哲事祈禳」。[103]宋代漳州府演戲酬神已蔚然成風，觀眾雲集，驚動了地方官府，認為演戲酬神活動傷風敗俗，與禮教不合。朱熹為漳州太守時，特地發布了〈諭俗文〉，「約束城市鄉村，不得以禳災祈福為名，聚斂財物，裝弄傀儡」。[104]三年後，朱熹的學生陳淳又針對漳州城鄉盛行百戲盛行，上書官府，認為經常演戲酬神，「男女聚觀，淫奔酣鬥。夫不暇耕，婦不暇織，而一惟淫鬼之玩。子不暇孝，弟不暇恭，而一惟淫鬼之敬。一歲之中，若是者凡幾廟，民之被擾者凡幾翻」。要求「按榜市曹，明示約束，並貼四縣，各依指揮，散榜諸鄉保甲，申嚴止絕（百戲傀儡）」[105]。宋代泉州民間演戲酬神也十分盛行，甚至影響正常的農業生產，太守真德秀在〈勸農文〉中鄭重要求百姓「莫看百戲」。[106]興化地區的演戲酬神之風不減福州、漳州等地，南宋詩人劉克寫了許多關這方面的詩歌，如〈聞祥應廟優戲甚盛二首〉其一：

空巷無人盡出嬉，燭光過似放燈時；山中一老眠初覺，棚上諸君鬧未知。遊女歸來尋墜珥，鄰翁看罷感牽絲；可憐樸散非渠罪，薄俗如今幾偓師？

其二頭兩句云：「巫祝言歡歲事詳，叢祠十里鼓簫忙。」[107]記述了莆

102　淳熙：《三山志》〈土俗類〉二，卷40。
103　淳熙：《三山志》〈土俗類〉二，卷40。
104　轉引光緒《漳州府志》〈民風〉，卷38。
105　陳淳：《北溪先生全集》〈上趙寺丞論淫祀〉，卷27。
106　真德秀：《西山先生文集》〈再守泉州勸農文〉，卷40。
107　劉克莊：《後村先生大全集》〈詩〉，卷21。參見同書卷10、22、23、26、43等。

田縣城內祥應廟演戲酬神，萬人空巷的盛況。

　　總之，宗教信仰的發展與經濟的關係十分密切，在一定的歷史時期內，經濟的發展會有力地推動宗教信仰的發展，唐末宋元時期，中國經濟重心南移的進程的最終完成，在客觀上為福建民間信仰的迅速發展提供了巨大的經濟支持。而福建民間信仰的迅速發展，又為明清時期福建民間信仰向臺灣傳播提供了良好條件。

第二章
自然崇拜

　　自然崇拜是指將自然物、自然現象、自然力當做有生命、有意志而且有某種超自然力的對象加以崇拜的信仰活動。自然崇拜在世界各民族中普遍存在，肇始於原始社會。當時人類還處於蒙昧時代，生產力水平極為低下，因此在與大自然的鬥爭中，感到自己無能為力，難以與大自然抗爭，以為各種自然物、自然現象、自然力具有某種超自然的靈性和奇異的功能，主宰著人類的命運，從而拜倒在它們的腳下，幻想通過頂禮膜拜求得自然物、自然現象或自然力的恩賜。進入文明社會後，人類征服大自然的能力仍有限，許多大自然的奧秘尚未揭開，不少人還屈服於自然力之下，加上巫覡推波助瀾，自然崇拜在漫長的歷史長河中綿延不絕。直到今天，自然崇拜並未完全消失，仍在一定程度上影響著人們的生活。

　　閩臺地區的自然崇拜由於受到自然條件和社會歷史等因素的影響，具有鮮明的地方特色。既有越族的自然崇拜遺存，如蛇、青蛙、鳥等圖騰崇拜；也有土著和少數民族的自然崇拜，如畲族的犬圖騰崇拜、臺灣少數民族的雞、犬、蛇、山羊、野豬等圖騰崇拜；還有中原漢族的自然崇拜，如天地、日月星辰、風雨雷電、山川水火等崇拜。崇拜的對象十分廣泛，充斥古代閩臺社會，所謂「邪怪交作，石獅無言而稱爺，大樹無故而立祀，木偶漂拾，古柩嘶風，猜神疑仙，一唱百和。酒肉香紙，男婦狂趨」[1]。〈泉俗激刺篇・多淫祀〉亦痛斥此惡習道：「淫祀多無算，有宮又有館，捏造名號千百款，禽獸與水族，

---

[1]　道光《廈門志》〈風俗記〉，卷15。

朽骨與枯木，塑像便求福。人為萬物靈，自顧毋乃太菲薄。」各種自然崇拜交織在一起，構成民間信仰的重要組成部分。

第一節　動物崇拜

在閩臺民間的動物崇拜中，最具特色的是蛇、犬、青蛙、鳥等圖騰崇拜的遺存。

蛇崇拜是古越人最重要的文化特徵之一，可以追溯到七千多年前的河姆渡文化時期，在良渚文化遺址發掘出來的一些陶器和玉器中，有不少蛇的紋飾，還有一些鳥首和蛇身組合的圖案。[2]在東南地區的新石器時代至戰國時期的考古發掘中，發現不少蛇紋或蛇形圖案的青銅器。[3]甚至有學者認為：

> 古越族人對蛇的崇拜，它的時間恐怕比河姆渡文化時期還要早。但到了河姆渡時期，這種信仰出現了一個新的開端，那就是河姆渡人的稻作農業和蛇崇拜發生了聯繫，這加強了河姆渡人和良渚人對蛇崇拜的信仰。在吳越稻區這種信仰一直延續到近代。[4]

原始人崇拜蛇，根本原因是東南沿海地區毒蛇繁多，它來去無蹤、脫皮蛻變，水陸兩棲，無足無翼而能竄突騰越，特別是蛇一旦狂怒起來，不但能傷害弱小的人畜，而且能毒死甚至吞食凶猛的野獸，使原始人對蛇產生了極大的恐懼，誤以為蛇具有某種超自然的力量，進而

2　參見方向明：〈良渚文化「鳥蛇樣組合圖案」試析〉，《東南文化》1992年第2期。

3　詳見林蔚文：〈吳越原始宗教略論〉、〈銅鼓船紋與水上祭祀〉，均見《中國民間文化》1993年第4期。

4　姜彬主編：《稻作文化與江南民俗》（上海市：上海文藝出版社，1996年），頁516。

對它加以崇拜，後來再由一般的崇拜發展為圖騰崇拜，即把蛇看作是自己的祖先或保護神。有的學者認為，原始人崇拜蛇，與東南沿海地區的稻作農業早在河姆渡時期就進入批量生產階段有關，因為田鼠是水稻的主要危害，「而蛇是鼠類的天敵，它大大地幫助了原始農民，激起人們對蛇崇拜的事情」[5]。此說也不無道理。

　　關於百越族的蛇崇拜，有關古文獻記載不是太多，不過我們透過閩越族的後裔疍民的崇蛇習俗，可窺視一斑。《說文解字》在解釋「閩」字本義時說：「閩，東南越，蛇種。」所謂「蛇種」，即認蛇為自己的祖先。閩越國滅亡後，漢武帝將閩越族的貴族、軍隊以及部分越人強制遷徙至江淮，但大部分閩越人逃至深山老林之中，仍然保留著原有的自然崇拜等文化傳統，其後裔疍民（又稱「船民」）仍把蛇作為圖騰加以崇拜。疍民主要分布在閩江口和珠江口，顧炎武《天下郡國利病書》載：「（潮州）疍人，有姓麥、濮、吳、蘇，自古以南蠻為蛇種，觀其疍家，神宮蛇像可見。」[6]清代吳震方在《嶺南雜記》中說：「潮州古蛇種，其像冠冕南面，尊曰遊天大帝。龕中皆蛇也，欲觀之，廟祝必致辭而後出。盤懸鼎俎間，或倒懸梁掾上，或以竹竿承之，蜿蜒糾結，不怖人亦不蜇人。長三尺許，蒼翠可愛。聞此自梧州而來，長年三老尤敬之。凡祀神者，蛇常憩其家，甚有問神借貸者。」清代郁永河《海上紀略》說：「凡（閩）海舶中，必有一蛇，名曰木龍，自船成日即有之。平時曾不可見，亦不知所處，若見木龍去，則舟必敗。」施鴻保《閩雜記》記載：「福州農婦多帶銀簪，長五寸許，作蛇昂首之狀，插于髻中間，俗名蛇簪。……簪作蛇形，乃不忘其始之義。」[7]彭光斗的《閩瑣記》亦載：「髻號盤蛇者，昔人詠以為美意，亦如時下吳妝耳。及見閩婦女，綰髮左右，盤繞宛然，首

5　姜彬主編：《稻作文化與江南民俗》，頁516-517。

6　顧炎武：《天下郡國利病書》〈廣東八〉，引《潮州府志》，卷104。

7　施鴻保：《閩雜記》〈蛇簪〉，卷9。

戴青蛇，鱗甲飛動，令人驚怖洶怪狀也。」直到清末，居住在閩侯境
內的疍民，還「自稱蛇種」，並不諱言。《閩縣鄉土志》云：「本境內
無他種人，止有疍族聊備一格」，其人「以舟為居，能久伏深淵，俗
呼曲蹄，或作乞黎……皆蛇種，《說文》謂閩蛇種，實專屬疍民一族
而已，與全閩人士悉從中原遷來者無涉。」[8]

　　隨著閩越國的滅亡和漢族的大批入閩，閩越族的蛇圖騰自然也成
為了漢族征服的對象。在閩西北地區流傳著李寄斬蛇的故事[9]，在閩
中、閩東地區流傳著臨水夫人陳靖姑降伏蛇妖的神話傳說[10]，在閩南
地區流傳著三平祖師楊義中降伏蛇妖為侍者的神話傳說[11]，均反映出
漢族與閩越族在融合同化的過程中存在宗教信仰上的矛盾衝突。但
是，毒蛇對於漢族移民來說也是一大危害，他們一方面企圖借助神力
去征服它，另一方面對蛇也產生了恐懼心理，進而加以崇拜，使閩越
族蛇圖騰崇拜又沉澱在漢民族的宗教意識中。至遲在晉代就建造有蛇
神廟，《搜神記》載：「庸嶺下北有巨蛇，長八丈餘，圍一丈，里俗懼
以為神，立廟祀之。」此後，福建各地相繼建有蛇王廟，如沙縣羅岩
嶺「半嶺有蛇嶽神祠」[12]，長汀平原里有蛇騰寺。上杭縣有座山名靈
蛇山，「舊傳山有巨蟒出沒，人過其處必禱之，故名」[13]。閩侯縣洋里
鄉有蛇王宮，福清、莆田等地也有不少蛇王廟，當地人或稱之為「青
公廟」。在漳州城南門外的南臺廟，俗稱蛇王廟，「相傳城中人有被蛇
噬者，詣廟訴之，其痛自止……隨有一蛇或腰斷路旁，或首斷在廟中

8　民國《閩縣鄉土志》，收於《中國方志叢書》第226號（臺北市：成文出版社，1983
　年），頁455。

9　詳見《繪圖三教源流搜神大全》，上海市：上海古籍出版社，1992年。

10　詳見里人何求：《閩都別記》，福州市：福建人民出版社，1987年。

11　詳見康熙《平和縣志》〈雜覽〉，卷12。

12　黃仲昭：《八閩通志》〈地理〉，卷20。

13　黃仲昭：《八閩通志》〈地理〉，卷8。

階廡間，俗謂蛇王治其罪也」[14]。

　　崇蛇習俗至今仍在福建一些地方存在。順昌元宵節要舞龍頭蛇身的「竹蛇燈」，閩船的船身畫有蛇的圖像至今仍偶爾可見，端午競渡的龍舟有的是裝飾蛇首。在平和縣三坪村，群眾把蛇看成是保佑居家平安的吉祥物，尊稱之為「侍者公」，相信家裡的蛇越多越吉利。若看到蛇爬進自己家中，會喜出望外，逢人便說：「侍者公來我家巡平安了。」若長時間看不到家蛇，反而會感到擔心和恐慌。在這裡，人蛇和平相處，絕對禁止打殺蛇。人在床上睡，蛇在床下爬是司空見慣的事，有時蛇還鑽入被窩，與主人共眠。在閩西，「汀州人言：『赤峰山定光佛寺後池中，有定光佛所收四足蛇，身具五色，四足長數寸，不噬人，見之者必大貴』」[15]。但在其他地方，如泉州、莆仙等地，人們把蛇進入民居看作是很不吉利，但禁忌打殺，主人會趕緊在家門口燒紙錢，一人拈香在前，口中念念有詞：「土地公請出」，另一人在後用掃帚，驅趕「蛇神」離開房舍。莆田山區還有一種四腳蛇，無毒，不噬人，百姓說這種蛇是土地公養的，絕對不敢傷害它。在連城，蛇進入民居，主人須想辦法把蛇趕進畚箕，手持三根香，護送到三岔路口放生。對於蛇進入民居，無論是持歡迎態度還是恐懼不安，都同樣體現了人們對蛇的崇拜心理。福建蛇神有善有惡，形態各異，具有十分豐富的文化內涵。[16]

　　在福建的現存的崇蛇民俗活動中，最有特色的是南平樟湖坂一帶每年都要舉行遊蛇燈和慶祝蛇王節。遊蛇燈活動每年正月十七、十八、十九日三天舉行，由當地黃、陳、胡三大姓各舉辦一天，每家須出一男丁持一木製燈板（長約二米，寬米約零點一五米，上面固定三

---

14 施鴻保：《閩雜記》〈蛇簪〉，卷12。

15 施鴻保：《閩雜記》〈蜥蜴〉，卷12。

16 林蔚文：〈福建崇蛇民俗研究〉，《福建歷史文化與博物館學研究》（福州市：福建教育出版社，1993年），頁136-147。

盞燈籠，燈板與燈板間可以聯結），參加遊行，無男丁家庭要請密友
幫忙。傍晚時分遊蛇活動正式開始，燈牌在前開道，鑼鼓、嗩吶組成
的鼓樂隊隨其後，緊接的是由數百塊燈板聯結起來的長達上千米甚至
數千米的象徵蛇身的隊伍。最後是清唱樂隊和戴假面具的「保長公」
和「孩兒弟」。遊蛇燈隊伍走街串巷，緩緩步行，蛇首上下搖擺，蛇
身蜿蜒浮動，在夜幕下猶如一條巨大的火蛇飛舞，十分壯觀。繞過幾
個村子，遊行燈隊伍解散，各人扛著燈板回家，此時已超過午夜。蛇
頭、蛇尾燈籠則由遊蛇燈活動的主持人抬到江邊的蛇王廟中焚化，祈
祝蛇神上天，保佑五穀豐登，國泰民安。[17]

　　蛇王節至遲在明代就已形成，謝肇淛《長溪瑣語》載：「水口以
上有地名朱船阪（即今樟湖坂），有蛇王廟，廟內有蛇數百，夏秋之
間賽神一次，蛇之大者或纏人腰，或纏人頭，出賽。」二十世紀初傳
教士葛惠良也對蛇王節做了描述：「位於福州和南平之間的樟湖坂在
每年七月的第七天都舉行一種新奇的遊行。它是為紀念古時曾來此地
拯救人們於旱災的蛇王而舉行的。儀式中，遊行者手拿長蛇，還有一
些蛇被置於竹籠中，另一些大而無毒的則蜷於人們的脖子上，偶爾也
會有一隻大蟒緊緊繫於竹竿。中國人報告說，他們也經常攜有眼鏡
蛇，但在游神時，它們的毒是無害的。」[18]至今，每年六月下旬，當
地男丁便四出捕捉活蛇（多為無毒之蛇），將捕到的活蛇交給蛇王廟
的巫師（俗稱「蛇爸」）集中餵養。巫師發給交蛇人一張憑證，到了
七月初七這一天，每人憑證從巫師那裡認領一條活蛇參加迎蛇王菩薩
活動，或將蛇握在手上，或讓蛇盤在肩上，或赤膊任大蛇纏在身上，

---

17 陳存洗、林蔚起、林蔚文：〈福建南平樟湖坂崇蛇習俗的初步考察〉，《東南文化》
　　1990年第3期。林蔚文：〈福建南平樟湖坂崇蛇習俗的再考察〉，《東南文化》1991年
　　第5期。
18 范正義譯、王紹祥校：《傳教士筆下近代福建宗教生活》，文載《道韻》第8輯，中
　　華大道文化事業公司，2001年。

浩浩蕩蕩的人群簇擁著蛇王菩薩的興駕遊行（圖一）。遊行結束後，
巫師要選出一條最大的蟒蛇，用花轎抬到閩江邊放生，其餘的蛇也要
在蛇王廟前的閩江邊放生。接著在蛇王廟演戲酬神。[19]

圖一　　福建南平樟湖坂蛇王節

　　由於福建與臺灣隔海相望，從大陸遷入臺灣而居住在高山地區的
大部分臺灣少數民族的祖先是閩越族，這在文化特徵上得到充分的反
映，最典型的例證是臺灣原住民的排灣人、魯凱人、泰雅人、布農人
也盛行崇蛇習俗。

　　排灣人流傳多種蛇的創生神話。阿達社傳說：「從前在皮巴敷加
桑的地方，有一株竹中出現的靈蛇，一天忽然化為男女二蛇神，蛇神
生下了薩馬利巴利和薩上普嘉敖二子，是為人類之始。」喬阿考社傳
說：「太古時不考加包根的絕頂上，太陽下臨，生下紅白二卵，由靈
蛇孵出男女兩神，此兩神後裔就是頭目之家。番丁的祖先就是青蛇孵

---

19 詳見陳存洗、林蔚起、林蔚文：〈福建南平樟湖坂崇蛇習俗的初步考察〉，《東南文
化》1990年第3期。林蔚文：〈福建南平樟湖坂崇蛇習俗的再考察〉，《東南文化》
1991年第5期。汪毅夫：《中國文化與閩臺社會》（福州市：海峽文藝出版社，1997
年），頁148。

出來的。」[20]牡丹社傳說：昔日，太武山上一根竹子裂開，生出許多蛇，蛇成長後化為人，就是排灣人的由來。[21]據臺灣人類學家李亦園教授調查，流傳蛇的創生神話的排灣人村社有 Butsul 群的 Paidan 社、Alus 社、Manal 社、北葉社、平和社、佳平社，Chaoboobol 群的 Agitas 社，Parilarilao 群的牡丹社。[22]

　　排灣人、魯凱人的宗廟祖先雕像中必有蛇的形象，實際上是祖先崇拜的遺風。如阿郎吉陽頭目家族的宗廟，有一尊男性雕像，「鼻狹長且與眉連，額上並有兩頭蛇一條，頭上有百步蛇六條，遠看似羽冠」。麻伐利歐頭目家族的宗廟，「在屋前靠近右壇有陰刻祖像石碑，刻一人面，頭戴羽冠，下刻百步蛇一對作為人身」，「社壇分左右……壇前後側一碑上刻一人頭，胸腹部刻長百步蛇一對，以代軀幹……足部刻盤繞百步蛇一對，蛇首昂起」。范佛龍昂頭目家族的宗廟，「左楹柱祖像為女性，身刻百步蛇兩條，蛇頭向下，兩蛇之間刻有西部排灣族的野豬牙徽，下體刻有女性生殖器特別顯著。……右楹柱祖像為男性，身部兩蛇及牙徽也與前同，男性生殖器亦甚顯著。……尚有門楣和楹楣兩處木刻……三人頭像間隔兩蛇盤繞昂首，甚為生動」[23]。魯凱人霧臺村唐水明家族宗廟，「（主柱）像之兩手舉起齊肩，兩足尖端外向，表示性別部分特別明顯，頭上與足尖均連有百步蛇一對。……胸前有人像及蛇紋，雙臂上有鋸齒紋，均屬線雕，為象徵紋身之紋樣

---

20 衛惠林：《臺灣風土志》、劉奇偉：《臺灣土著文化藝術》（臺北市：雄獅圖書公司，1978年），頁186頁；轉引郭志超〈海峽兩岸蛇崇拜的比較研究〉，《海峽兩岸文化交流資料》第1輯（臺北市：華藝出版社，1990年），頁37。

21 鄭元慶等編著：《臺灣原住民文化》（一）（臺北市：光華畫報雜誌社，1994年），頁22。

22 李亦園：〈來義鄉排灣族中箕模人的探究〉，《臺灣土著民族的社會文化》（臺北市：經聯出版事業公司），頁84-85；轉引郭志超：〈海峽兩岸蛇崇拜的比較研究〉，《海峽兩岸文化交流資料》第1輯（臺北市：華藝出版社，1990年），頁37。

23 淩純聲：〈臺灣土著族的宗廟與社稷〉，轉引郭志超：《海峽兩岸蛇崇拜比較研究》，《海峽兩岸文化交流資料》第1輯（臺北市：華藝出版社，1990年），頁38。

者，足下雕刻有犬一對，甚寫實。百步蛇菱紋及犬身均施有黑白油漆」[24]。

排灣人使用的器具，常雕以蛇的形象，人類學家林惠祥先生指出：排灣人的「屋飾器物常雕以蛇形，其初蓋全由於敬虔之念」。排灣人、魯凱人使用的雕刻蛇紋的器具有木屏風、木枕、木箱、木桶、木罐、竹筒、竹環、雙連杯、木匙、梳篦、煙斗、木杵臼、刀鞘、刀柄、木盾、鹿角火藥筒等。[25]所有雕刻有蛇像的器具，都賦予種種巫術的意義（見圖二）。

臺灣原住民保存蛇紋的紋身習俗，《隋書》〈東夷傳〉記載：臺灣土著「婦人以墨黥手，為蟲蛇之文」[26]。排灣人的紋身花紋中的曲折形、鋸齒形、叉形、網目形等幾何形狀「均從百步蛇背上的三角形變化而來的。這種花紋在他們的心目中就是百步蛇的簡體。魯凱人的紋身花紋折線也為百步蛇之意」[27]。

排灣人甚至奉祀活蛇，如查里先支族對一種名叫「龜殼蛇」的毒蛇，「咸加以極敬虔之崇拜，不敢殺害，甚或於酋長之家屋中特備一小房以為其巢穴」[28]。

24　凌純聲：〈臺灣土著族的宗廟與社稷〉，轉引郭志超：《海峽兩岸蛇崇拜比較研究》，《海峽兩岸文化交流資料》第1輯（臺北市：華藝出版社，1990年），頁38。

25　林惠祥：〈臺灣番族之原始文化〉，《林惠祥人類學論著》（福州市：福建人民出版社，1981年），頁168；轉引郭志超：〈海峽兩岸蛇崇拜的比較研究〉，《海峽兩岸文化交流資料》第1輯（臺北市：華藝出版社，1990年），頁39。

26　《隋書》〈東夷傳〉，卷81（中華書局，1987年）。

27　何廷瑞：〈臺灣土著諸族文身習俗之研究〉，《考古人類學刊》第15、16合刊；轉引郭志超：〈海峽兩岸蛇崇拜的比較研究〉，《海峽兩岸文化交流資料》第1輯（臺北市：華藝出版社，1990年），頁39。

28　林惠祥：〈臺灣番族之原始文化〉，《林惠祥人類學論著》（福州市：福建人民出版社，1981年），頁168；轉引郭志超：〈海峽兩岸蛇崇拜的比較研究〉，《海峽兩岸文化交流資料》第1輯（臺北市：華藝出版社，1990年），頁38。

圖二　臺灣少數民族陶器上的蛇像

在大陸的二十二個省、自治區流傳著蛇郎君的傳說，東南各省的蛇郎君故事保留比較原始的形態，基本情節是：有一個樵夫（或農夫），生了七個（或三個、兩個）女兒。有一天，樵夫上山砍柴，因女兒採了蛇郎家的花，在蛇郎的威迫下，他答應將一個女兒嫁給它。六個女兒都嫌棄蛇郎，只有小女兒答應嫁給它。小女兒和蛇郎結婚，過著幸福的生活。其中一個姐姐嫉妒她，謀害了妹妹，並冒充妹妹做了蛇郎的妻子。後來，妹妹的靈魂復活了，姐姐受到了懲罰，妹妹和蛇郎再度團圓。由於東南地區是古代百越族的聚居地，百越族崇拜蛇，所以蛇郎君的故事源出於越人，是再自然不過了，實際上也可以看作是長江中下游地區古代越人蛇圖騰崇拜的遺存。[29]臺灣也流傳類似的傳說，略云：

> 某處有蛇，久而成怪，化為美男子，往來村中，村人稱之為蛇
> 郎君。聞某翁有三女，均未字，遣媒議婚，願以千金為聘，否

29　姜彬：〈江南地區蛇傳說中古代圖騰崇拜的內涵〉，《中國民間文化》第7集《人生禮俗研究》，頁145-160。

> 則將滅其家。翁固貪利，又畏暴，命長女，不從，次女亦不
> 從。少女年十七，見父急，慨然請行。既嫁，蛇郎君愛之，居
> 以巨室，衣以文繡，食以珍饈，金玉奇寶恣其所好。[30]

顯然，臺灣蛇郎君的傳說脫胎於大陸的同一傳說。

　　值得注意的是，臺灣少數民族的卑南族、魯凱族也流傳蛇郎君的
神話傳說。卑南族的〈蛇郎君〉說：

> 大南村有一位漂亮少女，很多頭目的男孩向她求婚她都不接
> 受，因為她愛上了一條蛇。後來蛇向少女的父親提親，把少女
> 娶回家去，蛇的家在深山的一個湖裡，他們生了很多鳥、蛇等
> 動物，於是世界就有各種禽獸。[31]

此外魯凱族〈蛇郎君〉傳說更為生動：

> 從前有一位頭目的女兒，叫瑪嫩，愛上一條百步蛇。別人看到
> 的是一條蛇，她見到的卻是一位年輕英俊的王子，是從外地特
> 地來向她求婚的。他倆決定結婚，男方送來聘禮，婚禮依照平
> 時習俗舉行。瑪嫩嫁給高山上的蛇家，她看到自己進去的地方
> 是一座宮殿，別人看到的卻是一個湖。後來人們在每年舉行的
> 豐年祭之前，都要請祖先來嘗一嘗，我們的頭目看到蛇嘗過小
> 米飯以後慢慢地回去了，便向大家宣布：「我們的祖先已經回

---

30 連橫：《雅堂文集》〈臺灣漫錄・蛇郎君〉，卷3，收於《臺灣文獻叢刊》第208種，
　　頁187。
31 《臺東卑南族口傳文學選》，頁165，轉引劉守華〈閩臺蛇郎君故事的民俗文化根
　　基〉，《閩臺民間信仰學術研討會論文》，1996年。

來嘗過小米飯了，現在可以舉行豐年祭了。」[32]

無論是卑南族還是魯凱族的《蛇郎君》傳說故事，都是中國內地最流行的兩種形式的蛇郎君故事，「十分鮮明地保持了自己源於古越文化的民族文化特質」。[33]

其次，犬崇拜也很有地方特色。

福建是畬族主要聚居地。據一九九〇年人口統計，全國共有畬族630378人，居住在福建、江西、浙江、廣東省內的畬民有625420人，占畬族總人口的99%以上，其中福建的畬族人數最多，約占55.4%；浙江其次，約占27.5%；江西第三，約占12.2%；廣東第四，約占4.2%。安徽、湖南、貴州等地的畬族人口很少。畬族聚落以山地為主，閩、贛交界的武夷山、黃崗山，閩、浙交界的太姥山、仙霞嶺、洞宮山，閩東境內的白雲山、鷲峰山，閩中的戴雲山，浙南、浙西的雁蕩山、括蒼山和天目山，廣東境內的羅浮山、蓮花山、九連山、鳳山等都是畬族的世代居住之地。[34]

自古以來，畬族奉盤瓠為祖先。相傳，在上古社會，高辛皇后耳痛三年，後從耳中取出一蟲，形如蠶，忽變成一遍體斑紋、毫光四射的犬（後世將犬改為龍），高辛皇帝見之大喜，賜名龍麒，號稱盤瓠。其時犬戎入侵，國家危在旦夕，高辛皇帝告示天下，若能斬犬戎番王頭者願將三公主嫁之為妻。盤瓠揭下榜文，前往敵國，乘番王酒醉，咬斷其頭顱回國請功。高辛皇帝頗覺為難，意欲悔婚。盤瓠忽曰：只要將我放在金鐘內七天七夜，即可變成人。到了第六天，公主

---

32 《臺東卑南魯凱族口傳文學選》，頁55-60，轉引劉守華：〈閩臺蛇郎君故事的民俗文化根基〉，《閩臺民間信仰學術研討會論文》，1996年。

33 劉守華：〈閩臺蛇郎君故事的發俗文化根基〉，《閩臺民間信仰學術研討會論文》，1996年。

34 詳見《中國民族文化大觀》〈畬族編〉（北京市：民族出版社，1999年），頁1-2。

怕他餓死，打開金鐘一看，盤瓠的身體已變成人形，而頭尚未變。於是盤瓠著上衣服，與三公主成婚。婚後，生下三男一女。長子盤自能，次子藍光輝，三子雷巨佑，女兒嫁鍾智深為妻。後世畬民推崇盤瓠為始祖，尊稱之「忠勇王」，把上述傳說故事編寫〈高皇歌〉唱頌，還繪成約四十幅左右連環式的畫卷，稱「祖圖」，懸掛在祠堂中（見圖三）。

圖三　描繪畬族盤瓠信仰的祖圖（局部）

　　漢族也有信仰犬的習俗，在閩臺民間廣泛信仰的戲神田都元帥（或稱田公元帥）廟中，多陪祀白犬精，傳說此白犬精原來為害百姓，被田都元帥收服為將，成為得力的助手。許多百姓甚至以為白犬精比田都元帥更加靈驗，香火鼎盛。

　　在臺灣嘉義東石的鹿草莊的員山宮，主神為王孫大使，副神為犬公。相傳王孫大使是宋代泉州人，原名謝賢聖，因解救百姓連年受水災之苦，奮不顧身地與作怪的田螺精搏鬥，不幸被水淹死。傳說謝聖賢的愛犬也和主人一道跳入水中，咬住田螺精的尾巴，以便主人殺死田螺精。後來，當地百姓奉謝聖賢為神，其愛犬也陪祀。康熙初年，陳國祚等三人從泉州移民臺灣，在員山地方開墾，就把家鄉帶來的王孫大使和犬公當做守護神祭祀。乾隆二十年（1755）正月動工建廟，

當年七月竣工。民國二年（1913）十二月修建。這裡的香火相當旺盛，往來於臺灣海峽的航海者，有很多人到這裡祈求平安。光緒年間起，前來求神治病的人也不少。[35]無獨有偶，臺灣雲林北港義民廟的陪祀神也是義犬將軍。相傳乾隆年間，臺灣嘉義、雲林等地的居民為了防備兵匪襲擊，招募數百名壯丁，組成「義民團」，並養了幾隻凶猛的靈犬，日夜守衛，盜匪屢攻不下，兵敗而還。後來，因奸細毒殺靈犬，夜襲村莊，一些民被殺。當地百姓為了紀念義民和義犬，建造「義民廟」。陪祀的義犬將軍身披彩衣呈坐狀，兩旁題有「吠賊捐生烈同義士，入祠配享號錫將軍」的對聯，說明祭祀犬將軍的原因。嘉義的「忠義十九公廟」，本來是祭祀十八位義民和一隻義犬，但民間俗稱「義犬公廟」，反以義犬為主神，而十八位義民為陪神了。[36]

圖四　閩臺民間的犬神信仰

---

35 鈴木清一郎著、高賢治編、馮作民譯：《臺灣舊慣習俗信仰》（新北市：眾文圖書公司，1980年），頁545-546。

36 凌志四主編：《臺灣民俗大觀》第4冊（臺北市：大威出版社，1985年），頁128-129。

　　在古代福建，青蛙崇拜也頗有影響。對青蛙的崇拜可以追溯到秦漢以前百越族的蛙圖騰崇拜。前面說過，百越族是較早種植水稻的民族，在長期的生產實踐中，他們發現青蛙的某種叫聲預示著雷雨的即將來臨，但他們又不明其中的奧秘，以為青蛙能呼風喚雨，兆示著農業收成的豐歉，所以對青蛙加以崇拜，有的氏族還把青蛙作為本氏族的圖騰。在《韓非子》、《越絕書》中，都有關於越王禮敬青蛙的記載。[37]漢族進入東南後，也主要從事水稻種植等農業生產，因此承襲了越族自然崇拜中的青蛙崇拜。至遲在元代，江南地區就有青蛙廟，明清時期，福建、江西、浙江等省的青蛙廟有不少。

　　《閩都別記》記載著在閩、浙、贛廣為流傳的傳說：永樂年間，數萬青蛙精為怪，搞得天下不得安寧。後來，永樂帝下旨，將青蛙精「分配江浙各神廟，司香爐血食。……天師遵旨，皆封為青蛙神，頒敕江浙等處。諸城隍土地大神廟附配青蛙神五個，中神廟配三個，小神廟配二個。……分配江西、浙江等大小各神廟，為守爐之神。常隱不見，至有祭祀之時始出，或現於香爐之旁，或現於神龕之上。頭向外者謂之悅而享，祭主遂喜。如頭向內者謂之怒而不食，其祭主要另日再祭。或有現於人家，謂之舊願未還，前來索取，必趕緊酬還。至今江浙之人，猶信此青蛙神也」[38]。《閩都別記》雖然是一部小說，但並非全是杜撰，上述文字在一定程度上反映了當時的實際情況，這在一些明清文獻可以得到印證。

　　在清代的閩江上游的延平、邵武、汀州、建陽四府的百姓「祀（蛙）神甚謹，延平府城東且有廟」[39]。清末施鴻保遊歷過上述地區，並將當地崇拜青蛙神的所見所聞作了較詳細地記載，略云：民間

37　參見陳剩勇：〈亞洲東南沿海地區的百越文化及其民族文化心理特徵〉，《東南文化》1990年第3期。

38　里人何求：《閩都別記》（下）第269回（福州市：福建人民出版社，1987年），頁27。

39　施鴻保：《閩雜記》〈青蛙將軍〉，卷5。

傳說，蛙神是唐末死於黃巢之難的武臣變成的，變化無常，形體會時大時小。蛙神進入民家，兆示著這一家必有喜慶之事降臨，若進入寺廟或官府衙門，則兆示農業豐收。又傳蛙神喜歡在清潔的地方特別是廳堂牆壁間停留，如果對它叩頭禮拜，蛙神就會跳入預先準備好的器皿中。蛙神還喜歡喝酒，又喜歡看戲，並能用腳蘸著酒選擇戲單上自己愛看的戲目。道光二十六年（1846），施鴻保到邵武做官，有一貢生呈閱一冊有關蛙神崇拜的書，前面繪有蛙神像，後面記述很多蛙神靈異，邑進士張繁露還為該書作〈序〉。道光二十九年（1849），施鴻保到光澤做官，有一次在自家種植的白鳳仙花的花葉上發現一隻「大如順、康錢，背色綠潤若可鑒，腰間金紋一縷，灼爍有光，腹下紅白色如雨後桃花，然目眶亦有金圈，睛臺點漆，灼灼瞪視」的青蛙。當地官吏徐左三認定是「青蛙將軍」，遂設香案禮拜，把青蛙延請入紅漆盤內，果能飲酒。消息傳出，衙門周圍的百姓紛紛執香奉燭而來，禮拜祈禱，至深夜方止。第二天，徐左三宰牲演戲供酒奉祀神，忙得不亦樂乎。前來禮拜蛙神的群眾很多，為了防止滋事，每五人為一組，此出彼入，按順序先後進入廳堂禮拜，「自辰至酉，幾二三千人」。第三天淩晨蛙神忽然不見，雖然到處尋找，但仍不見蹤影。是日，縣署丁役合資演戲酬謝蛙神，戲臺搭在城隍廟，轟動全縣，搞得沸沸揚揚。咸豐六年（1856），施鴻保因事到汀州，汀州府幕僚王砥齋告訴他這麼一件事，即道光十三年（1833）王砥齋在延平當幕僚時，恰逢永安、沙縣的土匪攻打郡守，城池岌岌可危，郡人惶惶不安，只好到神廟和延平府學泮池旁的蛙神廟燒香祈禱。一天，太守朱沁石巡城後回衙門，突然間發現有蛙神停在衙門前的竹枝上，遂將它延請入官署，朝夕焚香祈禱，兩天後，蛙神倏然不見，而援兵正好到汀州，解除了長達一個月的圍困。郡人以為乃蛙神保佑才使城池安然無恙，在太守朱沁石的倡導下，郡人紛紛捐銀興建蛙神廟，不久便落

成，即位於城東的蛙神廟。[40]施鴻保的所見所聞，反映了閩江上游四府對青蛙的崇拜相當普遍，不僅一般的百姓崇拜蛙神，文人官吏也同樣崇拜，而且還予以大力倡導。不過，他們所崇拜的青蛙不是常見的青蛙，可能是一種形體比較特殊的青蛙，極可能是至今在武夷山仍可見到的珍奇的角怪。實際上，對青蛙的崇拜並不限於閩江上游四府，閩江下游的福州在民國時把從上游被洪水漂流下來的綠色青蛙稱為綠甲將軍，金黃的雨蛙稱為金甲將軍，黑色的青蛙稱為鐵甲將軍，並視青蛙進入民居為大吉大利，千方百計地把青蛙弄入玻璃皿中，用美酒餵養它，有時還要演戲給蛙神看。

無獨有偶，在馬祖芹壁天后宮內，奉祀鐵甲將軍，當地鄉老說：「鐵甲將軍就是青蛙神，是我們全村的保護神。有一年海盜船來犯，遠遠看到澳口布滿壯兵嚴陣以待，海盜知難而退，一問得知是鐵甲將軍暗中協助，才使芹壁躲過一劫。」這裡的蛙神也愛喝酒、喜歡看戲。當地信徒不久前專程到武夷山尋根，在六曲尋得青蛙石，又在「金雞社」找到祖廟遺址。二○○○年七月還組成龐大進香團，前往武夷山朝聖立碑。[41]

鳥崇拜也是東南地區越族先民的一大信仰。早在七千多年前的河姆渡文化遺址中，發掘了十幾件的鳥形和鳥紋器具，其中最重要的是「雙鳥舁日」象牙雕刻和雙鳥紋骨匕，表明「崇鳥已經成為河姆渡人日常生活的一部分」[42]。河姆渡人之所以崇拜鳥，是稻作農業所決定的。文獻記載，古代越族「獨以鳥田」，深得「鳥田之利」。傳說大禹

---

40 施鴻保：《閩雜記》〈青蛙將軍〉，卷5。

41 王花俤：〈尋查閩越族蛙與蛇的圖騰崇拜〉，《馬祖地區廟宇調查與研究》（馬祖：連江縣社會教育出版社，2000年），頁159。

42 參見姜彬主編：《稻作文化與江南民俗》（上海市：上海文藝出版社，1996年），頁534-535。周德均：〈「雙鳥朝陽」考釋〉，《中國民間文化》第1集，收於《民間信仰研究》（上海市：學林出版社，1991年），頁183-200。

「崩于會稽，因而葬之，有鳥來為之耘，春拔草根，秋啄其穢」[43]。
《越絕書》〈越絕外記地傳〉載：「大越海濱之民，獨以鳥田，大小有
差，進退有序。」[44]

　　在河姆渡文化之後兩千多年的良渚文化時期，這個部族生活在太
湖流域和寧紹平原，以及東南諸島的廣大地域上，他們以鳥類為圖
騰，有統一的鳥形族徽。在發掘的大量良渚時期的器物中，有不少刻
著鳥形族徽或鳥紋的玉器、陶器，無論是在數量上還是雕刻的精美程
度上，都比河姆渡文化時期更進了一步。春秋戰國時期，百越族的鳥
崇拜繼續延續，大量的青銅器和陶瓷器皿上以鳥作為裝飾，中原漢族
把越族看作是鳥族，稱之為「鳥夷」，語言稱之為「鳥語」，文字稱之
為「鳥篆」或「鳥書」、「鳥蟲書」等。[45]秦漢以後，百越族的鳥崇拜
沉澱在漢族的習俗中，如前面提到的福建建陽保存著古老的鳥步求雨
舞。在臺灣，原住民仍保存著古老的鳥卜習俗，他們出門打獵時，要
先聽聽鳥的叫聲來判斷吉凶，鳥的叫聲洪亮則吉微弱則凶。三、四月
份插秧時，前一天要當空祭祀祈禱，占卜鳥聲，認定是吉利的兆示後
才下田插秧。顯然這些習俗都是古越人鳥崇拜的遺存。

第二節　植物崇拜

　　閩臺民間的植物崇拜，最具特色的是對樹木的崇拜。

　　閩臺是多山的省分，連綿不斷的山巒和溫帶多雨的氣候，為森林
生長提供了得天獨厚的條件。自古以來閩臺就是中國重要的林區，至

43　酈道元：《水經注》〈浙江水〉，卷40。
44　據陳龍考證，「鳥田之利」主要有除草、滅蟲、殺鼠和肥田四個方面。詳見陳龍：
　　〈鳥田考〉，《百越民族史論叢》（南寧市：廣西人民出版社，1985年），頁536-537。
45　參見姜彬主編：《稻作文化與江南民俗》（上海市：上海文藝出版社，1996年），頁
　　536-537。

今森林覆蓋率居全國一、二位。由於森林與人們的生活生產的關係極為密切，百姓對一些古老或怪異的樹木進行各種崇拜。俗信樹有樹神，會降災賜福於人，民間流傳著「千年的古樹會成精」的說法，故經常有人在古樹下燒香祭拜。

　　福州盛產榕樹，故稱榕城。不少榕樹盤根曲幹，髮髯垂地，蒼老粗大，給人以神秘感。有些人認為榕樹歷千年會成精，或者相信榕樹是神仙落腳的好去處，故往往在榕樹下設神龕或蓋一小廟，加以頂禮膜拜。至今在一些較蒼老的榕樹下隨處可見到小神龕，有人在那裡燒香祭拜。茶亭邦邊村的三棵古榕樹上掛滿一百多幅黃幔，每日到此燒香祭拜者不下千人。許多福州人相信居住在榕洞裡修煉的「仙爺」特別善良，樂意為民賜福消災，故遇有疑難之事或逢年過節，不會忘記到那裡祭拜一番。虔誠者還不敢用手指榕樹，不敢爬上榕樹，不敢在榕樹下說褻瀆神靈的話，甚至不敢一個人在榕樹下休息。小孩在榕樹下小便，大人會教小孩念道：「小孩小便，仙人讓開」，以免冒犯在這裡修煉的神仙。

圖五　福州榕樹信仰

　　如果說福州的榕樹崇拜比較普遍的話，閩臺其他地方的百姓則多崇拜樟樹神。《閩中談助》記載這樣一個故事：

> 詔安古林鋪有老樟樹一株，大數十圍。相傳淳熙間，叢神自名曰章卓立進聞登第。先數日，到報房，親填籍貫，且曰：報到以三十金為謝。揭榜果有名，報到遍尋無章卓立其人者，徘徊久之。忽於樹下拾得報資，拆封如數。

此傳說雖然荒誕不經，但反映了百姓對古樟樹的崇拜這一事實。《閩雜記》也記載，清代光澤縣署大堂左右兩側有兩棵古樟樹，俗傳「平時鳥雀不集，惟官清廉則有兩白鶴來巢伏子，官將去任，則先數日攜其雛去」，故被奉為「神樹」，稱之為「樟公」。施鴻保聞此，曾作七古一篇，其中有「左出右出兩不讓，當中裂處成通衢，誰于其中作小屋，欄楯上下髤丹朱。內安神像尺有咫，神采活脫眉與鬚，香煙氤氳結朝夕，祈禳可笑愚民愚」[46]。說明該樟樹下有一小廟，中置神像，香火相當旺盛。時至今日，此風不減。德化縣美湖鄉小湖村有一棵千年古樟，樹高二十八米，胸圍十六米多，冠幅東西三十三米，南北近四十米，被稱為「樟樹王」，當地群眾視之為「神樹」，連枯枝爛椏也沒敢去碰它一下，經常有人在樹下燒香祭拜。霞浦縣崇儒鄉溪壩頭邊有棵老樟樹，也被當地群眾奉為「神樹」，每逢病災之事，常有人到樹下點一根香，祈禱一番，並刮下一些樟樹皮熬湯給病人喝。此樟樹十多年前被洪水沖倒，當地百姓又在樹頭蓋廟祭祀。同安縣新圩鎮後坡黃氏宗祠旁有兩棵古樟，當地人稱之為「樟公」，農曆九月十一日為「樟公」生日，鄉人設宴請客，熱鬧非凡，為當地一年中三次「普渡」之一。壽寧縣托溪鄉也有一棵千年古樟，據《福建日報》報導：

---

46 施鴻保：《閩雜記》〈光澤樟樹神〉，卷5。

　　一九八五年五月二十日磜頭、溪州等村的六個婦女來到這棵老
樟樹前，燒香點燭祭拜「樹神」，祈求賜福。當時山上風大，她
們把香燭拿到朽空的樹洞裡燃點，火星燃著樟脂，火勢旺烈，
登時蔓延全樹……大火從當天下午三點半一直燒到翌日淩晨兩
點。素有「樟王」之稱的千年古樹毀於迷信，令人惋惜。[47]

畬民也崇拜古樹，樹前往往設有小廟供奉香火，若在樹前大小便觸犯
了樹神，要用肉、酒、豆腐等給樹神上供燒香。

　　在臺灣的民間信仰中，百姓相信神明鬼怪常常會徘徊飄蕩於草樹
林木之間，草樹林木因此而有靈異。另一方面，百姓認為古樹具有特
別旺盛的生命力，是因為有某種靈異，特別是對千百年以上的樹木，
稱之「神木」，奉之為「大樹公」、「樹王公」、「樹仔公」，甚至稱之為
「萬古聖公」。按樹種分類，有「榕樹公」、「松樹公」、「桂伯」、「烏
對公」、「茄冬公」、「刺桐公」、「龍樹王」等。其中，與福州一樣，榕
樹神是臺灣最為常見的樹神。臺南市安南區城子路有一棵大榕樹，善
男信女在樹下建造「榕王公廟」。嘉義東石鄉港乾厝也有一棵百年榕
樹，百姓稱之「神榕公」，傳說攀折它的樹枝、樹葉、長鬚，或砍傷
其樹幹，輕者腹痛如絞，重者當場斃命。乾隆年間，這棵神榕公突然
死去，百姓擔心它精靈不散，變本加厲，就用枯死的主幹雕刻一座神
像，並且立廟祭祀。臺南西港鄉「姑媽宮」祭祀李、紀、鄞、何四位
仙姑，宮旁有棵大榕樹，百姓稱之「神榕」，據說榕葉與紙錢合燃成
灰，泡成「神液」，潑灑信徒的屋宅臥室，可治百病。

　　臺灣的樟樹信仰也較常見，如臺南新化鎮的盤古廟，在主神盤古
的旁邊，陪祀的被百姓稱為「樟木王」樟木塊，傳說這是盤古開天闢

47　〈愚婦禱樹，古樟竟遭焚身禍〉，《福建日報》1985年6月29日。

圖六　臺灣榕樹公信仰

地用的斧頭木柄，很有神性。臺中后里的大樟木，被百姓稱為「樟公」。相傳在日據時期，有四個日本官員來砍此樟樹，以抽取樟腦油。當他們揮斧砍樹時，樟樹安然無恙，斧頭反而莫名其妙地砍在日本人腳上，第二天日本人就死去了。日本殖民政府以為此樟樹是神樹，再也不敢砍伐。

　　臺灣還有福建所沒有的「檨仔王」和「茄冬公」崇拜。「檨仔王」即「芒果王」，嘉義民雄鄉有座檨仔王廟，傳說「檨仔王」保佑嘉義芒果豐收。也有傳說「檨仔王」能使死去孩子復活：相傳一百多年前，有一位農夫扛著死去的孩子到田野埋葬，因為忘記帶掘土的工具，就把屍體放在檨仔樹下，回家取工具。等他回到檨仔樹下時，孩子竟然復活了。晚上，他做了一個夢，從夢中才知道，是檨仔樹神的保佑，使他的孩子復活，為了報答檨仔樹神的恩情，就建造檨仔王

廟。[48]「茄冬公」是屏東里港的神樹，傳說茄冬樹有靈氣，居住有「木神」，所以設壇供奉，祭祀進香。[49]臺中縣大里鄉的樹王村，有一棵茄冬樹寄生榕樹、樸樹、大抱樹、烏樹、便桃樹等多種樹種，百姓奉之為「樹王公」。八月十五是樹王公的生日，前一天，村人將寫有「樹王公千秋」的紅布條環繞樹幹，這一天，家家戶戶扶老攜幼，帶著月餅、水果、香燭、紙錢、鮮花等去拜謝「樹王公」。

　　除了古老的大樹往往成為百姓崇拜的對象外，一般的樹木百姓有時也賦予某種神力。如在閩臺廣大山區，大批砍伐山林的第一天，往往要燒香祭拜，祭畢才能動手砍伐。凡被祭祀過的大樹，都不能砍伐的，因為這種樹已不是一棵尋常的普通樹了。福建屏南、大田縣山民認為，應該留一棵樹給「看山王」，即山神歇腳用的窩，否則會觸怒山神，招來報復。至於風水樹不能砍伐，更是鄉規民約，絕對不敢觸犯。在閩臺民間，若小孩五行中缺木的，往往要拜古樹為義父，有的古樹的義子多達數十人，每逢過年，祭拜者不少。[50]

　　閩臺的樹神崇拜有這樣幾個特點：一是所崇拜的樹多是多年生的古老的蒼天大樹；二是所崇拜的樹多生長在居民區周圍，與百姓的生活關係密切；三是不少樹神經歷著從自然神向人格神的轉化；四是樹神多為陪祀神。

　　在農村，有穀神崇拜，又稱五穀神。農民深信五穀豐歉與五穀神的關係十分密切，福建各地農民非常重視「保禾苗」的祭祀活動。時間大多選在「五月節」，即端午節前後進行。一般要帶些香燭、紙箔到田頭，焚告土地神，祈求穀神保護水稻安康抽穗，直至豐稔。永定縣祭神隆重，要備雞、鴨、茶、酒及香燭去祭「田伯公」。華安縣是

---

48 吳瀛濤：《臺灣民俗》（新北市：眾文圖書公司，1979年），頁91。

49 凌志四主編：《臺灣民俗大觀》第4冊（臺北市：大威出版社，1985年），頁128-129。

50 詳見林國平主編：《福建省志》〈民俗志〉（北京市：方志出版社，1997年），頁21-23。

在農曆四月初六日，祭祀「稻母公」后稷，祭祀時要用地瓜、米糕當供品，寓意稻穀粒粒像地瓜一樣飽滿沉甸。連城縣廟前一帶，農曆四月要「打醮」保禾苗，擇日「打醮」，先從福壽庵抬出一尊菩薩，繞村遊行，到指定的田頭停下，一人採一株稻禾放在菩薩頭上，參加抬遊的男人都要在背上塗抹泥巴，並也塗泥在菩薩身上，叫「封泥」。當地人稱這尊菩薩為「五穀真仙」，是神話傳說中發明種植業的神農氏。祭祀後，再把菩薩身上的泥巴沖洗乾淨，爾後抬回宮廟中。

第三節　風、雨崇拜

中國自古以農立國，靠天吃飯，只要「風調雨順」，就意味「國泰民安」。而「天有不測風雨」，古人以為變化莫測的風雨分別由風神和雨師主宰，對於他們特別依賴。

在古人的觀念中，風與雨總是分不開的，風是降雨的重要條件，所謂「東風化雨」、「呼風喚雨」等等就包含此觀念。《風俗通義》〈祀典〉說風神：

> 鼓之于雨庭，潤之于風雨，養成萬物，有功于人，王者祀以報功也，戌之神為風伯，故以戌日祀於西北」。中國古代有以神鳥為風神的，有以山谷、洞穴為風神的，有以箕星為風神的，有以犬為風神的，後來有以風姨、孟婆、菡之仙、石尤、風伯等為風神的。[51]

閩臺處於東南沿海，經常受到風暴的侵襲，特別是沿海州縣的人民生活深受風暴的影響，對風神的崇拜十分虔誠，大多數州縣都建有

---

51 詳見向柏松：《中國水崇拜》（上海市：上海三聯書店，1999年），頁115-121。

風神廟。《閩雜記》〈颶母〉載：「今閩中濱海，諸處皆有風神廟，塑像多作老嫗。」宋元時期的泉州，為了使遠航的商船一帆風順，官方還經常在九日山延福寺、昭惠廟、通遠王祠舉行隆重的祈風儀式，一般十月至十一月舉行「遣舶祈風」，四月舉行「回舶祈風」，當時的地方官真德秀在〈祈風文〉中寫道：「惟泉為州，所恃以足公私之用者，蕃舶也；蕃舶之至，時與補與者，風也；而能使風從律而不衍者，神也。是以國有奠典祀，俾波濤晏清，舳艫安行，順風揚帆，一日千里，畢至而無梗焉。」[52] 把祈風的目的說得一清二楚。泉州九日山上至今還保存十三塊記載宋代祈風盛典的摩崖石刻，最早的是程佑之乾道四年（1168）的祈風石刻，最遲的是趙希侂咸淳元年（1266）祈風石刻，前後延續近百年。

圖七　祈雨儀式

52　真德秀：《真西山文集》〈祝文〉，卷54。

圖八　泉州九日山祈風石刻

　　在閩臺沿海地區，百姓相信一年中不同時間發生的風暴分別由某個具體的神靈掌管，並以這以神靈的名字來命名風暴，以示敬畏。列表如下：

表一　一年中風暴及發生時間一覽表

時間	風暴名稱	時間	風暴名稱
正月初四	接神暴	六月十八	彭婆暴
正月初九	玉皇暴	六月十九	觀音暴
正月廿九	龍神會暴	六月廿四	雷公暴
二月初二	白鬚暴	六月廿九	文丞相暴
二月十九	觀音暴	七月初十	神煞交會暴
二月廿九	龍神會暴	八月初三	灶君暴
三月初三	玄帝暴	八月十四	伽藍暴
三月初七	閻王暴	八月廿一	龍神大會暴
三月十五	真人暴	九月十六	張良暴

時間	風暴名稱	時間	風暴名稱
三月廿三	媽祖暴	九月十九	觀音暴
三月廿八	諸神朝上帝暴	十月初十	水仙暴
四月初一	白龍暴	十月廿六	翁爹暴
四月初八	佛誕暴	十月十四	水仙暴
四月廿五	龍神大會暴	十一月廿七	西嶽朝天暴
五月初五	屈原暴	十一月廿九	普庵暴
五月十三	關帝暴	十二月初八	諸神下降暴
五月二十	龍母暴	十二月廿四	送神暴
六月十二	彭祖暴		

　　臺南風神廟是臺灣唯一的風神專祀廟，建於乾隆年間，風神是按照中國民間傳說的風神形象塑造的：身披府袍，右手執如意，左手拿葫蘆形風壺。傳說風壺內裝滿天地之風，任其擺布。廟前有座「接官亭」，凡是從大陸來臺灣上任的官吏，均要由此亭登岸。登岸之後，必要到風神廟上香祭拜，感謝風伯相助才能平安抵達。官期任滿，登舟離開臺灣時，也要到風神廟祭拜祈禱，「祈神賜我一帆風順歸於故里」[53]。

　　古代的水利設施落後，旱澇災害頻繁，對農業生產影響最大。而閩臺沿海地區受太平洋季風的影響，旱澇災害經常發生，其中旱災的危害最為嚴重，在地方志書裡記載的旱災次數約占各類災害總數的七成。這種現實反映在宗教信仰上，則是眾多的神靈具有呼風喚雨的職能，如《八閩通志》〈祠廟〉記載的一一九座祠廟的主神中，有六十五位具有祈雨的職能。一旦旱災發生，各地祈雨之風盛行。

　　從祈雨的神靈對象看，除了各地的地方神外，還有龍、蛇、泥

---

53 凌志四主編：《臺灣民俗大觀》（臺北市：大威出版社，1985年），第3冊，頁135。

鰍、蜥蜴、龜、蟹、鰲、牛、犬、鶴、蜜蜂等等，其中最普遍的是向龍祈雨。古人以龍作為祈雨對象，顯然是受龍會興雲布雨的神話傳說的影響。從祈雨的主體來看，除了百姓外，地方官府也往往參與祈雨活動，有些官僚甚至把祈雨作為自己的職責範圍。

　　有關文獻記載不少官僚祈雨的事，僅宋代福建就有數十例。一些官僚還寫了不少祈雨、謝雨、祈晴、謝晴之類的祝文，僅真德秀一人就寫了數十篇這一類的青詞祝文。從祈雨的儀式看，官方組辦的祈雨儀式比較單一。通常由地方各級官吏率領百姓設臺求雨，前一日地方長官就得齋戒，並沐浴更衣；祈雨當天，官吏一律簡裝素服，列隊城南敵臺上，設壇祭拜，先由地方長官朗讀〈祈雨〉疏文，讀罷焚燒疏文於香爐中，等於將請求傳遞到天庭，接著眾官、百姓集體朝南天跪拜，並燃放鞭炮，焚燒紙箔，有的縣府官吏則帶百姓去城隍廟或龍王

圖九　祈求風調雨順圖

廟燒香求雨。閩南泉州、漳州等地，官吏求雨興披麻戴孝。「泉俗，每旱暵，輒用素服衣冠禱雨」[54]，表示與民同受煎熬。

　　民間的祈雨方式因地而異，主要有下面四種：

　　一是設臺祈雨。旱情嚴重時，鄉村的族長和鄉紳就會出面組織求雨，有時鄰近的幾個村也會聯合起來求。每村各戶都要出資捐錢，恭請一位法師建醮祈雨，地點一般選在地方的神廟前或空曠的場地。道士的穿戴均為白色，儀式的主持者也必須麻衣裹身。要穿孝服的理由很簡單，旱災哀鴻遍野，如喪考妣，一片淒慘的景象，只有用服喪的方式，才能充分表達黎民百姓遭受旱災的巨大痛苦，同時也容易打動上天神明，掉下幾滴憐憫與同情的淚珠。時辰一到，道士登上醮臺，開始念經作法事，乞求蒼天賜降霖澤，普救萬物，參加者三跪九叩，默念祈雨。過幾天若是喜降雨水，百姓奔走相告，當地人要在祈雨臺上，舉行隆重的謝恩儀式。醮臺上張燈結綵，點燭燃香，擺列有三牲、水果、茶、酒等供品，由道士行謝恩禮，傳告天神享用物品。有條件的農村還會用重金請來戲班，熱熱鬧鬧地慶賀一番。如果祈雨後幾天仍未見雨滴，則需請道士繼續打醮作法，一直到求得雨為止。

　　二是曬菩薩祈雨。一旦出現旱情，人們有時會怪罪到地方菩薩頭上去，因為不能保證當地人民的生產正常進行，就是地方神的失職，必須將尊神請出廟宇，置於烈日之下曝曬。一方面表示與民間同甘共苦，另一方面懲罰菩薩以觸動天庭起惻隱之心，目的也是祈求降雨。閩侯縣是敲鑼打鼓把「王天君」神像抬出來，放在田埂上讓太陽曬，當地人說，「王天君」受不住太陽光曝曬，就會命令「龍王爺」下雨，這樣就能求得雨。漳州有的鄉村是將「下莊王公」神像抬出來曬太陽，還把鬍鬚紮起來作弄它。莆田縣梧塘鄉是抬出水神讓它嘗嘗熱

---

54 乾隆《泉州府志》〈風俗〉，卷20。

浪炎氣的滋味。連城縣各鄉抬出當地菩薩曬曬太陽，同時出遊大路小道。古田縣抬出菩薩在十番樂隊的伴奏下，遊行一周，沿路農民焚香燒紙，求拜不迭，祈求菩薩顯靈恩賜雨水。不少地方曬菩薩有時與設臺祈雨同時進行，若在神廟前設壇焚香，一般就要將廟中的神像抬出來，放在一旁，陪曬太陽。

三是龍潭祈雨。龍王爺一向被認為是專司雨水的神，久旱無雨自然就得向它乞水。羅源縣山村大多流行「求龍祈雨」的習俗，整村的成年人成群結隊去幾十里外的百丈潭求雨。到了百丈潭，由吃素的老年人主持祈雨儀式，獻供品、點香燭，告知龍神來意，由一位公認孝子用繩子拴著龍瓶吊到龍潭中裝上水，孝子捧著龍瓶，敲鑼打鼓返回，前面由一隊舉著白旗的旗隊開道。到村裡後，將龍瓶放在搭好的龍臺上，再獻豬、牛等祭品，請法師做法事，一直到降雨為止，然後由孝子捧龍瓶送還百丈潭，把瓶水倒入龍潭，意思是讓龍王歸潭。漳州地方清代時由縣老爺帶領，一路風塵僕僕，嚎啕大哭去龍潭祈雨。連城縣叫「鬧龍潭」，把一隻白公雞帶到深山的水潭邊，將雞宰殺，讓血滴進水潭，祭祀龍神。長汀縣抬龍王神像去求雨。光澤縣有「打龍井」祈雨，實際上也是龍潭求雨。光澤縣司前鄉有座山，山上石壁裡有個深水洞，傳說是龍王爺的王府，名叫「龍井」。乾旱時，當地人以為是龍王在作祟，於是興師動眾，爬上山頂，紛紛投石於龍井中，發出「嗡嗡」的回聲，即為「打龍井」，亂石之下會迫使龍王出來降雨。

四是毒河化雨。漳平、大田、將樂等地還流行一種特殊的祈雨辦法，即「毒河」。旱災時，族長出面組織各家出資毒河，請地理先生選擇好河段，先舉行祭神儀式，擺開香案，上供豬頭、雞、鴨、水果等祭品。由一位能說會道的人裝扮成佛公的模樣，主持整個毒河儀式，他拈香求拜，禱告蒼天，請求賜降甘雨到某某河域。求拜後將預製的「魚藤精」（茶餅與其他誘餌料磨成粉末）灑入河中，以毒死河

中之魚。據說以此來懲罰龍王，殺死它的蝦兵魚將，就能激怒海龍王出來興風作浪，從而達到降雨的目的。但這種毒河極易污染水源，並通過人畜飲用成為傳染疾病的溫床。同時，毒死的大批魚蝦腐爛變質，嚴重破壞了水流中的生態平衡。

祈雨不但與龍王爺有關，還與雷公密不可分，自然界裡打雷下雨是司空見慣的事，人們很容易也把雷公看作專司降雨的天神。安溪縣就有農曆六月二十四日是雷公生日的說法，到時各家各戶要宰鴨，用新、舊米摻在一起蒸米粿，民謠曰：「新交舊，年年有」，用這些東西供奉雷公爺，祈求它多降雨，因為每年這時氣候乾燥，缺水少雨，容易造成乾旱。

張建彬曾詳細記錄臺北市大龍峒的祈雨儀式，十分有趣，摘要如下：

　　祈雨要請出當地寺廟的主神關帝、保生大帝、神農、土地公等，懇求上帝賜降甘霖。主神要脫去冠帶衣袍，剩下青色內衣和白褲，安放在廟庭或屋簷下曬太陽，表示與民共受災難。神座前擺放一些祭品，不斷焚香禱告。廟左邊設主雨壇，即在四方桌上，安放一口裝水的新水缸，用來請海龍王前來行雲作雨把它注滿。水缸前方貼一張寫有「五湖四海龍王五方行雨龍神到此罡」的兩寸寬的青紙符。旁邊豎立一枝數尺長的帶有竹葉的長青竹，中段掛著紙竹糊製的黑色單腳「商羊」（傳說中會引來大雨的鳥），上端掛著喪事用的「幡仔」紙旗。桌子前圍著喪事用的麻布衫。一切布置停當後，道士主持祈雨儀式，誦念〈祈甘雨疏表文〉。如果三天內下了相當數量的雨，舉行「謝壇」儀式，祈雨告結束。如果三天不下雨，就要通過卜杯，重新確定祈雨的日期、方向及其他事項，再行祈雨儀式。祈雨隊伍由穿喪服的兩名男子領頭，一般百姓隨後，神輿殿

後。大家唱著祈雨歌並三步一跪往前走。祈雨歌曰:「常嗟龜
兆破田疇,火日燒空水絕流,旱魃為災何太酷,商羊不舞實堪
憂,上帝慈悲應禱求,願沛甘霖生萬物,勃興禾稼赴時收,皇
天乞賜甘露雨,五穀豐登救萬民,哀哉,皇天乞雨救萬民。」
最後兩句要唱三遍。道士及拿著漁網的護師跟著隊伍,朝著河
邊走。任何人禁止戴帽、帶雨具、蓑衣等。隊伍抵達河邊時道
士頻頻誦咒(祝詞),吹號角請龍王興風作雨。這裡事先預備
了新火爐、竹椅子。竹椅倒過來,火爐放在中間,要使竹椅平
穩。另外取一把犁頭用火爐的炭火燒得通紅,燒前道士先誦
咒,待燒到認為差不多時將它拋入河裡,這時護師立刻用手中
的漁網網羅投入河裡的遺物。網到魚或蟹必定會下雨,趕快撈
起來拿到雨壇供奉,如果撈到蝦蜆,天將繼續乾旱,空網時把
事先準備好的雨蛙放進網中當做獵物帶回雨壇供奉。雨壇要盡
可能等到下雨,下到相當雨量後才謝壇。這時仍援例由道士奉
誦感謝疏,或主持者備文誦念。疏用黃紙寫,儀式結束後燒
毀。謝壇除花果之外也供奉牲醴,因為感謝上帝的恩賜,家家
戶戶要以牲醴犒賞神兵神將。[55]

　　只要對比一下歐陽飛雲在一九三七年記載的漳州祈雨儀式,就可
以很容易得出臺北市大龍峒的祈雨儀式與漳州的祈雨儀式同出一轍的
結論。歐陽飛雲的文章介紹了漳州地區的五種祈雨儀式,連高唱的
「祈雨歌」的歌詞都完全一樣。[56]

---

55 張建彬:〈關於乞雨的行事——臺北市大龍峒〉,《臺灣夜譚》第2輯,頁124-129。
56 歐陽飛雲:〈漳州祈雨的風俗〉,《中央日報》1937年6月3日,《民風》週刊第35期。

第四節　天、地崇拜

　　天地崇拜由來已久，對天的崇拜大約始於夏代，對地的崇拜可以追溯到原始社會，後來對天地的崇拜逐漸人格化。古人認為，「天地」是宇宙萬物的主宰，也是萬物生長發育的本源，所以「天地」是民間普遍信仰崇拜的一個主宰宇宙萬物的至高無上的神。然而，「天地」無邊無際，不便把它具像化，大多數廟宇沒有「天地」的塑像或畫像，只有「天地爐」來象徵無處不在、無時不靈的「天地」之神。

　　「天」作為至高無上的神是在地上有了至高無上的奴隸主國王產生以後才出現的，《尚書》〈召誥〉中有「有夏服（受）天命」的記載，商周時期形成了較系統的以「天」為核心的天命論，成為中國古代統治思想的支柱。歷代統治者自稱「天子」，代天統治人間，每年都要舉行極隆重的祭天典禮，並下令各州縣也要祭天，直到民國三年（1914）還頒布了《祀天典禮》。民間稱「天」為「老天爺」、「天老爺」、「天公」等，相信人間的一切禍福最終均由天定，在發跡通泰時，歡天喜地感謝它，遇到危難或不幸時，也總是要呼天喚地祈求它。無論什麼祭奠，都少不了要先拜「天地」，再拜其他神靈。

　　由於「天」是無形的、渺茫的，面對茫茫的「天」進行祭祀，心裡總覺得不夠踏實。後來，百姓把「天」人格化，認為天庭上居住著眾多的神靈，最高統帥是玉皇大帝，玉皇大帝就是「天」的化身，所以各地有數量眾多的玉皇廟、玉皇閣。一九八一年，臺灣有八十一座玉皇廟，其中臺北市木柵指南宮右後方的靈霄殿最具規模，它富麗堂皇，集民間藝術之大成。彰化市天清觀建於乾隆二十八年（1763），由晉江、南安、同安、安溪、永春、德化、惠安等泉州籍移民共同出資建造。

　　閩臺民間以正月初九（有的地方是五月十六）為「天公生」，家家戶戶要備辦豐盛的祭品來祭祀。長汀縣幾乎家家戶戶在天井旁放置

一張四方桌，稱「天地桌」，虔誠者每天燒香禮拜。在臺灣民間，「無不敬天，無不崇祀上帝，朔望必祈，冠婚必禱，刑牲設醴，主腆至誠」。[57]特別是正月初九這一天，從午夜零時起，到當天淩晨四點止，都是舉行祭典的時間。由於玉皇大帝至高無上，臺灣人很敬畏他，所以極少有供奉其神像的，於是只有在神壇上立牌位進行膜拜，在臺灣就連以玉皇大帝為主神的寺廟中，一般也很少能看到玉皇大帝的神像，而只有供奉香爐，臺灣人稱之為「天公爐」。「天公生」這一天，每家都在正廳前面設祭壇，一般是用兩張桌子搭起的，分為上下兩層，上桌供奉天公座，備有柑、桔、香、甘蔗、蘋果五種水果，另有金針、木耳、香菇、菜心、豌豆等六齋，下桌則各備有五牲，供奉玉皇大帝屬下眾神。至午夜，全家無論老幼，都必須衣冠端正，按尊卑依次上香，同時每個人都要很莊重的行三拜九叩禮，之後大家就都跪在正廳內，燒一種稱為「大壽」的金紙。此外，凡是有不滿十六歲男童的家庭，就要製作和男童年歲相同的「燈座」來燒。人們認為男子是天公所賜，以燒這種燈座的方式來表達對天公的謝意。在這一天，往往還要通宵達旦地演戲歡慶，稱為「天公戲」。在這一天臺灣民間還有許多禁忌，一般人都認為，玉皇大帝誕生祭這一天是最可怕的，所以大小便器和婦女的內衣等不淨之物，一律不得拿到外面去，以免被天公看到，而觸犯了大不敬之罪，供奉玉皇大帝的五牲中的祭品，不准用母雞，只能用公雞或閹雞，同時也不可發出穢言穢語，害怕因此而招致上帝的「天罰」。[58]

　　土地是農業賴以發展的基本條件，在古人看來，土地能生長五穀，供人享用，給人類的恩惠莫大於焉，因此，就塑造出主管五穀的土地神。土地神起源於古代的社，所謂「社為五土之祇，稷為原隰之祇，

57 連橫：《臺灣通史》〈宗教志・神教〉，卷22。

58 凌志四主編：《臺灣民俗大觀》（新北市：大威出版社，1985年），第3冊，頁94-95。

能生五穀，有功于民，故祀之」[59]。隨著社會的發展，統一王朝的出現，抽象化的土地之神的地位已大大下降，自然崇拜的色彩已漸漸消失，轉而變為具有人格化的土地神，民間稱為「土地公」、「土地爺」或「福德正神」等，其神像多是衣冠著帶，白鬍鬚，手持金銀寶，完全是一副福壽相。據說最早的人格化的土地公是漢代的蔣子文，他曾做過秣陵尉。一天，抓捕盜賊追到鍾山下，盜賊擊傷了他的前額，不一會兒就死了。到了孫權建立東吳政權的時候，蔣子文顯靈說：「我應當做這兒的土地神，為下界百姓造福，你可以向百姓宣傳，給我立廟，否則會有大難臨頭。」於是孫權派使者封蔣子文為土地公。

　　土地公的職能雖然與百姓的生活最為密切，但他是諸神中最低級的小神，經常獨自一個人居住在人們為他搭蓋的小廟裡，後來有好事者也許是怕他寂寞，就給他配了一位夫人，稱為土地婆或土地奶奶。在農村的田頭地角，屋前宅後，街頭巷尾，經常能看到寫有「福德正神」的小石碑或小石龕，那就是土地公廟，數量之多為各種神廟之冠。幾乎每家每戶都有供奉「福德正神」，甚至連豬欄牛圈也有土地公守護。民間傳說二月初二是土地公的生日，也有的說是六月初六或臘月初八。人們在土地生日這一天殺雞宰羊，祈求土地保佑人間五穀豐登。古時農家祭土地公一般在立春、立秋後的第五個戊日，儀式比較隆重，分別是祈求和答謝土地公賜予的五穀豐登，稱「春祈秋報」。有關文獻記載很多，如福建建寧各地建有里社，稱社公，「春禳災，夏保苗，秋報功，總名曰神會」[60]。長樂縣各地的社廟，左祀土神，右祀穀神，春秋二季必禱於此。長汀府春祈時，各坊社「以金珠錦繡裝扮故事，鼓樂迎神，是晚，建醮祈歲大稔」[61]。閩南地區災春秋二

---

59 乾隆《福清縣志》〈祀典志〉，卷7。

60 民國《建寧縣志》〈祀典〉，卷6。

61 乾隆《長汀府志》〈風俗附歲時〉，卷7。

圖十　閩臺土地公隨處可見

祭時，還經常演戲酬謝土地公，所謂「曲巷通衢，梨園相望」[62]。後來，春秋祭社逐漸形成一種節日般的集會，叫「社會」。近代以來，農民在每月初二、十六要燒香祭祀土地公，俗稱「做牙」或「牙祭」。「做牙」除二月初二的「頭牙」和十二月十六的「尾牙」比較隆重外，其他祭日的祭禮簡單，祭品也不太講究。

　　土地公信仰，全國各地大同小異。臺灣的土地公最早也是由大陸移民帶去的，因為早期的移民，多從事農耕生產，他們終年開墾土地，所以把土地公當作自己土地的守護神來奉祀。最初奉祀土地公都利用自然岩石或大樹，並且在岩石上或大樹下綁上紅布條或紅紙，上書「福德正神」，便加以崇拜。後來演進到利用一塊上好的木板刻上「福德正神」，再由爐主輪流帶回家奉祀。最後演進到由各村落共同籌建土地公廟。[63]

62　乾隆《海澄縣志》〈風土志〉，卷15。

63　林金一：〈「土地公」在臺灣〉，詳見董芳苑編著：《臺灣民間宗教信仰》（臺北市：長青文化事業公司，1980年），頁188-189。

圖十一　閩臺虎爺信仰

　　臺灣的土地公的神像通常是衣冠束帶，臉頰豐滿，一副福壽相。在山林中供奉的土地公，多騎著老虎。在閩臺民間，老虎被稱為「虎爺」，是土地公的腳力，一切要聽從土地公，沒有土地公的許可，不敢傷害人。閩臺許多土地公廟的神桌下安置一尊老虎，賭徒相信其張開大口象徵把錢財咬進來，故賭徒經常拜虎爺。小孩患腮腺炎，傳說只要在孩子臉上畫「虎」字，即可消腫。

　　關於土地公的來歷，臺灣民間有多種說法。或傳說土地公為周朝一位收稅官，叫張福德，為人公正，能體恤百姓的困苦，做了許多善事。但他死後，接任的稅官，上下交征，無所不欲，民不堪命，這時人們想起了張福德為政的好處，於是就建廟祭祀，取其名而尊為福德正神。比較流行的另一傳說是：土地公原名張明德，是周朝人，為上大夫的家僕。主人在京任職，其愛女思父心切，每日以淚洗面，張明

德看了心裡難過，於是就不遠萬里護送小姐進京尋父。不料在途中遇
到下大雪，天寒地凍的，小姐身體虛弱，幾乎快要被凍死。張明德就
脫下自己的衣服給小姐穿上，而自己卻被凍死了。天上的瑤池主人金
母娘娘，見張明德捨身救弱女，深明大義，感其心術善良，就封他為
福德正神，即成為後人所稱的土地公。

　　臺灣人對土地婆並不怎麼尊敬，有些人甚至把她稱為惡婆。民間
傳說：玉皇大帝派遣土地公下凡保佑人民時，曾問土地公有什麼抱
負，土地公回答道：我希望人世間個個富有，人人過著快活的日子。
土地婆卻出面反對：人們應該有貧有富，才能各得其所，社會才會秩
然有序。土地公說：那樣的話，貧窮的人豈不太可憐了？土地婆反駁
說：沒有窮人，那將來我們的女兒出嫁，誰來抬她的花轎？土地公無
話可答。因此，世界上才有貧富貴賤之分。土地婆為了將來嫁女兒時
有人抬轎子，而不想人人都富有，實在是私心太重，難怪臺灣人對土
地公倍加崇敬，而對土地婆則很少有人去供她，土地公祠裡，也只有
少數供有土地婆的神位。[64]

圖十二　土地公和土地婆

---

[64] 林金一：〈「土地公」在臺灣〉，詳見董芳苑編著：《臺灣民間宗教信仰》（臺北市：
　　長青文化事業公司，1980年），頁197。

　　臺灣的土地公廟的數量最多，據丸井圭治郎《臺灣宗教調查報告書》統計，一九二八年臺灣有土地宮廟六六九座，占臺灣省寺廟總數的百分之十九點二五。土地公在臺灣民間有如此大的影響力，與臺灣特殊的地理環境有密切關係，據臺灣學者分析，主要原因有：

　　一是先民們深信人們的衣食住行都離不開土地，人們對土地的恩惠懷著無比感激的心態，並祈求土地公能保佑年年五穀豐登，六畜興旺。

　　二是臺灣山地面積占四分之三，山勢峻陡，河川短促，山洪暴發時，平原易遭災；稍久不下雨，又容易發生乾旱。無論是旱災還是水潦，都要請土地公保佑風調雨順，五穀豐登。

　　三是臺灣素有「三年一反，五年一亂」之說，內憂外患，社會動盪不安，促使先民們更要依賴和他們最為親近的土地公的威靈，來度過重重難關。

　　四是臺灣氣候潮濕炎熱，瘟疫等傳染病經常發生，危害極大，先民一籌莫展，只好祈求土地公的神力法術來鎮壓病魔。

　　五是土地公在臺灣兼有財神的職能，凡是與財運有關的，常常要土地公保佑。商人、礦業、漁業、金融夜、手工業等都供奉土地公，甚至連賭徒也崇拜他。

　　六是土地公的職權廣泛，村莊鄰里，民家住宅，田頭田尾，甚至墳場墓地，都由土地公管轄。特別是土地公的祭祀儀式簡單，很受百姓的歡迎。[65]

第五節　石頭崇拜

　　石頭崇拜早在原始社會時期就已存在。石器時代，人們把天然的

---

65 林金一：〈「土地公」在臺灣〉，詳見董芳苑編著：《臺灣民間宗教信仰》（臺北市：長青文化事業公司，1980年），頁189-190。

石塊磨製成各種各樣的形狀，用於狩獵、宰殺禽獸、切割獸皮、砍樹等等，作為主要工具的石器對人們的生產、生活起著極為重要的作用，所以原始人對石器懷有特殊的感情，死去時往往把石器作為隨葬品。特別是燧石摩擦起火的發現，給原始人的生產和生活帶來了極大的方便。但是原始人並不知道燧石摩擦起火的真正原因，以為這種石塊具有的某種靈性，就把它作為神石崇拜。

閩臺多山，有山必有石，千奇百怪的石頭引發先民們豐富的聯想，他們把石頭分為「死石」和「活石」，認為多數石頭是死石，供人們作為生產和生活的基本材料，少數有「靈性」的石頭是活石，沖犯活石就要遭殃，因此對一些活石進行崇拜。

閩臺的石崇拜在形式上主要有兩種：一是崇拜原生形態的石頭，二是對石製品進行崇拜。

崇拜原生形態的石頭，多是一些形狀怪異、功能特殊的石頭。福建連江縣有座名叫靈津侯廟的宮廟，俗稱浮石王廟，因鄉人看見一塊大石頭漂浮在水面，以為有神靈依附在上面，遂建廟祭拜這塊石頭，香火頗盛。[66]建陽崇泰里有「仁」、「義」石兩塊，鄉民「歲時祀之」。[67]建陽辰山的牛心洞內，廣可丈許，深不可測，「中懸一石如牛心」，遇到乾旱，當地百姓來洞中求雨，「以紙向石擦之，須臾，水滴如汗，乃盛以淨器，致鼓東引歸，謂之迎仙，甘雨隨至」[68]。閩清縣西十二都有塊龍爪石，「其石穹然，下有澄潭，紫雲時見。相傳昔嘗禱雨于此，有龍懸一足于石，大雨隨至，乃立祠祀之，匾曰紫雲堂」[69]。類似的例子在方志中隨處可見。

臺灣以石頭為主神的廟宇多達十一座，如花蓮鳳林鎮鳳義里的石

---

66 黃仲昭：《八閩通志》〈祠廟〉，卷58。

67 黃仲昭：《八閩通志》〈地理〉，卷6。

68 黃仲昭：《八閩通志》〈地理〉，卷5。

69 黃仲昭：《八閩通志》〈地理〉，卷5。

頭公廟、臺南赤山岩廟、嘉義縣的三台宮、宜蘭縣冬山鄉的神石廟和石聖公廟、南投鎮茄苳腳的石頭公廟、臺中縣神岡鄉的振興祠等都供奉石頭為主神，每一塊靈石都有一段神話傳說。[70]苗栗縣苗栗鎮義民巷義民廟旁有一個石母祠，裡面供奉石母娘娘香位。據當地鄉老說，年輕父母常常領著幼兒到此廟禮拜，祈求石母娘娘保佑孩子健康和幸福，也有將孩子許給石母娘娘做乾兒子、乾女兒的。俗信石頭具有使幼兒腦袋堅固的神力，生兒三天和滿月時，臺灣有送油飯給親朋的習俗，親朋收到油飯後，要在送來油放的盤子上回送一塊石頭，祝願幼兒腦袋如石頭堅固，健康成長。南投鎮茄苳腳的石頭公廟，供奉的石頭是嘉慶年間一群孩子遊戲時，將其作為偶像參拜。據說，其中一個孩子突然神靈附體，作出童乩狀，百姓就把這塊石頭奉祀在廟內。宜蘭縣冬山鄉的石聖公廟供奉的石頭，是一塊搬到別處後又會自動回到原處的據說已經通靈的怪石。[71]

對石製品的崇拜，包括對石獅、石虎、石人、石敢當等崇拜，其中石敢當崇拜最具特色。

所謂石敢當實際上是在一塊石條上雕刻「石敢當」，豎立在巷道要衝或居家門口，俗信能去煞。褚人獲《堅瓠集》：「人家門戶，當巷陌橋樑之衝，則立小石將軍，或植石碑，鐫字曰：石敢當，以厭禳之。不知起于何時……其名始于西漢。」據文獻記載：宋朝慶曆年間（1041-1048），有一位叫張緯的福建莆田縣地方官，在翻修他的衙署時，在地裡挖掘出了一塊石頭，上面鐫刻著「石敢當，鎮百鬼，厭災殃，官吏福，百姓康，風教盛，禮樂張。唐大曆五年，縣令鄭押字記」[72]。說明至遲在唐代福建就有石敢當崇拜了。民間傳說：在五代時，劉智遠為後晉的押衙，後晉高祖與唐愍帝談判時，劉智遠派勇士

---

70 詳見劉昌博：《臺灣搜神記》（臺北市：黎明文化事業公司，1981年），頁35-39。
71 吳瀛濤：《臺灣民俗》（新北市：眾文圖書公司，1979年），頁91、96、98。
72 王象之：〈輿地碑紀要〉。此石敢當藏於福州市圖書館。

石敢當保護高祖，石敢當就袖藏鐵槌侍候在高祖左右。後來雙方發生了衝突，石敢當拚死保護高祖，此時劉智遠也率眾殺入，擊退了敵兵將，但石敢當在戰鬥中犧牲了。據說石敢當生平能夠逢凶化吉，禦侮防危，死後也定能鎮邪鬼，所以人們就把他的名字刻在石頭上，立於門外以擋百鬼。

　　後來，人們又在石敢當前加了「泰山」，寫成「泰山石敢當」、「敕令泰山石敢當」，以增加神力。民間有兩種傳說：一是康熙年間，有個叫拜音達禮年的將軍，認為自己的官邸與浮圖相通，不利於居住。他有一次路過江西時，就到道教聖地龍虎山去求教，有一赭衣道士就告訴他，你的房子是有點邪，不過只要用幾個字就可以避邪，這位道士要來紙筆寫下「泰山石敢當」五字，落款是「純陽子」，也就是呂洞賓。將軍回到家中，就把字貼於石頭上以鎮邪。另一是，康熙年間，在廣東徐聞縣發生了一件怪事，連續到任的幾個知縣，在他們上任還沒幾天就異常死亡。後有一姓黃的知縣知道這件事，上任時就帶了一名風水先生同行。風水先生經過觀察後發現，該縣有一座寶塔，它的影子正好落在縣太爺的公座之上，以前的那些知縣因為不能

圖十三　　臺灣石頭公信仰

經受住寶塔的壓力而死亡。於是風水先生就建議在縣衙的前面立塊石碑，刻上「泰山石敢當」五字，用泰山的力量頂住這座寶塔，此後就再無類似的事發生了。

閩臺民間害怕惡煞甚於鬼魔，因此有「鎮百鬼，厭災殃」和「去惡煞」功能的石敢當很受百姓的崇拜。一九四〇年，日本梅江田正孝先生在廈門島（不包括鼓浪嶼）做了一次調查，發現各種類型的石敢當六十五座，其中嵌入牆內的有四十座，立於地上的有十三座，上頭雕刻獅頭的六座，獅頭上寫有「石獅敢當」的三座，書寫「泰山石敢當」的一座，刻有八卦圖的一座。以上均為石材製成。他還發現木製的釘在門楣上的石敢當。[73]近半個世紀以來，隨著科學的普及和民宅的變遷，石敢當已不多見，近幾年我在福建省各地的田野調查中，順便拍攝到石敢當就有二十多座，其中大多是古代遺留下來的，也有新近製作的。有石製石敢當，也有木製石敢當。

圖十四　石敢當信仰

73 梅江田正孝：〈廈門的石頭與驅邪〉，《臺灣夜譚》第2輯，頁186-187。

　　臺灣石敢當信仰「是清朝轄臺初期，從大陸流傳來的迷信之物，到處都有」[74]。甚至連製作石敢當的石材（浦石，俗稱廈門石）也是從閩南運去。「日本占臺後，因為市區改編房子改造等原因漸瀕消失。」[75]據石陽睢先生調查，一九四三年臺南有五座石敢當，其中橫寫的二座，豎寫的三座。[76]據說，石敢當只能在冬至後的甲辰、丙辰、戊辰、庚辰、壬辰和甲寅、丙寅、戊寅、庚辰、壬寅這十天中的某一天豎立，才有驅鬼鎮魔壓煞的功能，因為「辰」和「寅」分別代表龍和虎，妖魔鬼怪不敢接近。

第六節　生殖崇拜

　　生育神崇拜的最初形態是生殖崇拜。生殖崇拜又稱性崇拜，是指對生殖器官的崇拜。在原始社會，人們還不瞭解人類生育繁衍的奧秘，最初以為是母體吃了什麼仙物或受到什麼天神現象的感應而生兒育女的，繼而對女性生殖器進而崇拜。到了父系社會，人們又以為男根就是人根，產生了對男性生殖器的崇拜。考古發掘中發現的大量陶祖、石祖就是男性生殖器的造像，象徵生殖繁衍之神。《禮記》中「人本乎祖」的「祖」字本義是指男根。後來又有了女性生殖器的崇拜。這種生殖崇拜在後世又往往物化為原始祖石。

　　閩臺地區有許多生殖崇拜的遺跡。明代福建連江縣陀市北十里許的朱公橋下，有一根石筍，象徵男根，謝肇淛《長溪瑣語》載：「橋下有石筍崛起，如男子勢，里婦妊者取石子遙擲之，中必生男也。」在武夷山有多處生殖崇拜遺跡，五曲晚對峰有塊開裂的石頭，名叫黃宴石，俗謂是女陰的象徵。換骨岩對面有塊名叫「和合岩」的石壁，

74　石陽睢：〈臺南的石敢當〉，《臺灣夜譚》，第3輯，頁58。

75　石陽睢：〈臺南的石敢當〉，《臺灣夜譚》，第3輯，頁58。

76　石陽睢：〈臺南的石敢當〉，《臺灣夜譚》，第3輯，頁58。

俗謂也是象徵女陰，舊時久婚不育的婦女，往往要來此許願乞求生男育女，若如願以償的話，還要帶祭品來此還願。在漳浦綏安鎮也有塊形似女陰的石頭，不孕婦女備辦香果來此求拜的還不少。東山島的銅陵關帝廟附近，至今還有一塊巨大的女石陰，刻有陰核、陰毛、陰唇、陰道，惟妙惟肖。島民對這個女陰供奉敬拜，常有人攀上去撫摩

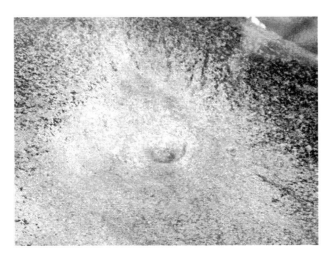

圖十五　福建東山銅陵關帝廟附近的女石陰崇拜

祈子，所以石面被磨得十分光滑，磨得最光滑的是長圓形的陰道口。在陰道內還有一些祈子者故意投擲進去的小石頭，俗信只有將石頭投進小穴，才能生子。

　　泉州也保留著較多的生殖崇拜遺跡，且多與印度教有關。泉州浮橋附近龜山上，豎上著一根高近四米，由七節花崗石壘疊而成、形似男性生殖器的石條，俗稱「石筍」。此物至遲在北宋就豎立在這裡，古人早已認為它象徵男根，如明代詩人黃吾野的詩句中就有「一片雲根天琢成」，「雲根」即指男性生殖器，比較含蓄地表達出來。民間盛傳，凡是不育的婦女，朝拜這石祖，就會懷孕生育。在泉州元代番佛寺遺址、泉州南郊池店鄉等地，發掘出多塊印度教中象徵生殖崇拜的

「濕婆」神像，說明宋元時期外來的生殖崇拜傳入泉州。漳州市區東
側一幢居民院子內，有一支據傳是先秦遺物的「石筍」，下半部分埋
入土中，上半部分露出地面約一點五米。該「石筍」自古以來一直被
當地群眾奉為生殖崇拜的聖物。臺灣西拉雅族在公廨和家屋內供有若
干陶壺，稱「阿立祖」，象徵女陰、陰神。

圖十六　象徵男性生殖器的泉州浮橋石筍

　　古老的生殖崇拜習俗在閩臺一些鄉村保存下來。在福建長汀縣近
郊的朝斗岩大雄寶殿後有一洞穴，洞中供奉有一尊俗名「吉祥哥」的
石雕裸體男童神，這裡香火不斷，許多母親帶著久婚不孕的女兒，或
婆婆帶著不育的媳婦來此燒香禮拜。拜畢，母親代女兒祈禱，口念：
「吉祥哥，吉祥哥，聰明伶俐福氣多；請你勿在廳中坐，保佑伲
（我）女生個靚阿哥。」邊念邊伸手「吉祥哥」的生殖器（俗稱「雀
雀」）上，刮下一些石粉末，像寶貝一樣用紅色紙包裹，帶回沖茶給
女兒沖服。俗傳喝了此茶，就會生育。由於來刮石粉末的人多了，久
而久之，那根「雀雀」由長變短，由短變無，寺院裡的和尚為了滿足

香客的願望，就用黏土為「吉祥哥」補上一根「雀雀」。在閩西山鄉的一些寺廟裡，「吉祥哥」大多為木雕，身穿紅色花衣，著開襠褲，胸前掛一香袋，久婚不育的婦女在禮拜祈禱往往要往香袋裡塞一個「紅包」，作為賜子的犒勞。那些盼子心切婦女，也顧不得害羞，大聲禱念，觸摸「雀雀」後才歡欣雀躍地回家去。在上杭紫金山上麒麟殿前的天井邊豎有一塊「摸子石」，高約零點八米，直徑零點二米，呈圓柱形，象徵男根。當地不孕婦往往在暮色蒼茫時刻，悄悄地來到「摸子石」邊，解開上衣，把肚皮在「摸子石」上摩擦數下，而後扣好衣服，赧然地匆匆離去。她們相信，這樣就會生出一個白胖胖的娃娃來。舊時寧化城隍廟內右側有一花神，「無子求嗣者趨之」[77]。

---

77 民國《寧化縣志》〈禮俗志〉，卷11。

第三章
祖先與行業祖師崇拜

　　祖先崇拜是一種在血緣親屬支配下的宗教活動，它以與自己有血緣關係的鬼魂為崇拜對象，崇拜者對祖先的鬼魂有祭祀的義務，而祖先鬼魂則被當做崇拜者的保護神受到祭祀。特殊的社會歷史條件決定了閩臺地區的家族制度特別發達，與家族制度相適應的祖先崇拜也十分盛行，林立的祠堂、頻繁的祭祖活動、繁縟的祭祖儀式，共同構成了閩臺民間文化的重要內容。在歷史上，祖先崇拜不但增強了家族的團結，客觀上推動了閩臺地區的經濟開發，而且還拓展為民族的凝聚力，成為聯結海峽兩岸血濃於水的骨肉親情關係的重要紐帶。

　　行業祖師是隨著社會分工而產生的，在一定的歷史時期內隨著行業的增多而發展。行業祖師十分龐雜，有一個行業奉祀一個行業祖師的，也有一個行業奉祀幾個行業祖師的，還有幾個行業奉祀同一個行業祖師的，不同地區的行業祖師也不完全相同。行業祖師的由來主要有三種：一是傳說中的行業創始人，如軒轅氏、嫘祖、蒙恬、樂毅等；二是行業的能工巧匠和與該行業有特殊關係的知名人物，如魯班、杜康、華佗、張飛等；三是對某行業有保護職能的仙佛，如太上老君、鬼谷子、呂洞賓、藥王菩薩等。福建人多地少，雖勤稼也難濟一年之食用，特別是沿海地區封疆迫狹，田畝不足耕耘，許多人轉治百工，「地狹人稠，行賈寡出疆，仰粟于外，上吳越而下廣東，百工技藝，不能為天下先，敏而善仿」[1]。因此，行業祖師崇拜也相應比較發達。

1　何喬遠：《閩書》〈風俗‧泉州府〉，卷38。

第一節　祖先崇拜

漢代以後，中原地區由於受到外族的經常入侵，戰亂不止，人口頻繁遷徙，促使社會成員多次重新整合，猛烈地衝擊了聚族而居的傳統。特別是唐代，士族門閥制度經過魏晉南北朝的極盛逐漸走向衰亡，使世閥門第觀念大大淡薄。而在福建，西晉後陸續遷徙入閩的漢人多是舉族而來，利用宗族的集體力量來克服遷徙途中所遇到的種種困難。入閩後，漢族大多聚族而居，依賴家族的力量來求得生存和發展，所以家族門第制度受到高度重視。志稱：「故家巨族自唐宋以來，各矜門戶，而客姓不得雜居其鄉。」[2]宋代以後，福建一直保持著聚族而居的傳統，家族制度也較中原地區更加嚴密和完善。明末以後，閩人又大批東渡臺灣，同樣為了在新的環境中求得生存和發展，「往往是同鄉同族結伴而行，或是先後渡臺的同鄉同族相互援引，因而從一開始即已形成同鄉同族相對集中的趨勢。清中葉以後，在一些開發較早的地區，不同祖籍及族姓的移民之間經常發生『分類』械鬥，勢力較弱的一方往往被迫遷徙到同鄉同族人數較多的地區，這就進一步促成了同族聚居規模的擴大」[3]。有些地方的同族聚居的規模即使與福建東南沿海地區相比，也並不遜色。

聚族而居，客觀上要求加強家族制度。因為只有加強家族制度，才能維繫家族內部團結，增強家族的凝聚力，進而在和其他家族競爭中處於有利地位，所以，唐宋以後，當北方的家族制度日見鬆弛時，福建地區的家族制度卻日趨嚴密。明末以後，福建嚴密的家族制度隨著移民移植到臺灣，構成了閩臺文化的重要特色之一。

2　光緒《福安縣志》〈風俗〉，卷15。

3　鄭振滿：《明清福建家族組織與社會變遷》（長沙市：湖南教育出版社，1992年），頁199-200。

圖一　閩臺祠堂隨處可見

維繫家族內部團結，增強家族凝聚力，除了嚴密的家族制度外，祖先崇拜是其最重要的思想支柱。在閩臺民間，祖先崇拜是最為普遍的一種宗教信仰，無論是大宗家族或小姓弱族，都建有祠堂以祭祀列祖列宗，所謂「家家建追遠之廟，戶戶置時祭之資」[4]，祠堂林立成為閩臺社會的一大奇觀。

祖先崇拜集中在祭祖活動上，閩臺民間祭祖活動不但十分普遍，而且相當頻繁，形式也多種多樣，志稱：「民間祭祝之禮，如富戶有建祠堂者，歲以春冬致祭。春二月祭，冬十一月冬至日祭。均用帛白、羊豕、牲醴、酒席、粿品、果子等物。其餘民間常祭之禮：正月上元祭，二月清明祭，三月三日節祭；若墓祭之禮，亦於二、三月舉行焉。五月端午祭，六月半年祭，七月中元祭，八月中秋祭，九月重陽祭，十一月冬至祭，十二月杪除夕祭。又有正忌辰、免忌辰（祖先卒日謂正忌，祖先壽辰為免忌）。祭品牲醴、酒席、龜粿、飯、米員

4　乾隆《上杭縣志》〈風土〉，卷11。

（即湯圓）、角黍、月餅、果子、香燭、紙錢等物，隨家道之厚薄焉。此民間祭祖先之典禮也。」[5]歸結起來，閩臺民間祭祖活動主要有以下三個類型：

一　家祭

家祭是指以家庭為單位在居室內設龕祭祖。家祭的對象因時代不同有新變化。先秦時代，庶民不許立廟祭祖，只允許在寢室裡祭祀父親的亡魂，所謂「庶人祭于寢」[6]。秦漢以後，平民百姓的祭祀對象增加為祖、禰兩代。到了宋代，平民百姓的家祭又增至高、曾、祖、禰四代。由於家祭在廳堂中進行，祭祀的對象也限於近親祖先，所以祭祀的規模一般較小。但另一方面，由於祭祀者與近親祖先的關係比較密切，大多數人曾與近親祖先一起生活過，並在他們的哺育下成長起來，對近親祖先有著特殊的感情，加上在廳堂中就可以祭祀，十分方便，所以家祭的次數最多，祭祀者的感情也最投入。

家祭有定時祭和非定時祭之分。定時祭是指在近親祖先的生、忌日和傳統節慶時的祭祖活動。在生、忌日祭中，人們又比較重視忌日祭。這一天，家人要沐浴更衣，在家長的率領下依序肅立於祖龕前，舉行簡單的祭典，諸如供上若干祖先生前喜愛的菜餚，點燃香燭，焚燒紙錢，跪拜祈禱，等等。有些文人士大夫還要撰寫祭文，在祭典上誦念焚化，並要穿素服，行三獻禮，「是日不飲酒，不食肉，不聽樂，素服以居，夕寢于外」[7]。在臺灣，祖籍是漳、泉、客的百姓均有做生日祭之俗，但至今無定規，或在親人死後做一次就可以，或要

5　光緒《安平縣雜記》〈官民四季祭祀典禮〉，《中國方志叢書》第36種（臺北市：成文出版公司），頁34。

6　《禮記》〈王制〉，卷4。

7　民國《南安縣志》〈風俗〉，卷9。

做三次，或逢大壽才做，有的要做到一百歲為止。

傳統年節的家祭主要安排在春節、元宵、端午、中元、冬至、除夕等日子裡進行，志稱：「忌辰、生辰而外，元宵有祭，中元、除夕皆有祭。端午則薦角黍，冬至則薦米圓。」[8]至今臺灣家祭仍沿襲傳統，在春節、元宵、三日節（三月初三，又稱上巳節）或清明、端午、六月初一或十五、中元、中秋、重陽、冬至、除夕等節慶要祭祀祖先，與志書記載基本吻合。其中以中元、冬至和除夕的家祭最為普遍和隆重。

農曆七月十五的中元節，閩臺又稱「鬼節」，傳說這一天地獄門開啟，陰間裡的孤魂野鬼紛紛到陽間求食，各地都要舉行盛大的祭典，超渡亡魂，稱之「普渡」。與此同時，家家戶戶還要舉行祭祖活動，明代謝肇淛指出：「閩人最重中元，家家設楮陌冥衣，具列先人號位，祭而燎楮陌。」[9]福州的中元節祭祖多在中午進行，除了焚化紙錢外，還有焚化紙衣之俗。所謂紙衣，實際上是刻印各種古代服裝圖案的小方白紙，十張折成一疊，再用印有紅色圖案的黃紙包好，俗稱一袱。黃紙正中寫一「念」字，兩旁寫著「追念先祖，庇佑子孫」的字樣。俗信焚化紙衣可供祖先在陰間穿戴，不至於受冷。閩南「有月半不回無祖」的俚語，意為七月半不回家祭祖就是數典忘祖。所以出外謀生的人，無論遠近都要趕回家祭祖。道光《廈門志》〈歲時〉載：「中元各祭其先，焚五色紙。」夾注說：「楮畫綺繡，云為泉下送寒衣。」興化府「最重中元節，家設楮帛冥衣，具列先人號，祭而燎之。至莆中則又清晨陳設甚嚴，子孫具冠服出門，望空揖讓，磬折導神以入祭，畢復送之出」[10]。這一天，出嫁女要用盤籮裝祭品回娘家祭奠，俗稱「送紙」，「其禮至女子歿而止，最久比亦不過外孫一世

8　咸豐《噶瑪蘭廳志》〈風俗〉，卷5。

9　謝肇淛：《五雜俎》〈天部二〉，卷2。

10　道光《重纂福建通志》〈風俗志〉，卷55。

耳」。[11]延平府「中元祀先，焚楮錢、楮衣冠，女子是日送以祀其先父母」[12]。建寧府「中元節家懸祖先遺像致祭，焚楮幣，僧人以是日作盂蘭盆會」[13]。政和縣「七月一日，迎祖先牌位于庭中正案，晨暮以酒飯供奉，擇吉日備酒餚致祭，焚紙鏹，俗謂之燒紙，至十五日將牌位送歸原龕」[14]。在閩東，「中元嚴潔廳宇，排設祖考齋筵，逐位薦獻，具楮帛金錢焚之」[15]。在閩西，俗傳中元節祖先亡魂要回家探望子孫，故晚餐時要將正席位置留給祖先，並擺上餐具，表示與祖先一起過節。祭祖時，還有「燒寄包」的習俗，即以紙錢折成金錠、銀錠狀，然後與紙製的冥衣一道放入紙袋之中，紙袋用封條封好，封條上寫明祖先的名諱，再焚化，並將灰燼投入江河溪流之中，俗信這樣祖先才能收到。臺灣地區的中元祭祖習俗與閩南大同小異，志稱：「中元，人家各祀其先，以楮作五色綺繡之狀焚之，云為泉下作衣裳。」[16]

　　冬至又稱冬節，古人有「冬至陽生」之說，十分重視這一節日。這一天，家家戶戶要搓米丸祭祀祖先，志書記載：「薦圓，是日粉糯米為丸以祀先，蓋取團圓之義。」[17]「冬至，人家各祀其祖。」[18]如福州地區在冬至前夜，「堂設長几，燃香燭，男女圍坐作粉團，謂之『搓圓』。且以供神祀祖」[19]。搓丸時，要在祖先牌位前燃燭點香，擺上三碗簪花的壽麵。閩東地區在冬至不但搓米丸，還有用其他節令食品祭祀祖先，如福安「冬至粉糯米為丸，為餛飩，熟而薦之祀先」[20]。霞

11　康爵：《耕冰寄廬漫錄》（抄本）。
12　道光《重纂福建通志》〈風俗志〉，卷57。
13　道光《重纂福建通志》〈風俗志〉，卷57。
14　民國《政和縣志》〈禮俗志〉，卷20。
15　嘉慶《福鼎縣志》〈風俗〉，卷2。
16　康熙《臺灣府志》〈風土〉，卷7。
17　黃仲昭：《八閩通志》〈風俗〉，卷3。
18　何喬遠：《閩書》〈風俗志〉，卷38。
19　施鴻保：《閩雜記》〈搓圓〉，卷1。
20　乾隆《福安縣志》〈風俗〉，卷11。

浦「冬至前數日，人家將糯米研粉，切蘿蔔絲，熟之調之紅糖。婦女輩團粉為粄，中以糖蘿蔔為餡，製如半月式，俗稱『米檢』，親戚家互相饋遺。是夜則集老幼于祖先前，或灶神前，人各搓糯米粉為丸，俗稱『搓丸』。明日晨，熟薦于神、祖」[21]。閩南地區對冬至祭祖最為重視，俚語有「冬至大如年，唔返無祖宗」。意思是冬至不回家祭祖的人沒有祖宗。因此，出外謀生的人不論遠近都會及時趕回家祭祖，否則會被鄉人恥笑，遭族人斥責。有些地方在冬至時不但舉行家祭，還有祠祭，如南安縣冬至「各家以糯米和糖為丸，祀家神祖先，謂之『添歲』。……大宗巨室則具牲牢，陳庶饈，大祭祠堂，謂之『冬烝』」[22]。臺灣地區的冬至祭祖沿襲閩南習俗，也十分重視，志書記載甚多，如澎湖冬至日「以糯米粉做湯丸，各具牲醴以祀家堂祖先」[23]。諸羅「冬至，米糍為湯丸，祀神及先祖」[24]。彰化「冬至節，家作米丸祀先」[25]。安平「家作米丸祀先祭神」[26]。冬至有些地方也有祠祭之舉，《臺灣縣志》載：「十一月冬至，致祭祠宇，張燈演戲，與二月十五同，謂之『祭冬』。」[27]《鳳山縣志》亦載：冬至日「有祖祠者，合族祭之」[28]。

　　除夕，閩臺各地於「是日各祀先禮神」[29]。不同地區祭祖及神明的名稱有所不同，閩南和臺灣「祭祖先及神曰『辭歲』」[30]。建陽「牲餼祀祖考諸神，通名之曰『分佛年』」[31]。南平「歲除民間祀先謂『還

---

21 民國《霞浦縣志》〈禮俗〉，卷22。
22 民國《南安縣志》〈風俗〉，卷8。
23 光緒《澎湖廳志稿》〈風尚〉，卷8。
24 康熙《諸羅縣志》〈風俗志〉，卷8。
25 道光《彰化縣志》〈風俗志〉，卷9。
26 光緒《安平縣雜記》〈風俗附考〉。
27 康熙《臺灣縣志》〈輿地志‧風俗〉，卷1。
28 乾隆《鳳山縣志（重修）》〈風土志〉，卷3。
29 何喬遠：《閩書》〈風俗志〉，卷38。
30 民國《廈門市志》〈禮俗志〉，卷20。
31 民國《建陽縣志》〈禮俗〉，卷8。

年』」³²。建寧「除夕下午送燭至先人墓，云『照歲』，晚設盛饌祀先
祖辭歲」³³。政和縣在除夕時，家家「備香燭酒餚紙爆，往各神廟及
祖先墳墓祭饗，謂之『分歲』」³⁴。

　　一些地區將祭祀祖先和祭祀神靈合而為一，同時進行。但閩南、
臺灣的一些地方則先祭祖後祭神，在他們看來，天地神祇是共有的，
人人都可望得到它們的保佑，而祖先是私有的，只保佑本家族的子
孫，所以祭祖要先於祀神。在臺灣一些地區，祖先牌位前的香火一直
點燃到正月初五，絕對不能熄滅。有些祭品也供到正月初五才撤去，
志載：「除夕之日，各家均備饌盒、牲醴、葷素菜品、年糕等物，以
祀神祭祖。先焚香、點燭、燒紙、燃爆竹，隆隆不絕。神前及祖宗位
前均供甜科一小碟，隔年飯、隔年菜各一小鍾（隔年菜以波菱菜為
之，一本而已，不折斷，名曰長年菜，過年每人須食一本）、發粿一
小塊，上插通草製麗春花，有雙芯者（俗名雙春）；紅柑兩碟，有用
一碟者，至新年初五後撤去。」³⁵

　　除了定時祭外，還有一些非定時的祭祖活動，諸如婚嫁、生育、
中舉、架屋、分家等，都要舉行祭祖儀式，以示不忘祖先之靈的保
佑。舊時閩臺各地，在締結婚姻前，普遍流行「合婚」的習俗，即將
寫有男女兩人的生辰八字紅紙壓在神龕香爐之下，祈求祖先英靈審
驗，三天之內家中一切平安，無不祥徵兆（如摔破碗碟之類被視為不
祥之兆），這門親事就算得到祖先的認可。成親時，新郎要在祖龕前
跪拜祖先，聆聽祖訓。新娘上轎前，也要在廳堂拜別祖先，聆聽祖
訓。至於新郎新娘拜堂時，一拜天地，二拜祖先，千古成例。有些家
族在每月的初一、十五都要在祖龕前燒香，獻上若干祭品，農作物收

32 嘉慶《南平縣志》〈風俗〉，卷8。
33 民國《建寧縣志》〈風俗〉，卷5。
34 民國《政和縣志》〈禮俗〉，卷20。
35 光緒《安平縣雜記》〈節令〉

成時，要薦享時鮮，如泉州《梅州陳氏族譜》〈陳氏祭法〉說：「……
其餘端午獻粽，六月獻荔枝，七月獻新米，冬至獻圓，皆薦也。」有
的家族遇到天災人禍，也少不了祈求祖先的保佑。總之，非定時祭名
目繁雜，時間不定，故又稱「雜祭」。

二　墓祭

　　墓祭是指在墳墓上致祭祖先。掃墓之舉早在秦漢以前就有了，但
沒有固定的日期和祭祀程式，貴族品官主要在家中祭祖，平民百姓祭
祖限於寢室，所謂「古無祀墓之禮，即葬而返，即祭于廟」[36]。秦漢
以後，墓祭逐漸風行，時間也慢慢固定在寒食節前後。唐開元年間，
玄宗下詔寒食上墳祭祖，永為恆式。不過，平民百姓上墳墓祭的對象
也僅限於祖、禰兩代，不得僭越。宋代以後，隨著家祭祖先的代數放
寬為高、曾、祖、禰四代，一般百姓也可以便參加遠祖的墓祭活動。
　　墓祭的對象可以分為近祖和遠祖兩種，在祭祀形式上也相應有家
庭式墓祭和家族式墓祭之分。
　　家庭式的墓祭對象為近祖，故一般由血緣較親近的族人參加，甚
至以家庭為單位舉行墓祭。祭祀儀式簡單，一般是供三牲、燒紙錢，
依次跪拜，同時打掃維修墓塋、掛紙。縉紳學士的墓祭略為隆重，志
稱：「墓祭前，卜期日，具饌，厥明到暮灑掃，布席陳饌，儀仍三
獻，或從簡一獻。墓祭畢，遂祭后土，菜粿、鮓脯、飯菜湯，各如祭
墓品物，奠獻仍徹而退。」[37]家庭式的墓祭時間比較靈活，寒食、清
明、端午、中元、中秋、重陽、冬至等時均可上山祭墓，其中「春
祭」和「秋祭」是最重要的墓祭。

---

36 民國《浦城高路季氏宗譜》〈龍泉祖祠記〉，卷1。
37 民國《南安縣志》〈風俗〉，卷9。

　　「春祭」是指清明時節的墓祭，但時間並不限定於清明這一天。宋代福州的春祭時間是在寒食，志稱：「州人寒食春祀，必拜墳下。」[38]宋以後墓祭就不限於寒食，從寒食至穀雨之間均可，邵武、光澤等地亦然。《光澤縣志》載：「祭期清明，速行必誠必信，例不延過穀雨。諺雲：『過了穀雨閉墓門』，蓋言怠緩愆期，雖祭不享也。」[39]閩東一帶「清明日祭掃不過少數人家，普通則自清明至立夏前一日，隨時皆可舉行」[40]。在閩南的大多數州縣，春祭可以在清明前後十天之內進行，至稱：「三月清明日，折柳懸戶外，或插滿頭。前後十日間，人家各祭掃墳墓。」[41]不過南安石井一帶的春祭是在上巳節（初為陰曆三月上旬的巳日，後改為三月初三）進行。相傳鄭成功高舉抗清復明時，曾駐兵故鄉南安石井。一天，他見全村男女老少絡繹不絕地上山去，一問才知道清明節到了，人們上山掃墓去了。鄭成功聽到「清明」二字，心中很不是滋味，想：我要反清復明，豈容「清」置於「明」之上？於是廢止族人清明節上墳掃墓，改為上巳節祭掃。此後，便成為定例，流傳至今。

　　臺灣的春祭的時間與閩南相同。志稱：「清明十日前後，各家祀祖掃墓。」[42]又稱：「上墳之禮，自清明前後各十日，備牲醴籩品，舉家男婦悉至祖墳省謁。」[43]

　　清明掃墓儀式比較簡單，其程序一般是：先清理亂草雜木及被雨水沖積的泥沙，並培土加固，開溝理水；接著在墓前擺設供品，點香燃燭，全家祭拜，最後焚燒紙錢。燃放鞭炮。供品一般是三牲、米粿、糍、酒之類。祭掃後，折數支柳枝（或松枝、或杜鵑花等）插於

---

38 淳熙《三山志》〈土俗類二・歲時〉，卷40。

39 乾隆《光澤縣志》〈輿地〉，卷4。

40 民國《霞浦縣志》〈禮俗〉，卷22。

41 民國《漳浦縣志》〈風土上〉，卷3。

42 乾隆《臺灣縣志》〈風土・風俗〉卷12。

43 乾隆《鳳山縣志（重修）》〈風土志〉，卷3。

圖二　清明掃墓

門上和屋檐等處，俗信能除災去禍，閩臺各地皆然。舊時，閩西、閩南一些地方，祭墓後，還搭帳篷於墓側，聚飲其中，間有邀親友者，互相勸酬，日暮始歸。臺灣各地亦有此俗，志書記載：「清明，祀其祖先，祭掃墳墓，必邀親友同行，婦女亦駕車到山。祭畢，席地而飲，薄暮而還。」[44]閩南和臺灣都有「做新清明」和「培墓」的習俗。所謂「做新清明」是指家裡有人去世未滿週年者，清明日要上墳痛哭一場，又稱「哭墓」。「培墓」是指新築之墓，要連續三年在清明節前後，備辦豐厚的牲醴去祭掃，其中必有一盤甜糯米糕，象徵在祖先的英靈保佑下，子孫生活著甜甜蜜蜜。在臺灣，舊時有漳州籍過三日節（三月初三），泉州籍過清明節的區別，如今均在清明前後掃墓。

　　「秋祭」一般在中秋前後舉行，福州、莆田等地則以重陽節為秋祭祖墓日，儀式一如清明節。

　　家族式的墓祭，是以家族為主體的祭墓活動，一般有可分為「支

44　康熙《臺灣縣志》〈輿地志‧風俗〉，卷1。

房祭」（或稱「柱祭」）與「合族祭」（又稱「族祭」）兩種形式。「支
房祭」的祭祀對象是本支房的先祖，參與祭墓的也僅限於本支房的族
人，其規模雖比家庭式的墓祭大，但比合族祭小。由於家族的繁衍，列
祖列宗的墳墓越來越多，難於遍祭，久而久之，人們較注重於近祖的
祭祀，而疏於對遠祖的祭奠，如《閩甌屯山祖氏宗譜》〈家規〉記載：

> 五族列祖俱起於墓祭，族人各享其親，乃于清明之日，自祭本
> 支支祖，而始祖墓遲之又久而祭之。

這種情況在閩臺帶有普遍性，所以在一般的情況下，支房祭還是比較
受重視的，每年春秋二祭。不少支房還有祭產，供祭墓之用，族譜多
有記載，如《浦城金章楊氏宗譜》〈例言〉說：

> 各私房某祖祭產例得附載，其子孫自為管理醵祭，示私祖嫡派
> 之世守也。

　　墓祭中合族祭的規模最大，儀式也最隆重。合族祭的對象是遠
祖，故各支房都要派人參加，墓祭的時間通常也是春秋兩祭。宋代的
福州等地就流行合族祭，志稱「州人寒食春祀，必拜墳下，富室大姓
有瞻塋田產，祭畢，合族多至數百人，少數十人，因是燕集序列款
眤，尊祖睦族之道也」[45]。清明以後，合族祭的規模愈來愈大，祭典
也越來越隆重，許多家族把合族祭的時間、儀禮等寫進族譜，福州
《三山葉氏族錄》載：

> 春秋祭墓，定期清明前、霜降前，由值輪筮日先期傳知合族，

45　淳熙《三山志》〈土俗類二・歲時〉，卷40。

居期均應齊集，年間墓佃各項花彩，春秋拜墳日值輪照章帶
給。[46]

福州西清王氏有蛇山竹柄祖墳和埕田祖墳兩處，由「六房輪流祭
掃」[47]，清末置有祭產，專門用於墓祭，族譜規定「蛇山竹柄祖墳定
於春月祭掃，埕田祖墳定於秋月祭掃，不得逾期」。「祭祠墳筮日後，
值年者傳知六房，整肅衣冠，至期齊集。祭畢而飲，每人頒給福餘，
不到者不得代領。」[48]《建甌屯山祖氏宗譜》寫道：凡祭始祖墓，
「必于年內撥出銀錢，預備來春辦祭、頒胙之需，祭期定于清明前十
日」[49]。浦城詹氏族譜記載：「醮祭列祖墳墓，司祭者辦理祭品及香燭
楮帛、鼓樂、酢食等項，三日前通知各房，派出子孫登山拜奠，或行
或轎，聽其自便，不準備開銷公項。」[50]

　　合族墓祭的目的主要是兩個；一是強調血緣關係以敬宗孝祖，強
化家族內部的凝聚力；二是對外顯示本家族的興旺發達，提高本家族
的聲望。因此，合族墓祭時，各家族往往要大張聲勢，祭典十分隆
重。如浦城房氏家族春秋墓祭規儀記載：

祀日每房先派一人乘轎登山，先以鼓樂迎，豬羊到起元公妣墓
後直到朝卿公妣墓。祭日豬一羊一，乾饌十碗，時果十二品，
龍鳳湯全色，一斤燭一對，禮生一位，演戲一台，鼓樂四人。
讀祝文必家附生，以本房之長者主祭，蓋尚齒之義也。[51]

---

46 福州《三山葉氏祠錄》〈支祠條例〉，卷4。

47 福州《西清王氏族譜》〈西清王氏宗祠祭產〉。

48 福州《西清王氏族譜》〈西清王氏六房墳祠祭典條規〉。

49 建甌《閩甌屯山祖氏族譜》〈家規〉，卷1。

50 浦城《浦城詹氏族譜》〈上同宗祠規〉，卷1。

51 浦城《閩浦房氏族譜》〈朝卿公祭規〉，卷1。

武平城北李氏的墓祭儀式更加隆重，譜載：

> 清明前一日，省牲，值年頭家備辦，葷素纏碗一十六色、桌盆、
> 豬一口、大燭、中燭、寶錠、錢帛、檀香、爆竹、手巾、拜鋪、
> 鼎杯、湯碗、牙筷、祝扁、吹手等項。清明日登墳祭祖，涼傘
> 二把、全豬二隻、生豬一口、羊一口、香案、祝扁、雞、鵝、
> 鴨、煙味、果品、寶錠、錢帛、銅鼓、桌盒、大燭、中燭、拜
> 鋪、吹手、米飯、熟食十斤，族長轎夫四名，雜夫扛豬等項共
> 二十名。祭帽村劉太始祖姚墳墓，舊規全豬一口……銅鼓、吹
> 手四名，主祭一位，禮生一位，轎夫六名，雜夫六名。[52]

客家人也多聚族而居，對於祭祖活動也十分重視，有些地方墓祭的祭
典也很隆重，規模也相當大。永定縣古竹鄉高東村江氏家族祭掃六世
祖東峰公墓塋的儀禮就頗有代表性。據載，明嘉靖以來，每年都舉行
合族墓祭，其規模隨著家族的興旺發達而不斷擴大，散居在永定境內
其他鄉村和廈門、臺灣以及東南亞等地的江氏也參加墓祭。祭掃墓塋
由幾名首事籌辦和主持，想當首事的族人須在三年之前釀好糯米甜
酒，餵養專門用於祭祀的大肥豬，然後提前一年在祭掃東峰公時到墓
地報名，用卜筊的方式從眾多的報名者中選定若干名首事。首事確定
後，還要進行一系列的籌備工作，諸如採購肥羊、購買河鮮海味、選
定祭祀班子、製作祭服等等。元宵節時，在江氏宗祠鬧元宵，請戲班
演戲、耍龍燈、舞獅、貼花燈、放煙火，大鬧三天三夜後，才在宗祠
內用卜筊的方式確定祭祀東峰的日期，並通知本宗族全體成員。祭期
一到，江氏宗族的男女老幼爭先恐後地到東峰公墳前燒「頭香」。天
未亮，首事們率領祭祀隊伍向墳地出發，吹喇叭的、擎涼傘的、舉旗

52　武平《城北李氏族譜》〈祭規〉，卷末。

幡的、抬豬的、牽羊的、抬酒的，浩浩蕩蕩，頗為壯觀。上午十點左右，墳地前二畝的空地上擺滿各種祭品。家裡有增添男嬰的戶主必備一副豐盛的祭品到這裡來致祭，俗稱「做新丁」。祭祀儀式長達兩小時，十分隆重。在祭祀過程中，「做新丁」的人輪番招呼來客喝「新丁酒」。祭儀一結束，鞭炮聲四起，炮紙花達數寸之高，隨後「做新丁」的人將祭品（用蜜餞、果脯、紅棗、冬瓜糖等堆砌裝飾成的丁牌、一百斤白粿、數十斤豬肉等）分給參加祭祖的人。首事們擺上幾十桌美酒佳餚招待異姓賓客、年逾花甲老人和知名人士。晚上回家後，首事們還要各自擺酒宴，招待賓朋。至此，一年的祭掃活動才算結束。[53]

臺灣同胞多是明末到清代從福建、廣東移民去的，其遠祖墓塋均在大陸，所以在清末以前臺灣民眾多回大陸原籍參加合族墓祭。清末以來，臺灣民眾才有合族祭祀開臺祖先的活動。不過，祭祀遠祖墓塋還是要回大陸祖籍，他們的「根」在大陸。故近現代以來，臺灣民眾仍絡繹不絕到大陸尋根謁祖。

三　祠祭

祠祭是指在家族祠堂舉行的祭祖典禮。「祠堂」名稱早在秦漢時就出現，當時就用於祭祀賢德之士，《漢書》記載：「賜塋杜東，將作穿復土，起塚祠堂。」[54]又載：「文翁終于蜀，吏民為之立祠堂，歲時祭祀不絕。」[55]貴族祭祀祖先的場所稱廟，平民百姓則只能「祭于寢」。宋代，朱熹等人主張放寬庶民祭祖的限制，倡導在居室的正廳東側建造祠堂，奉祀高、曾、祖、禰牌位，即「君子將營室，先立祠

---

53 江南桔：《高東江姓海內外裔眾祭祀東峰公記盛》，《永定文史資料》第7期。

54 《漢書》〈張安世傳〉，卷59（北京市：中華書局，1987年）。

55 《漢書》〈循吏傳〉，卷89（北京市：中華書局，1987年）。

堂于正寢之東，為四龕，以奉先世神主」。[56]在朱熹學說的推動下，各地開始陸續建造祠堂，但宋元時期的祠堂是附於居家內，祭祀的祖先也僅限於四代。隨著家族的繁衍，居家內的祠堂已無法容納不同支房的祖先牌位。因此，明代以後出現了脫離民居而自成格局的祠堂，奉祀著為各支房宗親所認同的歷代祖先的牌位，如莆田林氏在明初「患祠之規制卑狹，不足以交神明，乃與從子厚謀，共白于宗長伯濟而改圖之，即大理故宅之基建屋三楹間，蔽以外門」[57]。建造了自成格局的家族祠堂。

個別族譜如《莆陽金紫方氏族譜》把福建祠堂的創建上溯到唐五代，不一定可信，即使真的建有祠堂，其規制也一定與明清時期的宗族不一樣。從有關文獻記載來看，明代以後，福建許多家族才開始建造自成格局的祠堂，明末清初蔚然成風，不但有一族合祀的族祠、宗祠，而且有各支房的支祠、房祠。如莆田「諸世族有大宗祠、小宗祠，歲時宴饗，無貴賤，皆行齒列。凡城中之地，祠居五之一，營室先營宗廟，蓋其俗然也」[58]。同安「一族之內，必有祠宇，有族、房長，有祀事，有交輪業」[59]。長泰「邑重宗祠，比戶旨然。其富厚知禮者，有大宗、小宗之祠，歲時致祭」[60]。詔安「居則容膝可安，而必有祖祠、有宗祠、有支祠。畫棟刻節，糜費不惜」[61]。上杭「家家建追遠之廟，戶戶置時祭之資」[62]。永定「祭各有合族之祠」[63]。邵武

---

56 《朱子家禮》〈通禮一〉，卷1。

57 《宋學士文集·翰苑續集》〈國清林氏重建先祠堂記〉卷4，收於《文淵閣四庫全書》集部第162冊，頁284。

58 乾隆《莆田縣志》〈輿地·風俗集論〉，卷2。

59 康熙《同安縣志》〈風俗志〉，卷4。

60 乾隆《長泰縣志》〈風土〉，卷10。

61 陳盛韶：《問俗錄》〈詔安縣〉，卷4。

62 乾隆《上杭縣志》〈風土〉，卷11。

63 道光《永定縣志》〈風俗〉，卷16。

圖三　福建張氏家廟德遠堂

「鄉村多聚族而居，建立宗祠，歲時醮集，風猶近古」[64]。光澤「近數十年，凡聚族而居者，城鄉多各建祠，春秋祭祀」[65]。一些小姓也不甘示弱，紛紛效仿，建造祠堂，如泉州：「百人之族，一命之官，即謀置祠宇、祭田。」[66]一些大姓建造的祖祠、宗祠、支祠、房祠多達數十座，甚至數百座。據調查，連城新泉張氏家族除總祠外，另有支祠二十四座；惠安山腰莊氏家族有大小祠堂一百餘座；福州尚干林氏家族，大小祠堂不下五十座。[67]

　　臺灣祠堂的建造比福建遲，清代初葉才出現個別祠堂，乾隆以後漸多，清末民國時期建造祠堂蔚然成風。據一九一八年臺灣總督府統計，當時臺灣地區共有各姓祠堂一百二十座，其中澎湖就有四十八座。在臺灣學者調查的民國二十四年（1935）之前的四十四座祠堂中，建於康熙以前的僅二座，乾隆年間的有六座，嘉慶年間的有二

64　乾隆《邵武縣志》〈風俗〉，卷6。

65　乾隆《光澤縣志》〈輿地〉，卷4。

66　乾隆《泉州府志》〈風俗〉，卷20。

67　陳支平：《近500年福建家族社會與文化》（上海：上海三聯書店，1991年），頁38。

座，道光年間的有五座，咸豐年間的有三座，同治年間的有二座，光
緒年間的有七座，宣統年間的有一座，民國初年至二十四年（1912-
1935）的有十二座，列表如下：

表一　一九一八年統計的臺灣祠堂情況表

祠堂名稱	建造年代	地點
德聚堂（陳氏）	順治末康熙初	臺南市中區永福路
豫章公屋（羅氏）	康熙十六年	桃園縣新屋鄉九斗村
簡家祠堂（簡氏）	乾隆初	臺南市南屯區楓東巷
追來祠（簡氏）	乾隆六年	嘉義縣大村鎮內林里
時英堂（陳氏）	乾隆十七年	臺北市北投區
范姜祖堂	乾隆二十九年	桃園縣新竹鄉新生里
湯氏宗祠	乾隆五十三年	苗栗縣嘉盛里
西美堂（黃氏）	乾隆年間	臺中市南屯區永春路
林氏宗廟	嘉慶年間	臺中市南屯區國光路
汾陽堂（郭氏）	嘉慶十一年	臺中市潭子鄉栗子村
林姓宗廟	道光十一年	臺北市重慶北路
張名卿宗祠	道光十二年	嘉義縣溪口鄉溪西村
高氏大宗祖祠	道光十七年	臺北市龍山區環河南路
王氏家廟	道光二十一年	嘉義縣太保鄉
墩煌堂（高氏）	道光二十六年	南投縣草屯鎮新莊里
美堂（賴氏）	咸豐年間	臺中市北屯區
德星堂（陳氏）	咸豐十年	臺北市
江夏堂（黃氏）	咸豐十年	桃園縣大溪鎮福仁里
李姓宗祠	同治元年	桃園縣大溪鎮
惠宗祠堂（簡氏）	同治六年	南投縣南投市三民里中山街

祠堂名稱	建造年代	地點
全臺吳姓大祠堂	同治七年	臺南市中區成功路
樹德堂（林氏）	同治十年	臺中市潭子鄉大豐村
廖氏宗祠	同治十二年	桃園縣觀音鄉無威村
恩孝堂（簡氏）	同治年間	南投縣草屯鎮上林里草溪路
林氏九牧祠	光緒初年	臺中市潭子鄉嘉仁村
何氏家廟	光緒十年	嘉義縣民雄村
邱氏宗祠	光緒十四年	彰化縣永靖鄉
葉亦明公祠	光緒十六年	桃園縣平鎮鄉建安村
蘇周連姓宗祠	光緒二十一年	嘉義縣垂陽鄉
劉氏宗祠	光緒末	嘉義縣口鄉溪北村
翁氏祖祠	光緒年間	嘉義縣義竹鄉仁里村
神德堂（吳氏）	宣統二年	南投縣名間鄉中正村
全臺葉氏祖祠	民國三年	臺北市內湖區大湖街
鄭家祠堂	民國三年	新竹縣關西鎮北斗里
羅氏宗祠	民國五年	新竹縣關西鎮
官溪宗祠（張氏）	民國七年	南投縣南投市
德馨堂（謝氏）	民國七年	南投縣南投市
崇星堂（洪氏）	民國九年	彰化縣芬園鄉
周氏大宗祠	民國九年	臺北市古亭區和平西路
臨濮堂（施姓）	民國十五年	彰化縣鹿港鎮順興里
謝氏宗祠	民國十五年	苗栗縣苗栗市恭敬里
繩武堂	民國二十一年	彰化縣永靖鄉
張氏陽壽宗祠	民國二十二年	南投縣南投市嘉和里新南
孝思堂（吳氏）	民國二十四年	嘉義縣大林鎮明和里

資料來源：據陸炳文：《臺灣各姓祠堂巡禮》製作，「臺灣省政府新聞處」，1987
　　年。

　　祠堂的規制最初比較簡陋，明中期以後，祠堂的規模逐漸擴大，各家族為了顯示本家族的興旺發達往往互相攀比，大興土木，福建許多大姓家族如陳、林、張、李、黃、吳、鄭等都建有規模宏大的家族祠堂，占地面積數千平方米，大小房屋多達數十上百間。有些家族甚至把祠堂建在縣城或省城，以炫耀本家族的實力，如仙遊黃氏「建大宗祠于縣城」[68]，九牧林「于會城內創建大宗寺」[69]。一般的家族祠堂為三間結構，正廳內按一定的規制排列著列祖列宗的牌位。有的家族則把大廳分隔成若干小廳，正廳供奉著始祖的牌位，左右小廳分別排列各支房祖先的牌位，每個支房一廳，主次分明。一些家族的先祖並不是全部入祠，而是「擇其有功德者與有爵位者祀之，餘則祧葬于墓所，或于墓中作小石室以奉祧主」[70]。有些家族無力構造大祠堂，往往以祖先居住的房屋作為祭祀先祖的廟堂，俗稱「祖厝」，不少支房祠是從祖厝演變成的。還有少數小姓家族，連祖厝也無法保留下

圖四　江夏黃氏祠堂

---

68 仙遊：《仙溪黃大公祠公簿》

69 莆田：《林氏宗譜》〈重建晉安郡王祠堂記〉，卷1。

70 民國《漳浦縣志》〈風土上〉，卷3。

來，就在村口旁選址設神龕，供祖先牌位，大田、泰寧的一些山村稱之為「羊口」，或戲稱為「露天祠堂」。

圖五　仙溪鄭氏大宗祠

　　祠祀是家族祭祖活動中的規模最大，禮儀最隆重的一種，一般為春秋兩祭，有的家族為了把祠祭辦得隆重、熱鬧，往往將祠祭活動與傳統年節結合起來，如建陽《盧峰蔡氏族譜》規定，「每逢立春、端午、重陽、冬至、元旦祀祖，行三獻禮，上巳、七夕、中元、中秋、除夕祀祖，行一獻禮」[71]。福州郭氏家族把祭祖與元宵節結合起來，每年正月十五，「擇族中廳事寬大者，共主一神主……合族畢集，祭祖團拜，即以祭品設席燕樂，六人共桌」[72]。南靖縣梅林鄉簡氏家族也是以元宵節為祠祭日，把祭祖和鬧元宵結合起來，熱鬧非凡。這一天，祠堂樑柱上掛著十來棵燈樹，燈樹用曬乾的老榕樹樹幹做成，挖去樹心，裝上長明火。花枝用竹蔑黏上五顏六色的紙花做成，十分好看。元宵之夜，族人在祠堂舉行隆重的祭祖儀式後，放銑炮、煙花，熱鬧非凡。最後是搶花燈，主持人一聲令下，眾人奮力爭搶花燈，有

---

71 建陽《盧峰蔡氏族譜》〈蔡氏祠堂祭田集議〉，卷1。
72 福州《郭氏支譜》〈明天房志科公議行團拜禮〉，卷首。

大人舉著孩子的，有丈夫托著妻子的，也有爬上橫樑的，俗信誰搶到
燈樹，誰拔的花枝多，誰家就會添丁增福。新婚夫妻還要引長明火回
家供奉，路上小心翼翼地護著燈火，不讓熄滅，以祈求這年添丁納
福。第二天，主持人還會到各家各戶分花枝，使孤寡老人也能得到祖
先的保佑。祠祭的規模一般比墓祭大，因為祖墓多在深山中，山高路
遠，不可能聚集太多的人，所以往往每家派一人代表參加即可。而祠
堂就在社區內，各項籌備工作易於開展，場地也比較寬闊，男女老幼
不必跋山涉水就可以參加，所以場面搞得比較隆重。有些族譜還明確
規定：祠祭時族人都必須參加，無特殊原因不參加祠祭者，要罰若干
銀錢。如福州郭氏族規有：祭族時，「凡非吉凶大事及奉公供事外出
未回者，臨期不到，每丁罰錢二百文」[73]。

　　祠祭的儀禮閩臺各地大同小異，多遵循古禮，十分繁縟，從略。[74]

　　在閩臺，家族祭祀祖先活動的經濟開支來源於以族田為主的族
產，絕大多數家族都有族田，少則幾畝地，多則幾十畝、幾百畝，其
田租作為祭祖和修建祠堂、墓塋、編修族譜以及與家族有關的種種活
動的開支。此問題學術界已有專論，從略。在臺灣，還有由同姓或同
宗組織而成的祭祀團體——祖公會。祖公會最初由族人集資購置田地
房屋作為族產，派專人管理，以財產的收益作為祭祀共同祖先的費
用，並帶有敦親睦族、慎終追遠之意。各地名稱不同，或稱「會」，
如澎湖的許家祖公會、顏家祖公會、劉家祖公會等；或稱「嘗」，如
苗栗的湯氏祖嘗、劉氏的文達公祖嘗、東勢角的楊氏祖嘗。近代以
後，臺灣祖公會劇增，據一九一八年臺灣總督府統計，當時臺灣地區
共有各姓祖公會六百二十七會。臺北地區尤多，有吳、李、謝、趙、
楊、莊、袁、王、施、白、洪、嚴、陳、林、葉、黃、許、周、丘、
邱、張、廖、簡、柯、蔡等二十多姓設立祖公會。[75]

73　福州《郭氏支譜》〈家矩〉，卷7。
74　詳見光緒《漳州府志》〈民風〉，卷38；《臺灣省通志》〈人民志‧宗教篇上〉，卷2。
75　丸井圭治郎：《臺灣宗教調查報告書》第1卷（臺北市：捷報出版社，1993年），頁82。

閩臺祖先崇拜和祭祖活動在客觀上至少發揮著以下功能：

一是寄託子孫追思先人之情。孝道是中國古代倫理道德的核心，對長輩的孝不但表現在生前，而且體現在去世之後，即《禮記》的所謂「事死如事生，事亡如事存」。因此，必須定時在廟堂供奉死者生前喜好的食品，讓孝子依祭禮踐履，以表達子孫的懷念之情。《荀子》〈禮論〉：「祭者，志意思慕之情也。」這一點，是人之常情，亙古不變。

二是滿足子孫報本反始的願望。《禮記》〈郊特牲〉載：「萬物本乎天，人本乎祖，此所以配上帝也。郊之祭也，大報本反始也。」在中國人看來，忘記自己的本源所自，數典忘祖，是十分不孝的。閩臺許多家族在祭祖時，不但要舉行隆重的儀式，而且要向後輩講述本家族的歷史，要求族人發揚光大祖先的美德和事業，以報答撫養的恩情。

三是振族收宗，維繫家族團結，增強民族向心力。由於閩臺社會經濟文化的發展與外來移民緊密地聯繫在一起，自古以來就形成聚族而居的傳統。為了維繫家族的團結，以便使本家族在與其他家族的競爭中處於有利地位，家族制度在閩臺得到進一步強化，其突出的表現是祖先崇拜意識滲透到每個家族成員的思想之中，影響甚至支配著他們的言行，祭祖活動成為家族成員最重要的宗教活動之一。林立的祠堂、頻繁的祭祖活動、繁縟的祭祖儀式，共同構成了閩臺民間文化的重要內容。在歷史上，祖先崇拜不但增強了家族的團結，客觀上推動了閩臺地區的經濟開發，而且還拓展為民族的凝聚力，成為聯結海峽兩岸血濃於水的骨肉親情關係的重要紐帶，至今臺灣同胞仍絡繹不絕回福建尋根謁祖就是明證。

第二節　行業祖師崇拜

行業祖師是民間信仰中的一大分支，所謂「三百六十行，無祖不

立」，又有「行行有祖師爺，業業有守護神」之說。行業祖師的特色也是十分鮮明的，據李喬先生研究，中國行業祖師具有龐雜性、行業性、虛構性、附會性、隨意性、含混性等特徵。[76]

　　在閩臺地區，常見的行業祖師有：

表二　常見行業祖師一覽表

行業	祖師
木匠業、石匠業、造船業、伐木工	魯班
竹匠業	泰山
鐵匠業	李老君、歐冶子
中醫業	華佗
中藥業	李時珍、藥王菩薩
釀酒業	杜康
茶業	陸羽
染坊業	葛洪
理髮業	羅祖、呂洞賓
裁縫業	軒轅氏
紡織業	嫘祖
鞋匠業	孫臏
煉劍業	歐冶子
造紙業	蔡倫
漁業	媽祖
戲曲業	田公元帥、西秦王
修腳、乞丐	羅祖真人

---

76 詳見李喬：《中國行業神崇拜》，北京市：中國華僑出版公司，1990年。

圖六　醫王華佗神像

　　在閩臺諸多的行業祖師崇拜中，戲曲神崇拜具有地方特色。臺灣戲曲分南管和北管，北管是從安徽傳入臺灣，以全國戲曲業普遍崇拜的西秦王（即唐明皇）為守護神。南管是從泉州傳入臺灣，用閩南話演唱，以田公元帥（又稱田都元帥、田元帥）為守護神。

圖七　戲神田公元帥神像

　　田公元帥，原名雷海青，人們常稱其為「田公」。雷海青是著名的樂師，人稱「琵琶聖手」。《三教搜神大全》「風火院田元帥」條記載頗詳，略云田公擅長音律歌舞，應唐玄宗詔入宮，並以音樂治癒皇后之病，被唐玄宗封為侯爵。田公還有法術，能協助天師驅逐疫鬼，後被封為沖天風火院田太尉昭烈侯。[77]如果說《三教搜神大全》有關田公元帥的記載具有濃厚的道教色彩的話，那麼民間傳說則具有濃厚的民族氣節色彩。民間傳說：安祿山作亂，攻入長安，將雷海青等宮廷樂師掠至洛陽，威逼奏樂。忠誠節義的雷海青擲樂器於地，拒絕奏樂，並怒斥安祿山叛國，被處以五馬分屍的極刑，後來唐玄宗封他為「天下梨園眾都管」。傳說雷海青在唐明皇逃往四川的途中，在雲端顯靈保駕，帥旗上的「雷」字被雲遮去雨字，只顯現「田」字，故百姓稱之「田公元帥」。

　　在福建各地，都有田公元帥信仰，邵武、建寧、汀州、延平四府的田公元帥信仰與《三教搜神大全》中的「風火院田元帥」的傳說比較接近。而臺灣和福州、興化、泉州、漳州四府的田公元帥的傳說基本相同，屬於具有濃厚的民族氣節色彩的類型。[78]據調查，泉州城鄉奉祀或附祀的田公元帥的宮廟多達九十四座。[79]至今南安羅東鎮坑口村除了有戲神祖廟外，還有相公墓。莆仙戲、梨園戲的戲班都信奉這位田都元帥，稱之「相公爺」。臺灣現在以田都元帥為主神的寺廟有五座，歷史最悠久的臺南市西勢村的元帥廟，建於雍正三年（1725）。其次為鹿港大有裡玉渠宮，建於乾隆三十年（1765），是由晉江分香去的，凡是到臺灣演出的戲班都要往該廟祭拜。民國時期，臺灣的藝

77　詳見《繪圖三教源流搜神大全》（外二種）〈風火院田元帥〉（上海市：上海古籍出版社，1990年），卷5，頁242。

78　詳見葉明生：《福建北南兩路田元帥信仰述考》，收入莆田田公信仰文化學術討論會論文集《福建戲曲行業神信仰研究》（2002年5月），頁32-56。

79　《泉州市區寺廟錄》，泉州市區道教文化研究會，1996年。

妓也信仰田都元帥，以祈求自己才藝精湛。臺北市大稻埕的藝妓，每年八月二十三日搭建祭壇，舉行盛大的祭典，連續三天。[80]據說，臺灣有二百多座廟宇附祀田都元帥，分布在基隆、彰化、臺南、宜蘭等地，田都元帥不但給人們帶來歡樂，而且還會幫助信眾避邪去禍，香火相當旺盛。近年來，臺灣田都元帥廟紛紛來福建尋根謁祖，如臺北行德宮經過多方尋訪，終於找到南安坑口宮為其祖廟，捐鉅資修建祖廟，還立下名為《虔誠之心萬里迢迢專程認祖緣起》的牌坊，記述尋根謁祖的過程。[81]二〇〇一年，臺灣嘉義市田都府信眾數十人到福建莆田「瑞雲祖廟」進香，舉行十分隆重的儀式。

圖八　臺灣嘉義市田都府信眾到福建莆田「瑞雲祖廟」進香

---

80 鈴木清一郎著、高賢治編、馮作民譯：《臺灣舊慣習俗信仰》（臺北市：眾文圖書公司，1980年），頁566。

81 參見粘良圖：《閩臺戲神田都元帥信仰》，《閩臺文化》1999年第3期。

第四章
醫藥神與瘟神崇拜

　　一個人從出生到死亡，一般都離不開醫生的護理或治療。然而在古代，由於醫療衛生條件落後和家庭經濟條件限制，平民百姓大多不能得到醫生的護理或治療，特別是科學知識貧乏，加上巫覡的推波助瀾，不少人把寶貴的生命交給鬼神安排，塑造大量的醫藥神並拜倒在他們的腳下。閩臺地區開發較遲，醫療衛生條件特別落後，瘟疫經常流行，歷史上盛行「信巫不信醫」的陋習，促使這一地區形成龐大的醫神系統。在閩臺，臨水夫人、保生大帝和瘟神五帝、王爺信仰影響最大。

第一節　生育神崇拜

　　生育信仰是人類最古老的信仰之一。關於人類的起源，有女媧造人、葫蘆生人、感應生人等神話傳說。進入奴隸社會後，對於人類的生育秘密在很長的歷史時期被神秘化，他們往往把人類的繁衍歸功於神靈的贈賜，塑造了生育神，如地母崇拜、高禖信仰，都是中國比較古老的生育神。進入封建社會後，由於受到「不孝有三，無後為大」的影響，百姓更加注重傳宗接代，為了滿足善男信女的需要，創造了諸如觀音、碧霞元君、王母娘娘、張仙等具有全國性影響的生育神靈。

　　閩臺地區在宋代之後，受以朱熹為代表的閩學的深刻影響，重男輕女之風濃烈，《五雜俎》卷十五記載：「大凡吾郡人尚鬼而好巫，章醮無虛日。至於婦女祈嗣保胎，及子長成，祈賽以百數，其所禱諸神亦皆里嫗村祿之屬。」因此，閩臺地區生育崇拜相當發達，其中影響

最大且具有地方特色的是臨水夫人信仰。

臨水夫人原名陳靖姑，福州下渡人。她出身於一個世代行巫的家庭，耳濡目染，自身也熟諳巫術，後嫁給古田劉杞為妻。相傳，唐貞元六年（790），福州大旱，陳靖姑脫胎祈雨，不幸身亡，終年二十四歲，臨終前曾發誓死後要做保產之神，以「扶胎救產」。陳靖姑死後，常常大顯靈異。宋代時，古田縣臨水鄉白蛇洞出現一條大白蛇作怪，噴吐毒氣，為害鄉里，村民死傷無數。有一天，一個穿紅衣裳的俠女從天而降，手持寶劍，進洞斬殺白蛇。村民問她姓名，俠女回答說：「我是江南下渡陳昌的女兒陳靖姑。」隨即飄然而去。村民們感懷她的恩德，就在白蛇洞口修建廟宇來奉祀她。此後不久，浦城徐清叟的媳婦懷孕十七個月而不生產，全家著急萬分。一天，臨水夫人化身前來，自稱姓陳，善於醫治難產，願幫助徐家解除憂愁。徐清叟聞言大喜，忙請她立刻施診。臨水夫人將孕婦扶上二樓，在樓板中鑿一小洞，安排幾個僕人守在小洞的正下方。過了一會兒，孕婦產下一條丈餘長的蛇，蛇從洞中落下，僕人們忙將它捶殺。由於這些靈異，臨水夫人的名聲不脛而走，百姓們遇上求子、問病、辟邪、難產等問題時，往往都大老遠跑來禱告，十分靈驗，百姓稱之為娘奶、奶娘，又尊稱臨水夫人、太奶夫人、陳夫人等。宋淳祐年間（1241-1252）朝廷賜匾「順懿」，敕封「崇福昭惠慈濟夫人」。元、明、清歷代也對她多次敕封，封號頗多，有「天仙聖母」、「護國太后元君」、「順天聖母」等。

自宋末臨水夫人受封後，其影響迅速擴大。到明清，臨水夫人的影響遍及福建全省和浙江南部，並在清代傳入臺灣，在福建眾多的女神中其影響僅次於媽祖。明代謝肇淛說：「羅源、長樂皆有臨水夫人廟。」[1] 晚清施鴻保《閩雜記》載：「陳夫人亦稱臨水夫人，閩中各郡

1　謝肇淛：《五雜俎》〈事部三〉，卷15。

圖一　臨水夫人神像

圖二　古田臨水宮

縣皆有廟、婦人奉祀尤謹。」[2]據統計，清代霞浦縣城鄉有臨水夫人
廟九座，連江縣五座，福安縣九座，古田僅城關就有六座，福州城內
有十三座。近現代以來，福建古田縣臨水宮祖廟規模最為宏大，求香
拜神的信徒也最為眾多。在每年九月陳靖姑誕辰之際，臺灣、浙江和
福建各地的香客們紛紛組團到這裡進香，虔誠地禮拜。

2　施鴻保：《閩雜記》〈陳夫人〉，卷5。

在民間傳說中，臨水夫人有降妖鎮魔、呼風喚雨、破解疑案等職能，但主要職能還是「扶胎救產、保赤佑童」，千百年來一直作為婦女、兒童的保護神為人們所崇拜，所以對婦女、兒童影響較大，在民間也形成了一些與婦女、兒童密切相關的習俗。

（一）祈子

古田臨水夫人祖廟前有一座百花橋，橋下溪澗紅白花爭奇鬥豔，相傳每一朵花都是一個嬰兒，白花為男孩，紅花為女孩。婦女無子者，可於正月十五日陳靖姑生日前去廟中祭祀，向臨水夫人請願，然後採一朵供在香案的花回家去，俗謂「請花」。許多臨水夫人廟內的主神前有插滿紅、白花的花瓶，象徵百花橋下的紅、白花，供善男信女「請花」。志稱：「元宵節前，家家祭祖，相傳是日為塔亭臨水奶誕辰。女子出嫁數年未曾生育者，多有入廟求嗣。禱祝畢，取其神前花瓶內一枝花歸，謂之請花。」[3]據福州塔亭祖廟的主持介紹，「請花」者需帶三個煮熟的蛋和一束花到宮廟禮拜，然後剪下兩朵花（多數人是請白花），插在煮熟的蛋上捧回家，之後將蛋放在床中間，蓋上被子。到晚上，將花移放在枕頭兩邊，夫妻合房後，將花供奉在花瓶內，夫妻各吃一個蛋。「請花」仍然不孕，少數久婚未孕的婦女就會偷走臨水夫人穿的鞋回家供奉，俗稱「請鞋」。如果還是不孕，有的人在情急之下，會偷偷割下一塊臨水夫人穿的衣袍回家供奉。無論是哪種形式，獲應後，須帶上祭品到臨水夫人廟還願，請花者要償還兩枝花，請鞋者還一雙小鞋，割衣袍者要還一套嶄新的衣袍。

（二）保胎

在舊時，相當多的孕婦要到臨水夫人廟禮拜，祈求臨水夫人保佑胎兒平安，一些臨水夫人廟備有保胎符。

3　《藤山志》〈禮俗志〉，卷9。

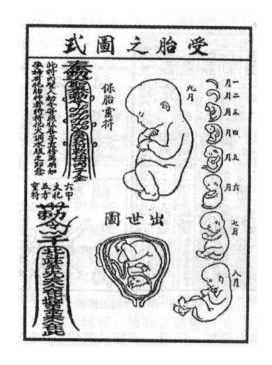

圖三 臨水夫人保胎符

（三）助產

在臨水夫人祖廟內，排列著許多臨水夫人的小像，供鄉人隨時來請。臨產時，到臨水夫人廟請香火或小神像，供奉在產房中，祈求臨水夫人幫助順產。嬰兒平安降生後，必須辦酒席答謝臨水夫人鴻恩，把神像送還宮內，俗稱「回鑾」。

（四）「洗三旦」和「開沖」

嬰兒出生三日，由接生婆來洗澡，俗謂「洗三旦」，這天須煮糯米飯供臨水夫人。第十四天，要到臨水夫人廟燒紙錢，紙上印著「禁沖」二字，俗謂「開沖」。嬰兒滿月時，也要設香案祭拜臨水夫人。

（五）綁紅絲線

每逢正月初五，要給兒童手臂上綁上紅絲線，七月初七將紅絲線取下，俗信這樣可以得到臨水夫人的保佑。

（六）請奶過關

舊時，嬰兒死亡率高，農村人以為是邪祟作怪，須請師公作法「過關」，以免夭折。「過關」的程序有造樓、栽花、請神（靖姑）、請婆（三十六婆神，俗傳是臨水夫人的助手，臨水夫人經常派她們出外拯救兒童）、加魂、剪花、破胎、過關門、落房、送婆、送神。舊時古田，每個小孩在一、三、六、九諸歲生日均要請師公作法過關。《福州地方志》也記：「以竹支架，用紙糊作城門形，由道士穿『娘奶』法衣，口吹號角，引護小孩過關，意為如此小孩便易成長，一直到十六歲為止。」[4]據福州塔亭祖廟的主持介紹，如果孩提時由於經濟困難等原因沒有舉行「過關」儀式，成年後，如果遇到運氣不順或經常生病等，還可以舉行「過關」儀式，筆者在塔亭祖廟中就見到一張出生於一九三六年的老伯補辦「過關」儀式的疏文。近年來，塔亭祖廟每年為二百人左右舉行「過關」儀式，多數是兒童。「過關」儀式有單獨舉行和集體舉行兩種，多數人喜歡參與集體「過關」儀式，因為比較省錢，而且參與的道士較多，儀式較隆重。

（七）收驚

孩子有時受驚嚇，情緒波動大，俗謂是魂魄離體，須請女巫念《陳靖姑咒》以收回魂魄。在民間還流傳各種收驚符。

4　《福州地方志》第11章〈社會習俗・迷信活動〉。

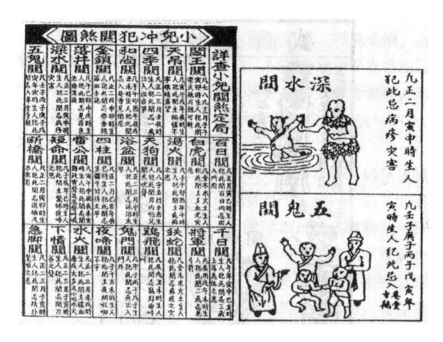

圖四　小兒沖犯關煞圖

（八）行粲斗禮

　　粲斗為紅漆木質容器，上有「五子登科」字樣，斗內盛米，上插筷子十雙，燈、燭各一（盞），還放有鏡、剪刀、花朵。每年陳靖姑祭日時，若家中有未滿十六歲小孩，須請師公行粲斗禮。即粲斗中按家中未滿十六歲的男孩數放置若干木製小人（俗稱「童子弟」），師公鳴角、搖鈴、作法，將粲斗放在小孩床上，上面的「流芳燈」須自行熄滅才算吉利。

（九）糊杉亭

　　孩子長到十六歲時，七月初七須糊杉亭一座，備花粉香果三牲等祭品，敬獻臨水夫人及三十六婆娘，叩謝她們保佑孩子長大成人。據福州塔亭祖廟的住持介紹，福州地區答謝臨水夫人的成年禮的祭品主

要有兩種：一是供奉公雞（必備）、豬蹄、豬肚、螃蟹、魚丸、肉燕、雞蛋（或染成紅色的鴨蛋）等十種，每種至少一斤。另外，還要水果三種，素菜六碗或十碗，茶三杯，花（最好是梨花）一瓶；二是供奉俗稱「筐」的祭品，即由十種糕點餅乾每種一斤以上按照特殊的排列形式組成（據說塔亭祖廟附近糕點店的售貨員都會排列），「筐」的祭品是最大的謝禮。選擇哪種祭品，由善男信女根據自己的孩子成長過程中受臨水夫人關照的程度而定。

　　另外，凡是在命運中有所謂「深水關」的孩子，要過契給臨水夫人當兒子或女兒，每逢正月初一和十五要供奉臨水夫人乾飯一碗，熟蛋二個。在福州塔亭祖廟的登記的契子、契女兒有八十多人。

圖五　家庭式的過關儀式

　　除此之外，每逢正月十五臨水夫人誕辰，少不了舉行祭奠、遊神。而平時到臨水夫人廟抽籤卜卦者不在少數。《閩都別記》第一二八回寫道：「無事之家，亦去請香灰裝入小袋內供奉。」至今猶然。

　　由於求助臨水夫人的信徒太多，百姓怕她忙不過來，最初創造了

林九夫人和李三夫人協助臨水夫人，許多地方建有三妃廟，就是祭祀
她們的。後來又創造出十二婆娘、三十六婆娘（有的地方稱「婆
姐」、「婆神」，各地稱呼不盡相同）幫助臨水夫人，形成龐大的生育
神系統，為古今中外所罕見。關於三十六婆娘的籍貫，小說《臨水平
妖傳》和壽寧《婆神科》說法不同，《臨水平妖傳》中的三十六婆娘
的籍貫分布在福建各地，包括古田、順昌、寧德、莆田、甌寧、長
樂、晉江、漳浦、連城、泰寧、福清、漳平、建陽、南安、羅源、福
鼎、浦城、侯官、長汀、閩縣、仙遊、連江、德化、永福、惠安、光
澤、政和、同安、閩清、南平、安溪、霞浦等縣。《婆神科》的三十
六婆娘的籍貫分布更廣，其中福建省二十二個縣，江西省四個縣，浙
江省二個縣，湖南省三個縣，廣東、安徽和江蘇各一個縣。[5] 三十六
婆娘的籍貫分布在一定程度上反映出臨水夫人信仰的傳播範圍十分廣
泛。另外，從三十六婆娘的分工來看，以臨水夫人為首的生育神系統
對於生育的庇佑可以說是無微不至的，除了臨水夫人賜子外，還有注
胎婆、護胎婆、轉胎婆、安胎婆、守胎婆、拔胎婆、監生婆、化生
婆、轉生婆、注男女婆、護產婆、報喜婆、抱子婆、養仔婆、喚子
婆、抱送婆、養生婆、催生婆、洗子婆、弄子婆、嬌子婆等等。

　　在臺灣，臨水夫人也有被稱為「注生娘娘」，臺灣民眾崇拜臨水
夫人甚為普遍，幾乎各縣市都有崇祀。以臨水夫人為主神的廟宇有十
七座，配祀臨水夫人的廟宇有七十二座。茲將臺灣重要的臨水宮介紹
如下：

　　臺南市臨水夫人媽廟，據該廟的《創設沿革與現況》載：

　　　　臺南臨水夫人媽廟，創建於清乾隆年間（1736），由於國人陸
　　　　續遷移臺灣，福建福州人移居臺灣府城（即今臺南），在東安

5　詳見葉明生：《福建道教女神陳靖姑信仰文化研究》，《福建道教》2001年第2期。

坊山仔尾，即延平郡王祠後面小丘陵上，建立一座以臨水夫人
（陳靖姑）為主神的廟宇，稱呼臨水夫人廟。清咸豐二年
（1852）再由地方士紳修建，並加奉三奶夫人的二媽林紗娘、
三媽李三娘，迄今有二百五十餘年。這是一座臺灣最古老，又
最具規模的救產、扶嬰、治病、驅邪的婦女廟，香火鼎盛，造
福鄉里。

圖六　臨水夫人的助手三十六宮婆（局部）

　　臺南縣白河臨水宮，供奉三奶夫人，配祀觀音和王母娘娘。據
《臺灣區開基白河鎮南臺臨水宮沿革》記載：「本宮創立於康熙年間
（1661），經由先賢自福建省古田縣大橋南臺臨水宮，奉迎請臨水夫
人金身，及聖旨救封南臺助國顯佑夫人神位，渡海來臺至今有三百二
十八年。當時鄭成功以反清復明為號召，帶領軍民來臺，作為復興基
地。其中以蘇望為首，有十八位先賢隨鄭成功來臺。他們由福建省古
田縣大橋鎮臨水宮，迎請著臨水夫人之金身，及聖旨救封之神位。到
臺灣後，為了生計，四處奔波，後來到現址定居。為著延續香火，奉
敬助國夫人，就在現址臨時搭建一座茅草厝，命名為『夫人媽
廟』。……後來，『夫人媽廟』檔下之信徒，受到助國夫人顯靈庇佑，
均蒙恩澤。眾人群策群力，以及歷代主事策劃，於雍正三年（1725）

圖七　臺南臨水夫人媽廟

籌組『夫人媽會』，開始籌備重建『夫人媽廟』及籌備資金購買『夫人媽田』，發展夫人媽香火。歷經十二年購買『夫人媽田』告一段落。……本宮經過歷代主事之努力籌劃，來臺後，數次重建廟宇，在第四次改建磚造後改名為『臨水宮』。……臺灣區各村落之分壇現有超過二百餘單位，每年農曆正月十五日，助國夫人千秋日承蒙各分壇，以及各方面眾信徒撥駕回宮參拜，過爐進香，非常盛況。後來由各方面之建議調查，結果臨水夫人系統之信徒一致認為本宮歷史悠久，因此正式命名為『臺灣區開基白河鎮南臺臨水宮』。」

高雄縣大社鄉碧雲宮，奉祀三奶夫人，碧雲宮所在地三奶村即因之得名。據說神由泉州遷臺，神像為木雕，相傳是康熙四十六年（1707）所雕刻。據《大社碧雲宮沿革》記載：「本宮最初原稱『三奶壇』，據先民傳述本宮現址原為一片空地，中有一棵大榕樹，明朝年間有大陸來臺人士路經此地，於樹下小憩時將香火掛於樹上，離去時遺下未帶，爾後每於夜晚即發出紅色光芒，並時顯靈，鄉民乃就地搭建神壇奉祀，此即本地（包括三奶、翠屏、觀音、神農四將）『三

奶壇』之由來。至清朝康熙四十六年，始由鄉紳建廟奉祀，稱為『碧雲宮』。」

臺北碧潭臨水宮，一九六八年籌建，最初簡陋，後來為了配合觀光旅遊，花鉅資擴建，稱為臺灣五大觀光廟宇之一。碧潭臨水宮仿造福建古田臨水宮祖廟設計建造，內部也按古田臨水宮擺設，甚至連楹聯也引用古田臨水宮的聯句。

另外，七娘媽在閩臺地區也廣受信徒崇拜。七娘媽，民間又把她稱為七娘夫人、七星娘娘、七仙姐，七仙姑等，實際上就是北斗七星的神格化。人們認為十六歲以下的兒童，都受到七娘媽的保護，在小孩周歲前後，由大人帶往七娘媽廟，拜契七娘媽，祈求在七娘媽的保佑下健康成長。然後，用古錢、銀牌或鎖牌鑄刻七娘媽的名字，串上紅線繫在兒童的頸上，稱「新契」。等到十六歲，則在七娘媽生日時解下紅線，並供奉麵線、粽子之類，來答謝神恩，稱「洗契」。無論是「新契」還是「洗契」，都要給左鄰右舍和親朋好友分發糖果、糕點、粽子之類的食品，告知孩子已經長大成人，並設宴招待親友。

傳說農曆七月初七日是七娘媽的誕辰，閩臺民間稱「七娘媽生」，是日，要舉行祭祀儀式，特別是有十六歲以下子女的家庭，祭祀七娘媽的儀式更加隆重。祭品有紙糊五色「七娘亭」一座，七乘「七娘轎」，一盞畫著一婦女抱著孩子站在雲端的「七娘神燈」，配以雞、酒、糯米飯、軟粿、圓仔花、雞冠花、白蘭花、茉莉花、鳳仙花、花粉、胭脂、線花等，祈求七娘媽保佑子女健康成長。有的還要請道士獻祭，然後將紙亭等焚化，將胭脂、香粉等全部投到屋頂，或一半灑天一半留己，據說可以使自己容貌美麗。

圖八　閩臺七娘媽信仰

　　臺灣地區以七娘媽為主神的廟宇有四座，它們分布在雲林、嘉義、臺南等地，其中以臺南對七娘媽的崇祀最為盛行，每逢七夕日，大人們便攜帶小孩湧向位於中山路的開隆宮，燒紙上香，虔誠跪拜，酬謝神恩。[6]

第二節　醫神崇拜

　　在古代，閩臺地區盛行的「信巫不信醫」風氣，這一風氣促使這一地區龐大的醫神系統的形成。醫神主要有兩個來源：一是中原傳入的神農大帝、黃帝、伏羲、扁鵲、華佗、葛洪、孫思邈、呂祖、注生娘娘、藥師佛、王母娘娘等醫神；二是土生土長的醫神，這部分的醫神人數眾多，多從巫覡演變而來，還有一些僧尼道士也因精通巫術治病而被百姓奉為醫神，甚至有的人生前並不能驅邪，更不會治病，死後由於種種原因卻被奉為醫神。臺灣百姓祭拜的醫神有數十位，主要

6　詳見鈴木清一郎著、高賢治編、馮作民譯：《臺灣舊慣習俗信仰》下（臺北市：眾文
　　圖書公司，1980年），頁393、458。

是從福建傳入。日本學者吉元昭治指出：「以臺灣為中心的民間信仰之醫藥神，多半是由其出生地所遷移過來的。換言之，於明末清初之際，從中國本土渡海來臺的移民，大都隨身攜帶一尊故鄉的守護神；因此，臺灣各地所供奉的醫藥神，均與其祖先的出生地有關。由於移民多半來自閩（福建省）、粵（廣東省），因而這些神祇主要是來自漳州（福建東南沿海地區）、泉州（即今之晉江縣）及潮州（廣東省東部的潮安縣）等地。」[7]

　　在閩臺民間眾多的醫神中，最有地方特色且影響最大的是保生大帝。

　　保生大帝原名吳本（一說吳本），同安白礁人（還有龍溪青礁人、安溪石門人等不同說法），生於北宋太平興國四年（979）三月十五，卒於景祐三年（1036）五月初二。據宋人楊志《慈濟宮碑》（以下簡稱《楊碑》）載：

> 侯（指吳本，時敕封「慈濟忠顯英惠侯」）弱不好弄，不茹葷，長不娶，而以醫活人，《枕中》、《肘後》之方未始不數數然也。所治之疾，不旋踵而去，遠近以為神醫。[8]

莊夏《慈濟宮碑》（以下簡稱《莊碑》）也云：

> 按侯姓吳，名本，生於太平興國四年，不茹葷，不受室，嘗業醫，以全活人為心。按病投藥如矢破的，或吸氣噓水以飲病者，雖沈痼奇恠，亦就痊愈。是以癘者、瘍者、癭疽者，扶舁

7　吉元昭治著，陳昱審訂：《臺灣寺廟藥籤研究》（臺北市：武陵出版公司，1993年第2版），頁232。

8　乾隆《海澄縣志》〈藝文志〉，卷22。

攜持，無日不交踵其門。侯無問貴賤，悉為視療，人人皆獲所
欲去，遠近咸以為神。[9]

　　從上述碑記可知，吳本生前學醫，雜以巫術，不但醫術高明，醫
德也高尚，死後當地百姓奉之為醫神，建庵「肖像而敬事之」[10]。「民
有瘡瘍疾疢，不謁諸醫，惟神是求。焚香飲水，沉痾立脫。」[11]

　　南宋時，吳本的影響迅速擴大，「不但是邦（漳州府）家有其
像，而北逮莆陽、長樂、建、劍，南被汀、潮以至二廣，舉知尊事，
蓋必有昭晰寞漠之間而不可致詰者矣」[12]。據《楊碑》載：「數十年
來，支分派別，不可殫記。其在積善里曰西廟，相距僅一二里，同安
晉江對峙角立，閩莆嶺海，隨寓隨創，而茲廟食（指青礁慈宮），實

圖九　保生大帝神像

9　乾隆《海澄縣志》〈藝文志〉，卷22。
10　乾隆《海澄縣志》〈藝文志〉，卷22。
11　黃家鼎：《馬巷集》〈吳真人事實封號考〉。
12　顏蘭：《吳真君記》，《譜系紀略》作「洪武初」。

為之始。自經始至於今，登載弗具，議者以為缺典。同安舊有記，故治中許衍作溫陵之廟。」[13]《馬巷集》的作者黃家鼎對宋代慈濟宮做了詳盡的考證後，寫道：「一時廟食遍于郡邑，泉郡善濟鋪之有花橋廟，漳郡上街之有漁頭廟，同安白礁鄉、龍溪新岱社、詔安北門外各有慈濟宮，海澄青礁鄉有吳真君祠，皆建於宋。長泰治東龍津橋畔之慈濟宮、南安治南武榮鋪之慈濟真人祠皆建于元。」[14]

明清以來，保生大帝信仰繼南宋之後進入了第二個發展時期，並達到了鼎盛。

一方面，吳本的神格進一步提高。南宋時，吳本的封號只到「真君」。到了明代，據方志記載朝廷又先後四次敕封吳本，最高的神格是「昊天金闕御史慈濟醫靈沖應護國孚惠佑普妙道真君萬壽無極保生大帝。」[15]明代時吳真人在閩南人的心目中地位與關帝、媽祖相同，諸神出遊時，多數神靈乘坐四抬轎子，而關帝、媽祖、吳真人等少數神靈則是八抬大轎。關帝、吳真人的信徒最多，「燈牌以數千計，鐘鼓架、香架以數百計，火炬亦千百計。」[16]

另一方面，保生大帝的影響進一步擴大。明代以前，福建境內奉祀保生大帝的廟宇並不多，到了明代，慈濟宮的數量明顯增多，《馬巷集》〈吳真人事實封號考〉載：「安溪湖市之清溪宮、同安仁德里之會堂宮、海澄祖山社之紅滾廟皆建於明。《同安志》云：明初敕立廟于京師，則香火不僅在郡邑也。安溪石門尖有吳真人祠，海澄新盛街有真君庵，皆建于國初。由是東逮莆陽、長樂、建、劍，西被汀、潮，以至二廣，莫不俎豆尊事。」據周凱《廈門志》載：「明清時僅廈門一隅就建有萬壽宮、福壽宮、和風宮、懷德宮、鳳儀宮、天長二媽

---

13 乾隆《海澄縣志》〈藝文志〉，卷22。
14 黃家鼎：《馬巷集》〈吳真人事實封號考〉。
15 民國《同安縣志》〈人物錄‧方外〉，卷40。
16 乾隆《泉州府志》〈風俗〉，卷20。

宮、圓山宮、鰲山宮、養元宮、養真宮、迎祥宮、鳳山宮、青龍宮、西庵宮、洞源宮、洞賢宮、炫妙宮、丹霞宮、慈濟宮、壽山宮等二十座宮廟，或專祀吳真人，或與媽祖合祀。」[17]據實地調查，明清以後，廈門市先後建造了三十四座保生大帝廟，其中建於明代的至少有十一座，建於清代的至少有七座，年代不詳的有十六座。同安縣在明清以後建造的保生大帝廟至少有十一座，其中明代二座，清代四座，年代不詳的五座。[18]漳州的長泰、南靖、東山、平和、龍海等地，在明清之後建有不少保生大帝廟，如東山縣在明天順二年（1458）於城南沙灣上建有真君宮專祀吳本。[19]龍海縣步文鎮的保生大帝廟不下二十座。[20]南靖縣金山鄉的慈濟宮也有七座。[21]泉州市區在明清時劃分為三十六鋪，據古老傳言，每鋪都有保生大帝廟，直到民國時期，城區還有十多座慈濟廟，「文化大革命」前，泉州城區南隅還有五堡慈濟廟、三堡慈濟廟、竹埕保生大帝廟、青龍保生大帝廟和花橋保生大帝廟；東隅有桂壇慈濟宮；西隅有甲第慈濟宮、妙因慈濟宮；北隅有北山保生大帝廟、縣後街保生大帝廟等十座。[22]

　　明清之際，保生大帝信仰隨閩南移民傳入臺灣，並逐漸成為臺灣最有影響的神靈之一。見於文獻記載的臺灣最早的保生大帝廟是在荷蘭占據臺灣時期，陳文達編修的《臺灣縣志》載：「在廣儲東里，大道公廟。紅毛時建。」[23]吳真人在閩臺又稱「大道公」，故其廟稱「大

17　道光《廈門志》〈分域略·祠廟〉，卷2。

18　詳見方文圖、顏立水、曹友穗：〈廈門地區吳真人宮廟調查報告〉，《吳真人研究》，
　　廈門市：鷺江出版社，1992年。

19　民國《東山縣志》〈名跡志〉，卷10。

20　《龍海步尾贏宮調查報告》，藏於福建師大歷史系。

21　陳國強、周立方：〈雲霄、東山、長泰、南靖的吳真人宮廟調查〉，《吳真人研究》，
　　廈門市：鷺江出版社，1992年。

22　吳幼雄：〈泉州吳本信仰持續不衰考〉，《吳真人學術研究文集》（廈門市：廈門大學
　　出版社，1990年），頁200。

23　康熙《臺灣縣志》〈雜記志·寺廟〉，卷9。

道公廟」,「紅毛」是指荷蘭殖民者。王必昌的《重修臺灣縣志》也有類似的記載:「真人廟宇,漳泉間所在多有。荷蘭據臺,與漳泉人貿易時,已建廟廣儲東里矣。」[24]《臺灣舊慣習俗信仰》也說:「當荷蘭人占據臺灣時,有很多泉州人和漳州人,都捧著此神的分身來到臺灣。」[25]鄭成功收復臺灣時,在二萬五千人的東征軍中,不少是漳泉人,傳說還有一支由白礁人組成的「忠貞軍」,他們將保生大帝的神像供奉在戰船上,祈求保佑一帆風順、旗開得勝。收復臺灣後,東征的部隊大多定居下來,加上隨之而來的大批閩南移民,保生大帝信仰在臺灣迅速傳播。歷朝都建有不少保生大帝廟,現存的保生大帝廟多達二百三十四座,分布在臺灣各市縣,茲根據《臺灣省通志》〈宗教篇〉和《真人》第二期的有關記載,列簡表如下:

表一　保生大帝廟在臺灣的歷代分布情況表

始建年代 / 地點	(明)永曆	(清)康熙	雍正	乾隆	嘉慶	道光	咸豐	同治	光緒	宣統	民國	1949年以後	年代不詳	合計
澎湖縣										1		2		3
臺南市	3			3	1	1		2	2		7	1	1	21
臺南縣		2	1	10	4	1	2	2	5		5	18	5	55
高雄市	1						1		1	1	5	8		17
高雄縣	2			1		2					3	11	1	24
屏東縣				2		1					2	7		13
嘉義縣	1	1		5	2			1	2		3	17	4	38
雲林縣							4		3			8		15

---

24 乾隆《重修臺灣縣志》〈祠宇志・廟〉,卷6。

25 鈴木清一郎著、高賢治編、馮作民譯:《臺灣舊慣習俗信仰》下（臺北市:眾文圖書公司,1980年）,頁377。

始建年代＼地點	（明）永曆	（清）康熙	雍正	乾隆	嘉慶	道光	咸豐	同治	光緒	宣統	民國	1949年以後	年代不詳	合計
南投縣				1								3		4
彰化縣		1			1						3		1	6
新竹縣						1						3		4
桃園縣							1					2		3
臺北縣				1	1				1	1		3		7
臺北市					1							3		4
宜蘭縣										1	2	3	1	7
基隆市													1	1
苗栗縣												2		2
花蓮縣												1		1
臺東市												3		3
臺中市												3		4
臺中縣							1	1						2
合計	7	4	1	24	14	6	10	7	14	4	30	98	15	234

　　在臺灣的保生大帝廟中，以臺北大龍峒保安宮和臺南學甲慈濟宮最為有名。

　　大龍峒保安宮位於淡水河與基隆河的交界處，建於嘉慶十年（1805），歷時二十五年才建成。大龍峒保安宮的歷史雖然不太久遠，但其規模和華麗的程度為臺灣保生大帝廟之冠。此廟的興建主要依賴同安籍的臺胞捐款，據記載，當時由王建元為董事，向同安籍移民募捐，共募捐一萬元。同安縣人在開臺移民中所占比例甚高，清初同安籍的移民聚居在臺北盆地西北隅，文風興盛，有「五步一秀（才），十步一舉（人）」之說。他們成立「大浪泵莊」，後改名「大

隆同」，寓意「同安人興隆」，並為其守護神保生大帝興建廟宇，取名
「保安宮」，寓有「保佑同安人」之意。保安宮內的兩尊保生大帝塑
像是從同安白礁分靈去的，被信徒尊稱為「老祖」和「二祖」，早期
的信徒還組織了「老祖力士會」和「二祖力士會」，作為兩尊神像的
輿前侍衛，後來發展為「大道公會」，共有十三個祭祀團體。傳說廟
內供奉的保生大帝對治病很靈驗，光緒二十三年（1887），臺北下新
莊街發生瘟疫時，醫生束手無策，只好抬出保生大帝神像巡遊，神像
所到之處，瘟疫隨之消失。每年三月十四日到十五日都要舉行盛大的
祭典，並抬出保生大帝神像繞境，萬人空巷。從三月初一開始，由同
安籍的大姓張、陳、黃、蔡、杜、莊、鄭、王、周、林、李、楊、
葉、許、吳等依序輪流獻演很有特色的「字姓戲」，既酬神又娛人。
大龍峒保安宮廟經過一八九八年、一九一七年、一九六七年和一九八
一年的四次大規模的修建，更加宏偉壯麗，與艋舺龍山寺、祖師廟齊
名，並稱臺北「三大廟門」。

圖十　臺灣信眾到廈門青礁慈濟宮進香謁祖

學甲慈濟宮建於明永曆十五年（1661），是臺灣的開基祖廟。相傳鄭成功在永曆十五年（1661）率軍收復臺灣時，其軍隊中有不少同安人，他們將從白礁慈濟宮請來的保生大帝神像分靈於此，建廟奉祀。據說此神像雕製於宋代，流傳於世的只有三尊，還有兩尊在福建祖廟白礁慈濟宮和青礁慈濟宮。學甲慈濟宮初建時甚為簡陋，到康熙四十年（1701）改建為宮殿式的巍峨廟宇，兩側豎立一對臺灣保存最久、最高大的旗杆，獨具特色。後來又經過多次修建，形成富麗堂皇的規模。特別是學甲慈濟宮每年三月十一日都要舉行盛大隆重的「上白礁謁祖祭典」，面向大陸祖廟祭拜，三百多年來從未間斷，表現了中華民族不忘本的優良傳統，為臺灣地區頗具特色的宗教活動。[26]

圖十一　臺南學甲慈濟宮

---

26 凌志四主編：《臺灣民俗大觀》第4冊（臺北市：大威出版社，1985年），頁105-107。

　　保生大帝信仰之所以在臺灣有如此之大的影響，除了移民臺灣的多是閩南人外，根本原因是當時臺灣醫學落後，瘴氣嚴重，人們不但容易得病，而且常常受到瘟疫流行的嚴重危害，故以比本土更大的宗教熱情，奉保生大帝為醫神，祈求保佑。臺灣許多保生大帝廟懸掛著諸如「聖藥仙方」、「醫道神聖」、「起死回生」、「保赤長生」、「真元壽世」、「宣慈壽世」、「回天之功」、「保命護生」之類的匾額。不少楹聯也直書保生大帝是「醫神靈」，有「濟世良方」，能「妙手回春」，使「死者復生」。如興濟宮的楹聯寫道：「興百廢起沉痾良方濟世，濟群生超苦海妙手回春」；保安宮的楹聯是：「保生如保赤虎災咒水死者復生，大行受大名龍袞繪山人也而帝」；慈濟宮的楹聯曰：「慈善為懷保護生民登壽域，濟民有策大宣帝德著神方。」這些匾額和楹聯均集中地反映了保生大帝作為醫神受到臺灣民眾的信仰。

　　毋庸諱言，在古代，閩臺宗教文化交流的主要形式是福建文化向臺灣傳播，同時也存在著臺灣宗教文化向福建傳播的事實，最典型的例子是晉江深滬寶泉庵的保生大帝神像是從臺灣學甲請回來的。清咸豐年間，閩臺商貿往來密切，深滬與臺灣僅一水之隔，下午起航，明晨黎明就可抵達臺灣，臺灣商人在深滬設立益源、義興、東昌、協慶等船行，從事用臺灣的糖、米換取北方的棉花、布匹的生意。船員生病了，經常要到學甲慈濟宮求保生大帝藥籤治病，據說十分靈驗。為了方便在深滬祈求保生大帝，協慶號的船員預先塑造一尊保生大帝神像，偷偷地將學甲慈濟宮的保生大帝神像換出，趕上潮汐，揚帆直奔深滬，供奉在寶泉庵中，並保存至今。後來又用每首藥籤二文錢的價格，向往來臺灣的船員徵集大甲慈濟宮的藥籤，經過一年多的時間，才將三百二十四方藥籤收齊。晉江深滬寶泉庵的保生大帝神像和藥籤成為閩臺文化關係的實物見證。[27]

---

27 黃良：《晉江攬勝》（香港：國際文化出版公司，1998年），頁62。

第三節　瘟神崇拜

　　「瘟」又稱「瘟疫」、「癘疫」等，指急性傳染病之總稱，包括鼠疫、霍亂、瘧疾等病症。古人認為，瘟疫流行，是瘟神、疫鬼作祟的結果。漢劉熙《釋名釋天》云：「疫，役也，言有鬼行疾也。」王充在《論衡》中記載了疫鬼的傳說，說顓頊氏有三個兒子，死後變成疫鬼，一人居江水，是為瘧鬼；一人居若水，是為魍魎鬼；一人居宮室及陰暗骯髒的地方，專門驚嚇小孩。實際上，至遲在西周時期，百姓就對疫鬼產生極大的恐懼，經常要舉行「大儺」儀式，驅逐疫鬼，可見瘟神信仰由來已久。

　　福建地處亞熱帶，氣候炎熱潮濕，在古代福建，瘟疫經常流行。漢代淮南王劉安稱福建為「嘔泄霍亂之區」，直到唐宋時期，閩南地區仍被外省人視為「瘴癘春冬作」的是非之地。有關瘟疫流行、死者枕藉的記載在古代福建方志中隨處可見，僅道光《重纂福建通志》記載的唐貞元六年（790）至清道光三年（1823）發生的「大疫」就超過三十次，至於中小瘟疫的發生次數要數倍甚至數十倍於此。儘管古代中醫相當發達，但對瘟疫這一急性傳染病卻束手無策，一旦染病，十有九死，百姓極端恐懼，惶惶不可終日。所以瘟疫一旦發生，人們「談瘟色變」，常常捨醫藥而就鬼神，紛紛到瘟神廟祈禳，或延請巫師到家中跳神驅邪，希冀借助超自然的力量來消弭瘟疫，逢凶化吉。

　　在福建民間，瘟神眾多。閩江流域屬五帝系統，各地叫法不同，有五帝、五聖、五通、五福大帝、五方瘟神、五瘟神、五瘟王爺等不同名稱。《閩雜記補遺》說：「福州俗最敬五帝，以為瘟疫之神。城中廟凡五處，東西南北中，皆稱五澗五帝，姓則張、鍾、史、劉、趙也。」《烏石山志》記載：「榕城內外，凡近水依寺之處，多祀疫神，稱為澗，呼之為殿，名曰五帝，與之以姓曰張、鍾、劉、史、趙。」關於五帝的來歷，有許多不同的傳說，一說是唐太宗時，有五位書生

進京赴考，均名落孫山，他們五人流落街頭，奏樂行乞。唐太宗召五
人入地窖演奏，又佯稱為樂聲所困，請張天師化解，以試其法力。張
天師入宮後，乃作法術，口念真言，拔劍作斬妖狀，樂聲驟然停止。
唐太宗派人入地窖察看，五書生已全部死去。五人冤氣不散，成為癘
鬼，太宗畏懼，令天下立廟祭祀。另一說則云：唐代時，有五名秀才
參加省試，某夜同住於驛站中，無意中見一群瘟鬼往井中下藥，說是
要使城中一半人喝此井水後中瘟毒而死。五書生守著井口，不讓百姓
打井，但無法使人相信瘟鬼放毒之事，只好捨身救人，打井水自飲，
果然中毒而死，百姓才信以為真，從而避免了一場大災難。全城百姓
感念五書生的再生之恩，遂立廟塑像祭祀，成為五帝。

　　閩南地區的瘟神稱之為「王爺」，人數遠不止五位，多達三百六
十位。關於王爺的來歷，更是眾說紛紜。或說是秦始皇焚書坑儒時，
被活埋的三百六十名博士演變而來；或說是唐代三百六十名冤死的進
士，被賜予「王爺」封號，血食四方；或者說是明代末年三百六十名
進士不願臣服清朝統治，集體自殺，成為神祇，等等。傳說雖不同，
但都是死於非命，無一善終者，曲折地反映了古人對瘟疫的恐懼心
理。閩南的「王爺」多冠以姓氏，常見的有趙、康、溫、馬、蕭、
朱、邢、李、池、吳、范、姚、金、吉、玉、岳、魏、雷、郭、伍、
羅、白、紀、張、許、蔡、沈、余、潘、陳、包、薛、劉、黃、林、
楊、徐、田、盧、譚、封、何、葉、方、高、鄭、狄、章、耿、王、
楚、魯、齊、越、龍、殷、莫、姜、鍾、韓、沐、虞、蘇、宋、駱、
韋、歐、沈、廉、侯、周、萬、萍、瓊等一百餘姓王爺。王爺廟遍布
閩南各地，一座廟供奉三尊王爺塑像的稱「三王府」，供奉四尊王爺
塑像的稱「四王府」，供奉五尊王爺塑像的稱「五王府」。在閩南數以
百計的王爺廟中，泉州富美宮、靈溪殿、晉江鎮海宮，石獅斗美宮、
碧雲宮，南安的西林宮、惠安靈安宮、豐美宮等較為有名，富美宮被
稱為王爺廟的總部，聞名海內外。

圖十二　泉州富美宮被稱為閩臺王爺廟總部

　　富美宮建於明正德年間（1506-1521），主神為蕭太傅。蕭太傅在歷史上確有其人，據《漢書》記載：蕭太傅，名望之，字長倩，西漢東海蘭陵（今山東蒼山西南）人。漢宣帝時，歷任馮翊、大鴻臚、御史大夫、太子太傅等官，以清正剛直，愛國愛民著稱，《漢書》贊其「有輔佐之能，近古社稷臣也」。漢元帝時，蕭望之遭宦官陷害，被迫飲鴆自殺。歿後百姓立廟祭祀，成為神祇。在泉州，蕭太傅卻另有傳說，略云：蕭太傅為人至孝，其母晚年行走不便，他特地造一小車，前由公羊牽引，自己在後推車，經常載母親外出遊玩。後來，信眾出於對蕭太傅孝行的敬重，而有放生公羊的習俗。放生公羊雙角刻有「富美宮」字樣，脖子掛有小牌，白天放任自由，讓公羊自行外出覓食。因百姓視之為神羊，不要說不敢傷它，就是到水果攤、蔬菜店覓食，誰也不敢阻擋，要吃啥就任其吃啥，甚至認為這是吉祥如意的徵兆，故至今泉州城內尚流傳一句歇後語：「後富美羊公——走到哪裡，吃到哪裡」，諷喻嘴饞之人。[28]

---

28 陳曉亮、萬淳慧：《尋根攬勝話泉州》（臺北市：華藝出版社，1991年），頁99。

　　福建各地祭祀瘟神的活動經常進行，祭典十分隆重，特別是瘟疫流行時，更是辦得沸沸揚揚。如明崇禎十五年（1642）二月，福州發生瘟疫，百姓爭先恐後籌集金錢，設醮大儺。最初迎請排宴，接著便於五帝廟內設衙署，置衙役，模仿官府收投詞狀，批駁文書，各鄉社抬出土神前來參謁。繼而用紙竹紮糊紙船，極其精緻，船內器用雜物，無所不備。擇良辰，殺豬宰牛，祭祀紙船。祭畢，數十人抬著紙船，一路吆喝，直奔江河邊。隊伍前又設一儺，紙糊五帝及部曲，乘以驛騎。隊伍後，鳴鑼伐鼓，吶喊喧闐，震心動魄，數千名執香者隨從。到達江河邊上，再由巫師作法一番後，將紙船推入水中，舉火燒毀，寓意五帝爺已將疫鬼驅逐到海外，名叫「出海」。這種「出海」活動按鄉村輪流進行，《榕城紀聞》載：「一鄉甫畢，一鄉又起，甚而三四鄉、六七鄉同日行者。自二月至八月，市鎮鄉社日成鬼國，巡撫張公嚴禁始止」。民國初，福州的「出海」儀式更加繁縟，時人胡樸安曾作過詳盡而生動的描述：

　　出海一事，較普渡尤為重要。以杉板制一船殼，糊以彩紙。船中陳設極多，綜言之，凡人世應用之物，無不備具。惟其物皆雛形之模型，若三寸之火腿，一寸之豬頭，酒罈如鼻煙之壺，煙盤如火柴之齒，寧式之床，大如翠鳥之籠，沐浴之盆，大如印色之盒，種種物器，無不精巧而可愛。又有紙製男女僕婢二十餘人，各司其事。有一婢一僕，專司鴉片煙者，一以通條刺煙槍之管，一以挖子爬煙斗之灰，其形狀栩栩欲活，閱之令人絕倒。此船身長約二丈四尺，寬約四尺二寸，有帆有舵，有篷有錨。董其事者，預泊船于臺（江）中州之大橋下。同時壇董取木桶二，置於神前，頂禮膜拜。至無量數，金鼓雜奏，僧道各念其經咒，遂取豬血、狗血、雞血、牛血等血，暨腐敗之腸，臭穢之布，種種惡物，雜投其中。然後以神道簽字之印

條，封貼桶蓋，必嚴必密。彼謂神道用乾坤袋拘捕之疫鬼，皆收容於桶中，故其鄭重如此。至于出海時，鼓樂前導，長爺、矮爺步行以從，列炬數十，照耀於前。挑桶者必用精壯之少年，絕跡飛行，速如驛馬。道中如有人觸著此桶者，此人必死于疫。故出海時，行人遠觀，無有一人敢逼近而觀者。既至大橋下，則置桶于船，時潮方漲足欲退，乃解纜令其隨潮出海而去。[29]

　　閩南地區的瘟船多為木製，俗稱「王爺船」或「彩船」。據鄉老云：舊時富美宮旁有專門製造王爺船的作坊，每造一條王爺船，都要舉行各種祭祀儀式，諸如聘請師傅、選擇材料、船體大小、開工時間、安放神位、下水時辰等等，都必須在蕭太傅神像前扶乩或卜筊來決定，誰也不敢任意變動。王爺船一般長二三丈，能載重二三百擔，中部設神位，正中為主神，左右為配神，每條船上供三位或五位或七位王爺神。船的兩旁插有大牌、涼傘、彩旗和刀、槍、劍、戟等兵器。神座前陳列案桌，供奉各種祭品和紙紮的人役、樂隊等。後倉裝

圖十三　精美的紙紮瘟船

29　胡樸安：《中華全國風俗志》下篇卷5《福建》（鄭州市：中州古籍出版社，1990年），
　　頁67-68。

有柴米油鹽和藥材、布料等日常生活用品。船上還放養一隻白色公雞和一至三頭公羊。王爺船從富美渡頭下水，先由佩帶符籙的水手駕駛出海口，然後在海灘停泊，擇定方向，水手將佩帶的符籙焚化，並禱告，寓意將王爺船交與神明，然後張帆起錨，水手上岸，任憑王爺船隨風逐浪而去。[30]

　　可能是受閩南等地的影響，民國初福州也有木製瘟船，神像雕塑得十分猙獰凶惡，故百姓對瘟神多敬而遠之，經過五帝廟時，往往屏住呼吸，不敢正眼觀察，連天不怕地不怕的壞人也敬畏五帝，福州民間至今仍流傳著「壞人怕五帝」的俚語。遇瘟疫流行，百姓延請巫覡建醮，整個禳解儀式也故意搞得十分恐怖，婦孺不敢貿然觀看，唯恐觸犯瘟神，給全家帶來災禍。

　　無獨有偶，閩南送王爺船時，要沿途敲大鑼大鼓，告示行人閃開，更不許小孩觀看，怕魂魄被王爺公帶上船去。清末泉州人吳增在《泉俗激刺篇》中寫道：「送王流水去，鑼鼓聲動天。嚇得鄉人悸半死，

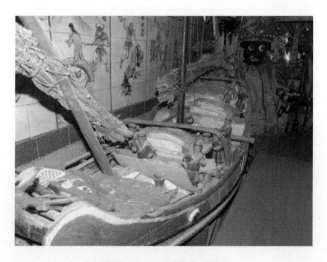

圖十四　木製的瘟船

---

30 陳曉亮、萬淳慧：《尋根攬勝話泉州》（臺北市：華藝出版社，1991年），頁100-101。

恐被王爺帶上船。」至今一些老人談及此等信俗，仍心有餘悸。[31]

臺灣一向被視為瘴癘之區，明清時期，閩人大批移民臺灣，由於水土不服，疫癘大作，病者十之八九，死者甚多。鄭成功收復臺灣後，僅在臺灣半年時間，便染上熱疾，不治身亡。其駐守雞籠山的將士，在康熙二十一年（1682）三月的瘟疫流行中，死者過半。直至清代後期和民國時期，臺灣的瘟疫仍時常發生，有關方志記載的大瘟疫尚有二十多次，死亡人數以萬計，僅光緒三十四年（1908）高雄地區鼠疫，死亡人數就有三六七三人。在這樣特殊的環境下，臺灣民眾談瘟色變，只能聽天由命，希冀神祇庇佑，逢凶化吉。瘟神信仰便在臺灣迅速發展，王爺廟之多僅次於土地公廟，居第二位。

臺灣的王爺信仰源於閩南。前面提到，閩南的王爺船為木製，與真船異，任其漂流後，不易被海浪吞沒後，有些王爺船順著海潮漂流到臺灣島，甚至東南亞沿海地區。臺灣的王爺信仰可以追溯到荷據臺灣時期，據《諸羅縣志》記載：荷蘭殖民者有一次在海上夜遇王爺船，疑是賊船，便開炮轟擊，但見此船飄忽不定，左右躲閃，怎麼也打不中。待天明，才看清楚滿船皆是紙糊神像，眾人害怕極了，沒過幾天，患瘟疫死亡的人超過半數。雖然此瘟船不知從何處漂來，但從閩南順海流漂到臺灣沿岸的可能性比較大。又據荷據末葉曾遊歷過臺灣的瑞士人赫波特（Albrecht Herport）記載，當時（1662）有漢人神廟，通常供奉用檀木雕成的三尊神像，其中的一個好像魔鬼，有個很大的頭，除了腳上有彎曲的爪以外，其餘的部分則像人，中國人稱它為 joossi。其他兩位，一位是老人，一位是女人，職掌航行。顯然，女神是媽祖，老人狀的神是土地公，而被稱為 joossi 的凶惡之神極可能是瘟神王爺。

---

31 詳見林國平主編：《福建省志》〈民俗志〉（北京市：方志出版社，1997年），頁317-319。

　　據傳，在歷史上從泉州富美宮沿晉江出海口送走的王爺船就有近百艘，有少數王爺船漂流到臺灣。臺灣沿岸百姓對漂流來的王爺船十分畏懼，或建廟奉祀王爺船上的神像，或將王爺船供奉在廟內祭祀，或另造小模型供奉在神案上。乾隆四十年（1775），雲林縣麥寮鄉光大寮百姓從水邊撿回刻有「富美宮蕭太傅」字樣的沉香木料（王船構件），雕塑蕭太傅神像供奉。嘉慶元年（1796），新竹縣百姓拾到富美宮王船，船上蕭、潘、郭三王爺被請回供奉。嘉慶十年（1805），臺中縣大安鄉百姓建和安宮，供奉停靠在海灘上的富美宮王船中的金、吉、姚三王爺。[32]又如臺灣臺中縣大安港和安宮，便是清嘉慶十四年（1809）四月二十二日清晨，因一艘長二丈二尺的王爺船停靠於此而建造的。嘉義縣東石港先天宮內，至今仍保存著一艘民國十四年（1925）從富美宮放出的王爺船。又如高雄市旗津區天鳳宮的吳王爺來自晉江潘徑鄉，鳳山市北辰宮的巫王爺來自莆田南天宮，臺南縣將軍鄉保濟宮的池王爺、福安宮的吳王爺分別來自晉江大崙村和泉州錫坑村，臺南縣歸仁鄉永豐代天府的池王爺來自同安的馬巷，嘉義縣東石鄉連天宮的何王爺來自晉江的白石堡，雲林縣麥寮鄉鎮西宮的蕭王爺來自晉江磁灶富美村，雲林縣水里港福順宮的朱、李、池三王爺來自漳浦南門外京仔社，嘉義縣太保鄉玉賢宮的黃、吳、李三王爺來自平和縣古坑社，等等。[33]泉州法石文興宮也有放王船習俗，同治八年（1869）六月初四，法石文興宮所放王船漂流到苗栗縣後龍鄉，當地人建造合興宮奉祀。光緒三十四年（1908），又有一隻法石文興宮王船停泊在後龍。[34]總之，臺灣所奉祀的王爺神大多來自閩南。

　　在閩南王爺船順海潮漂流的過程中，澎湖島往往是中轉站，林豪

32　陳曉亮、萬淳慧：《尋根攬勝話泉州》（臺北市：華藝出版社，1991年），頁100-101。

33　泉郡富美宮董事會、泉州市區民間信仰研究會合編：《泉州富美宮志》（1997年10月），頁64。

34　溫太平：〈法石文興王爺宮〉，《眾妙之門——泉州玄武和王爺信仰專輯》。

在《澎湖廳志》中記載頗詳:「各澳皆有大王廟,神各有姓,民間崇奉維謹。甚至造王船、設王醮,其說亦自內地傳來。內地所造王船,有所謂福料者,堅致整肅,旗幟皆綢緞,鮮明奪目;有龍林料者,有半木半紙者。造畢,或擇日付之一炬,謂之游天河;或派數人,駕船遊海上,謂之遊地河,皆維神所命焉。……或內地王船偶遊至港,船中虛無一人,自能轉舵入口,下帆下碇,不差分寸,故民間相驚以為神,曰『王船至矣!』則舉國若狂,畏敬特甚。聚眾鳩錢,奉其神于該鄉王廟,建醮演戲,設席祀王,如請客然。以本廟之神為主,頭家皆肅衣冠,跪進酒食,祀畢,仍送之遊海,或即焚化,亦維神所命云。」文中所說的「內地」無疑是指大陸的福建。

　　王爺信仰在臺灣迅速傳播是在鄭成功收復臺灣之後,隨著漢人的增多,各種神廟包括瘟神廟被相繼建立。臺灣現存的規模最大、被稱為瘟神信仰總廟的是臺南縣北門鄉代天府(俗稱「南鯤鯓廟」)。相傳永曆十六年(即康熙元年,1662),麻豆漁夫楊世鄉夜宿草寮內,忽然聽到仙樂悠揚,極目遠眺,只見霞光燭天,一艘華麗的大船駛進岸邊。附近百姓感到奇怪,走近大船一看,原來這是從大陸放出的王爺船,船內供奉有李、池、吳、朱、范五位王爺的彩色神像。於是,當地漁民就在鯤鯓山附近蓋一草寮,供奉神像。每次出海捕魚,必頂禮膜拜,總是滿載而歸,或其祈求病癒,亦無不應驗。因此,遠近相告,香火鼎盛。後來,草寮敗壞,改建宮廟。民國十二年(1923),開始大規模擴建,聘請大陸名匠主持修建工程,建廟的材料也是從福建運來,十分考究。整個建築保存閩南建築的風格,其華麗堂皇,為臺灣宮廟之少見。[35]

---

35 凌志四主編:《臺灣民俗大觀》第4冊(臺北市:大威出版社,1985年),頁8-11。

圖十五　王爺船與王爺廟

　　永曆年間臺南和澎湖尚有許多王爺廟，如臺南龍崎鄉法府千歲壇和池府千歲壇，歸仁鄉沙崙平安宮和崙子頂代天府，安平區弘濟宮，永康鄉王爺廟，澎湖湖西安良廟和廣聖殿，西嶼威揚宮等均創建於永曆年間。康熙二十二年（1683），清朝統一臺灣後，王爺信仰隨著移民開發臺灣的足跡向臺西、臺北、臺中方向傳播，至乾隆末年，臺灣省共建有大小王爺廟近百座。乾隆之後，王爺信仰長盛不衰，影響越來越大，成為臺灣影響最大的民間信仰之一。據民國七年（1918）統計，臺灣省共有王爺廟四百五十三座，其中臺北二十一座，宜蘭三座，桃園三座，新竹三十四座，臺中九十七座，南投九座，嘉義一百二十座，臺南一百零三座，阿緱十九座，澎湖四十四座。民國七年以後，臺灣的王爺廟的數量劇增，民國十九年（1930），臺灣有王爺廟五百三十四座，至民國二十三年，臺灣有王爺廟五百五十座，一九六〇年增至六百七十七座，一九八一年又增至七百五十三座。

　　在臺灣，王爺不僅為漢族同胞所崇奉，甚至原住民也崇拜王爺。北投有個地方舊稱「蕃仔厝」，從前居住的都是平埔族的分支──凱

達格蘭族的潘姓原住民，他們信奉的守護神是「蕃仔王爺」。相傳約二百年前，有一平埔族同胞在海邊撿到一尊神像，帶回家中奉祀，由於十分靈驗，所以香火延續至今。另一說則謂此王爺係福建漳浦五甲尾池府王爺的分身，當地居民奉其為防疫醫病的神明，祭典中的乩童與其他宮廟的乩童無異。[36]

臺灣的王爺祭典每三年舉行一次，俗稱「王醮」。醮典的籌備工作早在數月前就開始，廟宇內外張燈結綵，煥然一新，並依照古制和神旨建造王爺船。醮期來到，主事者將汲來的河水一半裝入水缸，放在船的前頭，另一半潑向船身四周。隨後，鞭炮聲、樂聲和讚美聲四起，王爺船在眾人的推動下，緩緩駛出廠房，安放在廟埕上。船錠拋入水缸中，等待王爺登船起航。醮壇內，舉行著隆重的「火醮」儀式，祈求神明將五方火鬼和十二火獸等導致火災的元凶驅逐出境。日頭偏西，道士舉行「煮油過火」儀式，將醮祭的各樣物品逐一過火，以辟邪去穢。並扛著沸騰的油鍋繞醮壇一周，以淨化每個角落。每個信徒還要魚貫穿過火焰，以淨化身心。當太陽下山時，眾人抬起神轎，捧著獻給王爺的紙製兵馬，敲鑼打鼓地去「請王」。一路上燃著火把，每個人肅靜而行，氣氛莊嚴而隆重。「請王」隊伍來到昔日王爺船靠岸之處，信徒們手執香火，一齊跪地，面朝大陸，虔誠禮拜，祈望王爺降臨。當擲筊確定王爺已降臨時，鞭炮、煙火齊放，獅陣助興，民眾歡天喜地奉迎王駕回。王爺回廟後，信徒們按人間王侯禮儀小心侍候，又是安座，又是獻茶，又是上湯水，忙得不可開交。接著三天，王爺一方面在府內視事，由巫師協助處理各種事務。另一方面派王爺令巡境繞行，全祭區內大小神佛、各種陣頭、乩童全部出動，隨王爺出巡，場面沸沸揚揚，盛況空前。三日之後，送王爺啟程，信徒們設宴歡送，演戲酬神，主事更是忙得不亦樂乎，為王爺清點各種

---

36 凌志四主編：《臺灣民俗大觀》第4冊（臺北市：大威出版社，1985年），頁25。

物品，不敢有絲毫疏忽。宴席結束後，道士開始祭船，用酒潑向船頭，象徵性地解纜繩。又向船頭、船尾潑水，再拿鋤頭在船頭挖一條溝，為王爺船鑿通水路，以便直通大海。王爺在眾人的簇擁下，請上王爺船後，數百位信徒奮力拉船，將王爺船拉到海邊，放在堆積如山的金銀紙上。旗牌官策馬奔馳船側，許多神輿狂奔，乩童亂舞，送王儀式達到高潮。舊時王爺船有時擁入海中，隨波逐流，俗稱「遊地洞」。有時則將王爺船焚化，俗稱「遊天河」。採用哪種形式處理王爺船，均由投筊決定。如今，多是採用焚化，俗信王爺船已駛向天際，可保人境平安。

　　臺灣瘟神的職能不是一成不變的，而是隨著時間的推移、社會的發展而變化。劉枝萬在《臺灣之瘟神信仰》一文中認為民間信仰中的「瘟神」主要有六個階段的演化過程：

　　第一階段：瘟神的原始形態是死於瘟疫之厲鬼，因此在此階段之「瘟神」是散瘟殃民之「厲鬼」。

　　第二階段：瘟神成為取締疫鬼、除暴安良之神，即邪惡疫鬼受封或被祀後，變為瘟部正神，故其行瘟對象勢必有所選擇，不得任意作祟殃民。人們對「瘟神」之觀念，漸由「疫鬼本身」之原始形態蛻變為「疫鬼之管理者」，而賦予「代天巡狩」之瘟王銜稱，俾到處稽查、戢止疫癘。

　　第三階段：具有保護航海平安之海神功能，從而變成漁村之守護神，遂為祈求漁獲增多之對象。

　　第四階段：瘟神成為「醫神」。蓋由驅瘟逐疫之功能，再進一步，為適應人們之需求，便是醫治病患，順理成章。

　　第五階段：瘟神成為「保境安民之神」。因瘟神有著代天巡狩，司掌驅瘟之功能，迨莊社奠定基礎，被奉為一莊或數莊之守護神。

　　第六階段：瘟神成為「萬能之神」。質言之，即由保境安民之神再進一步，而成為「土地神」（保境安民之神雖亦有一種土地神之性

圖十六　被焚化的王爺船

格，但其立場不甚堅強）。人們對其需求，無所不至，目的在於「禳災植福」，即視為賜予一般幸福，俾能安居樂業之福神。而其項目繁多，五穀豐登，均傳靈驗。[37]

　　總之，臺灣的王爺崇拜源自閩南，與北方的瘟神崇拜有所差異，諸如：北方的瘟神為惡神，面目猙獰，人人都敬而遠之。而閩南和臺灣的王爺則為逐漸演變為驅瘟防疫的正神，神像的造型英武沈毅，並不可怕；北方的瘟神一般僅職掌瘟疫，而閩南和臺灣的王爺卻有「代天巡狩」之職權，百姓視之為萬能的神靈，事無巨細均可求助於他；北方的祭瘟神多是在瘟疫流行時舉行，而閩南和臺灣的祭王爺卻是定期舉行，一般三年舉行一次，瘟疫流行時亦可進行；北方的瘟神船均為紙竹糊紮而成，小巧玲瓏，而閩南和臺灣的王爺船是木頭製成，與真船無異，等等。因此，自古以來，臺灣的王爺信徒認定王爺的根在

---

37 詳見劉枝萬：〈臺灣之瘟神廟〉、〈臺灣之瘟神信仰〉，《臺灣民間信仰論集》，臺北市：聯經出版事業公司，1983年。

閩南，不畏艱難險阻，以能到閩南祖廟進香謁祖為幸事。一九二四年四月，嘉義東石港先天宮黃傳心等十九人專程到泉州富美宮進香，迎請蕭太傅和五府千歲回臺灣奉祀。黃傳心寫了《泉州城進香》詩歌，記述當時的盛況，其中有「富美宮前人似海，鈴旗爭拜漢忠魂」句。一九二八年，該宮董事會又組團到富美宮拜謁，富美宮贈送「威鎮麥津」匾額。[38]改革開放以來，臺灣信眾到泉州富美宮進香謁祖的更是絡繹不絕。據統計，一九八八年六月至一九九五年六月間，到富美宮進香謁祖的宮廟共有八十五座，進香團一百五十批，四千七百四十三人次。[39]一九九一年十月，高雄市數十名蕭太傅信眾特意乘小船跨越臺灣海峽直達富美宮進香，在海峽兩岸引起轟動。一九三三年，富美宮董事長率團訪問臺灣三十多座分廟，被臺灣媒體評為「對提升兩岸宗教文化交流甚有助益」[40]。近年來，臺中海濱里的文興宮、臺中協興宮、臺中清水縣高美文興宮、彰化永安宮、華林鎮順天宮、苗栗縣合興宮等多次到法石文興宮進香謁祖，王爺信仰成為閩臺之間友好往來的重要紐帶。

---

38 泉郡富美宮董事會、泉州市區民間信仰研究會合編：《泉州富美宮志》（1997年），頁79。

39 鄭國棟：〈蕭太傅崇拜與富美宮的歷史作用〉，《泉州道教文化》1995年第8、9期合刊。

40 鄭國棟：〈蕭太傅崇拜與富美宮的歷史作用〉，《泉州道教文化》1995年第8、9期合刊。

第五章
海神與功臣聖賢崇拜

　　閩臺都有漫長的海岸線。在歷史上，航海和海上貿易相當發達，宋元時期，泉州是中國對外貿易的最大港口之一，也是世界上最繁忙的港口之一。明末清代福建民眾乘船泛舟，跨洋過海，大批向臺灣和東南亞移民。近代，福州、廈門港是對外通商口岸，成為中國對外交通的重要樞紐。由於漁民和航海者平日出入於喜怒無常的大海之中，隨時都有可能發生船覆人亡的悲劇，時人王十朋詠泉州詩中就有「大商航海蹈萬死」[1]之句，劉克莊〈泉州南廓〉詩亦云：「海賈歸來富不貲，以身殉貨實堪悲。」[2]即使到明清，航海的危險性也沒有根本改變。因此，閩臺地區的海神信仰特別發達，為了祈求一帆風順和化險為夷，他們特別崇拜海神，除了崇拜海龍王外，還創造了許多具有福建地方特色的航海保護神，如泉州的通遠王海神廟、晉江的真武海神廟、莆田的靈感廟、祥應廟、大蚶光濟王廟、福州的演嶼廟、閩清的武功廟所供奉的神靈都有平定海道風濤，保護航海一帆風順的職能。在閩臺地區，影響最大的海神是天上聖母、玄天上帝。

　　儒學關注社會，重視現世生活，主張用立功、立言、立德來解決生死大事。其理想人格既不是超然物外、睥睨萬物的「仙客」，也不是看破紅塵、不食人間煙火的「菩薩」，而是博施濟眾的「聖賢」和叱吒風雲的「功臣」。所謂：「禮法施于民則祀之，以勤死事則祀之，以勞定國則祀之，能禦大災、捍大患則祀之。」[3]在這一觀念的指導

1　王十朋：《梅溪王先生文集》〈提舉延福祈風道中有作次韻〉，卷17。
2　劉克莊：《後村先生大全集》〈泉州南廓二首〉，卷12。
3　轉引黃仲昭：《八閩通志》〈祠廟〉，卷58。

下，大批的「功臣」和「聖賢」被塑造成神靈，成為民間信仰的重要組成部分。閩臺民間的功臣聖賢崇拜主要由三個類型的歷史人物組成：一是開基祖崇拜，二是忠臣名將崇拜，三是鄉賢崇拜。由於功臣聖賢崇拜往往得到官方的提倡，而且又經常與宗族緊密結合，還具有地域性的特徵，因此發揮著較大的社會教化作用。

第一節　海神崇拜

一　天上聖母崇拜

　　天上聖母即媽祖，又稱天妃、天后等，福建莆田湄洲島人，原名林默（小名默娘），相傳生於宋建隆元年（960），卒於雍熙四年（987）。據現存最早的有關文獻《聖墩祖廟重建順濟廟記》及黃公度的題順濟廟詩記載，媽祖生前是一位「預知人禍福」的女巫，死後被當地人奉為神靈，建廟祭祀。由於湄州島上的百姓多是漁民，所以媽祖一開始成為神靈就具備海上保護神的職能，不過最初的影響只限於湄洲島。媽祖死後約一百年，其信仰逐漸擴大，洪邁《夷堅支景志》載：「興化軍（今福建莆田、仙遊一帶）境內地名海口，舊有林夫人廟，莫知何年所立，室宇不甚廣大，而靈異素著。凡賈客入海，必致禱祠下，求杯筊（占卜用具），祈陰護，乃敢行，蓋嘗有至大洋遇惡風，而遙望百拜乞憐，見神出現于檣竿者。」[4]北宋宣和四年（1122），給事中路允迪奉旨出使高麗，航行途中遇到狂風怒浪，其餘的船隻均覆沒，唯有路允迪所乘的船隻在媽祖顯靈的指引下，避開風浪而平安抵達。事後，路允迪上奏朝廷，為媽祖請功。宋徽宗特賜莆田寧海聖墩廟廟額為「順濟」，媽祖信仰得到官府的承認，開始以

4　洪邁：《夷堅支景志》，卷9「林夫人廟」條。

較快的速度對外傳播。南宋時期，媽祖信仰得到統治階級的大力扶植，先後被賜封的各種封號達十四次之多，封號的等級也從「夫人」一直晉升為「妃」，其身分也由巫轉變為道教神仙，影響隨之擴大，各地的媽祖廟紛紛建立，到紹定二年（1229），媽祖廟不但在莆田有很多，而且「閩、廣、江、浙、淮甸皆祠也」[5]。

　　元時，媽祖成為漕運的保護神，而且「護海運有奇應」[6]，因此得到朝廷的大力扶植。明代，媽祖除了庇護海上遇險的漁船、商船外，還常常有為朝廷的使節（如鄭和下西洋和冊封琉球使）和水師等航海者護航。

　　明末清初，福建、廣東沿海百姓移民臺灣時，船上都奉祀著媽祖神像，保佑船隻的平安。每當巨浪滔天時，全船人便一致向神像祈禱，

圖五　湄洲媽祖神像

5　咸淳《臨安志》〈順濟聖妃廟〉，卷33。

6　《元史》〈祭祀五〉，卷76。

希望轉危為安。清趙翼《陔餘叢考》載:「相傳大海中,當風浪危急時,號呼求救,往往有紅燈或神鳥來,輒得免,皆妃之靈也。……臺灣往來,神跡尤著,土人呼神為媽祖,倘遇風浪危急,呼媽祖,則神披髮而來,其效立應。若呼天妃,則神必冠帔而至,恐稽時刻。媽祖云者,蓋閩人在母家之稱也。」[7]清康熙年間(1662-1722),「師征臺灣,神湧潮以濟師,遂克廈門。及平臺灣,亦顯靈異。」[8]由於媽祖的形象既不同於人面鳥身的禺虢、禺彊、弇茲以及與之相類的不廷胡餘,也不同於令人驚怖的海龍王,而是一位頗具慈母色彩,有求必應的海上守護女神,因此,其影響迅速擴大,很快取代傳統的海神,在眾多的海神中占據主導地位。[9]不但民間祭祀信奉媽祖,朝廷也派大臣禮祭,並且載入國家的祀典,宋元明清的十四個皇帝賜給媽祖的封號多達二十八個,從「夫人」、「天妃」、「天后」,直至「天上聖母」。隨著媽祖信仰日盛,其職能也不斷擴大了,不但沿海百姓信仰,山區群眾也崇拜,媽祖已經成為人們心目中的一位無所不管(管漁業豐產,男女婚配、生兒育女、祛病消災等)的神祇了。

　　媽祖信仰在全國沿海地區都有不少的宮廟,僅閩臺媽祖信仰的中心區——福建莆田的湄洲島就有十五座媽祖廟,莆田市有八百八十座天后宮,媽祖信徒之多,也是首屈一指的。一九八三年,臺灣省的媽祖廟有五百十五座,香火之旺盛在臺灣眾多的神靈中獨占鰲頭。臺灣早期的媽祖從湄洲祖廟分靈,不僅有史料記載可證,而且有實物證據。如臺南市北區有一尊古老的媽祖像,背面刻有「崇禎庚辰年湄洲造」字樣,「崇禎庚辰」年為一六四〇年,比鄭成功收復臺灣還早二十一年。所有的臺灣媽祖廟都承認湄洲媽祖廟是它們的祖廟,如臺南大天后宮有一副撰寫於道光十年的對聯,對聯的上聯是:「赤嵌壯璇

7　趙翼:《陔餘叢考》,卷35。

8　《清朝文獻通考》〈群祀考〉二。

9　參見謝重光:〈媽祖與我國古代河神、海神的比較研究〉,《福建學刊》1990年第3期。

圖二　媽祖信仰的發祥地湄洲島

宮，奉英靈為海外砥柱」，描寫大天后宮的壯觀和媽祖的靈顯；下聯
是「皇朝隆祀典，欽慈濟本湄洲淵源」，說的是清朝媽祖祭典隆重和
淵源於湄洲媽祖廟。再如，新港奉天宮也有一副清代對聯，上聯是
「聖慈皎皎煥湄洲，風清月白」，講的是奉天宮淵源於湄洲媽祖廟；
下聯是「母德洋洋彌海甸，浪靜波恬」，意思是媽祖的保佑使波瀾不
驚，一帆風順。北港朝天宮聖母殿的對聯是「聖跡溯湄洲，躡電飛
升，八百載神靈遍布；慈雲庇臺島，安瀾永慶，億萬家頂祝馨香，」
總的意思與奉天宮差不多。臺灣其他天后宮的對聯幾乎都有溯源湄洲
媽祖廟的聯句。

　　臺灣著名的媽祖廟主要有澎湖天后宮、鹿港天後宮、臺南大天后
宮、北港朝天宮、臺北關渡宮、大甲鎮瀾宮、新港奉天宮等。

　　澎湖天后宮是臺灣最早創建的媽祖廟，原名媽祖宮，約建於明萬
曆年間[10]，建材均從閩南運去。該宮正殿所供奉的媽祖是從湄洲分靈
去的，已經有八、九百年的歷史。

10　一說始建於元朝至元十八年（1281），認為元朝派兵征討日本，因遇颱風，船隊在
　　媽祖的救護下，漂泊澎湖島（當時稱平湖島），故元朝冊封媽祖為「天妃」。

　　鹿港天后宮建於明永曆元年（1647），[11]由於奉祀從湄洲祖廟分靈
的媽祖神像，加上這裡是臺灣與大陸經貿的重要港口，因此香火鼎
盛，原來的廟宇規模太小，不敷眾用，遂於雍正三年（1725）擴建。
此後，又多次修建、擴建，成為臺灣規模較大的媽祖廟。從這裡分香
的大廟宇有北港朝天宮、麥寮拱範宮、樸子配天宮、彰化天后宮、大
肚永和宮、土庫順天宮、臺西安海宮、埔里恆吉宮、枋橋頭天門宮、
北斗奠安宮、溪洲后天宮、新店后儀宮、基隆后天宮、中侖慈賢宮
等。這裡終年香客絡繹不絕，每逢農曆一月至三月間的進香旺季，更
是人潮洶湧，水洩不通。鹿港天后宮的建築結構富麗堂皇，古色古
香，雕梁畫棟獨具匠心，彩繪及木石雕刻，皆精緻絕倫，巧奪天工，
素有藝術殿堂之稱。廟中陳列的珍貴史料及宗教文物，更是令中外人
士嘆為觀止。如前清皇帝的御筆匾額，文武官員的獻匾，古代碑記及
該宮昔日前往湄洲祖廟謁祖的照片、往湄洲謁祖的香龕和祖廟贈予該
宮的大靈符《聖母寶璽》均是臺灣絕無僅有之文物。此外，尚有明朝

圖三　臺灣鹿港天后宮

11　或說建於明萬曆元年（1573）。

宣德年間的進香爐、民國初雕製的精緻鳳輦全副儀仗等，數量之多，難以枚舉。

臺南大天后宮俗稱臺南媽祖廟，建於康熙二十二年（1683），原來是明朝寧靖王府，傳說施琅曾駐軍此邸，井水竟源源不斷，可供四萬大軍之用，所以施琅將它改為媽祖廟，稱大天后宮。由於是由王府改建而成的，大天后宮富麗堂皇，氣派非凡，具有帝王建築的風格。宮內有大量珍貴文物，僅古匾額就有二百多塊，其中雍正帝「神昭海表」、咸豐帝「得侔厚載」、光緒帝的「與天同功」等御筆匾尤其珍貴。大天后宮內還有數十件大小泥塑的神像，據說是三百年前的一位泉州師傅的傑作，神像由一尺來高到兩人高不等，神貌也由寫實的凡間男女逐漸昇華到理想的神格風範，象徵一個凡人修德精進的過程，發人深省。

圖四　臺南大天后宮

北港朝天宮建於康熙三十年（1691），當時有位名叫樹壁的和尚從湄洲祖廟奉請媽祖分靈到臺灣，在北港建造簡陋的小茅屋供奉媽祖

神像。後來經過多次擴建，成為臺灣規模較大的媽祖廟之一。據《臺灣民俗》記載：清代，北港朝天宮每隔幾年就要迎回湄州謁祖。某年，北港媽祖循例回湄州，信徒卜卦請示媽祖乘坐新船還是舊船，媽祖偏偏選擇一艘老船。眾人以為神意不可違，只好從命，但心裡忐忑不安。去程平安無事，回程則遇到大風浪，隨行新船速度快，沖入颶風漩渦，均遭滅頂之災，而奉駕媽祖神像的舊船速度慢，反而倖免於難。又傳，船到港後，發現有一袋米正好塞住船底的破洞。[12]這則帶有神話色彩的故事，說明北港朝天宮在清代是定期到湄州祖廟進香謁祖的。後來，相傳朝天宮所供奉的媽祖神像是從福建湄州分靈去的，特別靈驗，因此名氣很大，臺灣一些媽祖廟不便到湄州進香，就變通形式，到朝天宮進香，而且進香的人數逐年增加，近年來，每年到朝天宮進香人數近百萬。

　　臺北關渡宮座落於淡水、基隆兩河的匯流之濱，初創於順治十八年（1661）。宮內供奉的媽祖神像大有來頭，與北港朝天宮的媽祖神像齊名，素有「北有關渡媽，南有北港媽」之稱。傳說關渡媽祖的神像原先是供奉在大船上，以保佑航海平安。一天，該船航行於臺灣海峽時，遭颶風襲擊而沉沒。媽祖神像漂流到淡水河內，當地百姓撈起神像，將其奉祀在北投鎮慈生宮五穀先帝廟裡。後來，一次大雨又把慈生宮五穀先帝廟衝垮，媽祖神像不翼而飛，在關渡河邊現在的廟址找到。當地的某鄉紳也夢見媽祖要他籌建廟宇，且須某山巨材為建築之用。於是，開始籌建媽祖廟，並按夢中指定的山中購買木材。山主說，前日媽祖化身為年輕女子前來訂貨，付了定金。所需木材砍伐後，山洪將木材沖到廟址附近的沙灘堆積。興建廟宇時，廟後的岩石小洞會流出白米，供建築工人食用，直至竣工。

　　大甲鎮瀾宮的興建，係因福建莆田湄州人林永興攜家眷來臺，定

---

12 吳瀛濤：《臺灣民俗》（臺北市：眾文圖書公司，1979年），頁93。

圖五　臺灣大甲鎮瀾宮信眾到泉州天后宮進香

居大甲，將隨身帶來的湄洲朝天閣天上聖母神像安放在自家廳堂朝拜，因十分靈驗，附近百姓紛紛前來參拜。地方鄉紳見狀，與鄉民洽商建廟奉祀，始稱「鎮瀾宮」。

　　新港奉天宮位於嘉義市西北新港鄉，始建於清嘉慶十六年（1811），其所供奉的媽祖，素有「開臺媽祖」之稱。相傳，明天啟二年（1622）閩人顏思齊率眾來臺，福建船戶劉定國，奉請湄洲天后宮媽祖金身神像，橫渡黑水溝，航經笨港，媽祖顯聖，指示永駐此地。從此笨港十寨輪流奉祀，永保臺疆。此即「船仔媽」，為湄洲天后宮最早來臺的媽祖金身。康熙三十九年（1700），原移民醵金於笨港興建諸羅天妃宮供奉湄洲五媽，後來清廷封媽祖為天后，遂改稱諸羅天后宮。嘉慶四年（1799），笨港被洪水沖毀，廟體崩陷溪中，神像與文物遂被遷至麻仔園（今新港）。嘉慶十六年（1811），在王得祿的倡議下，商民重建笨港天后宮於新名為笨新南港的麻園寮，並蒙御賜名為「奉天宮」。

圖六　臺灣新港奉天宮

　　臺灣的媽祖廟建築受泉州建築風格的影響，臺灣學者李乾朗在
〈臺灣媽祖廟與閩南媽祖廟建築之比較〉一文中指出：

> 由於清代臺灣與福建之貿易往來多經由泉州，使得臺灣各地的
> 媽祖廟建築偏向於泉州派風格，建廟匠師亦多聘自泉州府惠安
> 縣和漳州府。[13]

他列舉大量歷史事實：淡水福佑宮由惠安匠師所建，匠師的名字至今
還落款於石楣上。北港朝天宮先由泉州匠師建造，後又由漳州的名匠
師陳應彬修建；鹿港天后宮則由著名的惠安溪底匠師王益順及泉州的
吳海桐合作修建。應該說，李乾朗的分析是符合客觀事實的。

　　臺灣的媽祖神話傳說很多，其中有不少是關於統一臺灣、抗擊外
侮的。如相傳施琅率兵統一臺灣進程中，得到媽祖的庇護。在攻打澎

13　《媽祖信仰國際學術研討會論文集》（財團法人北港朝天宮董事會、臺灣省文獻委員
　　會1997年），頁362。

湖時，將士們看見天妃顯靈助戰，取得勝利。事後，人們見到媽祖神像衣袍濕透了，左右神將的雙手起泡，證實了所見並非幻象。又如，甲午戰爭失敗後，日本殖民者占據臺灣寶島，安平民眾見到媽祖神像傷心落淚，至今神像面容上的淚痕尚在。一九三八年九月，日本殖民者僅在安平一帶就強行征了四百多人到大陸為軍夫，那時，媽祖神像也凄然落淚，雖然經過多次整修擦洗，但淚痕仍無法消除。再如，日據時期，有義士以臺北關渡宮為基地，領導臺灣人民抗日。日軍發現後，火燒關渡宮。傳說大火燃燒後，人們發現廟宇和神像絲毫未損，僅有二媽神像的臉上有點煙薰的痕跡，而那天參加放火的日軍全部無病暴死。[14]

　　在臺灣，由於各地媽祖廟奉祀的媽祖是從福建不同地方分靈去的，所以稱呼不同，從湄州分靈去的稱「湄州媽」，從泉州分靈去的稱「溫陵媽」，從同安分靈去的稱「銀同媽」，實際上媽祖只有一位，福建湄洲天后宮，是臺灣所有媽祖信眾嚮往的宗教聖地。一九八七年十一月，臺灣方面開放民眾赴大陸旅遊探親以後，媽祖進香熱立刻席捲了全島。此時，臺灣當局還有嚴令禁止直航大陸，可在信眾心目中，禁令遠不及媽祖來得神聖。他們以進香為名，公開組團，直航湄洲。據統計，一九八七至一九九六年間，來湄州島觀光的臺胞達一百萬人次，並迎請祖廟媽祖分靈回臺灣供奉。據有關資料，一九八八年湄洲祖廟被請去一千多尊媽祖像，一九八九年一月一日至四月十五日又被請去五百二十九尊媽祖像。

　　臺灣同胞崇拜媽祖，絕對不單單是宗教信仰的一種行為，其中包含著「懷故鄉」的強烈感情。作為湄洲祖廟媽祖金身神像出遊臺灣的第三批護駕團成員的林元伯發表了〈鄉情媽祖情〉文章，暢談了他在

---

14 關於臺灣媽祖廟與媽祖信仰，參見凌志四主編：《臺灣民俗大觀》第3冊，（臺北市：大威出版社，1985年），頁172-189。

臺灣的所見所聞。其中談到媽祖鑾駕駐蹕臺北湄聖宮時，當地的媽祖
信眾將家裡供奉的小神像請出來，擺放在湄洲媽祖金身的旁邊陪祀。
有一位七十多歲的老太太指著一尊不到一尺高的媽祖木雕像，說這尊
神像在她家裡已經奉祀幾代了，是祖先在一百多年前從湄州島請來
的，並說自己的祖先也是從福建搬去臺灣的。因此，媽祖鑾駕在湄聖
宮期間，這位阿婆一直守在這裡，逢人便說：「這是我祖家來的，這
是我祖家來的。」拜媽祖，懷故鄉之情溢於言表。媽祖鑾駕來到高雄
旗津天后宮時，鄉情更濃，原來天后宮所在地叫「湄洲里」，當地人
都把湄洲祖廟媽祖金身神像出遊臺灣的護駕團成員當做「老鄉親」。
至於什麼時候取名「湄洲里」，誰也說不清，他們說反正是一代一代
傳下來的，祖先是從湄洲來的，天后宮的媽祖神像也是從湄洲祖廟分
靈來的。後來他們組織一個「臺灣湄洲里朝聖團」，於一九九七年下
半年到湄洲朝聖，同時在湄洲島上尋根。林元伯在文章的最後寫道：

> 我在臺灣四十多天中，接觸了許許多多莆仙的、福建的鄉親和
> 包括臺灣同胞在內的「老鄉親」，他們對鄉土的眷戀和對媽祖
> 的虔誠所表現出的語言、動作以及情感，令人難以忘懷。我
> 想，這種鄉情、媽祖情，在臺灣正是我們中華民族一種凝聚力
> 的特殊體現。這種凝聚力不僅在臺灣受到侵犯時產生巨大作
> 用，今天，它在海峽兩岸的關係中也仍然繼續發揮著不可估量
> 的作用。[15]

---

15 湄洲媽祖廟董事會、媽祖文化研究中心、莆臺新聞交流協會編：《湄洲媽祖巡遊臺
　　灣記》（1998年），頁92-96。

圖七　媽祖金身巡遊臺灣，引起轟動

二　玄天上帝崇拜

　　玄天上帝又稱上帝公、真武大帝、北極大帝、玄武大帝等。玄天上帝信仰源於對星辰的崇拜，《明史》載：「北極佑聖真君者，乃元武七宿，後人以為真君，作龜蛇于其下。宋真宗避諱，改為真武。靖康初，加號佑聖助順靈應真君。」[16]所謂元武七宿即天文上的斗、牛、女、虛、危、室、壁七星總稱。在古人看來，北辰不僅是天文上辨別方位的指標，而且是德性、正義、光明的象徵，因此加以崇拜。大約在商朝，玄武由最初的星辰神發展為動物神。時人把春天出現在南方的七宿之星想像為一隻鳥，東方的七宿之星想像為一條龍，西方的七宿之星想像為一頭虎，北方的七宿之星想像為龜蛇，稱之為「四象」。春秋戰國時期，進而給四象配上顏色，即東方蒼龍，西方白虎，南方朱雀，北方玄武。按照後世有關「玄天上帝」的傳說，龜神

16　《明史》〈禮四〉，卷50。

和蛇神常在海上作亂，危害航海者至深，於是玄天上帝化作神仙，將龜蛇二神制服了。龜蛇合體的意象，可能是生殖崇拜的原型符號，代表兩種圖騰合成的綜合體。有關玄武是北極星的神格化的傳說可能代表「玄天上帝」最原初的象徵意義。其較明確體現了民間宗教和遠古的星辰崇拜、生殖崇拜、自然崇拜的關係，反映了最初民間宗教追求人和自然關係的和諧與均衡。[17]

　　宋代，玄天上帝最終完成人格化的進程。傳說有一天宋徽宗異想天開地對道士林靈素說，想見真武的聖容。林靈素作法後，開始在雲中出現蒼龜巨蛇，繼而出現一隻巨足，最後出現真武的聖容：身長丈餘，披長髮，穿白袍，外套金甲，佩玉帶，手持寶劍，光著腳，頭頂有光環照耀，彩帶飛繞。宋徽宗迅速將玄天上帝的形象畫了下來，廣為傳播。在宋徽宗的推崇下，玄天上帝開始走運，神格提高，影響擴大。

　　明代，玄天上帝的信仰達到鼎盛。朱棣為朱元璋的第四子，被封為燕王。朱元璋死後，他以「清君側」為名，發動「靖難之變」，推翻建文帝，奪取了皇位。他在造反誓師時，正遇上滿天烏雲翻滾，明成祖附會是玄天上帝顯靈相助，自己披髮仗劍裝神，儼然玄天上帝下凡。朱棣稱帝后，即明成祖永樂皇帝，就加封玄天上帝為「北極鎮天真武玄天上帝」，在武當山建造規模宏大的建築群，大力推崇玄天上帝。隨著玄天上帝神格的迅速提高，其原形龜蛇也屈尊足下，成為其部將。關於蛇龜二將的來歷，《北遊記》編造的傳說最有意思：相傳玄天上帝原來是淨樂王太子，他在武當山修煉時，漸入仙道，只是未去五臟。妙樂天尊前去幫忙，讓瞌睡蟲使玄天上帝睡去後，令一神剖開玄天上帝的肚子，取出肚、腸，放在岩石上。然後將衣衫縫入玄天

---

17 何乃川、陳進國：〈論「玄天上帝」信仰及其在閩臺的傳播〉，《道韻》第3輯（中華
　　道統出版社，1998年），頁7。

圖八　玄天上帝神像

上帝的腹中，並將還魂丹放入玄天上帝口中。玄天上帝醒來後，覺得身輕如雲，雜念全除，成為神仙。想不到那腸、肚受了仙氣，年深日久，肚化成龜怪，腸成為蛇怪，在武當山為非作歹。玄天上帝下凡用真火降服了龜怪，用真水降服了蛇怪，後來二怪成為玄天上帝的部將，常隨玄天上帝行法，所以現在我們看到的玄天上帝的畫像或塑像都是玄天上帝腳踩龜蛇。

　　在中國，玄天上帝影響很大，廟宇隨處可見。如舊時北京玄天上帝廟的數量僅次於關帝廟、觀音寺，和土地公廟並列第三，北京以真武廟命名的街巷多達十四、五條，可見其影響之大。

　　由於閩南地區航海業比較發達，玄天上帝作為航海保護神和降妖鎮邪的河神，受到百姓的崇拜，宋代福建就建造有玄天上帝廟。乾隆《晉江縣志》：「玄武廟，在城東南石頭山上，廟枕山漱海，人煙輳集

其下，宋時建，為宋時望祭海神之所。」[18]明清時期，泉州、晉江、南安、同安等地有不少玄天上帝廟。[19]據二十世紀九十年代初調查，玄天上帝廟在泉州東海鎮和漳州南靖縣的數量均占第四位。東海鎮的調查數據是：王爺宮三十三座、相公爺（田都元帥）十八座、媽祖廟十座、玄天上帝廟八座；南靖縣的調查數據是：保生大帝廟三十六座、觀音廟三十座、關帝廟二十七座、玄天上帝廟二十五座。[20]

　　在臺灣，玄天上帝廟的數量一直居於前五、六名。乾隆初年統計，臺灣有玄天上帝廟十四座，一九一八年玄天上帝廟增加到一百七十二座，一九三〇年為一百九十七座，均居第五位；一九六〇年統計，玄天上帝廟又增加到二百六十七座，一九七五年再增加到三百七十五座，居第六位；一九八一年統計，臺灣玄天上帝廟多達三百九十七座，居第五位。

　　在閩臺民間，有關玄天上帝的神話傳說很多，而且有相似之處。在閩南，傳說玄天上帝是五代時的泉州人氏，姓張，以殺豬為業。他對母親特別孝順，因母親愛吃豬腰，因為無論豬腰價格再昂貴，他也不賣，一定要留下豬腰孝敬母親。母親去世後，他悲痛欲絕。一日，他突然後悔殺生過多，感到罪孽深重，走到洛陽橋畔，拿起屠刀，剖開腹部，取出腸肚，投入江中以謝罪，結果立地成佛了。後來，投入江中的腸子變成蛇精，肚子變成龜精，經常興風作浪，坑害過往百姓。玄天上帝只好下凡，降服龜、蛇精為部將。

　　在臺灣，玄天上帝的出身同樣是屠夫，有一日，他突然覺悟殺生過多，放下屠刀，出遊四方。至江邊等待渡江時，正好遇到一臨盆的

---

18 乾隆《晉江縣志》〈古跡志〉，卷12。

19 詳見何乃川、陳進國：〈論「玄天上帝」信仰及其在閩臺的傳播〉，《道韻》第3輯，中華道統出版社，1998年。

20 詳見泉州區道教文化研究會編：《道教文化通訊》1991年第20期；林嘉書：《南靖與臺灣》，華星出版社，1993年；轉引李玉昆：〈玄天上帝信仰在泉州〉，《道韻》第4輯，中華道統出版社，1999年。

婦女，懇求他接生。玄天上帝不得已，只好勉為其難。嬰兒順利產下後，產婦又求他代洗產後的汙物。玄天上帝拿著汙物到江邊洗滌時，忽然見看見江中浮現出「玄天上帝」字樣，驚奇間，回頭一看，產婦不知去向，知道是觀音的化身來點化他。於是，他拔出屠刀，自剖腹肚，取出臟腑，洗罪而死。後來被封為玄天上帝。[21]又傳說，古時有位叫王祥的屠宰者，平日篤信觀音，最後終於受到神靈的感應，死後就升天成神了，據說其有驅逐毒蛇和烏龜的靈驗，因為蛇神、龜神都是王祥的腸胃變成的，並在海、河上興風作浪。於是玄天上帝就化為神仙，制服龜蛇二神並令其改惡從善而成為他的侍神。第三種傳說是某個屠宰者為贖罪而舉刀剖腹自殺，因未死而成仙。其剖腹丟下的大腸變成蛇，腑髒則變成烏龜。後來玄天上帝與龜蛇進行決鬥時，雖一度逃跑，最後還是戰勝它們。[22]這些傳說都大同小異，顯示玄天上帝信仰隨著社會變遷也日益改變形態，進一步揉雜了佛教因果報應等勸惡從善的思想及道教的神仙觀念。

　　閩臺玄天上帝的神話傳說有相似之處並非偶然，因為臺灣的玄天上帝信仰是明末從福建傳去的。文獻記載，鄭成功收復臺灣時，玄天上帝被供奉在船上，被奉為航海保護神。收復臺灣後，鄭成功大力推崇玄天上帝，修建了許多玄天上帝廟，諸如澎湖馬公上帝廟和北極殿、彰化田中順天宮、雲林虎尾永興宮、嘉義北社尾玄隍宮、嘉義湖內里保元殿和玄天上帝廟、臺南市北極殿及開基靈佑宮、高雄阿蓮鄉北極殿、屏東九如鄉北極玄天上帝廟等。由於玄天上帝信仰在明朝備受朝廷的尊崇，幾乎成為明王朝的保護神，鄭成功之所以在臺灣大力扶植玄天上帝信仰，目的是為了增強部將反清復明的信心。清統領臺灣以後，官方大力提倡媽祖信仰，以取代玄天上帝的海神地位，然而

---

21 民國《新竹縣志》〈宗教志〉，卷8。
22 鈴木清一郎著、高賢治編、馮作民譯：《臺灣舊慣習俗信仰》（臺北市：眾文圖書公司，1980年），頁371。

玄天上帝信仰已經成為臺灣文化的重要組成部分，加上航海時多一些神靈保佑就更安全的實用功利性宗教信仰觀念的支配，清廷駐臺的一些官員也信奉玄天上帝，所以玄天上帝信仰在臺灣長盛不衰。

在臺灣，最有名的玄天上帝廟是座落於南投縣名間鄉松柏嶺的平頂上的受天宮，被公認為臺灣的開基祖廟，而受天宮則是分香於福建。據該廟沿革記載：明末清初，有李、謝、劉姓等一批來自福建的人，到臺灣松柏坑大坑底一帶開墾土地、種植茶葉和砍伐加工木材，他們將隨身所帶的武當山北極玄天上帝的香火，供奉於茅屋中，頂禮膜拜。後來，這批人遷移到別的地方謀生，將玄天上帝的香火遺留在茅屋中。附近居民發現茅屋中發出閃閃毫光，以為失火，急忙前去查看，只見人去屋空，並無煙火，覺得奇怪，不知何處發出光芒。後來才覺悟是玄天上帝的香火顯靈。村民們商議建造小廟祭祀。再後來，信眾眾多，香火一天比一天旺盛，就開始擴建廟宇。現存的廟宇為一九七三年重建，一九七六年竣工，規模浩大。每年三月初三臺灣各地的玄天上帝廟（南投准天宮除外）都要到受天宮謁祖，進香客成千上萬，整個山頂擠得水洩不通，其盛況與北港朝天宮的媽祖聖誕不分上下。

圖九　臺灣南投受天宮

　　臺灣玄天上帝廟相當多是從大陸分靈去的，方志記載隨處可見，
以嘉義縣為例：

　　北天宮：在新莊里，康熙末，有名林清者，由大陸移居本地
　　　　　　時，為護身計，攜來一尊名玄天上帝，奉祀於家，住
　　　　　　民頗信仰之，於是在道光年間共同釀金興建上帝廟，
　　　　　　主祀玄天上帝，合祀清水祖師、觀音佛祖。民國二十
　　　　　　二年（1933），廟宇經久失修，不堪使用，遷建廟宇
　　　　　　於現址，更名北天宮。

　　北極殿：在安福里，建於同治四年（1865），主祀玄天上帝，
　　　　　　係黃佛自大陸移入本地時恭請奉祀之神，初安奉於民
　　　　　　宅，同治四年（1865），莊民共建廟宇於現址。

　　北極殿：在溪西村，本殿主神，原水尾寮陳大戇洲之祖先由大
　　　　　　陸武當山來墾此地時，迎來奉祀於民宅，後蓋草庵以
　　　　　　奉祀之，於一次大洪水將草庵及神像漂流至溪口本
　　　　　　境，村民拾交當地總理，卜地現址。乾隆三年
　　　　　　（1738），創建於屋殿宇（俗稱王帽式建築），取名北
　　　　　　極殿。

　　福天宮：在頂港坪，本宮主神玄天上帝係由莊民黃伽之祖先，
　　　　　　從大陸迎來本地，祀於其宅，後獻為公眾輪祀，年年
　　　　　　在爐主宅舉行大祭。至民國二年（1913），建造廟宇。

　　龍安宮：在信義路，最初是土地公廟，後來大陸移民王大木者，
　　　　　　帶來玄天上帝小金身三尊，休息於此，至離開時，玄
　　　　　　天上帝金身竟拿不動，經投筶始悉帝爺欲住此，王大
　　　　　　木乃住廟為廟祝，因玄天上帝神威顯赫，信徒日多。

　　玄隍宮：在北湖里，建造於光緒年間，主神玄天上帝係王氏祖
　　　　　　先從大陸迎來，為本境之保護神。

紫微宮：在大溪厝，創建於乾隆年間，主神係先人從大陸迎來
　　　　為護土神，初祀於民宅，後來與土地公廟合祀，咸豐
　　　　年間建紫微宮。

晉安宮：在秀林村，主神係先人來此墾荒時，由大陸武當山迎
　　　　來，奉祀於民宅，道光年間莊民樂捐建廟於現址。

廣興宮：在福興村，創建於咸豐六年（1856），所祀主神由張
　　　　姓從大陸武當山迎來。

武忠宮：在忠和村，主神發源自大陸武當山，由來已久。

星供殿：在下寨村，據傳，昔年先民移居本地時，曾把金身請
　　　　來嘉義供奉，不久，以為神意欲來現址鎮莊護境，於
　　　　是信眾日增，嘉慶十年（1805），建造宮廟。

保元宮：在過山村，主神係林姓祖先由大陸武當山迎來奉祀
　　　　者，康熙四十年（1701），由林姓糾金創建本宮。

真武廟：在和平里，主神係自大陸武當山由先人來本地時，迎
　　　　來本境，護土護民，因住民信仰日眾，至道光三十年
　　　　（1850），建造廟宇。

北極廟：在灣橋村，主神發源自大陸武當山，係先人在嘉慶年
　　　　間移居本境地時，迎來奉祀於民宅，以庇土佑民，同
　　　　治三年（1864），建造宮廟。

保安宮：在考試里，主神係先民自大陸來此開墾時，其祖先迎
　　　　來奉祀於民宅，建於光緒十八年（1892）。

廣福宮：在金獅村，康熙年間，廣東人余金來臺開墾此地時，
　　　　迎玄天上帝一尊奉祀於民宅，後來因住民日增而成
　　　　莊，乃由莊民共捐金創建廟宇。

靈安宮：在中埔鄉頂埔村，主神係羅自福由祖上迎請前來繞境
　　　　護土，臨時祀於民宅，至光緒年間建造廟宇。

達天宮：在金蘭村，主神係先民蘇金鳳移居本地時，自大陸迎
　　　　來奉祀。

　　　福興宮：所祀主神玄天上帝係由先民從大陸武當山迎入該廟
　　　宇。[23]

　　改革開放以來，臺灣玄天上帝信徒紛紛前往湖北武當山朝拜的同時，也到福建祖廟進香謁祖，僅泉州法石真武廟內的牆壁上就掛著數面由臺灣省玄天上帝弘道協會及高美文興宮、第一行宮、外奧接天宮等臺灣宮廟進香時贈送的錦旗、匾額等物。一九九七年九月二十一日，由臺灣省玄天上帝弘道協會理事長唐英山、總幹事許榮財及二十幾位理監事組成的進香團，來泉州法石真武廟進香，並邀請玄天上帝金身到臺灣舉行巡禮弘法活動。同年九月二十五日，法石真武廟的玄天上帝金身由理事長和總幹事護駕，飛抵臺灣，上千位熱心信眾與數百起陣頭前往接駕。泉州法石真武廟的玄天上帝金身在臺灣逗留四十多天，共巡禮了二十座宮廟。一九九九年十一月，南安榮溪宮的玄天上帝金身也應邀前往臺灣環島巡禮，廣結神緣。一九九九年十二月十七日至二十六日，應臺灣玄天上帝弘道協會邀請，以福建省道協副秘書長吳歷田為團長的泉州市道協第三次赴臺交流訪問，訪問團一行二十人參訪了桃園北天宮、玄天宮，臺北真慶宮、指南宮，宜蘭接天宮、鎮平宮、三清宮、調訓宮、大玄宮、永安宮，花蓮代天極殿，臺東源聖宮，高雄林園北極殿、玉虛穹北極殿，過田仔北極殿，臺南下營上帝廟，嘉義震安宮、玄天上帝廟，臺中北天宮、武明山上帝廟，苗栗南天宮，新竹龍臺宮等二十四個宮廟。二〇〇〇年三月九日，臺灣高雄市過田仔北極殿一行十七人，在張春法主任委員的帶領下來泉州參訪，主要參訪了泉州元妙觀、法石真武廟和石獅城隍廟，所到之處，均受到親人般熱烈的歡迎和款待，他們無不感慨地說：「泉州與臺灣僅一海相隔，無論從宗教信仰、風俗習慣和語言上看，彼此相似的地

───────────────

23 以上均見賴子清：《嘉義縣志》第五篇「宗教」第二章「道教」。

圖十　泉州法石真武廟前的「吞海」碑

方太多了，我們在泉州就如同在臺灣一樣，感到特別的親切。」[24]

　　值得一提的是，在臺灣諸多的海神中，水仙尊王也有一定影響。水仙尊王簡稱水仙王，又稱海王。《臺灣縣志》〈外編〉說：

> 今海船或危于狂飆遭不保之時，有划水仙之法，其靈感不可思議。其法為在船上諸人，各披髮蹲于舷間，執食箸（即筷子）作撥棹之勢，假口為鉦鼓聲，如五日競渡之狀，雖檣傾舵折，亦必破浪穿風，疾飛倚岸，屢屢應驗。

　　據文獻記載，臺灣的一些重要港口建造水仙王廟，如臺南府西定坊港口的水仙王廟建於施琅統一臺灣之時，是臺灣建立最早的水仙王廟。當時，清政府開闢鹿耳門為正口，設立文武官員，凡是往來大陸、臺灣之間的船隻，都在那裡掛驗，實際上那是臺灣唯一的通商口

---

24 參見王輝：《玄天上帝信仰研究——以閩臺為研究中心》（福建師範大學碩士學位論文，2002年6月），頁76-86。

岸，航海業相當發達，為適應航海者祈禱航海平安的需要，在此建立
起水仙王廟。乾隆年間，鹿港、八里岔陸續開放，中南部逐漸發達起
來，水仙王廟也在那裡相繼建立起來。臺灣民間信仰的水仙王各地不
盡相同，常見的有大禹，還有伍員、屈原、王勃、李白等。他們或治
水有功，或被拋屍於水，或投水自盡，或意外溺水身亡，都與水有密
切聯繫，所以被奉為水神，或陪祀於水仙廟。臺灣水仙廟比較著名的
有新竹的水仙王宮，嘉義新港的水仙宮和森明宮，臺南永康的禹帝
宮，基隆市的水仙廟等，臺北、屏東、澎湖等地也有水仙王廟。農曆
十月初十是水仙王誕辰，各地都要舉行盛大祭典，其中臺南市水仙廟
祭典最為熱鬧，人們祈求海面風平浪靜，往來平安。

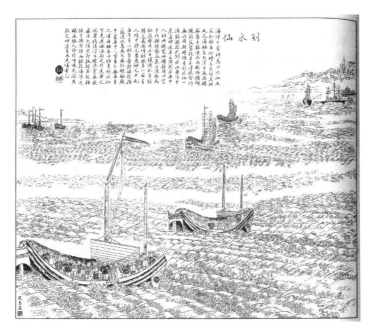

圖十一　划水仙　（《點石齋畫報》，9-130）[25]

25 吳友如等繪：《點石齋畫報》〈大可堂版〉，上海畫報出版社，2011年。本書中的
《點石齋畫報》插圖，均出自此版本，圖示中的「9-130」之類的數字，表示第9
冊，頁130。下同，不一一注明。

第二節　功臣聖賢崇拜

一　開基祖崇拜

閩臺是移民社會，在新的居住地開創新生活中，出現了許多傑出的領袖，受到百姓的崇敬和愛戴。他們去世後便奉為開基始祖，成為一方之神。閩臺的開基祖很多，從省一級的開基祖，到地區一級的開基祖，甚至縣、鄉村一級的開基祖，應有盡有，在歷史上影響較大且延續至今的閩臺共同奉祀的開基祖有開漳聖王、開臺聖王等。

（一）開漳聖王

陳元光，出生於唐顯慶二年（657），字廷炬，號龍湖，河南固始人。陳元光自幼聰穎，好讀書，喜騎射。十三歲得鄉試第一名，長大後通儒術，精韜略，文武雙全。十四歲時，隨祖母魏氏和伯父陳敏、陳敷率五十八姓軍校進兵福建，與先前到福建平定「蠻獠嘯亂」的父親陳政會合。唐儀鳳二年（677），陳政逝世，二十一歲的陳元光繼承父親的職務，率領部將平定叛亂，並於垂拱二年（686）獲准設立漳州，擔任首任漳州刺史。當時漳州是未開化的「蠻荒之地」，建州後，陳元光鼓勵農民開墾荒地，推廣中原耕作技術，興修水利，廣施教化，經濟文化得到長足的發展，號稱「治平」，為漳州的開發和發展立下不朽的功勳。景雲二年（711），陳元光被少數民族殘部殺害，「百姓聞之，如喪考妣，相與制服哭之，畫像祀之」。[26]歷代帝王對開漳聖王有追封，唐代被封為「潁川侯」，宋代追贈「輔國將軍」、「靈著順應昭烈廣濟王」，明初封「威惠開漳聖王」等，所以祭祀陳元光的廟宇

26　《潁川陳氏開漳祖譜》，雲霄山美村藏本。

多稱威惠廟。[27]

　　早在宋代，祭祀開漳聖王的廟宇就遍布漳州地區，宋代漳埔知縣呂璹〈題威惠廟詩〉中就有「漳江有廟祀將軍」句。[28]明清時期，閩南地區有大小威惠廟二百多座，開漳聖王成為漳州人民的守護神。其中，漳州的北廟、漳埔的西廟和雲霄的威惠廟最為著名。

圖十二　開漳聖王陳元光畫像

　　自古以來，漳州人念念不忘陳元光開闢漳州的歷史功勳，保存大量陳元光開漳的遺址，以雲霄縣為例，有漳州故城遺址、陳政墓、軍陂遺址、陳元光磨劍石、炮臺三等等，如今已成為百姓遊覽勝地。每年農曆二月十五開漳聖王生日、十一月初五開漳聖王忌日和正月十五「走王」日，是漳州地區最熱鬧的日子，各宮廟舉行隆重的祭典，演

27　詳見謝重光：〈「開漳聖王」陳元光論略〉，《海峽兩岸文化交流史料》第1輯，臺北市：華藝出版社，1990年。

28　轉引劉子民：《尋根攬勝漳州府》（臺北市：華藝出版社，1991年），頁186。

戲酬神。「走王」這一天，民眾抬著開漳聖王神像出遊，萬人空巷。在
漳浦威惠廟，開漳聖王聖誕紀念日按村莊或街道輪流祭祀。祭祀時，
除了村落集體供上全豬、全羊外，家家戶戶還要供上雞鴨魚肉及紅龜
粿等，當然也少不了上香、點燭、燒紙錢等，有的村落還請僧道誦念
《開漳聖王武德真經》，也有請戲班助興，家家戶戶還請客送禮。

圖十三　閩臺開漳聖王祖廟之一漳浦威惠廟

　　明末到清代的康乾時期，特別是康乾兩朝，漳州人移民臺灣達到
高潮，而當時臺灣沿海比較肥沃的平原地帶已經被先期到達的泉州籍
移民開墾，漳州籍移民只好深入到平原和丘陵交界處開墾。這裡自然
環境險惡，還經常面臨瘟疫流傳和原住民襲擊的威脅，生活環境與陳
元光開發漳州時極為相似，因此漳州籍移民自然而然地選擇號稱「拓
墾、兵戰」之神的開漳聖王作為主要保護神。最初漳州籍移民奉祀開
漳聖王的主要形式是佩帶渡臺時隨身帶去的威惠廟香火，或在居所附
近搭建簡易茅舍供奉開漳聖王小神像。開漳聖王的主要作用是保佑航
海平安和開拓墾殖順利進行。乾隆末年，漳州籍移民的開拓墾殖獲得
成功，形成定居聚落，並積蓄一定財力，因此開始建造威惠廟，作為
聚落的守護神。道光《漳化縣志》「威惠廟」條載：「漳人祀之，渡臺

悉奉香火。乾隆二十六年（1761），建廟於縣城西。」[29]多數開漳聖王廟建造於乾隆之後，如臺北縣中和市廣濟宮的開漳聖王是乾隆年間從漳州廣濟宮分香去的，「初僅結茅廬祭祀之」，到嘉慶十六年（1811）才建造宮廟。[30]對於開漳聖王信仰在閩臺開發史上的作用，臺灣桃園市景福宮的對聯做了很好的概括：「八閩報捷最首功，廣拓河山懷梓里；七邑告成膺廟祀，遠移香火鎮桃園。」[31]

乾隆至同治初年，臺灣經常發生分類械鬥，開漳聖王成為漳州籍移民與泉州籍移民械鬥的旗幟和保護神，至今仍流傳許多開漳聖王以「神兵助戰」或以「神示」幫助漳州移民的故事。因此，這個時期，臺灣有二十多座開漳聖王廟被建立起來。

同治之後，臺灣完全進入定居社會，開漳聖王的職能多元化，幾乎無所不能。臺灣各地威惠廟的數量更多，開漳聖王信仰的影響更大。據一九九二年統計，臺灣有七十一座主祀開漳聖王的宮廟，主要分布在北部地區，其中宜蘭縣最多，有二十七座，桃園縣其次，有十三座，臺北縣第三，有八座，嘉義縣第四，有四座，屏東縣第五，有三座，其餘每個縣一至二座。[32]其中規模較大的有桃園市景福宮、基隆市奠濟宮、臺北芝山岩宮、宜蘭永鎮宮、嘉義縣聖王廟、鳳山市聖王廟等。每逢農曆二月十五日，善男信女雲集開漳聖王廟，舉行隆重的祭典，成為地方的一大廟會。

臺灣的開漳聖王廟繼承大陸的建築風格，主神開漳聖王的神像很有特色，全身武將打扮，尤其是垂胸的長鬚，面貌威武而又慈祥。臺灣地區開漳聖王往往有許多分身，可由信眾們請去家中或設臨時祭

---

29 道光《彰化縣志》〈祀典志・寺觀〉，卷5。
30 關山月主編：《臺灣古蹟全集》第1冊（臺北市：戶外生活雜誌社，1980年），頁251。
31 周鍾瑄：《諸羅縣志》〈風俗〉，卷8。
32 詳見臺灣省文獻委員會編：《重修臺灣通志》〈住民志〉，卷3（1992年）；關山月主編：《臺灣古蹟全集》，臺北市：戶外生活雜誌社，1980年。

壇，為該家或地方祈禳。儀式完畢之後，再由信眾們送回廟宇，主神則鎮廟不動。

　　臺灣各地的開漳聖王廟大多分香於漳州的北廟、漳浦的西廟和雲霄的威惠廟。從清代開始，臺灣信眾到這些祖廟進香謁祖的絡繹不絕。他們既緬懷陳元光開闢漳州的豐功偉績，也不忘開漳聖王保佑他們在臺灣開闢新家園的恩澤，許多廟宇的楹聯道出了漳州籍臺灣同胞的心聲，如臺北縣新店太平宮門聯寫道：「太乙闢洪荒威鎮漳州允文允武，平人眾信仰靈分寶島亦王亦聖。」宜蘭縣礁溪集惠廟的楹聯曰：「集五八姓軍開拓漳州成沃土，惠萬千赤子分靈鵠嶺振威風。」

圖十四　閩臺開漳聖王祖廟之一雲霄威惠廟

　　近年來，海峽兩岸之間經濟文化交流日益頻繁，來漳州時，「開漳聖王」廟進香的臺胞也日益增多。據不完全統計，近年來臺灣同胞到雲霄進香的就有上百個團隊，二、三萬人。一些前往「開漳聖王墓」拜謁的宗親，臨走時虔誠地捧起一抔泥土，用手絹包好，帶回臺灣，讓子孫瞻仰、崇祀，開漳聖王成為聯繫海峽兩岸漳州人的重要精神紐帶。

　　閩臺漳州人除了奉祀陳元光之外，在開漳聖王廟中經常配祀輔順、輔顯、輔義、輔信四將軍，也有把這些部將單獨作為主神祭祀的宮廟。輔順將軍又稱馬公、馬俠爺，一般稱其名為馬仁（或說李伯瑤），是開漳聖王的先鋒宮，文武雙全並且精通醫術。當時漳州瘴氣蔽地，疾病流行，輔順將軍施藥治病，深得民心。傳說，康熙年間，藍理出征澎湖，曾到馬公廟進香禱告。澎湖海戰中，藍理負傷流腸，朦朧間，看見馬公爺撫摸其傷口，頓失痛感。於是他將腸子塞入腹中，帶傷血戰，功居第一。戰後，康熙嘉獎，賜建牌樓於馬公廟所在的漳州嶽口街。輔義將軍名倪聖芬，亦稱倪聖公；輔信將軍名沈毅。此外陳元光的父親陳政、夫人（俗稱「王媽」）及其女兒（俗稱「柔懿夫人」）都被視為神祇，閩臺民間出現了一個龐大的陳元光神系。

（二）開臺聖王

　　開臺聖王就是鄭成功，又稱開山聖王、延平郡王、延平王、國姓爺、國姓公、國聖爺等，但因為鄭成功對開發臺灣的貢獻巨大，所以還是「開臺聖王」最能表達臺灣人民對他的敬意。

　　鄭成功（1624-1662），乳名福松，諱森，字明儼，號大木，南安縣石井人。明朝滅亡後，清兵大舉南下，鄭芝龍在福州擁立唐王，號隆武。鄭森應召至福州，向隆武帝獻良策，深得隆武帝的讚賞，封他為忠孝伯，賜姓朱，改名成功，從此人稱之「國姓爺」。鄭成功最大的歷史功績是驅逐荷蘭殖民者，收復臺灣。明天啟四年（1624），荷蘭殖民者侵占臺灣，在島上實行殘暴的殖民統治。清順治十八年（1661）三月二十三日，鄭成功率二萬五千大軍從金門料羅灣東渡，進軍臺灣，徹底打敗荷蘭殖民者，收復三十八年之久的臺灣。嗣後，鄭成功建立府縣，興辦教育，推行屯田，積極組織人民開發臺灣，有力地促進了社會經濟和文化的發展。翌年五月初八，鄭成功病逝於承天府，年僅三十九歲。

圖十五　鄭成功畫像

鄭成功去世後，原葬於臺南洲仔尾。清康熙三十八年（1699），移柩遷葬於家鄉南安縣覆船山鄭氏祖塋內。鄭成功的墓塋遷回大陸後，臺灣人民更加懷念他，為了紀念鄭成功收復臺灣、開發臺灣的歷史功績，臺灣人民尊稱其為「開臺聖王」、「開山聖王」，但礙於清廷，只能偷偷地奉祀。連橫先生認為，臺灣民間的王爺信仰，實際上是開臺聖王鄭成功及其部將們的化身。《臺灣通史》寫道：

> 唯臺灣所祀之王爺，自都邑以至郊鄙，山陬海澨，神宇巍峨，水旱必告，歲時必禱，尊為一方之神，田夫牧豎，靡敢瀆謾。而其廟或曰王公，或曰大人，或曰千歲，神像俱雄而毅。其出遊也，則曰代天巡狩，而詰其姓名，莫有知者。烏乎，是果何

神，而令臺人之崇祀至于此極耶？顧吾聞之故老，延平郡王入臺後，闢土田，興教養，存明朔，抗滿人，精忠大義，震曜古今，及亡，民間建廟以祀。而時已歸清，語多避忌，故閃爍其辭，而以王爺稱。此如花蕊夫人之祀其故君，而假為梓潼之神也。亡國之痛，可以見矣。其言代天巡狩者，以明室既滅，而王開府東都，禮樂征伐，代行天子之事。故王爺之廟，皆曰代天府，而尊之為大人，為千歲，未敢昌言之也。……夫臺人之祀延平，固為崇德報功之舉，後人不察，失其本源，遂多怪誕。[33]

連橫之說，是在實地調查基礎上作出的，有一定的根據。當然並不是說臺灣所有的王爺廟都是以鄭成功及其部將為原型，基本歷史事實應該是有一部分祭祀鄭成功的廟宇假託王爺廟得以保存。

據調查，至今臺灣各地共有祭祀鄭成功的廟宇一百四十多座。在臺灣，最早建立的「開山聖王廟」是臺南延平郡王祠，創建於康熙三十八年（1699）的稍後些，最初又稱「開臺聖廟」，系民間自發建造。剛建時規模不大，因無法容納蜂擁而至的香客，乾隆和道光年間兩次擴建。清末，歐美和日本等列強不斷騷擾臺灣沿海，清廷派福建船政大臣沈葆楨到臺灣處理外患之事。沈葆楨認為，承認臺灣人民崇拜鄭成功的合法性，有利於鼓舞臺灣人民抗擊外來侵略，同治十三年（1874）他上書清廷，要求准予建祠，並予追諡。光緒元年（1875）朝廷准奏，敕建鄭成功專祠，並列為官方祭典，封鄭成功為「延平郡王」，追諡「忠節」，並把臺南開臺聖廟改為「延平郡王祠」，聘請福建名匠重新設計，擴大規模，有正殿、外殿、監國祠、寧靖王祠等，百姓稱之為「國姓爺廟」，十分壯觀。每年正月十六，人們都要在這裡舉行隆重的祭典，萬人空巷，熱鬧非凡。

---

33 連橫：《臺灣通史》〈宗教志〉，卷22。

圖十六　臺南延平郡王祠內鄭成功塑像

　　鄭成功收復臺灣、開發臺灣的歷史功績同樣受到大陸人民的高度讚揚，許多地方建有鄭成功紀念館供百姓參觀。廈門保存不少鄭成功收復臺灣的遺跡，如演武場、演武亭、演武池、延平故壘、龍頭山寨、水操臺、鄭成功紀念館等。在鼓浪嶼南端覆鼎岩上，豎立一尊巨型的鄭成功石雕，高十五點七米，寬九點二米，厚七米，塑像身著盔甲，手按佩劍，面朝大海，雄視東南，面部剛毅軒昂，身後的大披風形如大鵬鼓翼，勢欲騰空，整個塑像雄偉挺拔，每天有成千上萬遊客前來瞻仰。鄭成功的家鄉南安縣石井人民，為家鄉能出現這樣一位民族英雄而感到無比的自豪，其墓塋不僅修葺一新，還建立了規模宏大的鄭成功紀念館。石井的「鄭氏祖祠」（又稱「延平郡王祠」）更被臺灣所有尊奉鄭成功的廟宇和鄭氏宗親會視為祖廟。近年來，成千上萬的臺灣同胞不辭雲水浩淼前來拜謁瞻訪。宜蘭「開山廟」來此進香後，還虔誠地請回鄭成功塑像一尊，返臺供奉祭祀。[34]

---

34 陳曉亮、萬淳慧：《尋根攬勝話泉州》（臺北市：華藝出版社，1991年），頁164-166。

圖十七　廈門鼓浪嶼上的鄭成功石雕

二　忠臣名將崇拜

　　由於特殊的地理條件和人文歷史，閩臺地區比較完整地保存中原文化的古風，形成於宋代並集中體現中國綱常倫理精華的閩學，對閩臺社會產生重大影響。因此，在歷史上，閩臺人民具有比較強烈的民族氣節，反映在宗教信仰上，對忠臣名將特別崇拜。

（一）關聖帝君

關聖帝君又稱關帝、關老爺、關公等，名關羽，字雲長，生年不詳。曾隨劉備東征西討，為蜀國立下赫赫戰功。建安二十四年（219），孫權偷襲荊州，關羽敗走麥城，為呂蒙所殺。劉禪追諡關羽為「壯繆侯」。

從魏到唐，關帝在民間的影響並不大。到了宋元時期，關羽的影響由荊州走向全國，宋哲宗封他為「顯烈王」，宋徽宗封他為「義勇武安王」，元文宗加封為「顯靈義勇武安英濟王」。特別是元末著名長篇小說《三國演義》產生以後，關帝更是名聲大振，被認為是勇武和忠義的化身，成為「古今第一將」。桃園結義、千里走單騎，萬軍之中斬顏良、文醜，過五關斬六將、單刀赴會、刮骨療毒、熟讀《春秋》大義、大意失荊州、敗走麥城等膾炙人口、婦孺皆知的故事均出自《三國演義》。明清時期，帝王對關羽禮遇有加，各種封號疊加在關羽頭上，形成耀眼的光環，最高的封號是清代順治帝給予的「忠義神武關聖大帝」。

歷代帝王之所以推崇關帝，根本原因是關羽的忠、義、勇、武的

圖十八　關帝神像

品格集中體現了封建倫理道德。忠者，忠心耿耿於皇室。他忠於劉備，降漢不降曹，不留戀高官厚祿，千里走單騎尋找劉皇叔。義者，對朋友講義氣，為朋友兩肋插刀在所不辭。他不忘桃園之盟，患難與共，生死相隨。他勇武過人，於千軍萬馬之中取上將首級如探囊取物，號稱萬人敵。關羽又好讀《春秋》、《左傳》，文韜武略雙全，具備了大丈夫的所有美德。古人還認為關羽集「仁、義、禮、智、信」於一身：千里尋兄長體現了「仁」，華容道放曹體現了「義」，保嫂秉燭達旦體現了「禮」，水淹七軍體現了「智」，單刀赴會體現了「信」。當然，關羽的這些美德，一般的老百姓也是推崇的，所以關帝在民間擁有眾多的信仰者。

隨著關羽地位的不斷提高，儒道釋三教把關羽奉為神靈，儒學者稱之為「關夫子」、「武聖人」，與孔子等同看待，道教封其為「關聖帝君」，佛教封其為「伽藍神」。清代朝廷下令各州建武廟，春秋致祭，備受尊崇。明清時期，關帝廟遍天下，其中最著名的關帝廟是關羽的老家山西運城縣解州西關的關帝廟，這是全國規模最大、最為壯觀，也是保存最完整的關帝廟，占地近三十畝。樓內的關羽彩塑坐像，極為逼真傳神，被公認為關帝的祖廟。北京正陽門的關帝廟也十分有名，傳說這裡的關帝很靈顯，能保佑舉子中進士，因此科舉考試時，這裡人山人海。

關帝信仰至遲在宋代傳入福建，明清時期，福建各縣都建有若干座關帝廟，文獻記載，當時福州街巷隨處可見關帝廟，泉州的關帝廟不下百座。明代謝肇淛說：「今天下神祠，香火之盛，莫過於關壯繆。」[35]李光縉在《關帝廟記》中也說：「今天下祠漢壽亭侯者，遍郡國而是，其在吾泉建宮，勿慮百數。……上自監司守令，居是邦者，迨郡縉紳學士，紅女嬰孺，亡不人人奔走，禱靡不應，應靡不神。」[36]

---

35 謝肇淛：《五雜俎》〈事部三〉，卷15。
36 道光《晉江縣志》〈祠廟志〉，卷16。

清代信仰關帝之風尤烈，福州梁章鉅說：「今吾鄉街巷皆有關帝祠……即士大夫無不知敬關帝者。」[37]民國時期，信仰關帝之風不減，《永定縣志》載：「五月關帝誕辰，十一至十三結合，慶祝者遍鄉邑。又六月二十四日重祝，亦有結會慶祝者。」[38]《寧化縣志》亦稱：「武聖廟尤為靈應，士女祈禱者咸趨之。」[39]在閩南，每年中元都要舉行迎神賽會，「泉中上元後數日為關聖會，大賽神像，裝扮故事，盛飾珠寶，鐘鼓震鈞，一國若狂」[40]。一般的神靈出賽，只能坐四抬大轎，唯有關帝、保生大帝、媽祖等才可坐八抬大轎，其中關帝又排在眾神之前。每次賽神，「關大帝、吳真人燈牌以數千計，鐘鼓架、香架以數百計，火炬亦千百計，長街一望，如星宿，如燎原。凡茲皆不招而至，不約而同，欣欣而來，滿願而歸者也」[41]。

臺灣的關帝信仰是從大陸傳去的，臺灣學者認為：

> 明末鄭成功來臺，大陸移民為了開闢疆土，對抗番民，抵抗惡霸，到處都有稱兄道弟的結義情形，臺灣俗稱「換帖子」。兄弟們冒險犯難，披荊斬棘，始得耕漁而居，或營貿易，故其崇拜關公之義行而普遍奉祀，固屬自然現象。……在本省奉祀的「關聖帝君」的寺廟，約有三百五十餘座，各縣市皆有。臺南、鹿港等地以泉州移民為主，稱關公為「文衡帝君」或「伏魔大帝」，其寺廟特稱為「關帝廟」。宜蘭、基隆等地以漳州人為主，稱關公為「協天大帝」，所以廟宇稱「協天廟」。[42]

37　梁恭辰：《退庵隨筆》，卷10。

38　民國《永定縣志》〈禮俗〉，卷15。

39　民國《寧化縣志》〈禮俗志〉，卷11。

40　何喬遠：《閩書》〈風俗〉，卷38。

41　乾隆《泉州府志》〈風俗〉，卷20。

42　淩四志主編：《臺灣民俗大觀》第4冊（臺北市：大威出版社，1985年），頁140-141。

在福建數以百計的關帝廟中，與臺灣關帝廟結緣最深的莫過於泉州通淮關岳廟和東山銅陵關帝廟了。

泉州通淮關岳廟在民國三年（1914）之前稱關帝廟，此廟創建於何時，文獻沒有明確記載，但至遲建於明初。民間傳說，通淮關帝廟左邊有通淮門城樓，形似圓鼓，右邊是清淨寺，矗立如鐘，鐘鼓相應，所以最為靈異，信徒最多。又由於通淮關岳廟座落於交通要道，明清時期，泉州人移民臺灣，都要經過通淮關岳廟，因此，許多人順道到關岳廟乞求香火，帶往臺灣。

圖十九　泉州通淮關岳廟

臺灣最古老的關帝廟彰化關帝廟，建於永曆二十三年（1669），被稱為「開基武廟」，其神像就是從泉州通淮關岳廟分靈去的。臺灣雲林保安宮的建造，也有一段神奇故事。據說在康熙三十六年（1697），第三批移民乘木刻船往臺灣時，途中遇到狂風巨浪，同行的七艘木船已有六艘沉沒，當時的情況慘不忍睹。在這千鈞一髮之際，唯一未沉沒的一艘木船，舟師舉刀正想砍斷船桅，以免沉船，這時關聖帝君顯靈，站在船上，以手勢示意舟師不要砍斷船桅，可保平安無事。舟師

聽從關帝的指示，走下船倉，詢問是誰帶「關聖帝君神像」。當時，只有吳授滿的三歲兒子吳佩身上，帶有關岳廟香火。於是，關帝顯靈拯救海難的事蹟得到證實。舟師帶領眾人跪在船上祈求，若能平安登上陸地，將敬謝神恩。祈禱畢，風平浪靜，船隻一帆風順抵達臺南安平港。眾人集資演戲四十九天，以謝神恩。後來，舟師帶人往福建泉州通淮關岳廟，恭迎神像回臺灣，在保長湖建造廟宇，供奉關帝。所以至今臺南、鹿港一帶的泉州移民奉通淮關岳廟為祖廟。[43]

東山銅陵關帝廟建於明洪武二十二年（1389），當時稱保安堂。明正德七年（1512）擴建，改名關王廟。清代以來，多次修建，不但規模大，而且集閩南建築之大成，十分華麗，特別是廟門的石雕和木雕，舉世無雙。由於清代銅陵是漳州人移民臺灣的重要港口，因此，臺灣不少關帝廟是從這裡分香去的。其中，有幾座關帝是聘請東山人模仿東山銅陵關帝廟的建築式樣興建的。一九三三年至一九三八年，東山人林保宗和侄兒林進添、林進金等三人先後到澎湖、臺北建造四座關帝廟。據林進金回憶，他們從東山乘坐「捷安號」抵達高雄後，受到林成仔的熱情款待。到了澎湖，被尊稱為「唐山師傅」、「祖家師傅」，他們在澎湖三年，先後建造馬公、赤嵌、小卷三座關帝廟。後來又被臺北請去建造一座關帝廟，一九三八年工程即將完工時，被日本侵略者趕回東山。[44]

值得注意的是，在晉江金井岩峰西資岩崇義廟前豎立的《新建崇義廟碑》，記載該廟主神光緒年間從臺灣鳳山傳回福建，並在閩南擁有眾多信徒的情形，反映了閩臺民間信仰密切的親緣關係，碑文如下：

> 原夫興基建廟，藉人力以奏功；維岳降神，關人心之誠敬。鉅任之舉非苟焉，已有其誠必有其神矣。溯自飛鳳山之鐘靈，在

---

43 陳曉亮、萬淳慧：《尋根攬勝話泉州》（臺北市：華藝出版社，1991年），頁93-94。

44 劉子民：《尋根攬勝漳州府》（臺北市：華藝出版社，1991年），頁208-210。

圖二十　東山關帝廟舉辦關帝文化節，吸引大批臺灣信眾

臺眾生受其拯救之恩，實繁有年，王衍香火而來唐，其時英靈已薄，由沙堤近薰于西資。當此南都沐佑，遐邇均沾，即金廈兩島及漳石二鎮，亦攜男帶女接踵來岩，或求治病，或求解姻，符水丹沙遂服立效，足徵聖恩之浩大，誠無遠而弗屆耳。茲建聖廟于西資，甚得地勢之吉，穴稱金獅，廟號崇義，坐岩山而前映，拱圍水以來朝。今廟爰茲告竣，唯善信之至誠，斯神靈之感應歟！末非敢擅筆，承諸董敬勒碑志，委原幕敘而書之。

光緒辛丑年重建崇義廟　荔月吉日[45]

有趣的是，在閩南和臺灣，關帝還被當做商人的保護神，據說，關帝生前管理兵站，擅長算數記帳，曾經設簿記法，發明日清簿，設有原、收、出、存四項，即後來通行的簿記法。[46]而且關公的結義兄

---

45 轉引粘良圖選校：《晉江碑刻選》（廈門市：廈門大學出版社，2002年），頁264。

46 鈴木清一朗著、高賢治編、馮作民譯：《臺灣舊慣習俗信仰》（臺北市：眾文圖書公司，1980年），頁427-428。

圖二一　晉江金井崇義廟的關帝神像是光緒年間從臺灣鳳山分靈來的

弟劉備曾經賣過草鞋、張飛曾經殺豬賣酒，關帝自然要體恤庇護商行
後人。實際上，關帝之所以成為商人的保護神，根本原因是古代中國
重農輕商，商人地位很低，經常受到官府的敲詐和地痞的豪奪，他們
希望有一個有威有靈、公正信義的人來主持公道，保護他們，這種人
在現實生活中找不到，就只好到神佛世界去找。關帝重義氣、講信
用、輕財富的高尚品格，符合商人的要求，因此，一些商人就把關帝
當作保護神。據統計，近年來，到泉州通淮關岳廟求財的閩臺民眾呈
上升趨勢，一九八五年占香客的10.8%，一九八七年上升為19.9%，一
九八九年占40%，一九九三年又上升為45.5%，這種現象顯然與近年
來閩臺商品經濟迅猛發展有密切關係，也反映了閩臺關帝崇拜具有鮮
明的地域特徵。[47]

　　據不久前統計，臺灣有關帝廟三百五十六座，其中臺南四十三
座、高雄四十三座、雲林三十九座、彰化二十八座、苗栗二十八座、
臺北二十七座、南投二十六座、宜蘭二十二座，其餘各縣有數座到數

---

47 鄭國棟：《泉州通淮廟的恢復與關帝崇拜的現狀》，泉州市區道教文化研究會編：
　　《泉州道教文化》（關公信仰研究專輯），1994年。

十座不等。香火最盛的大概是臺北的行天宮，最高大的關帝神像是新竹普天宮內的恩主公神像，高一百二十尺。各地在農曆正月十三日、五月十三日和六月二十四日均要舉行隆重的祀典活動。近年來，每年都有數以萬計的臺灣同胞到泉州通淮關岳廟和東山銅陵關帝廟進香謁祖，關帝信仰成為一條精神紐帶，把閩臺人民緊密地聯繫在一起了。

（二）保儀尊王

保儀尊王又有「保儀大夫」、「英濟王」、「文武尊王」等稱呼，臺灣同胞俗稱之「尪公」、「尪元帥」、「翁公」等，「翁公」是民間對男性最高的稱呼，稱保儀尊王為「翁公」，反映了保儀尊王在臺灣民眾心目中的崇高地位。

保儀尊王為何許人，民間有種種說法，最普遍的說法是張巡、許遠。

據《舊唐書》〈忠義傳〉記載：安祿山叛亂時，黃河南北的大小官吏紛紛投降，只有少數忠臣義士寧死不屈，效忠朝廷，其中張巡、許遠最為著名。

張巡是浦州河東人（今山西永濟縣），自幼博覽群書，開元間中進士，出任清和令。史稱張巡「有能名，重義尚氣節，人以危窘告者，必傾財以恤之」[48]。安祿山之亂時，張巡為真源令，號召千餘人起來勤王，並以御史中丞之職與睢陽太守許遠等堅守睢陽近一年，因彈盡糧絕，城破被俘。史稱「巡神氣慷慨，每與賊戰，大呼誓師，皆裂血流，齒牙皆碎。城將陷，西向再拜，曰：『臣智勇俱竭，不能式遏強寇，保守孤城。臣雖為鬼，誓與賊為厲，以答明恩。』及城陷，尹子奇謂巡曰：『聞君每戰皆裂，嚼齒皆碎，何至此耶？』巡曰：『吾欲氣吞逆賊，但力不遂耳！』子奇以大刀剔巡口，視其齒，存者不過

48　《舊唐書》〈忠義下〉，卷187下。

三數」[49]。不久，張巡、許遠為國捐軀。安祿山叛亂平定後，為了表彰他倆的忠義，唐朝廷追封張巡為「揚州大都督」，許遠為「荊州大都督」，就下令在睢陽立廟，稱「雙忠廟」。百姓對張巡、許遠大義凜然、忠貞不屈的高尚品質佩服得五體投地，謂：「國士無雙雙國士，忠臣不二二忠臣。」

　　宋朝之後，張巡、許遠備受百姓崇拜，特別是在外族入侵的南宋，民間流傳許多張巡、許遠顯靈幫助官兵打勝仗的神話傳說。明清時期，張巡、許遠一身兼有司瘟疫、漕運和冥判等職能，祭祀他們的「雙忠廟」在江南各地都可以見到。閩南一些地方，張巡、許遠經常與岳飛一起被供奉在同一宮廟中，稱「三忠廟」。據調查，泉州的鯉城區、豐澤區和洛江區有主祀張巡、許遠的宮廟十七座，陪祀七座。[50]惠安東部張坑、北部的崇武、均奉張巡為鋪境保護神。石獅市蚶江有忠仁廟建於清朝初年，原來是祭祀張巡、許遠二尊王，後來改建，以中堂祭祀關聖帝君，張、許左右陪祀。[51]甚至有學者認為，張巡、許遠最初以「王爺」的身分被泉州百姓所信仰，尊稱為「阿爺公」，「泉州各地祀文武尊王為保護神，約始於明代中期」[52]。

　　臺灣的保儀尊王信仰從福建傳入，現有以張巡、許遠為主神的宮廟十八座，分布在臺北、雲林、嘉義、高雄等地，其中臺北最多，有九座。最早的雙忠廟原名元帥廟，主祀張巡、許遠，配祀雷萬春和南霽雲，座落在嘉義市，建於康熙二十八年（1689）。[53]臺北集應廟在景美，當時這裡是移民開墾景美的尾端，因此稱境尾，由泉州來的張、

49　《舊唐書》〈忠義下〉，卷187下。

50　鄭國棟、林勝利等編：《泉州市區寺廟錄》，轉引張吉昌〈張巡許遠與泉州的「文武尊王」信仰〉，《泉州民間信仰》2000年總第16輯。

51　張吉昌：〈張巡許遠與泉州的「文武尊王」信仰〉，《泉州民間信仰》2000年總第16輯。

52　陳垂成：《探索王爺信仰的衍變》，《泉州民間信仰》總第13輯。

53　范咸：《重修臺灣府志》〈雜記〉，卷19。

高姓移民建造廟宇，奉祀保儀尊王為守護神。臺北縣深坑鄉內湖中順廟，是清初泉州姓陳的移民定居在這裡開墾，從家鄉帶來保儀尊王的香火。後來他和當地的開墾者商議，為了祈求五穀豐登和全家平安，買了一尊謝恩神像，成立神明會，會員們湊齊一筆基金，以基金利息充作祭祀費用。後來，基金增多，就拿出一部分建造宮廟，香火旺盛。民國八年（1919）宮廟被暴風雨摧毀，民國十四年（1925）重建。當地人把保儀尊王作為保護神，祈雨、驅蝗、打仗等都要求保儀尊王保佑。[54]

臺灣民間傳說張巡和許遠被玉皇大帝封為神後，專司驅逐蟲害，保護禾苗，在每年的五月十二日要為保儀尊王舉行祭典，俗信其神輿過處，附近害蟲將死盡，因此迎神輿須通過田中畦道，故其神輿極小，便於兩人抬扛。祭典當日，住戶要供奉牲醴和五味碗，犒賞其部下神兵。遊行隊伍，尤為盛大。入夜，住戶宴請其親朋。[55]

可能是愛屋及烏，百姓對張巡的兒子也加以崇拜，如張巡的兒子張亞夫，曾協助其父守衛睢陽，有「千勝將軍」之美稱。民間奉之為「千勝小王」，或陪享於張巡廟，南宋杭州還有專祀。北宋福建延平人謝佑，為人正直，對張巡之忠烈十分仰慕，發誓死後要做張巡廟的從神。生前就把自己的塑像立於張巡之側，死後果然素著靈響，被民間奉為神靈，立廟祭祀。紹興九年（1139）封靈惠將軍，賜廟額正順。

（三）水部尚書

水部尚書，又稱尚書公，原名陳文龍，南宋福建莆田人。「宋咸淳四年，廷對第一，官參知事，知興化軍，為賊所執，不屈死。明時

---

54 鈴木清一朗著、高賢治編、馮作民譯：《臺灣舊慣習俗信仰》（臺北市：眾文圖書公司，1980年），頁398-399。

55 吳瀛濤：《臺灣民俗》（臺北市：眾文圖書公司，1979年），頁15-16。

顯靈，護救封舟，封水部尚書，立廟閩省南關外。」[56]福州最早的尚書廟建在烏龍江上段北岸的陽岐。古時，在陽岐臨江邊的玉屏山麓，有一過往船隻停泊的碼頭，熱鬧異常，史稱「化船道」或「興化道」，經營南北京果雜貨和土特產品生意的莆仙一帶的商賈，要進入省城的船隻多停泊於此。他們為祈求生意興隆，平安往返，於明洪武年間在興化道旁大松樹的濃蔭下，建一廟壇，奉祀海上女神林默娘和抗元英烈陳文龍的神像，遺址至今猶存。明天啟七年（1627），陽岐村民和水上居民以及莆仙一帶的商賈，開始將原建在興化道旁的小廟宇，移至陽岐村鳳鳴山之陽新建，這也就是現在陽岐的「尚書祖廟」，其他的尚書廟都由此廟分爐而建成。從明永樂至清光緒，先後建有萬壽、新亭、龍潭、竹林四座尚書廟，紀念這位鄉賢，並先後奉之為福州府城隍廟主神、內河保護神、航海保護神。

　　馬祖也有三座供奉陳文龍的尚書廟，即：北竿鄉塘岐村水部尚書廟，祀神源自福州臺江區萬壽尚書公廟；東引鄉中柳村璇璣廟，源自福州臺江；南竿鄉清水村白馬王宮，源自琅岐。其中規模最大的是北竿水部尚書廟。「民國三十年間，北竿漁民蕭亞金妻周氏，人稱亞金嫂，赴大陸福州臺江區塢尾萬壽尚書公廟，祈得尚書公分爐至燬坪家中，供鄉親膜拜，後來籌資建廟。」[57]尚書公在馬祖信徒頗多，廟宇的造型氣勢磅礴，十分壯觀。陳文龍的英雄事蹟可謂婦孺皆知，許多父母從小教育孩子要學尚書公忠心報國。二〇〇一年二月十一日，馬祖北竿鄉水部尚書廟平安民俗交流團到福州市臺江區萬壽尚書公祖廟進香，進香團乘著「順利號」從馬祖直航至福州馬尾港（雙馬直航），引起轟動。《福州晚報》用「咫尺海峽不再是天涯」報導此事，文中高度評價了這次活動。「雙馬直航」不僅有利於兩岸人民來往，

---

56 齊琨：《續琉球志略》，日本沖繩縣立圖書館，昭和五十三年（1978）影印本。
57 《馬祖地區廟宇調查與研究》（馬祖：連江社會教育出版社，2000年），頁3。

同時也是兩岸關係發展的重大突破，可以說民間信仰在此發揮了很大
作用。

圖二二　馬祖尚書廟信眾到福州祖廟進香謁祖

三　鄉賢崇拜

鄉賢崇拜是指對為地方的安定、建設等作出貢獻的平民百姓的崇
拜。此類地方神頗多，或好善樂施，或扶危濟困，或見義勇為，或抵
禦強敵，或盡孝父母，等等。閩臺共同奉祀的鄉賢不多，著名的有青
山王和廣澤尊王等。至於閩臺一些地方各自崇拜的鄉賢，人數眾多。

（一）青山王

青山王又稱青山公、靈安尊王等。據《惠安縣志》記載，青山王
原名張悃（又作「梱」），是五代時閩王的部將，曾率兵駐紮惠安的青
山一帶，抵禦海寇入侵，有功於民，去世後百姓立廟祭祀。[58]宋建炎間

58　嘉靖《惠安縣志》〈山川〉，卷2。

（1127-1130），因張悃「陰助」官兵抗禦海寇有功，朝廷「賜廟額誠應，封靈惠侯，妻華氏封昭順夫人。景炎元年（1276）進封靈安王，夫人封顯慶妃。至今有司，歲一致祭」[59]。後來，成為惠安縣城隍。[60]

　　供奉青山王的廟宇一般稱「青山宮」，最早的青山宮建於北宋太平興國年間。傳說太平興國六年（981）惠安建縣時，首任知縣崔知節入鄉隨俗，往祭張悃墳墓，以安民心。豈料正上香膜拜時，墓碑突然向前傾倒，只見墓碑北面刻著一首五絕：「太平興國間，古縣本惠安，今逢崔知節，送我上青山。」字跡斑駁，絕非新刻。知縣驚異，詢問鄉老，知境內確有名叫「青山」的地方，以為是張悃顯靈，遂將墳墓遷往青山山麓，並建廟祭祀，歲時供祭。明清時期，青山王成為惠安縣影響最大的神靈之一，各地都蓋有青山宮，至今全縣有大小青山宮近百座。每逢三月初十（青山王忌日）和十月二十三日（青山王誕辰），惠安縣百姓必舉行隆重的祭典，舊時，舉行祭典時，值年爐主還要把三個玉環（據說是張悃的遺物）擺在香案上供奉。祭祀後，往往要抬出青山王繞境，沿途鋪戶張燈結綵，設香案，供四果香花。

　　青山王信仰還傳到臺灣，臺北、新竹、臺中、彰化、雲林、高雄等地有二十三座分廟。據《臺灣民俗源流》記載：清朝末年，惠安有幾個信眾為了修建青山王廟，便捧著青山王的神主渡海到臺灣募捐。到了臺北萬華（今臺北龍山區），有一家商店的古井裡出現蟾蜍精，無人敢住。青山王神主正愁無處安放，便將神主鎮壓在古井上，蟾蜍精逃之夭夭。當地百姓紛紛捐款，很快募得一大筆款子。當他們幾次要把神主捧回惠安，都遇到大風大浪，於是大家以為青山王看中臺灣，不想回去，便把在原來鬧蟾蜍精的地方建造廟宇，供奉青山王。[61]臺

59 嘉靖《惠安縣志》〈典祀〉，卷10。

60 詳見郭志超：〈惠安青山王（城隍）信仰及其在臺灣的傳播〉，《福建史志》1996年增刊《閩臺首屆城隍歷史文化學術研討會論文專輯》。

61 婁子匡：《臺灣民俗源流》中「青山王」篇，臺北市：東方文化書局，1972年。

北市貴陽街青山宮的神像也是從大陸迎來的，咸豐六年（1856）艋舺
發生瘟疫，民眾想盡辦法也無法抑制瘟疫的流行，搞得人心惶惶。正
在這時，移民從福建請來靈安尊王，為了祈求瘟疫的停止，百姓紛紛
捐資蓋廟。[62]

（二）廣澤尊王

　　廣澤尊王全稱「威鎮忠孚惠威武烈保安廣澤尊王」，又稱保安尊
王、郭聖王、郭王公、郭姓王等，原名郭忠福，安溪縣清溪人（一說
南安縣郭山人），生於後唐同光元年（923），以「至孝」聞名。據文
獻記載，郭忠福小時候因家貧為人牧牛，雖離家數里，但每天傍晚必
回家侍奉雙親，風雨無阻。後來，其父病逝，郭忠福千方百計借錢安
葬父親，並偕母親遷居南安鳳山（今詩山），孝順母親如故。後晉天
福二年（937），郭忠福牽著牛，帶著酒，登上郭山絕頂，日暮不歸。
翌日，鄉人找到他時，只見郭忠福蛻化於古藤上，牛也只剩下一堆骨
頭。鄉人感到蹊蹺又念郭忠福平時至孝父母，就在郭山下立廟祭祀，
稱郭山廟，又稱將軍廟、鳳山寺。又傳郭忠福平時以純孝為鄉人所讚
揚，又有忠君報國之情懷，他生逢亂世，經常哀歎自己年少，無力報
效國家。一日，離家出走，一去不復返。後來，有人發現他蛻化於樹
上，歷數月尚有體溫，百姓以為郭忠福非凡人，便立廟祭祀，十分靈
驗，有求必應，成為一方的保護神。

　　郭忠福生前雖然僅僅為一名牧童，成為神祇後，百姓就賦予各種
的職能，幾乎無所不能，所謂「上則為國保障，佐時太平；下則為民
休庇，相世榮達。禦災孚佑，福善禍淫。消水旱之災，屏盜賊之患。
利國安民，周且悉，悉且久」[63]，各種神話傳說相繼產生。宋代，郭

---

62 鈴木清一朗著、高賢治編、馮作民譯：《臺灣舊慣習俗信仰》（臺北市：眾文圖書公
　 司，1980年），頁524。

63 光緒《郭山廟志》〈藝文〉，卷6。

圖二三　廣澤尊王神像

忠福先後受朝廷的兩次敕封，紹興間敕封「威鎮文澤侯」，慶元間加封「威鎮忠應孚惠威武英烈廣澤尊王」。宋代的廣澤尊王在南安等地有一定的影響，明清時期其影響超出南安縣，據《郭山廟志》記載，清末僅南安十一都、十二都、十三都這三個地方就至少有十三座廣澤尊王廟，俗稱十三行祠。泉州的城隍廟、承天寺、開元寺、天后宮等宮廟也供奉有廣澤尊王神像，晉江陳埭、安海、深滬，惠安洛陽橋北，同安縣城外，永春縣西門外，以及廈門、漳州等閩南廣大地區都建有廣澤尊王廟。福州、福鼎、龍岩、泰寧也有百姓奉祀廣澤尊王，甚至廣東、浙江、四川、湖南等也有信仰廣澤尊王者。農曆八月二十二日是廣澤尊王誕辰，「凡閩、浙、吳、粵及南洋群島到廟瓣香者，以億萬計」。據鄉老云，先前交通不便，省外香客步行至南安鳳山寺進香，他們出門時把雛雞放在籃子裡，沿途餵養，到鳳山寺時雛雞已長大，可為供品，虔誠之至，可見一斑。

　　廣澤尊王信仰大概在清代初期傳入臺灣。據臺南《西羅殿志》記載：康熙元年（1662），泉州府南安縣郭氏六房祖先，恭奉郭聖王分身，來到當時已經是臺南府五條經濟命脈的五條港總水口鎮渡頭一

帶，以當碼頭工為生。他們特別團結，驃悍勇武，後來成了鎮渡頭的
碼頭老大。供奉郭聖王的館所，也由簡陋的「聖公館」，發展為規模
宏大的西羅殿，而且隨著時間的推移，一次比一次修建得華麗堂皇。
當時，碼頭工人的經濟收入不多，男孩子從小就必須在碼頭打零工，
貼補家用，但必須滿十六歲才可以賺「大人錢」。所以當孩子滿十六
歲時，父母便酬謝神明，宴請親朋，形成了「做十六歲」的習俗，並
得到他人的仿效，很快就在臺南盛行起來，臺南「做十六歲」的習
俗，便是從這群南安郭氏後裔開始的。民間又傳說這是為了紀念郭聖
王，因為當年郭聖王是在十六歲成神的。臺灣的民眾相信廣澤尊王最
善於庇佑移居外地的人，越是遠方的人祈求越靈驗。

　　臺灣信仰廣澤尊王的人很多。據一九八五年調查，臺灣共有廣澤
尊王廟五十五座，其中臺中九座，臺南十座，高雄十座，屏東六座，
宜蘭四座，其餘十六座分布在臺灣各縣。福建移民來臺灣時，都把此
神的神像裝進小箱裡，當做個人的守護神帶來臺灣。比較有名的廣澤
尊王廟是臺北的鳳山寺、玄安壇，臺中的聖天宮、保安宮，嘉義的龍
山寺、安和宮，臺南的西羅殿、朝天宮，高雄的金山寺、龍鳳宮，臺
東的慈善堂，鹿港的鳳山寺，土庫的鳳山寺等。最負盛名的是臺南西
羅殿，三百多年來香火不斷，清代咸豐年間欽命臺澎水陸掛印總兵恆
計題寫的匾額「恩佑全臺」仍高高地掛在那裡，對廣澤尊王予以很高
的評價。廣澤尊王廟近年來又增加不少，分布在臺灣各地。臺灣的廣
澤尊王廟均認南安縣鳳山寺為祖廟，不少廟的廟名稱「鳳山寺」，臺
南西羅殿的廟額之上也高懸「鳳山古地」巨匾，以示不忘根源。民國
十六年（1927）之前，臺灣的廣澤尊王信眾，每三年都要組團一次到
南安縣鳳山寺祖廟進香朝拜。後來，由於戰亂等原因而中斷。近年來
臺灣進香團又蜂擁而至，僅一九九○年就接待臺南、臺北、新竹、高
雄等十多個縣市的五十七個進香團。一九九一年三月十九日，臺南西
羅殿進香團一行一百一十四人，第三次來南安鳳山寺謁祖，顯示了這

座開臺廣澤尊王廟與大陸祖廟鳳山寺的密切關係。[64]近幾年來，鳳山
寺祖廟每年接待臺灣香客數以萬計，兩岸之間的交往日益密切。

圖二四　閩臺廣澤尊王信仰祖廟──南安鳳山寺

64 陳曉亮、萬淳慧：《尋根攬勝話泉州》（臺北市：華藝出版社，1991年），頁193-194。

第六章
道教與佛教俗神崇拜

　　道教俗神主要由具有神仙色彩的歷史人物、傳說人物和具有「法術」的方士、道士構成。道教是中國土生土長的宗教，它與民間信仰的關係極為密切，從創立開始，就不斷從民間信仰中吸收養分，以充實自己的理論體系。同時，道教在其發展的過程中，對民間信仰產生重大影響，其中最直接的影響是大批道士或神仙成為民間信仰的崇拜對象。在閩臺，道教俗神崇拜與巫術結下不解之緣，影響較大的道教俗神有城隍、法主公、財神、三界公等。

　　佛教俗神崇拜是指以世俗化的菩薩或具有某些「法力」或「靈異」的僧尼為崇拜對象的民間信仰。佛教傳入中國後，為了能在中國扎根、發展，對中國傳統文化採取妥協、退讓和融合的態度，世俗化是佛教在中國發展演變的總趨勢。一些僧尼積極介入社會生活，主持或參與民間各種祈福禳災活動，一旦偶有「靈驗」，百姓便奉之為神；還有一些僧尼積極參與修橋鋪路、扶危濟困等社會福利事業，為百姓做了許多好事，死後也被奉為神明。在閩臺影響較大的佛教俗神有觀音、清水祖師、定光佛、泗洲佛等。

第一節　道教俗神崇拜

一　城隍崇拜

　　城隍，百姓又稱城隍爺，它是從上古蠟祭八神之一的水庸演化而來的，最初人們只是對城池本身進行崇拜，從宗教學的角度說，屬於

自然崇拜的範疇。漢代，城隍信仰逐漸人格化，傳說楚漢戰爭時，劉
邦的御史大夫周苛堅守城池，絕不投降項羽，城池被攻破後，項羽將
他處以非常殘酷的烹刑。劉邦建立漢朝後，為悼念周苛的忠烈，封他
為城隍。有文獻記載的最早的城隍廟建造於三國時期的東吳赤烏二年
（239），距今近一千八百年。

圖一　城隍神像

　　漢代至唐五代，城隍的職能主要是保護城池。宋代之後，城隍的
職能擴大為主管本城的降雨抗旱、放晴防澇、五穀豐收、生兒育女、
發財致富、消災弭禍、生死壽夭等陽間之事，甚至職掌陰司，掌管一
城亡魂。明代，開國皇帝朱元璋特別重視城隍的作用，把城隍祭典列
入國家祀典，並以城隍所轄的城池大小為之封爵進位；京都、開封等
地的城隍封為「王」，正一品；各府城隍封為「公」，正二品；各州城
隍封為「侯」，正三品；各縣城隍封為「伯」，正四品。

　　明代城隍的監察職能大大強化，城隍作為冥冥之中的神靈，掌握著監察地方官吏和百姓命運的大權。地方官上任時，必須親自到城隍廟進香，表明自己清正廉潔的心跡，接受城隍的監督。如康熙五十三年（1714），俞兆岳調任臺灣知縣，下車後就直奔縣城隍廟，禱告一番，發誓「毋貪財、毋畏勢、毋徇人情」。嘉慶十五年（1810），臺灣彰化知縣楊桂森撰寫有〈履任告城隍文〉，表明自己在任期間勵精圖治、不徇私情的決心。城隍對百姓的監察更是周密，凡是城隍管轄的範圍內的百姓所做的任何善事和惡行，神靈都要向城隍報告，由城隍記錄在案，予以賞罰，分毫不差，只不過報應的時間早一些或者晚一點罷了。廣東南澳縣深澳城隍廟有一副對聯寫道：

　　　　陰報、陽報、早報、遲報、善報、惡報、終須有報；
　　　　天知、地知、你知、我知、神知、鬼知、無所不知。

臺灣彰化城隍廟也有類似的對聯：

　　　　陰報、陽報、遲報、速報，終須有報；
　　　　天知、地知、子知、我知，何謂無知。

許多城隍廟的大門口上方懸掛一個大算盤，也是表達善惡總有一天要接受城隍爺清算，誰也別想蒙混過關，所謂「蒙千蒙萬蒙不過城隍」。如福建沙縣城隍廟大門上方高懸一個大算盤，配上一副對聯，寫道：「世事不須空計較，陰曹自有大乘除。」臺灣新竹城隍廟如出一轍，大門上方也掛有碩大算盤，並且配上類似的對聯：「世事何須多計較，神天自有大乘除。」暗示人算不如天，一切都要接受神天的監察。

　　無獨有偶，福建漳浦城隍廟和澎湖文澳城隍廟的對聯也表達了勸善懲惡、輪迴報應的觀念，且字樣完全相同，顯然存在著某種淵源關

係。漳浦城隍廟和澎湖文澳城隍廟的對聯是：

> 為惡必滅，為惡不滅，祖有餘德，德盡乃滅；
> 為善必昌，為善不昌，祖有餘殃，殃盡乃昌。

澎湖文澳城隍廟對聯是：

> 為惡必滅，為惡不滅，祖宗有餘德，德盡乃滅；
> 為善必昌，為善不昌，祖宗有餘殃，殃盡乃昌。

由於城隍具有監察地方官和百姓的職能，人們自然就以高標準人格來挑選城隍神了。歷史上官民承認和奉祀的城隍神大致有這樣三個類型：

第一種是勤於政事，精於吏治的清官良吏。如宋代名臣蔡襄在擔任福州太守和泉州太守期間，勤於政事，精於吏治，興利除弊，為百姓做了大量好事，死後，百姓將他的塑像安放在福建都城隍廟祭祀。宋代韓國華，在出任泉州太守時，也有德政，死後百姓將其封為泉州府城隍。

第二種是鐵面無私、剛正不阿的清官。如明代浙江按察使杭州周新，以善於判案著稱，他不畏權貴，秉公執法，被百姓所擁戴。後來遭到奸臣陷害，被殺害。死後，百姓崇拜其高尚人格，奉其為杭州城隍。

第三種是抗擊外侮，守衛疆土的忠烈之士。如「留取丹心照汗青」的抗元民族英雄文天祥被奉為北京城隍，抗元民族英雄陳瓚被奉為興化軍城隍，其侄兒陳文龍也是抗元民族英雄，也被奉為福州府城隍。[1]

1　參見盧美松：《古代城隍信仰中的吏治精神》，《福建史志》1996年增刊《閩臺首屆城隍歷史文化學術研討會論文專輯》。

　　臺灣最早的城隍廟建於十七世紀中葉，鄭成功收復臺灣後，就在臺南建造府城隍廟。康熙統一臺灣後，清政府在臺灣設立一府三縣，鄭成功建造的城隍廟被繼承下來，仍作為臺灣府城隍廟。康熙年間，臺灣縣、諸羅縣、鳳山縣的城隍廟相繼被建造。乾隆之後，臺灣城隍廟數量增加，至一九三五年臺灣有大小城隍廟二十七座，一九八一年發展為五十五座。臺灣城隍廟的數量不是太多，但各地配祀城隍的廟宇卻不計其數，影響很大，是臺灣民眾祭祀最普遍的十大神明之一。

圖二　安溪城隍廟

　　城隍信仰與其他神靈信仰有一個很大的不同點，就是城隍信仰具有強烈的區域性。各地城隍都有固定的管理區域，某縣城隍管理本縣範圍內的陽間、陰間之事，某州城隍則管理本州範圍內的陽間、陰間之事，某府城隍則管理本府範圍內的陽間、陰間之事，某省城隍則管理本省範圍內的陽間、陰間之事，楚河漢界，互不侵犯。因此，城隍信仰原先並無分靈、分香之說。但臺灣城隍信仰具有特殊性，有些城隍廟分靈於閩南。據調查統計，臺灣各地主祀、附祀晉江永寧城隍的廟宇有一百多座，由安溪城隍分靈臺灣各地的「清溪城隍」廟宇多達

二百二十一座。[2]臺灣比較著名的而且與福建有密切關係的城隍廟有：

　　新竹城隍廟，原名竹塹城隍廟，位於新竹市中心區，建造於乾隆十三年（1748），在臺灣也算是一座歷史悠久的城隍廟。此城隍廟由福建同安移民王世傑捐地，淡水同知曾日瑛出面募款而興建起來的。原來是縣一級的城隍廟，光緒元年（1875），清政府增設臺北府，新竹為府城，於是新竹的城隍就升格為府一級的城隍廟。光緒十一年（1885），臺灣建立行省，省會定在臺中，但臺中的各種設施沒能跟上，巡撫衙門暫時設在臺北。由於新竹處於臺北和臺中之間，文風鼎盛，城隍廟又以靈驗聞名，當地百姓向朝廷請封，光緒十七年（1891），皇帝頒賜「金門保障」區額，敕封新竹城隍為「威靈公都城隍」。民間則傳說，新竹某知縣受城隍神托夢，把失散多年流落在外的皇子保護起來，並專程護送到京城。皇帝除了讓新竹知縣升官加爵外，還加封新竹縣城隍為都城隍。[3]

圖三　臺灣府城隍廟

2　轉引連心豪：〈試論城隍崇拜社會功能的衍化〉，《福建史志》1996年增刊《閩臺首屆城隍歷史文化學術研討會論文專輯》。

3　凌志四主編：《臺灣民俗大觀》第4冊（臺北市：大威出版社，1985年），頁64-65。

　　臺北松山霞海城隍原來是福建同安縣五莊鄉的守護神，道光年間，同安籍的移民從該廟分其香火，東渡臺灣，建廟於艋舺八甲莊。咸豐年間，艋舺的同安人與晉江、南安、惠安人發生械鬥，同安人被打敗，攜帶城隍爺衝出重圍，移居大稻埕。幾十年之後，大稻埕一帶商業蓬勃發展，成為重鎮，同安人將因禍得福歸功於城隍爺保佑，對城隍爺更加崇拜，後來建造城隍廟。其規模不大，而且是民建的，但香火很盛。每年農曆五月十三的城隍爺祭典，都要抬城隍爺巡境，參加的民眾數以萬計。[4]又傳光緒十年（1884），法軍攻打臺灣，城隍爺顯靈，趕走了法國侵略者，被朝廷封為「威靈侯」。[5]

　　由於臺灣城隍廟源自福建城隍廟，因此在宮廟的建築風格、神像的雕塑、配祀神等方面都大同小異，如配祀神有六司、文武判官、七

圖四　福州泰山廟壁畫中的臺灣府城隍畫像

4　詳見林其泉、吳天發：〈唐山過臺灣的城隍爺〉，《福建史志》1996年增刊《閩臺首屆城隍歷史文化學術研討會論文專輯》。

5　凌志四主編：《臺灣民俗大觀》第4冊（臺北市：大威出版社，1985年），頁66。

爺、八爺等。七爺、八爺俗稱「高仔爺」和「矮仔爺」，七爺名謝必安，八爺名范無救，相傳他們是福建閩縣人，少小結義，情同手足。一日，二人相偕出遊，走到南臺橋，遇上暴雨，七爺回家取傘，八爺在橋下躲雨。不久，山洪暴發，七爺被淹死，八爺痛不欲生，隨後自盡。二人死後，閻王嘉其義氣，命他們在城隍駕前為吏，專門捉拿押解犯人。七爺頭戴高帽，帽子上寫有「一見大吉」，八爺的帽子上寫有「一見生財」（或「善惡分明」）。傳說遇到七爺神遊，只要跪下謝福，則會平安無事，所以人稱「一見大吉，謝必安」。如果遇到八爺神遊，就一定沒命，故人稱「犯（范）無救」。[6]

城隍爺顯靈保佑百姓的神話傳說聽起來確實讓人入迷，但不一定信以為真。在科學技術不太進步的古代，人們將希望寄託於超自然的力量，無可厚非。對城隍神的信仰，曲折地反映了人們對地方官吏高尚人格的要求，對「青天老爺」的呼喚，對清明政治的憧憬！

近年來，臺灣的城隍信眾紛紛到福建尋根謁祖，如一九九〇年九月以來，臺南縣六甲鄉保安宮、南投縣竹山鎮靈德廟先後四次組團到福州拜謁城隍祖廟，並捐資修建祖廟。石獅永寧城隍廟和安溪鳳山城隍廟更是臺胞進香謁祖的聖地，來這裡進香的臺胞絡繹不絕。如今，真正信仰城隍爺超自然力量的人恐怕不會太多，臺灣同胞不辭辛勞，紛紛來福建祖廟進香謁祖，是不是蘊含著傳統文化的認同這樣更深刻的內涵？

二　張法主公崇拜

張法主公在歷史上確有其人，他祖籍福建永泰（也有人說他是閩清人），出生於南宋紹興九年（1139），名慈觀，也有寫成自觀。他家

6　凌志四主編：《臺灣民俗大觀》第4冊（臺北市：大威出版社，1985年），頁54-55。

道貧寒，自幼當牧童，十歲那年他上山砍柴，遇兩位童顏鶴髮的老者
在山頂的石盤上弈棋，張慈觀走近觀看，老者送給他一顆不成熟的桃
子，慈觀吃了一半，感到苦澀，就將另一半扔掉。張慈觀下山時，頓
覺身體飄飄然，知道是仙人贈送的仙桃。長大後，他遊歷福建各地，
有各種神通，能為民祈雨、除妖、治病，關於他的神話傳說也在福建
各地廣為流傳。宋淳熙十年（1183），張慈觀在石牛山九龍潭羽化飛
升。傳說被上帝封為監雷真聖君，被明正德皇帝敕封為法主公。[7]

　　在歷史上，臺灣的張法主公信仰是隨福建移民傳到臺灣的，傳播
的渠道有兩條，一是隨閭山派道士入臺，大約在明末清初就傳入臺
灣，與臺灣道教的興衰緊密地聯繫在一起，至今臺灣道教中的「法主

圖五　張法主公神像

7　關於張法主公信仰，詳見葉明生：〈閩臺張聖君信仰之探討〉，《福建道教》1999年
　　第2、3期，2000年第1期；王見川：〈「法主公」信仰及其傳說考察〉，《臺灣宗教研
　　究通訊》第2期。

公教」仍有較大影響。二是隨民間信仰入臺，約在清朝中葉至清末從
福建的不同地區傳入臺灣。據記載，臺灣宜蘭縣的再興宮是臺灣最早
的法主公廟，創建於乾隆六十年（1795），香火是由福建德化縣移民
帶去的；宜蘭縣蘇澳晉安宮法主公是福建永春人在清末傳去的；臺北
大稻埕的法主公廟是從福建安溪縣分香去的。據記載，此廟建於同治
年間，光緒十九年（1893）大稻埕茶商陳基愈專程到廈門雕塑一尊法
主公的神像，捧到安溪縣莊鄉的法主公廟開光，然後迎回臺灣的家中
祭祀。此神靈顯無比，應附近居民一再懇求，由茶商捐資建廟，供奉
這座神像。

　　關於閩臺法主公信仰的源流關係，我們從神話傳說也能看出其蛛
絲馬跡。在臺灣，福州人聚居的地方流傳著這樣的傳說：福州某橋下
有一萬丈深淵，江底有一廟，廟門三千年一開，如有人能有緣參拜此
廟，即可成為神仙。一日，一隻鱷魚浮水求食，數十日無人敢接近。
法主公抓了一隻狗來餵它。鱷魚十分高興，尾巴上現出「如山大法
院」字樣，原來此鱷魚是江底神廟的使者，從此以後，法主公就有了
神通法力。上述傳說與道教閭山派的傳說聯繫在一起，鱷魚尾巴上現
出「如山大法院」的「如山」字樣，應是「閭山」的訛音，與《閩都
別記》中記載的臨水夫人到江底神廟拜師的神話基本相同，顯然，上
述神話傳說是福州人傳到臺灣去的。

　　而在臺灣閩南人聚居的地區，流傳更廣的是這樣的神話傳說：相
傳宋代開慶元年（1259），永春九龍潭石牛洞中，潛伏著一條三叉尾
巴的蛇妖，經常出沒傷害生靈，附近百姓每年獻上一對童男童女，以
求平安。當時安溪有張、蕭、洪（一說章姓）三位結拜兄弟，自告奮
勇入蛇洞殺蛇妖。三人齊心協力，張姓扼住蛇首，臉部被蛇妖吐出的
毒煙薰黑；蕭姓手持月斧猛砍蛇身，與蛇妖展開激烈搏鬥，滿臉通
紅，並失手誤傷洪姓額部。經過一番惡鬥，終於制服了蛇妖，三人也
化為一縷青煙升空而去。所以，在臺灣許多地方，法主公廟往往供奉

　　張、蕭、洪三位神像，黑臉為張法主公、紅臉為蕭法主公，青面且額頭上有斧痕的是洪法主公。此神話傳說主要流傳於泉州地區，顯然臺灣的上述神話傳說主要是由閩南人傳到臺灣去的。

　　臺灣地區以法主公為主神的廟宇共有十九座，主要分布在臺北、彰化、雲林、嘉義、臺南、高雄、宜蘭等地，至於以法主公為副神的宮廟更多。在臺灣民間，還形成法主公教（閭山教的分支），雖然托許真君為教主，實際上供奉張聖君，主要法事是請神、送煞、消災、課誦、調營等，尤其是調營最為常用。其勢力雖然不及三奶教，但在鄉村還是有影響的。劉枝萬指出：臺灣「法主公教起源於福建永春州，而傳自泉州」[8]。

　　張法主公的神誕是農曆的七月二十三，每逢這一天，臺灣各地都要舉行隆重慶典。臺灣光復後，張法主公的誕辰統一改在農曆十月二十五。而在大陸，張法主公的神誕仍然是農曆的七月二十三，蕭公的誕辰為六月二十九，章公的誕辰是十月十六。每逢這些神靈誕辰，德化石牛山法主公祖殿必舉行隆重的慶典。這時，除了福建各地的分廟前來進香外，近年來臺灣的法主公廟也來這裡進香謁祖。

　　法主公祖殿保存著比較完整的道教法式，包括祈禱、符籙、禁咒等。以符籙為例，種類繁多，有治病符、驅鬼鎮邪符、催生符、護身符、治災害符、治瘟疫符、招財符、押煞符、治家禽家畜符等等，每一類符籙少則三五道，多者幾十道，據說一共有數千道符籙，洋洋大觀，是其他宮廟不能相比的。這些獨具特色的法式，引起臺灣法主公信眾的極大興趣。一九九七年宜蘭縣道士黃明勝先生專程到德化石壺祖廟，拜黃法傳道長為師，學習道法。法主公信仰成為閩臺兩岸人民聯繫的重要紐帶。

　　福建德化的石牛山作為道教聖地和風景旅遊區，早在一九八八年

8　劉枝萬：《中國民間信仰論集》（臺灣「中央研究院」民族學研究所1994年第2次印
　　行），頁208。

就被德化縣人民政府列為文物保護單位。石牛山是一個典型的放射狀
的火山塌陷盆地，至今仍有古火山的痕跡。由於是火山形成的山峰，
獨具特色，這裡的風景具有山險、峰奇、石怪、洞幽等特點，著名的
思想文化史專家、復旦大學教授蔡尚思讚揚石牛山為「第一奇石
山」。石牛山又有閩臺和東南亞地區頗有影響的張法主公的祖殿石壺
祖殿，作為道教聖地，每天迎接著八方來客。一九八九年以來，到石
井山進香謁祖的法主公信仰者絡繹不絕。有的臺胞為了尋找到張法主
公的祖殿，輾轉數千里，經歷了千辛萬苦，才圓了多年的夢。如一九
九七年十二月十八日，臺北縣板橋市蓮聖宮住持陳昭賢一行三人，因
為了尋找張法主公的祖殿，由臺灣到北京，再從北京到廈門，又從廈
門尋找到安溪、永春，最後來到德化石牛山石壺祖殿才如願以償。他
們因為尋到了宗教信仰的「根」而高興得熱淚盈眶，舉行隆重儀式參
拜法主公後，還恭請一尊法主公的神像回臺灣。

三　財神崇拜

　　財神是中國民間的俗神之一，它最早產生於中原地區，後來隨著
中原漢民的不斷南移，財神信仰也被帶到了福建。在福建，財神信仰
雖也加入了一些地方特色，但大體上還是與中原保持一致的。在民
間，人們供奉的財神一般分為兩類：文財神和武財神，文財神有比
干、范蠡，武財神有趙公明、關公。此外還有五顯、五通、五聖、江
南五路神、五盜將軍、利市仙官等也被奉為財神。

　　明末清初，閩人大規模移居臺灣，其主要原因雖是閩沿海地區人
多地少，生活艱難，但另一重要原因是臺灣土地肥沃，一年所生產的
糧食，足夠供四、五年食用。他們將自食有餘的糧食，均運回內地銷
售，可以獲取優厚的利潤，所以臺灣的農業經濟一開始就帶上商品
經濟的性質。《赤嵌筆談》說：「（臺灣）三縣皆稱沃壤，水土各

殊。……然必晚稻豐稔，始稱大有之年，千倉萬箱，不但本郡足食，
並可資贍內地。居民只知逐利，肩販舟載，不盡不休。」[9]臺灣經濟
的另一支柱蔗糖也大多數銷往內地，「全臺仰望資生，四方奔走圖
息，莫此為甚」[10]。在這樣的經濟條件下，重利成為臺灣移民中占主
導地位的價值觀，並對近現代閩南和臺灣歷史的發展產生了重大的影
響。因此，臺灣的財神廟很多。臺灣的財神信仰是隨移民從福建傳去
的，所以與福建的大同小異。在臺灣民間，財神也有文、武之分。文
財神是比干、文昌帝君，武財神是趙公明、關公，另外還有五路神、
沈萬山、土地公等。

圖六　財神趙玄壇畫像

9　《赤崁筆談》。
10　《赤嵌筆談》。

在民間年畫中，文財神一般為文官打扮，頭戴宰相紗帽，五絡長鬚，手捧如意，身著蟒袍，足登元寶，據說這就是比干。大家都知道比干是殷紂王的叔父，此人為人正直、忠誠。被後人所稱頌。但又如何而成為財神的呢？據《封神演義》，因比干屢次上諫言而得罪了紂王，紂王就以比干的心有七個竅為由，把他的心挖出來。民間傳說，紂王派人挖他的心時，比干怒視紂王，自己將心摘下，扔於地上，然後走出王宮，到了民間，他把自己的財物散發給老百姓。比干沒了心，成了無心之人，無心就無偏無向，辦事公道，在他手下做買賣，大家都沒有心眼兒，公平交易，誰也不會坑騙誰。這可能是他被奉為財神的直接原因。另一種說法，因為比干心地純良、正直，所以在姜子牙封神時，把比干封為文曲星君，掌握天下讀書人的功名。在科舉取士的時代，士人學子以取科名為重，一切財祿都在科舉中求，因此讀書人多供奉他，後傳到民間而成財神。

與文財神相比，武財神趙公明的故事就更傳奇了。趙公明是道教中虛構的一個神靈，在隋唐時代趙公明被列為五瘟神之一，明代又為八部鬼帥之一，後為張天師守護丹爐，封正一玄壇元帥，直到許仲琳、李雲翔《封神演義》中，才有了財神的雛形。書中說趙公明原是商朝的武將，周伐商時陣亡，後被追封為金龍如意正一龍虎玄壇真君，率四位正神，分別是招寶天尊蕭升，納珍天尊曹寶，招財使者喬有明，利市仙官姚邇益，負責迎祥納福。也許是因為這四位正神與錢財有關，所以趙公明也沾了他們的光而成了財神爺。民間在年畫中常把趙公明和他的四位部將畫在一起，稱為五路財神。或傳說，趙公明擅長於蓄財，積成巨富，所以後人稱他為財寶之神。在臺灣，民間多祭武財神趙公明，一般稱其為趙玄壇。每到上元節的時候，民間都要舉行隆重的拜祭儀式。上元節這一天夜裡，人們把趙玄壇的神像安置在竹椅上，再在椅的兩邊綁上兩根竹竿，做成橋子的樣子，然後由四個赤膊的壯漢抬著，到街上去巡遊，稱其為「走佛」。在敲銅鑼的人的引導下，四名壯漢就抬著神像一搖一擺地跟著。沿途的人家一聽到

銅鑼聲，就趕緊準備好鞭炮，當神像一到，就把點燃的鞭炮扔向壯漢。傳說趙玄壇怕冷，所以人們才拚命放鞭炮為他驅寒，而四名壯漢之所以毫無懼色，是因為神靈附體，才不會有燒傷或疼痛感。

　　總之，不管財神以何種形象出現，最重要的一點就是他必須正直無私，提醒人們「君子愛財，取之有道」，還要散財行義，這正是中華民族傳統倫理道德觀的體現。這種倫理觀念，無論是在福建，還是在臺灣都一樣，因為閩臺文化都是中華文化的一部分。

四　三官大帝崇拜

　　三官大帝即天官大帝、地官大帝、水官大帝，俗稱三界公。三官崇拜最初是源於原始宗教中的對天、地、水的自然崇拜，後來把它們人格化。在道教的神格中，三官的地位僅次於玉皇大帝。《魏書》〈釋老志〉說：「一切眾生，皆是天、地、水三官所統攝。」三官的具體分工是天官賜福、地官赦罪，水官解厄。或說天官管理「天界」，地官管理「人界」，水官管理「陰界」，故稱「三界公」。《三教搜神源流大全》記載一個民間廣為流傳的故事：三官的父親陳檮天生聰俊美貌，龍王的三個女兒都嫁給他，三個女兒各生了一個兒子，俱神通廣大，法力無邊。由於他們分別生於正月十五的上元、七月十五的中元和十月十五的下元，所以元始天尊分別封他們為上元一品天官賜福紫微帝君、中元二品地官赦罪青靈帝君、下元三品水官解厄暘谷帝君。[11]此外，民間還傳說三官大帝是堯、舜、禹：堯愛民如命，禪讓帝位，至仁感天而為「天官」；舜待父母至孝，墾土開荒而為「地官」；禹治水功高，德被百姓而為「水官」。三官以天官影響最大，形象大量出現在年畫和民俗畫中。

---

11 《繪圖三教搜神源流大全》（外二種），卷1〈三元大帝〉（上海市：上海古籍出版社，1990年），頁43-44。

　　三官大帝信仰在閩臺地區影響較大，馮夢龍《壽寧待志》〈香火〉指出：「民間佞佛者，男奉三官，女奉觀音。」在臺灣，三官大帝一直是二十大祀神之一。一九一八年，臺灣有以三官大帝為主神的宮廟七十二座，一九八一年有七十七座，分布在臺北、基隆、桃園、新竹、苗栗、臺中、南投、雲林、嘉義、臺南、高雄、宜蘭、屏東、澎湖等，特別在漳州、泉州人和客家人聚居的地方，必有三官宮。其中以新竹縣關西的太和宮、臺南市忠義路的三官堂廟、臺北市板橋的潮和宮最為有名。[12]

圖七　閩南三官大帝廟

第二節　佛教俗神崇拜

一　觀音崇拜

　　在佛教的神佛世界中，影響最廣、信仰者最多的當推觀音菩薩了，不要說在漢民族中以觀音為名的，或以供奉觀音為主的寺、廟、

---

12 凌志四主編：《臺灣民俗大觀》第4冊（臺北市：大威出版社，1985年），頁144-149。

閣、堂、庵、樓，不可勝數，在我國的滿、蒙古、羌、彝、白、傣、
水、壯、瑤、畬、藏等少數民族中，觀音也有眾多的信仰者，特別在
婦女中，觀音的影響甚至超過佛祖釋迦牟尼。所以古人有「佛殿何必
深山求，處處觀音處處有」的描述。

　　觀音，亦稱觀音菩薩、觀音大士，原稱觀世音，因唐代避太宗李
世民之諱而去掉「世」字，佛經說，觀音的名號是「大慈大悲救苦救
難靈感觀世音菩薩」。佛教認為，能給予眾生快樂稱「大慈」，能去除
眾生苦難為「大悲」，觀音具有大慈大悲的道行，她能用眼睛觀察聲
音，芸芸眾生中一旦有人患難，只要誦念她的名號，觀音就會尋聲前
去救助。在佛教世界，佛是最高品位，具備自覺、覺他、覺行圓滿方
可成佛。而觀音尚缺「覺行圓滿」這一項，故品位為菩薩，僅次於佛，
其職責是協助佛普渡眾生到極樂世界。相傳觀音立下誓言，要救度世
界上一切受苦的眾生後才成佛，但人世間的苦難無休無止，怎麼也救
不完，觀音只好永遠屈居菩薩之位了。當然，在觀音的信徒們眼裡，
觀音的道行、功德早就達到佛的境界，所以民間也有稱觀音為佛的。

　　傳說浙江梅岑島普陀山是觀音的道場，它與山西五臺山、四川峨
眉山、安徽九華山合稱為四大佛教名山。梅岑島面積只有十二平方公
里，風景秀麗迷人，被譽為「海天佛國」、「海上仙境」、「海上第一大
山」。普陀山上有普濟、法雨、慧濟三大寺，還有二十八所禪院和一
百二十八處茅棚，極盛時常住僧尼三、四千人。每逢二月十九、六月
十九和九月十九觀音法會時，來普陀山朝拜的信徒更是人山人海，一
九八八年超過一百一十萬人，近年來繼續呈上升趨勢，每年有數百萬
人到普陀山朝拜，其中有不少是臺灣同胞和僑胞。[13]

　　由於觀音的信仰者很多，平時求助於觀音的人不少，而觀音總是

---

13 詳見方長生：《舟山民間觀音信仰習俗考查》，收入葉大兵編：《中國漁島民俗》（溫
　州市：溫州市民俗文化研究所，1993年），頁188-205。

有求必應。民間傳說，在不同的場合、對不同的眾生，觀音往往有不同的化身，所以觀音的造像很多，有六觀音、十五觀音、三十三觀音等。在三十三觀音中，楊柳觀音、白衣觀音、魚籃觀音、水月觀音、灑水觀音等，是民間最為熟悉的觀音造像。

　　在觀音的造像中，千手千眼觀音最具特色。千手表示遍護一切眾生，千眼表示遍觀人間一切事，寓意大慈大悲，法力無邊。百姓認為，有那麼多人求助於觀音，而她只有一雙眼睛兩隻手，肯定忙不過來，所以，要給觀音增加手和眼睛，並且編造故事，將千手千眼觀音完全漢化。據宋代的《香山大悲菩薩傳》碑和元代的《觀世音菩薩傳略》記載，千手千眼觀音原是某國妙莊王的三女兒，名叫妙善。將成年時，妙莊王為大女兒妙清、二女兒妙音和三女兒妙善定親，老大、老二都服從父命，只有老三執意不從，結果被趕出王宮。出宮後，妙善到香山出家修行，修得正果，成為菩薩。後來，妙莊王渾身長瘡，國醫束手無策，已奄奄一息。妙善化為一老僧前去看望，說非要親身女兒的手和眼作為藥引才能治癒。妙莊王想讓大女兒、二女兒獻出手眼，均遭到拒絕。老僧便說：「香山的住持行善救人，向她求救準能解決。」妙莊王派使者到香山求教，果然，住持剁下自己的手，挖下自己的眼睛，托使者交給妙莊王。妙莊王的病很快康復，就上香山答謝，才知道住持是自己的三女兒妙善。於是，他痛心疾首地請求天地再為妙善長出手眼。妙善的孝道感動了天地，不一會兒，妙善真的長出了千手千眼，妙莊王也皈依佛門。

　　千手千眼觀音造像一般是四十手和四十眼，分別配上佛教的二十五「有」，即三界中二十五種眾生的生存環境，四十乘以二十五，正好是一千。當然也有真正的千手千眼的觀音，福建晉江安海的龍山寺大殿內的千手千眼觀音就是一例。

　　龍山寺原名天竺寺，又名普現殿，因位於龍山之麓，故名龍山寺。據志書記載，東漢時，有一位名叫一粒沙的高僧，經過安海時，

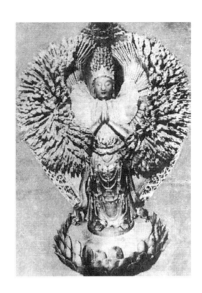

圖八　晉江龍山寺供奉的千手千眼觀音

看見一棵十幾人才能合抱的大樟樹會發出光芒，就將它雕刻千手千眼
觀音。隋朝時重建，志稱：晉江安海「龍山寺，傳始于隋，中奉千手
千眼佛。閱今千餘載」[14]。唐宋以後多次重修，是一座具有悠久歷史
的佛教寺院。現存的寺院錯落有致，主建築分前殿、中殿和後殿。大
殿的左側為鐘樓，每日晨昏按慣例要撞鐘一百零八下，取名「天竺鐘
梵」，成為安海的八景之一。正殿上方高懸明代著名書法家張瑞圖題
寫的「通身千眼」的匾額，殿內供奉的千手千眼觀音，高二點三米，
身披蓮服，兩腳微露，站立在石雕蓮座上。該觀音頭戴花冠，花冠正
中雕刻一尊坐佛，上雕眾多小佛首，疊作帽狀。此造像眉目清秀，耳
大嘴小，圓額豐頤，莊嚴慈祥。肩膀之下，一雙主手帶鐲，垂彎合掌
於前。兩側向上和向前旁生出一百零八隻手，每只手都有一隻慧眼，
手上分別執書卷、珠寶、花果、鐘、鼓、樂器、法器等，手姿各異，
在兩旁呈半圓形狀，猶如孔雀開屏，光彩照人，確實是一件難得的藝

---

14 乾隆《泉州府志》〈壇廟寺觀〉，卷16。

術瑰寶。因此，龍山寺的千手千眼觀音被政府列為文物保護對象。[15]

　　唐宋時期，福建各地都有觀音寺。明清時期，觀音崇拜已進入家家戶戶。謝肇淛說過，天下崇拜觀音、關羽等四種神明最為普遍，「遐陬荒谷，無不尸而祝之者。凡婦人女子，語以周公、孔夫子，或未必知，而敬信四神，無敢有心非巷議者，行且與天地俱悠久矣」[16]。梁章鉅說：「吾鄉人家堂室中，亦無不奉觀音者，女流持齋諷經尤為敬信。」[17]在福建，以觀音為名或以供奉觀音為主的寺廟、閣、堂、庵不可勝數，農家廳堂的神龕上除了供奉「天地君親師」或「歷代先祖之神位」外，大多同時敬奉有「大慈大悲觀音菩薩」。如遇難，則呼「觀音菩薩、大慈大悲、救苦救難」。無子，則祈「觀音送子」；有子，則往往契給觀音做乾兒子……每逢二月十九、六月十九和九月十九這三個傳說中的觀音的生日、成道日、涅槃日，婦女們輒

圖九　晉江龍山寺

15　參見陳曉亮、萬淳慧：《尋根攬勝話泉州》（臺北市：華藝出版社，1991年），頁108-109。

16　謝肇淛：《五雜俎》〈事部三〉，卷15。

17　梁章矩：《退庵隨筆》〈家禮二〉，卷10。

三五成群到觀音廟朝拜，虔誠者每逢初一、十五焚香祈禱，甚至有終生吃素奉祀觀音的，稱「觀音齋」。有一些齋會，自己還組建經堂，形成「觀音堂」，清代以來，觀音堂不可勝數。

佛教大約在明代末年隨閩南移民傳到臺灣，臺灣最早的觀音寺是鹿港龍山寺，建於明永曆七年（1653）。相傳當時安海龍山寺的肇善和尚捧一尊親手雕刻的觀音石像，前往普陀山朝聖，途中遇到風暴，船隻失去控制，隨浪漂流到鹿港，遂就地結廬苦修，草創龍山寺。若干年後，肇善又回安海恭迎神像分靈鹿港。乾隆間，泉州人陳邦光主持擴建，特邀泉州名匠設計興工，並從晉江購買杉木、紅磚等建築材料，運去臺灣，其規模格局均模仿安海龍山寺。後人在修建時，從拆下的紅瓦背面，還能見到「泉城阮協興號」字樣。至今在鹿港龍山寺門外仍立著一塊「衍自安海龍山寺」的石碑，記錄它與大陸的神緣聯繫。[18]

圖十　鹿港龍山寺

18 參見陳曉亮、萬淳慧：《尋根攬勝話泉州》（臺北市：華藝出版社，1991年），頁108-109。

　　臺北市萬華龍山寺香火最盛。萬華舊稱艋舺，相傳，古代有一個移居臺灣的泉州人，在去購買藤木的途中，經過艋舺，歇息於現今寺址，隨身攜帶的香火忘記帶走。當晚，附近居民看見樹林中放射異光，天亮後前去查看，發現樹枝上掛著寫有「龍山寺觀音佛祖」的香袋，以為是觀音顯靈，遂集資建造寺院。[19]據《艋舺龍山寺全志》記載：該寺建於乾隆三年（1738），由閩南的晉江、惠安、南安三縣的移民共同集資合建。正殿建成後，一批專門做泉州生意的商人，當時稱「泉郊」，捐款建造後殿。另一批與大陸北方人做生意的商人，當時稱「北郊」，也捐資協建，供奉天上聖母、文昌帝君、關帝等。後來多次修建，一九一九年重修時，還派人到晉江安海龍山寺繪製圖紙，並聘請惠安建築師王益順策劃興工，主持重建。一九二〇年，龍山寺住持福治和尚也是福建晉江人。[20]

　　臺北圓山劍潭寺的觀音像是廈門的華炎和尚帶去的，傳說華炎和尚從淡水到基隆，經過此地，忽然從茄冬樹下竄出一條毒蛇。和尚就擲筊問觀音，應該前進還是後退？觀音指示和尚當晚應該住在茄冬樹下。晚上，觀音托夢給和尚說：「明日當有十五隻商船經過此地，你應向他們求施捨，建造茅屋安祀。」翌日，果不其然，和尚募捐若干銀兩，蓋了小廟，供奉觀音。後來，因為香火旺盛，多次擴建成今天這樣宏偉規模的寺院。[21]

　　在臺灣，觀音信仰影響最大，觀音寺隨處可見。據一九三〇年調查，臺灣觀音寺有三百二十九座，一九八五年統計增加到六百多座，其中高雄縣最多，臺北市次之，嘉義縣又次之，「大凡在臺灣泉州人眾多之臺南、鹿港、艋舺、淡水等地大多建有龍山寺，供奉觀音佛

---

19 吳瀛濤：《臺灣民俗》（臺北市：眾文圖書公司，1979年），頁81。

20 參見陳曉亮、萬淳慧：《尋根攬勝話泉州》（臺北市：華藝出版社，1991年），頁108-109。

21 吳瀛濤：《臺灣民俗》（臺北市：眾文圖書公司，1979年），頁81。

祖。此等龍山寺皆從泉州龍山寺分其香火而建的」[22]。由於安海龍山寺與臺灣觀音寺的這種特殊的淵源關係，所以近二十年來，到安海龍山寺進香謁祖的臺灣同胞絡繹不絕。

二　清水祖師崇拜

清水祖師俗稱「祖師公」、「烏面祖師」等，在歷史上確有其人。據宋代人寫的《清水祖師本傳》等記載，清水祖俗姓陳，名普足，永春縣小岵鄉人，即今天的福建永春縣岵山鎮鋪上村人。他生於宋慶曆五年（1045），幼年出家於大雲院，長大後結庵於高泰山。不久慕名前往大靜山，拜謁明禪師，道成業就後，受衣缽再歸高泰山。而後移居麻章庵。在三十九歲之前，清水祖師主要生活在永春縣。元豐六年

圖十一　清水祖師神像

---

22 凌志四主編：《臺灣民俗大觀》第4冊（臺北市：大威出版社，1985年），頁78。

（1083）安溪縣蓬萊大旱災，在四處求神不見下雨的情況下，求助於
清水祖師，應邀前往祈雨獲得成功。後來在當地百姓極力挽留下，清
水祖師移居清水岩，直至建中靖國元年（1101）去世，享年五十七
歲。[23]

　　清水祖師在佛學理論上並無太多的建樹，其主要功績有二：一是
熱心於慈善事業，清水祖師一生勸造數十座橋樑，既實踐了佛教的
「濟人利物」「廣種福田」的教義，而對百姓而言，修橋鋪路是功德
無量的善舉，符合「凡有功德于民則祀之」的原則，所以得到百姓的
敬仰甚至崇拜也是很自然的事。二是清水祖師在世時，以祈雨經常
「獲應」而聞名，在百姓看來，祈雨獲應是因為「道行精嚴，能感動
天地」。所以百姓賦予清水祖師以神奇甚至神秘色彩。清水祖師去世
後，就被當地百姓奉為神靈，加以崇拜。

　　南宋時期，清水祖師的神階大大提高，其標誌是他先後四次得到
朝廷的敕封，封號的字數達到最多的八個字，即「昭應廣惠慈濟善利
大師」，充分反映了南宋時期清水祖師信仰的影響擴大，並且得到了
地方官府的扶植和朝廷的承認。查閱有關方志，不難發現大多數神明
的封號是在宋代被敕封的，但其中有相當一部分是信徒捏造的，目的
在於抬高神靈地位以擴大影響。而清水祖師的四次敕封比較可信，其
理由除了歷代《清水岩志》保存十分完整的賜封牒文外，宋朝的清水
祖師的信徒為了紀念朝廷的敕封，還在清水岩建造綸音壇。

　　從敕封牒文和其他文獻記載來看，清水祖師祈雨職能較之其他神
靈突出，自宋代以來一直成為閩南地區祈雨的主要對象，志稱：清水
祖師「于祈雨最靈，自宋至今，由來已久」[24]。僅南宋時期，有文獻記
載的向清水祖師「祈禱雨，無不感應」的「靈異」就多達十六次。清
水祖師除了祈雨這一主要職能外，還有治病、驅逐蝗蟲以及防禦盜賊

23　楊家珍：《安溪清水岩志》〈本傳〉，卷上。
24　楊家珍：《安溪清水岩志》〈岩志序〉，卷上。

圖十二　閩臺清水祖師祖廟安溪清水岩

等職能，志稱：「凡人有疾病，時有雨暘，及盜賊之擾，隨禱隨應。」[25]

　　宋代，清水祖師信仰中心區是安溪縣，信仰亞中心區是泉州府各縣，漳州、三明一帶為散播區。元代，清水祖師信仰繼續發展，其重要標誌是重建後的清水岩廟宇的規模大大超過宋代。元末至明嘉靖年間，清水祖師信仰一度衰微。一方面，清水岩廟宇遭受元末兵燹，至明初僅存佛殿一座，破屋三間；另一方面，在這一百多年間，也無僧人住持清水岩。到了明嘉靖四十三年（1564），鄉人延請開元寺僧正隆住持清水岩，才使清水祖師信仰逐漸復興，影響進一步擴大。福建省各府州都有崇拜者，所謂「爐火遍於閩中」。清水祖師的影響在明清時期得以進一步擴大，與安溪移民有著密切的關係。清初遷界，安溪縣的鄭姓等北遷到浙江溫州平陽的雁蕩和閩北武夷山等地，清水祖師作為保護神也隨移民傳到閩北和浙江東南部。當地有許多山岩，如霞寶岩、珠簾洞、山盧岫岩、青獅岩、土地公岩、天心岩、天井岩等，在這些山岩上都有供奉清水祖師的廟宇，故諺曰：「有岩就有祖師公。」[26]

　　明末清初，清水祖師信仰隨安溪移民傳入臺灣。據一九二六年統

25　《清水岩志略》〈敕牒〉，卷2。

26　詳見林國平：〈清水祖師信仰探索〉，《圓光佛學學報》1999年第4期。

計，安溪籍人口占臺灣人口十分之一強，凡是安溪籍移民比較集中的
地方，都有清水祖師廟。據《臺灣省通志》記載，有年代可考臺灣最
早的清水祖師廟建於清順治四年至十八年間（1647-1661），共有兩
座，一座是臺南市楠梓區的清福寺，另一座是彰化縣二林鎮的祖師
廟。從雍正七年（1729）至一九四九年臺灣島內又先後建造了七十三
座清水祖師廟，成為臺灣最有影響的神靈之一。一九九四年統計，臺
灣有清水祖師廟九十八座，僅臺北地區就有六十三座。其中規模最大
的是臺北萬華清水祖師廟，最富麗堂皇的是臺北三峽清水祖師廟，素
有「東方藝術殿堂」之稱。

　　三峽清水祖師廟是臺灣的安溪移民於乾隆三十二年（1767）專程
從臺灣回祖地安溪清水岩恭迎清水祖師神像後興建的。這座清水祖師
廟不但因富麗堂皇給遊人留下深刻印象，而且有一段光榮的抗擊外來
侵略的歷史讓後人傳頌。甲午戰爭後，日本侵略者登上臺灣寶島，當
日軍進逼三峽時，三峽居民自發組織義勇營，有五、六千人踴躍參
加。他們以清水祖師廟為軍械庫和糧庫，以清水祖師公的大紅旗為令
旗，展開英勇抗擊日軍的鬥爭，共打死打傷日軍一千多人，表現了中
華民族不屈不撓的英雄氣概，寫下了可歌可泣的光輝篇章。惱羞成怒
的日軍以焚毀三峽的清水祖師廟來報復，但中國人民是不會屈服的，
百姓以重建更加雄偉、更加華麗、更加輝煌的清水祖師廟來回應。[27]

　　臺北萬華清水祖師也是從安溪清水岩迎請來的，最初供奉在淡水
一個姓翁的家裡，作為私人遷臺的守護神。中法戰爭時，清陸軍孫開
華曾向清水祖師禱告而擊退法軍，於是奏請朝廷賜匾額。由於翁家房
屋太小，沒有地方掛這塊御賜匾額，只好在萬華興建新的清水祖師
廟，才把這塊匾額正式掛在廟中。[28]

---

27 參見陳曉亮、萬淳慧：《尋根攬勝話泉州》（臺北市：華藝出版社，1991年），頁254。
28 鈴木清一郎著、高賢治編、馮作民譯：《臺灣舊慣習俗信仰》（臺北市：眾文圖書公司，1980年），頁303。

　　臺灣許多清水祖師廟是從安溪清水岩分香、分靈去的，信徒們均認同清水岩為其祖廟，萬華清水祖師廟的楹聯道出了閩臺清水祖師信仰的源和流的密切關係。其一聯是：「本清水岩，名淡水寺；闢草萊地，造蓬萊山。」另一聯是：「佛是祖師，我先入已稱弟子；岩乃清水，此淡地好溯源流。」

　　近年來，臺灣民眾來福建安溪清水岩進香謁祖的絡繹不絕。據統計，自一九八七年十一月臺灣當局開放部分民眾赴大陸探親以來，至一九九〇年年底，有臺胞五萬多人次來清水岩朝拜，恭迎清水祖師神像近三百尊去臺灣。一九九〇年至一九九三年九月，以團體名義來安溪清水岩祖廟進香謁祖的臺灣分廟有七十多個，三千四百多人，至於零星來這裡朝拜的臺灣信眾不計其數。為了表達他們對祖廟的情誼，臺灣同胞慷慨解囊，為清水祖廟重放異彩作出貢獻。臺北三峽礁溪裡的蘇萬發等九名信徒，還在蓬萊山的石崖上刻上「溯本思源」四個大字，表達了臺灣民眾朝拜清水岩的共同心聲。

圖十三　臺灣信眾來安溪清水岩進香

三　定光古佛崇拜

定光古佛是閩臺客家人的保護神。

客家是漢民族中一個系統分明而又很有特點的支系。客家的先民原來居住在黃河、淮河和長江流域，後來由於天災和戰亂，被迫背井離鄉，向南方遷徙。千百年前，一批又一批的客家先民翻山越嶺，一次接一次地先後遷徙到今天的贛南、閩西、粵東以及廣西、四川、臺灣等的一部分縣市以及東南亞的一些國家，形成了特別吃苦耐勞、特別團結進取的族群。

晉代，「八王之亂」和少數民族的內遷，中原戰火紛飛，變得動盪不安，給中原人民帶來了極大的災難。客家先民為了躲避戰火，遷移到湖北、河南南部、安徽、江西沿長江南北岸地區，這是客家先民的第一次遷移。至唐末，黃巢起義軍橫掃大江南北，客家先民又一次被迫離開自己的家園，遷到安徽南部、江西南部以及福建西部這些偏僻、尚未完全開發、遠離戰火的地區，經過他們的勞動，逐漸形成了贛南和閩西兩個客家人居住中心。南宋末年，元軍南下，許多客家人參加了文天祥、張世傑等人率領的抗元隊伍，輾轉於閩西、粵東一帶從事抗元活動，一部分客家人逐漸在廣東的潮州、惠州一帶定居下來，形成了粵東客家人居住地區。

在長期的遷徙過程中，客家先民與遷徙途經地、定居地的人民進行廣泛的交流，吸收各地的文化精華，形成了獨具特色的博大精深的客家文化。在宗教信仰領域，閩西和粵東的客家人也各自創造了定光古佛和三山國王兩個保護神。

定光古佛又稱定光佛、定光大師、定光菩薩、定應大師、聖翁等，俗姓鄭，名自嚴，同安人，曾在汀州府武平南安岩建廟修行，後來受汀州知府趙遂良延請在州府寺廟居住。宋大中祥符八年（1015）正月初六圓寂，享年八十二歲。定光古佛去年後，百姓收集他的遺骨和舍利，塑成真像，頂禮膜拜。

　　定光古佛在世時，民間就流傳著許多有關他的神話故事，這些神話故事可以分為五個類型：

　　一是除蛟伏虎，為民除害。傳說後周顯德年間（954-960），定光古佛雲遊天下，路過大和縣懷仁江時，江水突然暴漲，濁浪翻滾，當地百姓說是蛟龍經常在江中興風作浪，危害百姓。定光古佛手寫佛偈一首，投入江中，江水驟退，變成一片沙洲，後來當地人稱之為「龍洲」。相傳汀州城南的龍潭中有孽龍危害百姓，定光古佛也投偈潭中，孽龍遂銷聲匿跡。又傳說宋淳化間（990-994），牧場中的牛被老虎傷害，定光古佛聞訊後，直奔牧場，在牛被老虎咬死的地方立一木牌，寫上偈語，第二天天亮，猛虎死於路中。

　　二是疏通航道，尋找泉水。相傳宋景德初年（1004）定光古佛應邀到江西南康盤古山弘法途中，經過某一條江河時，江中布滿槎椿，船隻常常觸椿而沉沒，定光古佛用手撫摸著槎椿，說道：「去，去，莫為害！」當天晚上，天未下雨而江水暴漲，槎椿均被江水沖走。到

圖十四　定光古佛神像

了盤古山後，定光古佛發現井水枯乾，禪院缺水遂用禪杖敲井沿三下，說道：「快出，快出！」到了晚上，落泉濺崖之聲不絕於耳，天明，井水湧出滿溢。

三是祈雨暘。宋大中祥符四年（1011），汀州久雨不晴，郡守趙遂良請定光古佛搭臺祈晴，獲應。不久，又發生旱災，郡守胡咸秩遣使到南安岩請定光古佛祈雨，定光古佛寫一偈語給來使帶回汀州，剛進入汀州境內，大雨傾盆，是年喜獲豐收。

四是為民請命。宋咸平六年（1003），官府向寺院徵收布匹，布匹則由當地百姓代交，定光古佛於心不忍，寫了一封要求免征布匹的信函夾在上交的布匹中。官府發現後，十分惱怒，拘捕定光古佛訊問，定光古佛拒不回答，郡卒張曄令人焚燒衲帽，可是柴火燒盡了衲帽卻完好無損。張曄懷疑定光古佛有左道妖術，令人用豬血蒜辛等厭勝後再焚，但衲帽越燒越白，只好把他放了，從此定光古佛就一直穿白衣。

五是神通廣大。相傳宋真宗時，有一次在京都設宴請全國高僧，在皇帝面前沒有一個高僧敢就座。定光古佛姍姍來遲，進殿后就大大方方地坐在皇帝的對面，宋真宗感到驚訝，問道：「大師從何處來？

圖十五　武平均慶寺

幾時起行？」定光古佛答道：「今天早上從汀州來。」真宗不相信，又問：「汀州太守是誰？」答道：「是胡咸秩。」宴畢，真宗故意叫定光古佛帶一些齋飯賜給胡咸秩，齋飯帶到汀州還不涼，胡咸秩驚詫萬分，上表謝恩。真宗接到胡咸秩的表文後，才相信定光古佛非等閒之輩，稱之為「現世佛」。又傳大中祥符初年（1008），廣東惠州有一艘運載磚瓦的巨船擱淺於河源縣沙州，僧侶來到南安岩請求定光古佛幫忙。定光古佛書寫一首偈語給來僧，來僧持偈到擱淺的船上，船隻莫名其妙地移動，順利航行。

　　上述神話傳說故事曲折地反映兩個歷史事實：一是定光古佛在世時曾為百姓做了一些好事，受到群眾的愛戴，故親切地稱之為「和尚翁」；二是定光古佛在世時就帶有一定的神秘色彩，其影響不限於閩西，在江西和和廣東等地也有一定的影響，所謂「自江以西，由廣而南，或刻石為相，或畫像以祠，家有其祀，村有其庵」。鄭自嚴圓寂後，很快被群眾奉為神靈，尊稱為「聖翁」。

　　定光古佛去世後，各種神話故事更多、更離奇，一些故事與客家人的生存聯繫在一起，說明定光古佛信仰與閩西客家的關係更加密切。漸漸地，定光古佛成了無所不能、保一方平安的神明，閩西客家人在各地建廟奉祀他，其中最有名的當數武平的均慶寺和永定的鄞山寺。[29]

　　定光古佛信仰是隨閩西客家人傳入臺灣的。閩西客家人雖然入臺時間比閩南沿海地區的人遲，但在開發臺灣北部、中部也作出積極的貢獻。閩西客家人多取道淡水河口登岸，然後向四周發展。客家人去臺灣時，自然隨身帶去定光古佛的香火，古文獻記載，當時居住在淡水一帶的客家人，家家戶戶都供奉定光古佛。最早的定光古佛廟建於乾隆二十七年，即一七三六年，座落於彰化縣北門。臺灣最大的定光

---

29 詳見林國平：〈定光古佛信仰探索〉，《圓光佛學學報》1999年第3期。

古佛廟是淡水鄞山寺。道光三年（1823），汀州人羅可賦，羅可榮發
起在淡水建廟，奉祀定光古佛，大家捐資一萬餘元，從大陸運來建築
材料建起寺廟，並從永定鄞山寺迎來定光古佛，是為淡水鄞山寺。一
方面祈求神靈保佑，借每年農曆正月初六舉辦的定光古佛祭典，聯誼
臺灣客家人。另一方面作為汀州籍移民的會館，給訪問淡水的客家人
提供方面。此後，鄞山寺成為臺灣的閩西客家移民的信仰中心。[30]

圖十六　臺灣淡水鄞山寺

四　泗洲佛崇拜

　　泗洲佛又稱泗洲古佛、泗洲大聖、僧伽等，唐代僧人，他積極介
入民間社會生活，幫助人民治病、求雨、祈福禳災等，圓寂後被百姓
奉為神靈。唐五代許多地方建有供奉僧伽的泗洲院，宋代泗洲佛信仰
更加盛行，供奉僧伽的寺院更多，僅福建就有十三座泗洲院。明清時
期，泗洲佛信仰繼續發展，《閩雜記》載：「福省城中街巷間，多供泗
洲文佛，或作小龕，或鑿壁為龕。有供像者，有供牌位者，亦有但鑿

<hr />

30　詳見鈴木清一郎著、高賢治編、馮作民譯：《臺灣舊慣習俗信仰》（臺北市：眾文圖
　　書公司，1980年），頁301-302。

圖十七　泗州佛神像

四字壁上以奉者，猶吾鄉之奉觀音大士也。」[31]《閩小記》說：「福州城內外，凡巷口皆築小屋，祀泗洲菩薩。」[32]僅《八閩通志》記載的泗洲院、泗洲堂、泗洲庵等就有二十三座。[33]

　　臺灣的泗洲佛是一個主管愛情婚姻的神靈，源於泉州地方的一則傳說。從前泉州洛陽江江面寬闊，水流湍急，過往行人只能靠小船擺渡。可洛陽江一帶又是泉州最為繁榮的地區，每天人來人往，熙熙攘攘，不僅過河很不方便，而且洶湧的波浪時常將過往小船吞沒。宋朝時，蔡襄任泉州太守，決定在江上建橋，以方便來往行人。但江水太急，橋基無法建造起來。蔡襄束手無策，只好祈盼奇蹟的發生。蔡襄為民救急解困的精神，感動了南海觀世音菩薩，她決定助蔡襄一臂之力。有一天，有位老翁划來一葉輕舟停泊在洛陽江上，船首坐著一位美貌無比的妙齡女子，划船的老翁對岸上的人說：「你們誰能用銅錢擲中我的女兒，我就把女兒許配給他。」岸上行人爭先恐後地從囊中

31　《閩雜記》〈泗洲文佛〉，卷5。

32　《閩小記》〈僧伽〉，卷3。

33　關於福建泗洲佛信仰，詳見李玉昆：〈泗洲佛信仰〉，《閩臺文化》1999年第3期。關於泗洲佛與洛陽橋的傳說，參見周海宇：《泉州風物傳說》（泉州市：泉州海外交通史研究會，1990年），頁250-251。

掏出錢幣，向姑娘擲去。說來也怪，儘管錢幣像雨點般地扔來，可連
姑娘的衣角都碰不上。漸漸地，錢越積越多，成了洛陽橋的橋墩。就
在大功快要告成時，來了一位泗州商人，他拋出一把銀子，其中一枚
剛好落在姑娘的髮間。老翁只好將船靠岸，與泗州商人一同進涼亭商
議婚事，誰知泗州商人一坐下便起不來了。原來，姑娘是觀世音菩薩
的化身，而泗州商人是泗州佛的化身，白髮老翁是土地公變的，觀音
菩薩的好事被泗州佛攪渾了，便罰他呆在涼亭裡不准出來。此後，人
們便建了許多涼亭，供奉這位為多情的泗州佛。[34]

　　閩臺地區盛產榕樹，樹蔭的涼亭內常常設有小神龕，供奉著泗州
佛，他經常受到談情說愛的男女的頂禮膜拜，傳說癡情男女如果有誰
移情別戀，只要在泗州佛的腦後挖點泥土，偷偷地灑在對方身上，對
方立刻就會回心轉意，重續情緣。據說因為泗州佛曾經追求觀音而遭
挫折，所以對失戀者特別同情，成為失戀者祭拜的神明。[35]

圖十八　泗州佛常被供奉在涼亭中

34　凌志四主編：《臺灣民俗大觀》第3冊（臺北市：大威出版社，1985年），頁115-116。
35　凌志四主編：《臺灣民俗大觀》第3冊（臺北市：大威出版社，1985年），頁115。

　　眾所周知，婚姻大事，緣分確實是十分重要的，但有時政治動亂、國家分裂也會拆散美滿婚姻。一九五〇年五月十一日晚，國民黨軍隊敗退臺灣時，將福建東山銅缽村的一百四十七名青壯男子抓去臺灣當兵，全村有近百名的少婦成為「活寡婦」，造成莫大的人間悲劇。直到一九八八年，這些「活寡婦」中還有八十多人未改嫁，朝暮盼望丈夫歸來。有的人望穿了秋水，哭乾了眼淚，盼到的是丈夫去世的晴天霹靂；有的人稍為幸運，海峽兩岸政治對立和緩後，朝思暮想的丈夫回來了，鄉音雖然未改而鬢毛早已衰白，不但鄉里的兒童不相識，就是結髮妻子也不免要「笑問客從何處來？」還有些去臺人員，在臺灣再娶，生兒育女。也有的去臺人員的妻子，由於丈夫久無音信，又生活無靠，不得不改嫁。他們與原配見面，只能是仰天長歎，老淚縱橫。此時，愛情之神泗洲佛恐怕也愛莫能助，無能為力了。

第七章
齋醮普渡、迎神賽會與廟際網絡

　　齋醮俗稱「法事」，齋是指整潔身心口、調和心性的儀節，醮是指設壇上章祈禱等禮儀，由於兩者在內容和程序上緊密相連，故齋醮往往聯稱。閩臺地區方言眾多，不同方言區的習俗有所差異，齋醮儀式的差別也較大。閩臺的普渡活動規模大，持續的時間長，影響廣。

　　閩臺的迎神賽會早已蔚然成風，神靈誕辰、修建宮廟、塑像開光、逢年過節等經常要舉行迎神賽會，規模較大的迎神賽會多由鄉族組織，雖然凝聚了鄉族力量，但是有時也引起宗族械鬥，成為嚴重的社會問題。

　　臺灣民間信仰主要源於福建，按照傳統，在神誕或其他重要日子裡，常常要赴福建祖廟進香乞火，或邀請祖廟神靈到分廟繞境巡遊，以此獲得來自祖廟神靈的超常「靈力」，進一步增強與祖廟的「血緣」聯繫，從而形成十分密切的廟際網絡關係。歷史上，閩臺宮廟間的分靈、進香與巡遊活動因自然環境、經濟狀況、政治背景等因素而時有起伏，但臺灣民眾的進香熱情卻恆久不衰，他們排除種種艱難險阻，千方百計赴福建謁祖進香，以能捧回祖廟神靈的分身神像，或能邀請祖廟神靈赴臺灣繞境巡遊，為無上的榮耀和幸福。在因客觀條件限制而無法取得與福建祖廟聯繫的情況下，採取變通形式，由各神靈在臺灣的開基廟暫時充當第二層祖廟的角色，向各地分靈、建立分廟；而這些分廟也採取前往在臺開基廟進香，請開基廟神靈繞境巡遊的形式。但只要客觀條件許可，在臺開基廟就要到福建祖廟進香謁祖。閩臺宮廟間的分靈、進香、巡遊，成為閩臺關係史上的重要內容。

第一節　齋醮普渡

一　齋醮

　　齋醮源於先秦時期巫覡禮儀，後來被道教吸收，經過寇謙之，陸修靜、杜光庭等著名道士修訂改進，形成了種類繁多的齋醮科儀，大則為國祝禱，祈晴祈雨，小則安宅鎮土，祈福祝壽。由於齋醮的類別不同，各地區的民俗有異，齋醮儀式不盡一致，基本程序是：設壇、上供、燃燈、燒香、升壇、禮神、存念冥想、宣咒、鳴鼓、發爐、降神、迎駕、奏樂、獻茶、步虛、讚頌、宣詞、復爐、唱禮、祝神、送神等。

　　閩臺地區方言眾多，不同方言區的習俗有所差異，齋醮儀式的差別也較大，現以泉州的民間齋醮為例做一簡介。

　　近代泉州的齋醮儀式大致可以分為清醮與幽醮兩大類。清醮屬「太平醮法事」，有禳災解厄、祈福謝恩、求嗣延壽、喜慶賀典等；幽醮屬「濟幽度亡法事」，有攝招亡魂、沐浴渡橋、破獄破湖及煉度施食等。民間常舉行的法事有：

　　祈安醮，又名平安醮、天醮、春醮等，以祈禱風調雨順、五業興旺和地方平安為目的。

　　慶典醮，用於建房的破土、奠基、架梁、安門、竣工和各種吉事慶典以及神誕或神明「開光」等。

　　祈禳醮，有海醮、水醮、火醮、蟲醮等。

　　度亡法事，又稱解冤結，祈求祖先及親人的亡魂不墜入地獄，早日升入天堂。

　　此外，還有謝神做敬、祈嗣祭花、保胎度產、祭煞、鎮宅、安船等小型法事。

　　一般齋醮儀式由起鼓、發奏、淨壇、敕壇清神、設供、進表、辭

神等組成；普渡法事還有敕旗豎旗、點船、頒赦、安撫等儀節。度亡法事由鳴鼓、發奏、敕壇、請神、招魂、沐浴、安靈、解結、拜懺、拜表、讖獄、出榜豎幡、禮師、早朝、貢幡、幽眾、入廟參神、合符對獄、貢庫、給牒、交庫、煉度、倒幡普施、三獻辭神等儀節組成。醮期長短不一，最短的為「午夜三獻」，即從當天中午開始，午夜之前結束。醮期大多為一至三天，最長的為「大醮」，長達七七四十九天。

　　在齋醮儀式中，道士使出渾身解數，有唱步虛詞、步罡踏斗、施用手印等表演，還備辦各式章、疏、牒、表、榜、詞、關等。清醮常用的經懺有《玉皇經》、《三官經》、《玉樞經》、《雷祖經》、《北斗延生經》、《朝天懺》等；幽醮常用的經懺有《度人經》、《救苦經》、《血湖經》、《孔雀經》、《太上慈悲道場三元滅罪水懺》、《九幽懺》，等等。

圖一　道士主持齋醮法事

　　齋醮法事的壇面大小根據齋醮規模而定，有一壇、三壇、八壇、十二壇不等，較大型的齋醮要另置監齋壇，壇中有紙紮的老君、救苦天尊、飛天神王、監齋神等神像。各壇錯落有致，張掛各種神像，懸以緯帳、飾以桌裙。正中神像為三清，左右配掛玄天上帝、張天師等畫像。其他壇面的神像有趙、關、溫、康（或康、趙、高、馬）四元

帥，也有懸掛十二門人或四海龍王、十殿閻君、十八地獄圖等。壇上
陳列香燭齋果、牲醴等供品，還有用五色紙糊成的紙人紙馬等。上壇
的道士人數因醮事的規模而定，有一至七人或十餘人不定。齋醮儀禮
進行過程中，還經常演戲酬神，提線木偶戲和打城戲是最經常在齋醮
上表演的兩個劇種。[1]

圖二　臺灣規模浩大的醮壇

　　臺灣地區的齋醮活動與福建大同小異，常見的有祈安醮、慶成
醮、瘟醮、火醮等。以時間劃分有一朝醮、二朝醮、三朝醮、五朝醮
等，其中三朝醮多被視為標準規模的醮祭。民間舉行醮祭的時間多選
擇在農閒的九至十一月舉行，醮祭的確切日子要通過卜筊來敲定。醮
祭一般以鄉村為基本單位，參與醮祭的人很多，所以，事先要成立
「醮局」這樣的籌備委員會，醮祭時也要成立由正爐主和主會、主
醮、主壇、主普等為首的「醮壇」組織。

　　建醮的經費來源可以分為「斗燈首份」和「丁口錢」兩種：斗燈
設於道場內，其名目可達數百個，且分為許多等級，等級越高，交納

1　參見泉州市區道教文化研究會編：《泉州道教》（廈門市：鷺江出版社，1993年），頁
　93-97。

的錢越多;「丁口錢」是向醮域內的所有信徒(部分男女)收取小額金錢,作為醮祭的補助,同時也是醮域內每個成員應盡責任的象徵。

醮祭時,要搭建「外壇」(俗稱「醮壇」)和「內壇」,作為祭典之用,無論是「外壇」還是「內壇」,多用木紮紙糊。「外壇」多為宮殿式,常見的有「天師壇」、「北帝壇」、「觀音壇」、「福德壇」、「玉皇壇」等,一般都裝飾得十分華麗,表現出中國古典建築的特色。「內壇」規模較小,有同歸所、翰林所、沐浴亭、褒忠亭、三界壇等等,設施齊全。

破土搭壇時,要同時豎燈篙,即豎立若干高竿,上端懸掛旗幡和燈火,表示此地正在舉行建醮儀式。燈篙的高度,沒有硬性規定,視財禮而定。但不能過高,傳說燈篙過高會引來太多的孤魂野鬼,無法全部超渡,反而會招來禍患。

建醮儀式在日落之後正式開始,首先是舉行「發表」儀式,接著陸續展開「啟請」、「安灶君」、「請水」等一連串醮儀。第二天晚上,舉行「放水燈儀式」。第三天晚上,舉行「拜天公」、「普渡」儀式,醮祭儀式達到高潮。[2]

在閩臺各地,還盛行著一種稱為「過關」的齋醮,俗信人生的旅途中要遇到種種災難,巫覡將這些災難歸納為二十四關煞或三十六關煞,諸如撞身奪命關、浴盆湯火關、四季夭壽關、三刑六害關、金鎖鐵蛇關、金雞落井關、雷公打腦關、七刑八難關、斷義無情關、夜啼驚哭關、七世冤家關、穿心六害關等等,每一個關煞都有魔鬼把守,不易通過,只有請道士作醮,才可順利通關。因此,許多父母在兒女尚小時,便請道士作「過關」齋醮,祈禱兒女能健康成長。「過關」儀式繁縟,通常是道士念一通經文後,率領兒童(幼兒由父母抱著)

2　參見鈴木清一郎著、高賢治編、馮作民譯:《臺灣舊慣習俗信仰》(臺北市:眾文圖書公司,1980年),頁633-635;凌志四主編:《臺灣民俗大觀》第1冊(臺北市:大威出版社,1985年),頁112-125。

繞壇巡走，直至二十四關的經文唱完和法事結束為止。一些體弱多病的小孩有時不止一次舉行「過關」齋醮，最多可舉行三次，其目的不外是希望徹底消除兒童命運中的種種災厄，使其健康成長。

二　普渡

　　普渡原是佛教的術語，意為廣施法力，使眾生遍得解脫。西漢末東漢初，佛教傳入中國後，目連救母的故事隨著佛教在中國的發展而迅速在民間傳播開來。由於目連救母的傳說故事與中國的祖先崇拜不謀而合，所以經南朝梁武帝的倡導，以目連救母故事為中心的佛教盂蘭盆節與中國的以祭祀祖先為主要活動內容的中元節合而為一，並逐漸擴展到普渡眾生，祭祀孤魂野鬼。《泉州府志》稱：「中元祀先，寺院作盂蘭會，俗名普渡。南國風俗，中元是夜，家戶各具齋供，羅于門外或垌衢，祝祀傷亡野鬼。」[3]

　　福建與臺灣各地都有普渡活動，其中以閩南地區的普渡最有特色。關於普渡的來歷，閩南地區有不同的傳說。一說是目連救母時，打開了地獄的枉死域門，許多孤魂野鬼也趁機溜出來，遊蕩在人間作祟。為了不讓這些孤魂野鬼經常加害於人，目連與閻王商定，由百姓在七月份用豐盛的供品祭祀鬼魂，讓他們飽餐一個月，待他們酒足飯飽後，再騙回枉死城關押。另一說是清初強制漢人剃去頭髮，許多人不從而被殺，泉州城裡也死了不少人。有一天，八個仍留著長髮的明代遺老從深山出來，聯袂進入泉州城，因不願剃去頭髮而被守城清兵殺害。死後，這八人化為厲鬼，每逢淒風苦雨之夜，嚎哭不停，聲聞遠近。泉州百姓遂在城西北進賢宮為他們設八個神位供奉，每年中元節，許多人前來祭祀。後來，又傳說這八個鬼神十分顯應，故中元節

3　乾隆《泉州府志》〈風俗〉，卷20。

來此祭拜者雲集，常因爭搶香案發生糾紛，鬥毆打架年年發生。乾隆年間，一些縉紳商定，為了避免鬥毆打架，各家各戶可在自家門口遙祭，並經公議，同意從七月初一起不同鋪境按日輪流普渡，祭祀這八位亡魂及一切無主的野鬼孤魂。上述傳說完全是好事者信口開河編造出來的，但百姓卻深信不疑。

閩南地區的普渡分為「公普」和「私普」，公普即中元祭，各村落以所在寺廟為中心舉行隆重祭典，寺院要燈篙、放水燈、設祭壇孤棚、誦經釋懺，普渡孤魂野鬼。胡樸安在《中華全國風俗志》中記載民國初福建普渡時說：

> 每歲七月中元，無論城鄉各集，必舉行一次。其經費則沿門募集，雖至貧者，亦必想盡辦法，籌款以應命。……當舉行普渡時，搭一極大之彩臺，臺中列桌無數，陳設古董玲瓏，及種種稀奇之物，雖碗箸燈爐，亦必援求古物之有價值者，其他可知矣。本集神道高坐其上，長爺、矮爺，偶坐於下，於是僧尼念經，道流禮懺，鐘鼓鞺鞺，震耳欲聾。又有浮浪子弟，吹彈絲竹，搏拊金鼓。……鄰近男婦，攜其子女，盡室來觀。鬧熱之情形，有不可以言語形容者。[4]

私普是以家庭為單位的祭祀活動，祭祀日期各村不同，一般從七月初一開始至七月三十日結束，延續一個月。七月初一俗稱「開鬼門」，即冥府鬼門大開，孤魂野鬼湧向人間覓食，故是日下午各家各戶都在自家門口排上祭品，焚燒紙錢，從而揭開了普渡的序幕。七月三十日俗稱「關鬼門」，即從初一起遊蕩在陽間的孤魂鬼酒足飯飽後於七月三十返回冥府，各家各戶又要祭拜一番，從而拉下了普渡的帷幕。

4　胡樸安：《中華全國風俗志》下篇，卷5〈福建．閩省歲時風俗記〉（鄭州市：中州古籍出版社，1990年），頁66。

圖三　普渡時的上雲梯表演

　　據說在很早以前，閩南各地普渡是在同一天（即七月十五）進行，由於這一天村村都抬出神明巡遊，他們狹路相逢，互不相讓，常常發生糾紛甚至宗族械鬥。為了避免村落間的爭鬥，在鄉紳的調解下，議定按村落輪流普渡，逐漸形成一種習俗。但又產生了不同村落

圖四　臺灣的普渡活動

間競尚奢侈、酗酒滋事、聚眾賭博等陋習。每年秋季，閩南百姓忙於赴宴，今日這一村，明日那一村，你吃我家的，我吃你家的，吃來吃去，宴飲經旬，不但傷害脾胃，而且耽誤農活，故有人戲稱「普渡」為「普肚」。

普渡發展到近現代，越搞越凶，除了七月「正普」外，閏七月還要「重普」一次，有些地方無論有沒有閏月，八月都要「重普」一次，濱海地區每三年還要舉行一次特別隆重的「水普」。晉江、南安、同安等地的普渡從七月初一起，一直延續到十月底，搞得烏煙瘴氣，害人不淺。一些有識之士對閩南的普渡陋習多有批評，清末泉州吳增指出：「流俗多喜怪，不怕天誅怕鬼害，七月竟作盂蘭會。盂蘭會，年年忙，紙滿筐，酒滿觴，刲魚鱉，宰豬羊，僧拜懺，戲登場，煙花徹夜光。小鄉錢用數百萬，大鄉錢用千萬強。何不將此款，移作鄉中蒙學堂。」[5]舊時，借高利貸做普渡的不在少數，賣兒賣女做普渡的也時有所聞。民眾對普渡陋習雖深惡痛絕，但由於此陋習由來已久，根深柢固，加上巫覡的推波助瀾，又不得不屈服了傳統習慣的巨大壓力。近幾十年來，普渡之風在福建大為收斂，但仍未能廢止。

臺灣的普渡從閩南直接傳去，主要活動與閩南大同小異，諸如關於普渡的來歷，從七月初一至七月三十日按街衢巷輪流延請僧道登壇施食、各寺廟皆齋醮祭拜等與閩南相同，但也有一些地方特色，最具特色的是「搶孤」和「放水燈」活動。

「搶孤」就是搶奪孤棚上的祭品。醮普渡時，醮壇一側設孤棚，供奉百姓送來的雞鴨魚肉等豐盛祭品，至少要四十五碗。供品上插著三角紙旗，上書「普照陰公」、「敬奉陰公」、「慶讚中元」等字樣，孤棚上還插著數面旗幟。祭拜結束後，一聲鑼響，眾人爭先恐後衝上前

5　吳增：《泉俗激刺篇》〈普渡〉，《泉州舊風俗資料彙編》（泉州市：泉州市民政局、泉州志編纂委員會辦公室，1985年），頁122。

去爭奪孤棚上的旗幟和祭品，寓意乘眾鬼進食之際以迅雷不及掩耳之勢將眾鬼嚇跑，以求合境平安。日本學者鈴木清一郎在《臺灣舊慣習俗信仰》中對搶孤活動做了生動的描述：「孤棚上的一部分供品，特別是擺在最高地方的供品，因為上面都插有『普渡陰公』或『慶讚中元』的紅三角旗，所以當超渡完了的銅鑼一響，群眾就一擁而上搶這些供品和紅旗，迷信能搶到這些東西的人，在這一年之中都會得到幸運，這就叫做『搶孤』。無奈孤棚上的供品，都擺得很高很高，根本無法輕易搶到手，因此有的人竟然使用暴力，互相推撞打鬥，其情其景恰如一大戰場，有時甚至造成嚴重死傷。……此外所寫『慶賀中元』的紅絹旗，本是高高地掛在竹竿上。此旗被視為海上的守護符，最受航海者的重視，也是任由群眾來搶奪的目標。假如有人能搶到這面紅絹旗，航海者不惜用高價來購買，有時竟可賣到幾千元或一兩萬元，所以群眾才奮勇搶奪，有時甚至犧牲性命，這就叫做『搶旗』。」[6]由於搶孤和搶旗經常造成人員死傷，所以在光緒十四年（1888）臺灣巡撫劉銘傳下令嚴禁，此風稍斂，但未完全消失，臺灣還有若干宮廟至今仍有搶孤之舉。

「放水燈」是在普渡前夜舉行的，其用意在於為水陸孤魂照路，引導其來接受普渡。水燈分水燈頭和水燈排兩種。水燈頭有圓形燈，上書「某寺慶讚中元」字樣，排在遊行的最前頭，另有小屋形狀的「紙厝燈」排在後頭。水燈排用木材做成，長四、五丈，寬丈餘，中間用杉木或竹條分格成數十格乃至數百格，每格掛一盞燈。燈的種類很多，有煤油燈、紙燈、花籃燈、龍燈、玻璃燈……水燈排由數十人抬著，沿街遊行，其他人也各執火炬，組成一條火龍，頗為壯觀。遊行隊伍中少不了鼓陣、雜耍、抬閣等表演。遊行隊伍來到溪畔，樂隊

---

6 鈴木清一郎著、高賢治編、馮作民譯：《臺灣舊慣習俗信仰》（臺北市：眾文圖書公司，1980年），頁588-595。

圖五　臺灣大規模普渡活動

齊奏輕快音樂，道士在舉行簡單的祭祀儀式後，眾人便把水燈紛紛放入溪流中，水燈隨波逐流，忽明忽暗，猶如天上繁星閃爍，富有詩情畫意。

　　建醮普渡雖然是一種迷信色彩濃厚的活動，但也有一些正面作用：一方面，百姓舉行建醮普渡的主要目的是濟生度死，即救濟人間之苦，超渡一切罪魂，祈福禳災，表達人類寬廣的胸懷。建醮普渡活動，使百姓償還了心願，帶來心靈的安寧；另一方面，建醮普渡活動也給文化生活單調的農村帶來歡樂，在一定程度上促進人際關係的和諧。

第二節　迎神賽會

　　閩臺民間所崇奉的神靈數以千計，每逢神誕日或其他祭祀日，常常舉行盛大的遊神賽會活動。

　　福建境內的迎神賽會至遲在宋代已蔚然成風，時人陳淳曾指出：「南人好尚淫祀，而此邦（漳州府）尤甚。……逐廟各有迎神之禮，隨月迭為迎神之會。」[7]漳州相對於福建其他府縣而言開發較遲，迎神賽會尚且如此，其他州縣可想而知。宋代以後，福建各地的迎神賽會的規模越來越大，越來越頻繁。清末，各地規模盛大的迎神賽會活動還驚動了地方官府，曾多次被下令禁止，但收效甚微，各地迎神賽會照常舉行，特別是在一、二月和七、八月間達到高潮，城鄉各地皆抬神出巡，成為一大奇觀。如閩北建甌「自古習慣，正月舞龍燈，二月初二迎土地（僅鄉間有之），三月二十七迎東嶽、泰山，四月念八迎五方五帝（近年廢止），五月初十迎城隍。……有春臺彩船、抬閣裝古文，種種遊戲，城鄉聚觀，途為之塞」[8]。順昌「迎神賽會之習，城鄉均不能免」[9]。元宵節「各坊鼓樂張燈以迎司土，里巷間作魚龍燈及面具之戲」[10]。閩西的上杭，「三月，各迎其本境之神，妝扮故事，簫鼓喧闐，周遊街市，自下午起至三四更，燈火輝煌，沿街熱鬧，甚為雅觀」[11]。閩東霞浦元宵節前兩天，「東社迎城隍神出巡四城，俗稱迎龍袍，各社贈臺閣古事，並鬼臉八將七八隊」。二月初二為七聖真君神誕，各地迎神賽會「特別鋪張……如遇閏二月，則花朝重慶，加以夜間燈會，更熱鬧異常」。三月二十三日媽祖誕，竹江鄉

7　道光《重纂福建通志》〈風俗〉，卷56。

8　民國《建甌縣志》〈禮俗〉，卷19。

9　民國《順昌縣志》〈禮俗〉，卷13。

10　嘉慶《順昌縣志》〈風俗〉，卷1。

11　民國《沙縣志》〈禮俗〉，卷8。

要抬神沿江巡遊；富足鄉「各福戶扈駕，逐隊爭先，必遍遊所轄境一
周」；厚首鄉「祀薛元帥，神節賽轎之俗，一如富足」；閭峽鄉祀武德
將軍，神誕時「熱鬧異常」；四月初八，華光大帝神誕，「屆時迎大帝
衣冠出巡東南兩城」[12]。福州閩侯元宵節前後，「又有舁木偶像，搖兀
而行，謂之閙神，前列長炬，樅金伐鼓，震耀耳目，城市村鎮廟社俱
有之，每出，或至爭道相競鬥」[13]。羅源鄉村也在元宵節前後「請神
出祠巡境，城內則擇日于仲春行之」[14]。特別是清明節前後，「城內社
境舁土神出廟巡境，謂之迎會。……諸神會中，惟先鋒廟會最盛，謂
之大迎。先是邑人各邀其所交厚者為會，具鼓樂旗幡彩棚成一隊，如
是者十有八，稱十八棚。……擇吉請神，繞境導迎，後又擇吉為安神
之會」[15]。在莆田仙遊一帶，「民間正月，各村抬出廟神，環游田鄉，
達于城市」[16]。同安縣「迎神，各祠廟皆有，而以保生大帝為最。祀
大帝者，往白礁進香，歸則盛設儀仗，彩旗鑾輿，妝閣及馬匹扮演故
事，鼓樂喧天，繞城廂，各保外皆須妝故事會迎，名曰迎香，謂可以
邀神佑也。祀聖母者往興化湄洲進香，祀廣澤尊王者往南安鳳山寺請
火，歸時亦如之。又有臨水真人，由省抵廈進香（疑為「由廈抵省進
香」之誤）。有甲第大帝，由郡赴白礁進香，均道經同城，亦照例迎
賽，計每次費千金或數百金」[17]。漳浦「凡人家以春日祈禳，至臘月或
復月即賽神，謂之賽保年，村落間鐘鼓奏優伶，縣治則設齋醮」[18]。
南靖從正月初七、初八日起至十六十七日止，「里社邀道士設醮，各
迎其本境之神。家張燈鳴鑼鼓，各分坊市，以百家數十家為一社，競

---

12 民國《霞浦縣志》〈禮俗〉，卷22。

13 民國《閩侯縣志》〈風俗〉，卷22。

14 道光《羅源縣志》〈風俗〉，卷27。

15 道光《羅源縣志》〈風俗〉，卷27。

16 陳盛韶：《問俗錄》〈仙遊縣‧童子〉，卷3。

17 民國《同安縣志》〈禮俗〉，卷22，引陳棨仁《竹枝詞注》、《島居隨錄》。

18 光緒《漳浦縣志》〈風土上‧風俗〉，卷3。

以奇巧，臺閣相尚。又有善曲者自為儕伍，張燈棚如雨蓋，弦歌以行，謂之鬧傘，或為竹馬魚龍之戲」[19]。平和，雲霄等地在上元節前後，必舉行隆重的迎威惠王活動，「備儀仗、鼓吹、燈彩，巡行鄉社，鄉社備牲醴品物致祭祈福，其宿宵之處演劇娛神。迎關帝君（正月十三暨五月十三）、天后聖母（三月二十三）亦然」。[20]龍海石碼每十二年舉行一次迎王爺活動，規模空前，「始至祖宮，次大宮，次新行，次大碼頭，次西湖，終及新洲，凡王爺駐驛處，或高結彩樓，或侈張錦幔（俗謂之不見天）、陳百寶，或妝臺閣、扮故事、列旌樂、迎神閱境，費不貲。而修醮演劇，祀王犒將，則闔家鎮皆然，雖窮鄉無能免者。歷數歲王始返駕，又必造巨艦，貢糧糈，進百貨，大會神人，而後送之，總計所耗不下五、六十萬金」[21]。

圖六　泉州的遊神活動

---

19 乾隆《南靖縣志》〈風土〉，卷2。
20 民國《雲霄縣志》〈歲時〉，卷3。
21 民國《石碼鎮志》第1冊《雜俗》。

　　迎神賽會在不同地區有不同的特色。福州地區的迎神賽會把人間的等級制度和講究應酬的禮儀揉了進去，神明的等級越高，神像越小，出巡時必乘神轎。中級以下的神明，軀體中間掏空，遊神時將半截神像套於人身上，穿上長袍，由人代步。如關公、瘟部尚書、郭聖王、三仙姑、齊天大聖、東嶽帝、省城隍等尊神皆有乘轎之資格，高爺、矮爺等小神只能由人代步。有時途中兩神相遇，香頭代表本神行禮應酬，如省城隍途遇瘟部尚書，省城隍神階低於瘟部尚書，神輿只能停靠在路旁，瘟部尚書神輿則可停在路中央。隨後，城隍神的香頭代表本神，趨前行三叩禮，跪在地上啟云：「卑神不知聖駕到此，接駕來遲，罪該萬死，請殿下恕罪，並賜教訓。」瘟部尚書的香頭挺胸凸肚，答道：「免罪。今日本爵出巡到貴城隍轄境之內，家家戶戶信奉神聖，一路之上，祥光擁護，疫氣毫無，所有散疫小鬼，早已逃避外國，足見貴城隍辦事認真，可喜可嘉。本爵明日面奏玉皇，還有保奏一本。」城隍香頭跪云：「謝殿下栽培。」瘟部尚書之香頭則說：「這是本爵應分之事，不消謝得，此後務必益加勉力，不負玉皇萬歲為要，去罷。」有時途遇步行之中級神明，則中級神須先在路邊站班，及接近神輿，則屈一膝請安。這時，尊神教訓之詞更加嚴厲，步行之小神只能「是，是，是」答應而已。有時東嶽太子炳靈王或武聖五公太子出巡，遇見貴神，則口口聲聲稱呼「老伯」，執子侄之禮甚恭。此等禮儀，令人發笑。[22]

　　莆田仙遊地區的迎神賽會吸收了許多官方祭典，顯得莊嚴隆重。如媽祖誕辰時，湄洲媽祖祖廟均要抬神出遊，島內其他十五座媽祖宮也抬出媽祖神像陪遊。出遊的儀仗順序是：龍頭棍、大燈、清道、大旗、開路神、肅靜神、地頭、督廚官、雀花、玉斧、彩車、五色彩、

---

22 詳見胡樸安：《中華全國風俗志》下篇，卷5《福建‧閩省歲時風俗記》（鄭州市：中州古籍出版社，1990年），頁62-63。

圖七　福建順昌縣迎神賽會有清代遺風

十禁（侍神）、大鑼、隊長、五方、十長、陰陽官、西瓜槌、馬日遮、涼傘、大全、清道、法司、五福、香亭、大旗、劊子手、無常、令箭、日遮、看馬、文曹、武判、皂隸、轅門官、材官、敕印、旗牌、傳宣、貢擔、前遮、打手、香花、燈燭、吹笙、門子、鄉老、金絲燈、提爐、馬文昌、八班、五駕、九龍傘、大宣扇、後擁、大燈、大旗、大金、清道、日遮、八班、馬文昌、羽林軍、祖廟媽祖神轎、各宮媽祖神轎。[23]

　　閩南地區的迎神賽會與莆田仙遊一樣亦重儀仗，神明多乘四人抬的神輿，關帝、保生大帝、媽祖、王相公、元檀元帥等尊神則乘八人抬的神輿。儀仗隊有馬上吹、步吹、五音同鼓、高招旗、五方旗、帥旗、三軍司命旗、清道旗、正虎旗、巡視旗、十八般兵器，以及材官、騎士、執蓋、椗馬、奚奴、軍校、蒼頭、旗手等百餘人，還常有抬閣、彩棚等相隨。[24]若兩神出遊相遇於途，不像福州地區那以禮相

---

23 陳國強主編：《媽祖信仰與祖廟》（福州市：福建教育出版社，1990年），頁121-122。
24 乾隆《泉州府志》〈風俗〉，卷20。

圖八　福建莆田的迎神賽會

待，相反，遊神隊伍各不相讓，經常引起械鬥，清末吳增在《泉俗激刺篇》〈上香山〉中寫道：「東佛去取火，西佛去接香，旗鼓各相當，最怕相逢狹路旁。狹路相逢不相讓，流差募地相打仗。打仗打死人，石片彈子飛如塵。東家婦，西家叟，茫茫喪家狗，孩子倒棚走，神魂驚去十無九。」[25]

　　臺灣的迎神賽會受閩南影響較大，其規模有時還超過閩南，如「臺南郡城好尚鬼神。遇有神誕期，斂費浪用。當賽會之時，往往招攜妓女，裝扮雜劇，鬥豔爭妍，迎春大典也。而府縣各書差抑或召妓裝劇，騎而前驅，殊屬不成事體」[26]。特別是王爺神巡遊，規模空前。俗云「南巡北狩，代天理陰陽」是王爺「代天巡狩」最重要的神職，因此自康熙二十二年（1683）「神明降壇，示諭出巡」之後，南

25 吳增：《泉俗激刺篇》〈上香山〉，《泉州舊風俗資料彙編》（泉州市：泉州市民政局、泉州志編纂委員會辦公室，1985年），頁124。

26 《臺南見聞錄》〈風俗〉，卷下。

鯤廟五府千歲開始四出巡遊,「遊府食府,遊縣食縣」。巡遊的形式有
三種:一是臨時巡狩,時間不定期,巡狩的範圍大致限於嘉南、高
屏、澎湖一帶;二是歲時巡狩,三月末出巡麻豆,四月二十八巡狩臺
南,八月二十四巡遊鹽水,十二月底才送回神像;三是癸亥巡狩,即
每逢一甲子末的癸亥年(六十年)出巡一次。巡狩的儀仗十分隆重,
前頭是大鼓、大鑼、大旗、角號、馬頭鑼、迴避牌、按察牌、鑼鼓
陣、吹鼓、涼傘、護旨官、帶旨官、轎、護駕人員、信徒。志稱:
「建醮請王,饗祀極其豐盛。或一莊一會,或數十莊一會。有一年舉
行一次者,有三五年舉行一次者,有十二年舉行一次者,擇吉日而行
之,為費不少。」[27]

　　閩臺迎神賽會活動相當多是由鄉族組織的,如福清海口鎮岑年村
家居林、張、吳、陳、五等家族,其中林姓占全村人口的百分之九十
以上。該村建有大王廟、黑掌廟、仄山廟、港尾堂、五星廟等,這些
廟宇均由林姓出資建造,實為林氏族廟。所以,每逢迎神賽會等較大
規模的活動,均由林姓家族出面組織,費用由林氏族田和其他族產收

圖九　泉州關帝廟的迎神賽會

27　光緒《安平縣雜記》〈官民四季祭祀典禮〉。

入來開支，不足部分才由各家各戶分攤。建甌東峰桂林村為謝姓聚居地，建有駙馬祠、燕序堂、楞嚴寺、三聖公廟等族廟。每年正月十四、十五日兩天都要舉行隆重的迎請「大奶佛」活動。遊神隊伍前頭是大奶佛，神鑾後由四人抬著高三層的木製塔形的饅頭桌，中上層分別安放瓷製彌勒佛、壽星和銅製水牛，下層安放重達五十來斤的大饅頭。饅頭桌之後，有花燈隊、鼓樂隊、踩高蹺，挑花擔、抬閣、搖彩船、扇參蚌、撲彩蝶、車龍燈等，整個遊神活動自古以來均由謝氏族長主持。

在有若干家族混居而彼此之間的關係又比較融洽的地區，迎神賽會活動則由若干家族共同舉辦。如福安甘棠堡聚居著鄭、林、薛、劉、陳、王、張、蔡等二十餘個姓氏，建有數十座寺廟。有的寺廟是

圖十　臺灣保生大帝的遊神活動

各個家族所有的，如薛厝宮為薛家所有，平水宮為張姓所有，臨水宮（有兩座）分別為王氏和陳氏所有。有的寺廟則為堡內若干家族共有，如朝陽宮為鄭、陳兩族共同修建，為了使後人在迎神賽會時「秩序有準，一團和氣」，鄭陳兩族族長還專門制定有關規約。[28]

在一些超家族、超地域的神靈諸如保生大帝、媽祖、三平祖師、清水祖師，廣澤尊王等神靈的誕辰日，許多家族往往能協調配合，共同參與迎神賽會活動，最典型的例子是安溪縣蓬萊平原點以及金谷的湯內、塗橋一帶每年一度的迎請清水祖師下山巡境活動，相傳始於宋代，盛於明代。巡境活動一般延續五天，僅遊神路線就經過兩個鄉數十個村，儀仗龐大，規矩嚴格，程序莊重，參與組織這一活動的有二十七個家族。[29]

應該著重指出，閩臺宗教信仰與宗族制度的結合，對於家族、宗族內部的團結，以及在某些地方對於協調不同鄉族間的關係起了一定的作用。但另一方面，民間信仰與宗族制度的結合，有時又成為家族和家族之間、鄉族與鄉族之間矛盾衝突的導火線，甚至因宗教信仰活動引發出宗族械鬥。在閩臺歷史上，宗族械鬥時有發生，其原因是多方面的，與宗教信仰活動有關的有爭風水、爭頭灶香、抬神出遊相遇於途各不相讓、爭奪寺廟控制權等等。如二十世紀初，惠安洛陽的駱、王二姓長達九年的宗族械鬥，是由於爭奪風水引起的；[30]閩北崇溪水口游、林兩姓長年械鬥均由爭奪到華光宮進奉頭灶香引起的。[31]泉州經常發生因「上香山」引起的宗族械鬥。所謂「上香山」是指把

---

28 民國《甘棠堡瑣記》〈重建朝陽宮四祠議約記〉，卷上。
29 詳見安溪清水岩志編纂委員會編著：《清水岩志》，卷9《清水祖師的迎春民俗》（泉州市：泉州市文物管理委員會，1989年），頁67。
30 詳見《星洲惠安公會五十年紀念·起械鬥·冤結九年終》。
31 詳見陳支平：《近500年來福建家族社會與文化》（上海市：上海三聯書店，1991年），頁195。

本境的菩薩抬到另一處有名的寺廟，將那裡的香火迎取回來，俗稱「取火」、「接香」。一旦不同宗族的抬神隊伍相遇於途中，各不相讓，就會引起械鬥。在惠安東北部沿海的朱、柯兩姓漁村，為了爭奪天妃宮控制權，長年械鬥不已。[32]宗族械鬥發生時，各個家族便祈禱本家族的保護神，有時甚至把神像抬出，擺在戰陣前，名曰「請陰兵調神將」，幫助族人打勝仗。清代興化府延續百餘年之久的烏白族大械鬥，即械鬥時由於一方打著神廟中的黑旗，另一方舉著這神廟中的白旗而得名。《閩雜記》載：「興化烏白旗之始，起于仙遊洋寨村與溪里村械鬥。洋寨村有張大帝廟，村人執廟中黑旗領鬥獲勝；溪里村有天后廟，村人遂執廟中白旗領鬥亦勝。由是二村械鬥，常分執黑白旗，各近小村附之，漸及德化、大田、莆田、南安等處，一旗皆萬餘人。烏旗尤強，其俗呼黑為烏，故曰烏旗。」[33]

　　閩臺迎神賽會導致家族之間的糾紛乃至械鬥，在清代已成為一個嚴重的社會問題，乾隆三十二年（1767）地方官府曾專門發布《禁迎神賽會》禁令云：

> 查閩省向有迎神賽會惡習，本部院自幼親泛澎臺外海，還經八閩地方，每見誕妄之徒，或逢神誕，或遇令節，必呼朋引類，旗鼓喧鬧；或抬駕閩神，或迎賽土鬼。……且若與他處迎神相遇，則又彼此爭途，稍有不讓，群起互毆，反置神駕于道旁，每致滋生事端，身蹈刑法，是求福而反得禍者……故輒擾害地方……合行明白示禁。[34]

---

32 詳見陳支平：《近500年來福建家族社會與文化》（上海市：上海三聯書店，1991年），頁196。

33 施鴻保：《閩雜記》〈烏白旗〉，卷7。

34 《臺灣理蕃古文書》，《中國方志叢書》第62號（臺北市：成文出版社，1983年），頁129、135。

圖十一　迎神賽會時的武術表演

同治十年（1871），官府又發布《嚴禁迎神賽會》云：

> 照得迎神賽會，久干禁令，有司失察，並予處分。良以民間各
> 有本業，要在務民之義，鬼神則敬而遠之可也。閩省俗尚虛
> 誣，崇信神鬼，刁徒惡棍藉賽會之名，為染指之計，甚有澗殿
> 塔骨等項，不經名目。疊次諭禁，未盡斂跡。他如神廟之夜
> 戲，道旁之淫祠，門條之詭異，治病之荒謬，有降童以惑眾，
> 亦魘魅而殺人。婦女入廟燒香，青年尤乖禮法，民人結會遊
> 戲，醜態更駭人聽聞。種種頹風，必應力挽。除出示禁止，並
> 通飭內地九府二州，暨福防廳、閩縣、侯官一體查辦外，合併
> 禮司，即便會同藩司，通飭遵辦毋違。[35]

實際上，官府的禁令對迎神賽會已與宗族制度緊密結合並成為民俗的

---

35 《臺灣理蕃古文書》，《中國方志叢書》第62號（臺北市：成文出版社，1983年），頁
　135。

組成部分的閩臺民間而言，幾乎是一紙空文，在近代以前，這一陋習一直困擾著地方官府，成為複雜的社會問題。

第三節　廟際網絡

一　分靈

　　閩臺宮廟間的分靈主要包括「分身」、「分香」和「漂流」形式。閩人移民在從故鄉登船下海前，往往先到當地的神廟膜拜，繼而恭請一尊故鄉的神像上船，入臺後，建廟供奉這一神像，此即「分身」；也有的移民只奉請故鄉神明的香火袋或神符上船，抵臺後加以禮拜，俗稱「分香」；端午節前後，福建一些宮廟為了驅逐瘟疫，將神像安放在與真船一樣的「王爺船」上，讓它在海上隨風漂流，有的「王爺船」隨風漂流到臺灣，當臺灣民眾在海邊拾到自海峽西岸漂來的神像時，即誠惶誠恐地為其立廟，加以頂禮膜拜。

　　福建民間神靈向臺灣「分身」和「分香」的過程，貫穿於閩人向臺灣移民的始終。在早期移民中，為了戰勝臺灣海峽的巨大風浪及入臺後面臨的險惡環境，閩人將家鄉的媽祖、保生大帝、清水祖師等神像或香火袋作為護身符帶入臺灣，建立各神靈在臺灣的開基廟。康熙以後，隨著移民臺灣浪潮的到來，閩人或從福建祖廟恭請神像、香灰，或直接從先前傳入臺灣的開基寺廟分靈，帶至他們新墾闢的土地奉祀。在開發臺灣過程中，福建諸神信仰沿著閩人移民的足跡，傳布了整個臺灣。如臺灣宜蘭縣奉祀關聖帝君的協天廟，是臺灣北部最大的關帝廟。協天廟分靈自福建銅山關帝廟，它的建立集中體現了閩人移民與寺廟分靈的密切聯繫。清嘉慶九年（1804），福建漳州平和縣人林應獅等人在渡臺前，親赴銅山關帝廟奉迎關聖帝君神像分身，乘船經廈門過海，沿途順風直航，於臺灣北部登陸。林應獅率眾越草嶺

圖十二　　從龍海白礁慈濟宮分靈臺灣保安宮的保生大帝神像

入蘭陽平原，途經礁溪時，以此地背依五峰山，為黃峰之靈穴，遂決定卜居於此。當時礁溪地方地僻人稀，移民常遭原住民的騷擾，特別是移民水土不服，導致瘟疫猖獗，他們的正常生存遭到嚴重的威脅。為了克服當地的險惡環境，林應獅等人於同年建廟供奉關聖帝君，供移民們膜拜。自廟建後，礁溪全境移民安居樂業，開墾土地日見繁榮。由於協天廟背山面水，後倚秀麗的五峰旗，下臨浩瀚的太平洋，香火日漸鼎盛，香客遍及臺灣北部的新竹、桃園、臺北各縣。此後，協天廟作為關帝在臺灣北部的開基廟，開始向其他地方分靈，「各地並且紛紛來本廟分靈，設堂置壇，以報聖恩」[36]。

　　在福建寺廟向臺灣的分靈過程中，逐漸形成了福建祖廟、臺灣開基廟、臺灣分靈廟的三層關係網絡，它們之間有著類似於血統上承襲

---

36 林衡道主編：《臺灣古跡全集》第1集（臺北市：戶外生活雜誌社，1980年），頁48。

關係。下表[37]以玄天上帝、開漳聖王、媽祖三位神靈為例，圖示說明三者間的血緣承襲：

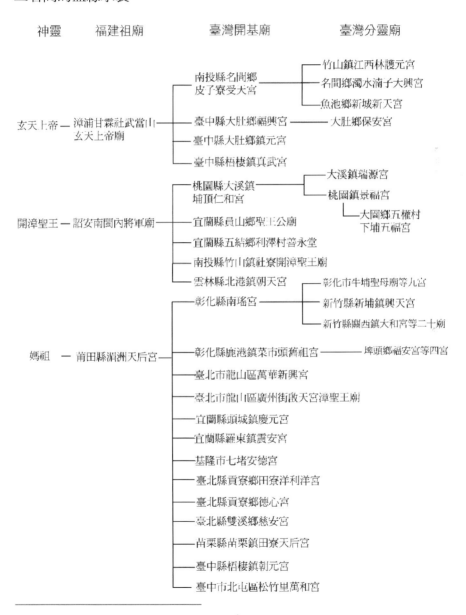

神靈　　　　福建祖廟　　　　　臺灣開基廟　　　　　　臺灣分靈廟

玄天上帝 — 漳浦甘霖社武當山
　　　　　玄天上帝廟
　　　南投縣名間鄉
　　　皮了寮受天宮
　　　　　　竹山鎮江西林護元宮
　　　　　　名間鄉濁水浦子大興宮
　　　　　　魚池鄉新城新天宮
　　　臺中縣大肚鄉福興宮 ——— 大肚鄉保安宮
　　　臺中縣大肚鄉鎮元宮
　　　臺中縣梧棲鎮真武宮

開漳聖王 — 詔安南閩內將軍廟
　　　桃園縣大溪鎮
　　　埔頂仁和宮
　　　　　　大溪鎮瑞源宮
　　　　　　桃園鎮景福宮
　　　　　　大園鄉五權村
　　　　　　下埔五福宮
　　　宜蘭縣員山鄉聖王公廟
　　　宜蘭縣五結鄉利澤村普永堂
　　　南投縣竹山鎮社寮開漳聖王廟

媽祖　 — 莆田縣湄洲天后宮
　　　雲林縣北港鎮朝天宮
　　　彰化縣南瑤宮
　　　　　　彰化市牛埔型母廟等九宮
　　　　　　新竹縣新埔鎮興天宮
　　　　　　新竹縣關西鎮大和宮等二十廟
　　　彰化縣鹿港鎮菜市頭舊祖宮 ——— 埤頭鄉福安宮等四宮
　　　臺北市龍山區萬華新興宮
　　　臺北市龍山區廣州街啟天宮漳聖王廟
　　　宜蘭縣頭城鎮慶元宮
　　　宜蘭縣羅東鎮震安宮
　　　基隆市七堵安德宮
　　　臺北縣貢寮鄉田寮洋利洋宮
　　　臺北縣貢寮鄉德心宮
　　　臺北縣雙溪鄉慈安宮
　　　苗栗縣苗栗鎮田寮天后宮
　　　臺中縣梧棲鎮朝元宮
　　　臺中市北屯區松竹里萬和宮

37　本表據《臺灣省通志》卷2〈人民志‧宗教篇下〉製（臺灣省文獻委員會），頁309-320。

　　在臺灣，因「漂流」而建立的分靈廟也為數不少，其中又以王爺
廟數量最多，僅日據臺灣總督府社寺臺賑所錄，就有以下九座廟宇：

　　臺北縣萬里鄉重威宮三王爺；

　　臺北縣金山鄉王爺公廟；

　　新竹縣香山鄉鹽水港靈興宮四王爺；

　　新竹縣香山鄉鹽水港王爺宮；

　　新竹縣香山鄉鹽水港七夫人媽廟；

　　桃園縣大園鄉貴文宮王爺；

　　彰化縣鹿港鎮新興李王爺宮；

　　彰化縣鹿港鎮菜市頭永安宮薛王爺；

　　臺中縣清水鎮大榔榔文興宮朱李池王爺。[38]

　　福建民間諸神信仰以「分身」、「分香」及「漂流」的形式，隨著
閩人移民開發臺灣的步伐，走向臺灣各地，擁有著數量眾多的分靈宮
廟。據臺灣學者董芳苑等人調查，在臺灣擁有分靈廟數量最多的福建
神靈大致如下[39]：

表一　臺灣擁有分靈廟數量最多的福建神靈一覽表

神靈	福建祖廟	在臺分廟數量	在臺開基廟或影響最大的宮廟
王爺	泉州富美宮等	677	臺南鯤鯓王爺廟
媽祖	湄洲媽祖廟	800	北港朝天宮
觀音	晉江安海龍山寺	441	臺北艋舺龍山寺
關帝	泉州通淮關帝廟 東山銅陵關帝廟	193	臺北行天宮 宜蘭協天廟

38　《臺灣省通志》，卷2〈人民志・宗教篇下〉（臺灣省文獻委員會），頁310。

39　本表據臺灣學者董芳苑《臺灣民間宗教信仰》（臺北市：長青文化事業公司，1970
　　年）等有關資料製作。

神靈	福建祖廟	在臺分廟數量	在臺開基廟或影響最大的宮廟
保生大帝	龍海白礁慈濟宮 同安青礁慈濟宮	140	臺南學甲慈濟宮
清水祖師	安溪清水岩	83	臺北艋舺清水岩

二　進香

　　福建民間諸神信仰在臺灣的開基廟及各地的分靈廟建立以後，即與福建的祖廟產生「血統」上的承襲關係。為了保持和增強這種特殊的聯繫，各分廟每隔一定的時期都得上祖廟乞火，參加祖廟的祭典，以此證明自己是祖廟的「直系後裔」。這種宗教活動俗稱為「進香」。在臺灣歷史上，進香活動相當活躍和普遍，包括兩種情況：一是各分廟到在臺開基祖廟進香乞火；二是由在臺開基廟發起，選擇較有勢力和影響的分廟參加，組成赴閩進香團，到福建祖廟進香謁祖。

（一）日據以前臺灣分靈廟的進香狀況

　　從靖海侯施琅平定臺灣到一八九五年日本占據之前，臺灣與大陸緊密聯繫，有關文獻記載著臺灣分廟赴福建祖廟進香的情形。道光《彰化縣志》曾載鹿港天后宮（舊祖宮）因交通之便，「歲往湄洲進香」[40]。為了維持和標榜「湄洲媽祖」在臺開基廟的正統身分，鹿港天后宮還特別注重到福建祖廟的進香活動，該宮尚存一只「乾隆丁未年置」的銅製「湄州進香正爐」。大甲鎮瀾宮於乾隆間建廟後，也「定期返回湄洲謁祖」[41]。至於北港朝天宮在清代時有否赴湄洲進香，一直眾說紛紜，莫衷一是，但吳瀛濤在《臺灣民俗》中記載了清

---

40 道光《彰化縣志》〈祀典志〉，卷5（收於《臺灣文獻叢刊》第156種），頁154。
41 黃文博：《臺灣信仰傳奇》（臺北市：臺原出版社，1989年），頁149。

代北港朝天宮赴閩進香中發生的一件趣事。某年，北港媽祖循例回湄
洲謁祖進香。當時，關於奉駕之船隻，信徒求卦請示媽祖，媽祖不選
新船而挑了一艘老船。眾信徒以為神意不可逆，只得遵命，內心都惶
恐不安。去程平安無事，回程遇到風暴，隨行的船隻慘遭滅頂，只有
供奉媽祖神像的船隻安然無事。此因隨行船隻都是新船，行駛較快，
以致沖入颱風旋渦。而供奉媽祖神像的船隻比較老舊，行駛緩慢，得
免於難。船到港後，信徒走下奉駕媽祖的船隻，發現有一袋米正好塞
住船底的破洞。[42]從上述神話傳說故事來看，北港朝天宮在清代也有
赴湄洲進香之舉。

　　臺南學甲慈濟宮是臺灣影響較大的宮廟。該廟興建於順治十八年
（1661），翌年三月十一日，臺灣各地的香團、神輿、民間藝陣、花燈
藝閣，雲集這裡，舉行隆重的祭祀儀式，「然後依序繞境至頭前寮將軍
溪畔，舉行上白礁謁祖祭拜儀式，恭送保生大帝晉謁白礁祖廟」[43]。

　　除少數分廟舉行較大規模的、定期的赴福建祖廟進香活動外，這
一時期臺灣分廟到福建祖廟的進香，就總體來說，規模不大，且形式
未定規，究其原因，主要有如下兩點：首先，大規模的跨海進香需要
有雄厚的物質基礎，而「大約在一八六〇年前後，臺灣從移民社會過
渡到定居社會」[44]，此前，還處於「渡臺—開發—轉型」的時期。絕大
多數福建移民居無定所，經濟並不富裕，尚無力承擔經常性的長途進
香所需的物資資助；其次，當時的造船、航海技術還遠遠達不到確保
安全的程度，渡海進香充滿危險。客觀現實和理智告誡人們，渡海進
香不宜經常進行。於是，更多的臺胞便採取了更為便捷而且安全的到
在臺開基廟進香的方式。

　　當時，在臺分廟到在臺開基祖廟的進香活動盛況空前。位於雲林

42　吳瀛濤：《臺灣民俗》（臺北市：眾文圖書公司，1979年），頁93。
43　林衡道主編：《臺灣古蹟全集》第3集（臺北市：戶外生活雜誌社，1980年），頁303。
44　陳孔立：《清代臺灣移民社會研究》（廈門市：廈門大學出版社，1990年），頁12。

縣的北港朝天宮，在不斷的發展中成為臺灣香火最盛的媽祖廟，擁有九十多座分廟，每到農曆三月二十三日媽祖誕辰，各地分廟組織起龐大的進香隊伍，全副鑾駕，來此謁祖。進香途中，再聯合沿途之廟宇，聲勢越加壯大，整個北港鑼鼓喧天，到處瀰漫著香火煙霧。世居臺灣的福建晉江人施瓊芳（1815-1865）在〈北港進香詞〉中描述道：「……一路綠煙吹不斷，南人北去北人南。郡南地暖春衣早，一入城中氣候殊。莫怪濃陰連日釀，雨師風伯正清途。初聞神輦駐琳宮，山積黃阡一炬空。不用祇園金布施，僧囊已飽楮灰中……」[45]由於進香花費浩大，許多宮廟不僅動用本宮的公共財產，還呼籲信徒集體捐資，通過經濟實力的膨脹來壯大進香聲勢。如彰化南瑤宮，在一年一度的北港進香中，為方便籌款，信眾立下大媽會合約，「每人出銀一元，存為公銀，……議交一人生放，逐年收利息以為聖母壽誕之用」[46]。

（二）日據時期的進香狀況

一八九五年，中日馬關條約簽訂，臺灣淪為日本殖民地。日本當局為了加強對臺的殖民統治，在臺推行了「皇民化」運動和「寺廟升天」運動，妄圖以日本神道教和靖國神社來取代臺灣民間宗教信仰，以此來隔斷兩岸的文化淵源關係。當時，許多民間宮廟被列入棄毀的名單，據《重修臺灣省通志》載，「因此被其廢棄之神像，有福德正神、開漳聖王、關聖帝君、三官大帝、天上聖母、五穀神農大帝、義民爺、玉皇大帝、保生大帝、三山國王、大眾爺、齋教龍華派開祖羅祖師等。其他祖公會，神明會等。泥塑之塑像用斧推破，木雕之神像則一部分送到臺北帝國大學土俗學教室保管，以作研究之資料」[47]。

閩臺之間「血濃於水」的骨肉親情關係，是任何力量都無法切斷

---

45 蔣維錟：《媽祖文獻資料》（福州市：福建人民出版社，1990年），頁328。

46 蔣維錟：《媽祖文獻資料》（福州市：福建人民出版社，1990年），頁290。

47 《重修臺灣省通志》卷3《住民志宗教篇》第2冊（臺灣省文獻委員會），頁1007。

的。日本當局的殖民同化政策沒有達到預定目標，反而一定程度上激發了臺灣民眾眷念祖國的情思，到祖廟進香謁祖就是其曲折的表現方式之一。

臺南學甲慈濟宮自建廟後，「上白礁」進香謁祖的傳統一直保留下來。日據臺灣以後，由於殖民者的百般阻撓，保生大帝信徒無法實現去福建祖廟進香的願望，只好改在將軍溪畔設案供香，舉行面向大陸遙祝叩拜的象徵性的「上白礁」儀式。這種新式的「上白礁」祭祀活動，年年舉行，即使受到日本當局的嚴厲壓制，仍堅持不懈，從不間斷，且規模越來越大。為了寄託祖籍之思，臺灣信徒還在臺南慈濟宮前豎立一塊石碑，上面刻著「我臺人士祖籍均係中國移來」。

臺灣民眾「拜媽祖，懷故國」的情思十分濃烈，每逢三月二十三日媽祖誕辰，臺灣各地的媽祖進香團仍然堅持舉行到在臺開基祖廟的進香活動，仍然抬著媽祖的神像舉行「繞境弘法」的儀式。規模最大的是大甲鎮瀾宮媽祖至北港朝天宮的進香活動，據說，此活動自清末開始，一直持續下來，參加者數以萬計。而北港朝天宮的香火也越發鼎盛，據山本曾太郎一九一八年《朝天宮媽祖雜感》一文的評價，「朝天宮不僅是該廳管內的大寺廟，也是本島獨一的寺廟……在該廟的進香期（正月一日至三月二十三日前後）香客絡繹不絕，據記載高達七十萬人。……本廟之信眾大概算來為一百五十萬人，這一數字的確令人驚訝，竟占全島總人口的三分之一強……如此密集的香客昔時被稱為香燭腳，因為習慣上他們必須徒步。……尤其令人驚訝的是燒金紙，每年隨其煙散霧消的金額高達十五萬至二十萬元……在擁有信徒數量方面該廟居本島寺廟之首，且在逐年增加」[48]。

日據時期，雖然面臨著殖民者的重重關卡，但到福建祖廟進香，仍然是媽祖信徒心目中最大的願望。一些信徒想方設法，繞過了日本

---

[48] 山本曾太郎著、宋軍譯：〈朝天宮媽祖雜感〉，《民間宗教》第3輯（臺北市：南天書局，1997年），頁273-280。

當局的種種限制，組織香團取道香港或日本，到湄洲祖廟進香。據
《臺灣日日新報》記載，日據時期，臺灣媽祖廟到大陸進香至少有九
次，列表如下[49]：

表二　日據時期臺灣媽祖廟到大陸進香情況

臺灣分廟名	進香時間
基隆安慶宮	1911年
彰化鹿港媽祖廟	1916年12月18日
新竹北門外（金）長和宮	1917年
新竹內天后宮	1917年7月1日前
雲林西螺廳麥寮拱范宮	1919年4月2日
嘉義朴仔腳配天宮	1920年2月22日
嘉義溪北六興宮	1920年4月14日（舊曆）
新竹天后宮	1921年4月2日
臺中市萬春宮	1924年4月1日（舊曆）

　　臺灣媽祖信徒到湄洲祖廟進香的實際次數遠遠超出此數字，如一
九二二年臺灣鹿港天后宮組織朝聖團到湄洲謁祖，至今鹿港天后宮還
保存著當時拍攝的「聖地湄洲祖廟聖跡相片」。鹿港天后宮保存「自
昔以來歲往湄洲祖廟奉請靈火正神」的牌匾及聖旗等。進香時，臺灣
信眾熱切希望能夠請回祖廟媽祖的分身神像，如一九一一年基隆慶安
宮進香時請回黑面媽祖，一九一六年彰化鹿港媽祖廟進香時請回湄洲
正二媽，一九二四年臺中市萬春宮進香時請回湄洲六媽等。進香時能
請回的媽祖神像被視為一大盛事，如基隆慶安宮請回黑面媽祖，其地
位僅次於鹿港天后宮的媽祖分身。

---

49 本表據王見川、李世偉：〈關於日據時期臺灣的媽祖信仰〉一文中的「日據時期臺灣
　媽祖廟到湄洲進（晉）香表」改製（收於《民間宗教》第3輯〔臺北市：南天書局，
　1997年〕，頁354。）

圖十三　日據時期臺灣鹿港天后宮到湄洲祖廟進香

（三）一九四五年後的進香盛況

一九四五年日本戰敗，臺灣光復回歸。臺灣民間信仰擺脫了日殖民政府「皇民化運動」與「寺廟升天」運動的陰影，各地寺廟或重建或新建，雨後春筍般應運而興。如新竹縣香山天后宮在日據期間，聖

圖十四　臺灣大甲鎮瀾宮到湄洲祖廟進香

母神像、香火爐被燒毀，宮裡的大銅鐘也被搶走。光復後，聖母神像、香火爐及大銅鐘都得以及時添置。一九四九年國民黨政府退居臺灣後，兩岸之間又出現人為的阻隔。此後至改革開放之前，臺灣民眾一直無法實現到福建祖廟謁祖進香的願望，他們就將思鄉之情融入在臺開基祖廟進香的活動中。

　　在媽祖信眾到在臺開基祖廟的進香活動中，以前往北港進香的兩支隊伍最具特色，「一是來回九天八夜的苗栗縣通霄鎮白沙屯拱天宮，一是來回八天七夜的臺中縣大甲鎮瀾宮，她們大概是目前臺灣僅存的兩支長途徒步的媽祖進香團」[50]。其中，又以大甲鎮瀾宮進香團最具影響力。大甲媽祖南下北港，每年都以蜿蜒數里的香陣，以一種排山倒海之勢，浩浩蕩蕩地縱穿了中部沿海四縣市十五鄉鎮五、六十座寺廟，數萬人跋涉了二百多公里，日夜奔波，趕往北港進香。並且，在南下與北歸中，大甲媽祖遇莊繞莊、逢廟拜廟，在與沿途分廟的聯誼中，起到了重要的作用。

圖十五　臺南學甲慈濟宮「上白礁」謁祖祭典規模越來越大

---

50 黃文博：《臺灣信仰傳奇》（臺北市：臺原出版社，1989年），頁147。

　　臺南學甲慈濟宮舉行的「上白礁」謁祖祭典的規模也越來越大。一九六〇年農曆三月初九至十一日，臺灣各地進香團自動聚來一百二十六隊民間藝陣及六十六頂神輿參加進香行列，排成十公里的長龍，繞境遊行三天，共走完九十六公里。一九八二年四月四日，參加盛典的竟達十萬人之眾。一廟牽動萬人心，十萬臺胞謁祖庭，可謂為閩臺文化的一大奇蹟。

　　二十世紀八〇年代以後，隨著大陸改革開放的深入發展，兩岸間的「三通」呼聲日益高漲，許多媽祖信徒不顧當局的禁令，通過各種渠道前往湄洲祖廟進香，形成了「官不通民通，民通以媽祖為先」的局面。據有關部門的不完全統計，從一九八三年湄洲祖廟寢殿修復後至一九八七年十一月二日臺灣當局開放民眾赴大陸旅遊探親之前，到湄洲祖廟進香的臺胞有一百五十七批，五百六十二人，請回神像七十六尊。臺灣當局開放探親之後，「媽祖熱」立即席捲全島。一九八八年十月，臺灣北港朝天宮到湄洲祖廟進香，並結為「至親廟」，此後，許多臺灣媽祖廟紛紛效仿。此時雖有嚴令禁止直航大陸，但在信眾心目中，禁令遠不及媽祖來得神聖。他們以進香為名，公開組團，直航湄洲，最大規模時一次竟達二千人之眾，進香場面盛況空前。在一九八九年五月五日的宜蘭南方澳南天宮的進香中，二百多人的進香團分乘十九艘漁船，帶著五尊從湄洲廟「分靈」去的媽祖像，直航湄洲祖廟進香，並請回了三十八尊小型媽祖神像和二尊大型媽祖神像。據《聯合報》一九八九年五月十一日報導，當進香團歸途經龜山嶼海面時：

　　　　蘇澳漁港內有六十餘隻船前往迎駕，宜蘭縣及從全省各地趕到的成千上萬信眾，則人手一炷香，聚集在碼頭、堤防、高架橋上等候，擠得水洩不通。

船隊進港後：

> 兩尊大陸大媽祖神像由一百多尊分靈的媽祖神像及來自全省各
> 地陣頭前導，在蘇澳鎮和南方澳漁港進行繞境，信眾人手一炷
> 香隨後，隊伍長達約三公里，一時鞭炮聲和陣頭鑼鼓聲響徹雲
> 霄。沿途民眾也設案敬拜，港區熱鬧非凡。

二十世紀九十年代後，臺灣信眾到湄洲進香的更是絡繹不絕。據不完全統計，一九八七年至二〇〇二年，臺灣直航湄洲進香的船隻有一千四百多隻，信眾五萬多人次；一九八四年至二〇〇〇年，到湄洲進香的臺灣媽祖廟共有一千二百七十五座次；一九八六至二〇〇四年臺灣同胞到湄洲進香人數達一百二十七萬八千人次。

圖十六　臺灣同胞絡繹不絕到湄洲祖廟進香謁祖

圖十七　臺灣關帝廟到泉州關岳廟進香

　　臺灣的保生大帝信徒和清水祖師信徒也不甘落後，他們緊跟著媽祖信眾進香的步伐，踏上了福建故土。

　　臺灣的學甲慈濟宮、臺中元保宮、臺北保安宮和高雄、基隆、屏東等宮廟以及保生大帝廟宇聯誼會，紛紛組團到白礁祖宮、青礁慈濟宮謁祖進香。一九八八年四月二十四日，臺灣屏東縣進香團一行七十一人，手捧從臺灣帶來的兩尊真人雕像，前往白礁慈濟宮進香。進香團理事長陳先生代表全體香客說：「臺灣鄉親稱大道公為大陸公，因為伊的祖家就是在大陸。每年農曆三月，臺灣鄉親只能遙祀大陸大道公，這次能回來尋根謁祖，大家都有說不出的高興。」[51]臨別前，許多香客還用瓶子裝滿了當年吳真人製藥用的龍泉井水，以示飲水思源之意。

　　臺灣信眾到安溪清水岩祖廟拜謁進香的也越來越多。在臺灣當局宣布開放探親後的二三年內，到此謁祖尋根的就有臺北景美區會元洞清水祖師廟、臺中縣龍泉鄉龍泉岩進香團、淡水岩進香團等數十個

51　《臺灣屏東縣進香團前往白礁慈濟宮尋根謁祖》，《廈門日報》1988年4月28日。

團體。茲將一九八九年臺灣信眾到安溪清水岩的主要進香活動錄於
下表[52]：

表三　一九八九年臺灣信眾到安溪清水岩的主要進香活動情況

時間	進香團體	負責人或人數	在祖廟的活動
3月	臺北詹姓同鄉還祖團	40多人	謁祖進香
4月	白姓臺胞	40多人	謁祖進香
5月	臺北淡水清水殿 屈尺岐山岩 臺南麻豆清水岩	陳資燕 林錦文父子 王乙謨	進香及迎請神像 進香及迎請神像 進香及迎請神像
11月	臺北泰山岩 臺北龍泉岩進香團	林志峰等7人 62人	進香及迎請神像 進香及捐資
12月	臺北三峽祖師廟	幾十人	進香及捐資

從一九九○年到一九九三年，臺灣又有桃園福山岩、臺南清水
岩、高雄龍鳳宮等七十多個團體回安溪清水岩進香。這些團體在謁祖
進香的同時，還慷慨解囊捐資修建祖廟。據一九九三年祖師廟管委會
提供的資料顯示，到此進香的臺灣信眾共捐獻人民幣二十多萬元，臺
幣八十多萬元，美金一萬多元。[53]

三　繞境巡遊

繞境巡遊在臺灣宮廟間非常盛行。臺灣分廟在謁祖進香前後，大
多盛情邀請福建祖廟或在臺開基廟神靈繞境巡遊，通過刈香儀式獲取

---

52 本表據安溪清水岩志編纂委員會編著：《清水岩志》（泉州市：泉州市文物管理委員
　　會，1989年），頁78。

53 陳元煦、黃永治：〈閩臺及東南亞之清水祖師信仰〉，《福建師範大學學報》1995年
　　第2期。

來自祖廟神靈的靈力，進一步增強與祖廟神靈的血緣聯繫。在歷史上，由於海峽間巨大風浪的阻隔，以及經濟、政治的多方面因素，臺灣民眾一直無法滿足其一睹福建祖廟神靈渡海繞境巡遊的風采，但他們有著強烈的「人同祖，神同緣」的祖籍之思、故土之念，由臺灣開基廟神靈赴分廟繞境巡遊，行刈香掬火儀式，正反映了臺灣民眾的這種心態。

北港朝天宮是媽祖在臺灣最主要的開基祖廟，在全臺各地擁有數目眾多的分靈宮廟，因此北港媽赴分靈廟的繞境巡遊活動特別隆重。清代，北港媽赴臺南、嘉義兩地的巡歷儀式最令人矚目。清道、咸年間臺灣兵備道徐宗乾，曾於《斯未信齋文集》中論及北港媽前往臺南府城繞境巡遊的盛大場面：

> 壬子三月二十三日，為天后神誕。前期，臺人循舊俗，迎嘉邑北港廟中神像至郡城廟供奉，並巡歷城廂內外而回。焚香迎送者，日千萬計。歷年或來、或否，來則年豐、民安。……十五日，同鎮軍謁廟，男婦蜂屯蟻聚，欲進門，非天后神轎夫執木板辟易之，不得前。偶微服夜巡，自宵達旦。用朱書「我護善良，進香須做好人，求我不能饒你惡」云云簡明告諭，並大書「販運洋土，船破人亡」八字於殿前，乘其怵惕之心以道之。神道設教，或可格其一二耳。……舉國若狂，雖極惡之人，神前不敢為匪，即素犯者，此時亦無畏忌，以迎神莫之敢攖也。[54]

臺南府城迎北港媽繞境巡遊的祭祀儀式也別開生面，據李獻璋的採訪記錄如下：

---

54 徐宗幹：《斯未信齋雜錄》〈壬癸後記〉，沈雲龍主編：《近代中國史料叢刊續編》第98輯，臺北市：文海出版社，1974年。

（臺南）迎接的神轎，最先到著與媽祖接頭香者，北港媽祖給與接頭香燈（高約一尺之竹骨紙糊者）。每一迎接的神轎，與北港媽初接頭時，約須行三進三退之禮以表敬意，然後才一塊兒進入城內。北港媽祖進城之後，首先要抬至太子亭，由大天后宮備辦香花茶果，說聲「三媽升座」，把她請上桌來，受兩方董事人參香。過二十分鐘左右，再請三媽落轎，抬到藥王廟去，站著受當事人參香。然後才又抬回大天后宮升座、敬茶，並受信士禮拜。神轎出入，均須一一敲鐘擂鼓，不在話下。[55]

臺灣佳里金唐殿蕭壟香的繞境巡遊儀式也是人山人海、熱鬧非常。金唐殿採取的「巡遊模式」包括「出香—繞境—入廟」三項活動，即每天清晨六點，所有神轎、陣頭按編號順序由金唐殿出發；接著，迤邐數里的香陣，或步行或乘騎，從市區繞到市郊，再遠遊至鄉鎮村莊；繞境結束後，神轎與陣頭返回金唐殿「入廟」，隔天再由金唐殿雲集出發。繞境時，香陣所經之地的各戶人家，都在門前備辦香案四果、置放清水草料，以迎接神靈和犒賞「兵將軍馬」。信徒們還以角頭或莊角頭廟為單位，為所有刈香人員準備豐盛可口的點心和茶水。在香陣最後的金唐殿五頂王轎經過時，兩旁的善男信女們，紛紛虔誠下跪，焚香接駕。香陣「拜廟」時，各角頭廟的眾執事人員全部盛裝持香接禮，跪地迎駕；角頭廟的乩童也起乩接禮，以表虔誠。「拜廟」結束時，由廟方贈送一塊一尺二寸的紅綢致謝留念。[56]

臺灣民眾對福建祖廟的深深眷戀之情也如春潮洶湧激盪不息，他們熱切期盼著祖廟神靈的赴臺巡遊。改革開放以後，隨著兩岸經濟、政治、文化交流的進一步活躍，臺灣媽祖信徒「拜媽祖、懷故鄉」的

---

55 李獻璋：《媽祖之研究》〈安平臺南之媽祖祭典〉，轉引自蔡相輝《臺灣的王爺與媽祖》（臺北市：臺原出版社，1989年），頁207。

56 參見黃文博：《臺灣信仰傳奇》（臺北市：臺原出版社，1989年），頁143-145。

圖十八　臺灣新港奉天宮遊神繞境

強烈感情再度昇華，匯聚為一股激流，推動著湄洲祖廟媽祖赴臺巡遊
時機的到來。一九九七年一月二十四日，為滿足臺灣廣大信眾朝拜媽
祖金身的強烈願望，湄洲媽祖廟應臺灣知名人士陳適庸的邀請，組成
媽祖金身巡遊臺灣護駕團，飛赴臺灣，進行為期一百零二天的巡遊，
轟動全島。媽祖金身起駕的前一天，來自臺灣各地的媽祖廟代表及媽
祖信眾一百六十多人組成的大陸「湄洲媽祖出遊迎駕團」由臺北啟程
來湄洲，這些「善男信女懷著虔誠的信仰，有人捧著由家中請出的媽
祖神靈，三炷香火隨行；有媽祖廟中請出廟中媽祖，坐在小小的鑾駕
上，由專人捧在胸前，『用小媽祖去迎大媽祖，才不會失禮』。各種出
自誠心的舉措，要為湄洲媽祖的首次遊臺『做足面子』」[57]。起駕後，
湄洲媽祖全程乘坐的富麗堂皇的鑾駕由一位企業家信徒捐資百萬元精
心裝飾。臺灣最大的航空公司長榮航空公司專門派一架波音七四七大
客機到澳門迎接媽祖金身。專機降落臺北桃園機場後，媽祖金身在喧

---

57 湄洲媽祖廟董事會、媽祖文化研究中心、莆臺新聞交流協會編：《湄洲媽祖巡遊臺
　　灣記》，頁149。

天的鼓樂鞭炮聲中徐徐抬下飛機，在長榮公司破天荒提供的波音飛機
檢修中心巨型機棚內舉行熱鬧隆重的迎駕儀仗，主辦單位、臺灣各地
媽祖宮接駕的儀仗、陣頭，長榮公司的董事長、總經理以及公司員
工，接連上香獻供。此後，媽祖金身所到之處，車水馬龍，信眾們欣
喜若狂，奔走相告，扶老攜幼，爭先恐後朝拜湄洲媽祖金身。如媽祖
金身駐蹕朴子市配天宮的幾天裡，「朴子市配天宮徹夜燈火通明，香
火鼎盛，信眾們夜以繼日排隊焚香叩拜，有的驅車幾百公里從臺北、
臺中各地趕來朝拜，有的母親抱著兒子，有的奶奶牽著孫女，虔誠地
三跪九叩，祈求媽祖保佑；有個信眾說，他連續朝拜了十幾次；有個
老大娘知道我們從福建湄洲來，特地向我們索取名片，說今後一定要
去湄洲島進香；有位患病的婦女還提著氧氣瓶前往朝拜，至為感人。
幾天來，朴子市大街小巷，人流如潮水般湧來。朝拜的信眾絡繹不絕，

圖十九　媽祖金身乘專機抵達寶島臺灣

街道兩邊臨時搭蓋了許多小攤點，經售有關媽祖的系列紀念品，為朝拜的信眾們提供了各種地方風味小吃。街上紅燈高掛，燈火通明，通宵達旦，生意興隆」[58]。

　　在媽祖金身遊臺的一百零二天裡，媽祖金身共駐蹕三十四座媽祖分靈宮廟，朝拜媽祖的臺灣信眾達一千萬人次，占臺灣省總人口的二分之一，引起一股令人歎為觀止的「媽祖熱」！臺灣的媽祖分靈宮廟眾多，又都希望湄洲媽祖前往駐蹕，於是大家爭相邀請，甚至出現半路搶駕的現象。那些請到媽祖金身駐蹕的宮廟，當媽祖要移駕到下一站時，又依依眷戀，難捨難分。在嘉義，當媽祖鑾駕要離開宮廟時，董事長拉住鑾駕不放手，失聲哭著說：「湄洲媽祖千年來一回，不知何時能再來！」

四　分靈、進香和巡遊的文化意義

　　閩臺寺廟間的分靈、進香和巡遊活動有著深刻的文化內涵，它體現著傳統文化的根與葉、源與流的密切關係，體現著閩臺區域文化的歷史同一性和不可分割性。

　　首先，我們從臺灣信徒進香和繞境的兩種儀式——刈香與掬火，來分析兩地分靈與進香的原型。刈香與掬火，在福建通稱為進香；在臺灣，則有乞求香火之意。按儀式來分，個人叫刈香，神與神之間就叫掬火或掬大火。刈香掬火的目的在於借此儀式獲得來自祖廟神靈的靈力，尋得聖靈不息的延續。在大甲媽祖至北港的進香中，這種儀式的具體做法是：法師先以金紙引朝天宮長明燈的火於「萬年香火爐」，誦念「北斗經」文後，將寫有大甲信徒姓名的疏文及金箔紙焚

化於爐中，此謂之「頭爐火」。等到卜定的割火時辰一到，法師便以小杓將「萬年香火爐」內燃燒中的香灰及香紙連鏟三杓，舀至大甲進香團的「神火筒」內，並將供奉於神案的二尊大甲媽祖神像及匯集捆紮的會旗和靈符，一一經過香爐上空，由一排人高舉雙手接引傳至廟外，待「神火筒」安入香擔，即快跑離宮，一路添加檀香粉末，使之不熄滅。[59]

　　誠如臺灣「中研院」張珣教授認為的那樣，神明間的刈香掬火儀式，極有可能是中國家族祭祖儀式的轉型。閩臺廟宇間的分香與中國家族祭祀中的「分灶火」儀式如出一轍。在「分灶火」中，通常長子繼承父親的老灶，其餘諸子則從舊灶中取一些熱炭到自己家的新灶，表示「薪傳不絕」，因此分灶常被認為是分家的第一步，有了灶，即象徵一個家的成立。諸子分家後，為了籠絡感情，每隔一段時間，諸子就得上祖墳祭拜，或至祖屋、長子家中團聚，以示血統上的嫡襲關係，或作為一種加強因時間而沖淡的聯繫紐帶的手段。臺灣各分廟也正如此，經過分靈程序，與祖廟確立一種類似「父子」關係，而進香活動就像諸子歸祭祖墳、赴祖屋或長子家中團聚一樣，起到一種加強血統聯繫的功效。《臺灣民俗大觀》作者也指出：「『割火』儀式，乃進香團八天的行程中最重要的一刻。北港媽祖將聖火傳與『大甲媽』帶回，寓意著神威的交流，顯示中國傳統所重視的倫理觀念和血緣關係綿延不斷。」[60]

　　繞境巡遊儀式的原形則來自古代中國中央政府巡狩四邊的舉措。古代中國的帝王為了顯示自己的權威，或為了掌握轄內四境的情況，每每發動盛大的儀駕，親身赴各地巡視，或派遣大員代天巡狩，視察地方的詳細情形。通過中央巡狩四邊的舉措，中央政府或帝王本人的

59　朱天順：《清代以後媽祖信仰傳播的主要歷史條件》，蕭一平主編：《媽祖研究資料彙編》（福州市：福建人民出版社，1987年），頁62-63。

60　凌志四主編：《臺灣民俗大觀》第3冊（臺北市：大威出版社，1985年），頁199。

權威得到進一步的確認，同時，巡狩活動也加強了各地與中央的密切
聯繫。而且，受到中央巡狩的地方也每以此來提高本地區的重要性，
突出本地區與中央的直屬關係。閩臺寺廟間的繞境巡遊儀式與古代中
國「中央巡狩四邊」的舉措有著驚人的相似性。臺灣南鯤鯓王爺廟的
繞境巡遊儀式集中體現了兩者的密切關係。南鯤鯓廟的繞境巡遊在臺
灣被稱為「南巡北狩」，它是臺灣王爺最重要的神職之一。自康熙二
十二年（1683）「神明降壇，示諭出巡」後，南鯤鯓廟的五府千歲即
集體行動或單槍匹馬四出巡遊。南鯤鯓王爺「代天巡狩」有三種類
型。一是臨時巡狩，時間不定，範圍大致在嘉南、高屏、澎湖一帶。
二是歲時巡狩，即五王爺定期出巡麻豆、臺南、鹽水三地。如三月末
日巡狩麻豆，由「麻豆至南鯤鯓迎請李、池、吳三王爺，先至麻豆海
埔里駐駕一夜，翌日再由保安宮迎回麻豆繞境兩天，之後駐駕於保安
宮，直到四月廿五日始送回南鯤鯓廟」[61]。三是癸亥巡狩，每六十年
巡狩一次，這在南鯤鯓廟開府後的三百餘年內共舉行六次。至於大陸
祖廟金身巡遊臺灣分廟，更是大一統觀念在宗教信仰上的曲折反映。

圖二十　媽祖金身巡遊臺灣轟動全島

---

61 黃文博：《臺灣信仰傳奇》（臺北市：臺原出版社，1989年），頁105。

　　其次，我們從閩臺寺廟間分靈關係的三層網絡模式來剖析分靈、進香、巡遊這一現象的文化底蘊。福建神靈向臺灣的分靈過程中，形成了福建祖廟、臺灣開基廟、臺灣分靈廟的三層關係網絡，如果把福建祖廟、臺灣開基廟、臺灣分靈廟的三層關係網絡比作一棵根深枝繁葉茂的參天大樹的話，那麼可以圖示如下：

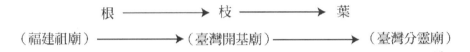

　　從上圖可以看出，無論是臺灣開基廟（枝），還是臺灣分靈廟（葉），都是從福建祖廟（根）派生出來的，無論「枝」與「葉」如何的繁榮茂盛，都離不開「根」的滋養。實際上，臺灣文化的其他形式又何嘗不是如此，臺灣文化的「根」紮在博大精深的中華文化的沃土裡，源於奔騰不息的五千年華夏文明的長河中，這是任何人也無法改變的歷史事實！

　　近幾年來，一些別有用心的人鼓吹臺灣的媽祖已經「落地生根」，臺灣開基廟已成為臺灣分靈廟的「真正祖廟」，沒必要再到湄洲祖廟進香。這種言論既是對歷史事實的肆意歪曲，也是對臺灣同胞宗教感情的嚴重褻瀆！我們知道，臺灣絕大多數神靈是從大陸福建等地傳去的，它的「根」在大陸，在福建，媽祖信仰也不例外，根源與落地完全是不同概念的意義。臺灣的開基廟並不能說是什麼「真正祖廟」，它相對於福建祖廟而言，只能是「分靈廟」。無論從歷史上還是現實中，臺灣信徒都承認福建祖廟的不可替代的地位，克服種種困難，衝破道道難關，千里迢迢回福建祖廟謁祖進香，這是對自己所信仰的宗教聖地的朝聖，也是對宗教信仰「根源」的追尋，傾注著臺灣同胞濃烈的宗教感情，任何人都應該予以尊重，而不能出於個人的特殊目的，橫加干涉。

　　至於臺灣分靈廟前往臺灣開基廟進香活動，是臺灣信眾受多方面

因素制約，無法赴閩進香謁祖的條件下，創造出來的一種用來表達他
們的宗教情感的變通形式。如臺灣學者黃文博在《臺灣信仰傳奇》一
書中寫道：大甲媽祖於清雍正間分靈於湄洲島朝天閣，「於乾隆年間
建廟後，定期返回湄洲謁祖，但後來時局動亂，臺海兩隔，無法再到
唐山，只好變通調整前往建有『聖父母殿』的北港朝天宮，向『聖父
母』行謁祖之禮」[62]。《臺灣民俗大觀》的作者也認為：「根據民間傳
說，大甲媽祖以前並不到北港進香，而是乘船到福建湄洲媽祖廟謁
祖，後因日本占領臺灣，禁止船隻與對岸聯絡，大甲媽祖便沒有再往
湄洲進香而改往北港朝天宮進香，蓋朝天宮曾到過湄洲媽祖廟謁祖進
香『合火』，因此在北港朝天宮『合火』，就等於接引了湄洲祖廟的香
火一樣。」[63]至今在大甲媽祖廟中，仍保存一塊書有「湄洲謁祖進
香」的開路牌。顯然，臺灣大甲媽祖在日據時期改往北港朝天宮進
香，是在日本殖民統治下的不得已採取的變通形式。應該說，只要客
觀條件許可，臺灣宗教信徒還是更樂意到福建祖廟進香謁祖的，二十
世紀八十年代以來臺灣民眾絡繹不絕到福建祖廟進香謁祖，再次證明
了福建祖廟在臺灣信徒心目中不可替代的重要地位。

　　閩臺寺廟間分靈、進香、巡遊的儀式活動還體現了中國傳統文化
中支流對主流文化的維護與體認。臺灣分靈廟紛紛以赴福建祖廟進香
為榮，以請得福建祖廟的分身神像來標榜自身的正統地位，並借此來
吸引信眾、擴大香火。北港朝天宮能成為臺灣影響最大的媽祖廟，與
其擁有康熙間湄洲島朝天閣樹壁和尚攜來的媽祖分身有著密不可分的
關係。一九八七年十月大甲鎮瀾宮赴湄洲進香，請回湄洲媽祖分身神
像，並與十二月九日在宮裡舉行「湄洲進香回鑾三獻禮」的盛大祭
典，「儀式莊嚴隆重，全省各有關廟宇人員及各界首長、民意代表及

---

62 黃文博：《臺灣信仰傳奇》（臺北市：台原出版社，1989年），頁149。
63 凌志四主編：《臺灣民俗大觀》第3冊（臺北市：大威出版社，1985年），頁190。

來賓應邀觀禮」[64]。由於大甲鎮瀾宮請回湄洲媽祖，使該宮的權威性與香火都有了增長，也使該宮有望成為臺灣媽祖新的信仰中心。自二十世紀五十年代以來，臺灣民間信仰一直在「誰是正牌媽祖祖廟」上爭論不休，實際上是中國傳統文化中的「正統」思想在宗教信仰上的反映，歸根結柢，媽祖的祖廟在福建湄洲恐怕是所有媽祖信仰者都願意接受的。

　　第三，我們從臺灣信眾的進香心態來進一步觀察閩臺文化的歷史認同關係。臺灣是個移民社會，臺灣民眾的根都在大陸。幾百年來，祖籍之思、故土之念，無時無刻不縈繞在他們心頭，而謁祖進香，即是他們抒發自己真摯的家鄉情、故土愛的途徑之一。在臺灣，鄉土神備受推崇，臺灣民眾特別看重從祖籍傳來的神靈，稱之為「桑梓神」，定期捧神像回福建祖廟進香謁祖。在人為因素阻隔海峽兩岸交往的歷史條件下，人們無法回故鄉探親，就自然轉向神的世界，尋找精神寄託，中華民族的向心力往往通過民間信仰的進香謁祖活動曲折地折射出來。如甲午戰爭之後，各地神廟衝破種種關卡，千方百計回大陸祖廟進香謁祖，以表達閩臺祖脈一體、根在大陸的民族感情。若實在無法成行，則往往要舉行儀式，面向大陸遙祭，通過民間信仰來寄託臺灣同胞對故土的深深眷戀之情。臺灣學甲慈濟宮在日據時期，每年三月十一日要在將軍溪畔舉行「上白礁」的隆重祭典，各地與之有關的寺廟派出進香團齊集將軍溪畔，設案供香，遙祭大陸祖廟。有的民眾還在臺南慈濟宮豎立刻有「我臺人士祖籍均係中國移來」字樣的石碑，表現了臺灣同胞對大陸的熱愛之情。一九四九年之後，「上白礁」活動又重新在臺灣開展，並逐漸成為當地的習俗，規模也越來越大，參與祭祀活動的人數超過十萬人，曲折地表達了臺灣同胞情繫故土的情懷，正如學甲慈濟宮的對聯所表達的那樣：「氣壯乎天，萬

---

64 郭金潤主編：《大甲媽祖進香》（臺中縣文化中心，1988年），頁99。

圖二十一　古田臨水夫人金身巡遊臺灣

眾同參學甲地；血濃於水，千秋不忘白礁鄉。」《臺灣民俗大觀》作
者認為：上白礁謁祖祭典「三百多年來未曾間斷，不僅強調出民族精
神團結的重要，也表現了中華兒女不忘本的優良傳統」[65]。一九八七
年十月二十五日，臺灣同胞集資在頭前寮將軍溪畔建成一座高大的
「鄭王爺軍民登陸暨上白礁謁祖紀念碑」，並刻有一段銘文：「三百餘
年來，學甲地方及臺灣各地信徒，為遙拜大陸福建白礁宮——保生大
帝祖廟，及追念大陸祖先，代代相傳於每年農曆三月十一日舉行弘揚
民族精神之上白礁謁祖祭典而聞名遐邇。願吾人共同勖勉，使中華民
族更發揚光大，千年萬世永垂天壤之間。」可以看出，銘文字裡行間
凝聚著的臺胞忠貞不渝的愛國情思，寄託著臺灣同胞對故土的深深眷
戀之情，在客觀上發揮著維繫閩臺血濃於水的骨肉之情的橋樑和紐帶
的社會作用。

　　最後，從閩臺分香與進香的精神內核來看，它追求的是「群體主
義」。在移民社會，神緣往往是與地緣交織在一起發展的。在移民過

---

65 凌志四主編：《臺灣民俗大觀》第4冊（臺北市：大威出版社，1985年），頁107。

程中，自然環境的惡劣，生活的艱辛，使移民們形成一種群體精神，團結在他們共同信奉的神靈周圍。在以後的進香活動中，他們又將整體協作的精神融入進去。他們組團赴閩進香，也可以視為是尋找群體精神的最高寄託。如臺灣的媽祖，由於其分香於不同的祖廟而被賦予不同的稱呼：來自莆田的稱湄洲媽，來自泉州的稱溫陵媽，來自同安的稱銀同媽。但是，不管她被賦予何種名稱，作為媽祖信徒，到莆田湄洲祖廟進香是共同的，也是最大的願望。這裡面就深刻反映出「不同地方，同一群體」的真實面目，而「群體主義」的進一步昇華，就有可能趨向於閩臺文化的認同和國家、民族的認同。[66]

---

66 本節由范正義教授協助完成。

第八章
符咒與民俗療法

　　在閩臺民間宮廟中，符籙是必備的，不同宮廟的符籙不完全一樣。多數宮廟有數十種符籙，少數宮廟的符籙超過百種，有的宮廟只有數種常見的符籙。至於咒語的種類不會少於符籙，大概有什麼符籙就有什麼咒語。閩臺地區的符籙和咒語一部分源於中原的道教和民間信仰，一部分則是根據當地民間信仰創造出來的。從符號學的角度看，符籙和咒語分別是圖畫文字符號和語言符號，但在廣大善男信女看來，符籙和咒語具有超自然的力量，神力無比，能令魑魅魍魎俯首聽命，具有與神靈降臨同等的功效，因此，至今仍在閩臺民間產生影響。

　　民俗療法，即利用宗教信仰的神祕形式為人驅邪治病，它已有數千年的歷史，其影響越來越小，但至今仍未退出歷史舞臺，甚至在可以預見的未來還會存在，它之所以有如此頑強的生命力，除了善男性女因愚昧無知容易上當受騙外，醫療衛生落後是其長期存在的社會基礎。毫無疑問，民俗療法與科學相對立，阻礙了醫學的發展和普及，然而在特定的歷史條件下，卻有其一定的合理性，有必要揭示民俗療法的奧祕。古代，民俗療法在閩臺民間有相當大的影響，至今猶然。據臺灣學者蔡文輝實地調查，到宮廟問神的臺灣善男信女中，問疾病者名列第三，占百分之十七；據筆者調查，福建百姓到宮廟問疾病的占百分之六點七。雖然福建民眾到寺廟問疾病的比例大大少於臺灣民眾，然而閩臺巫覡為人驅邪治病的花樣卻一脈相傳。

第一節　畫符念咒

一　符籙

　　符又稱「符籙」、「丹書」、「墨籙」、「雲籙」、「符字」等，「符」字的本意是符節，即古人出入關卡時的憑信之物，類似於今天的通行證。也用於朝廷與外官之間，當作委任、調動的憑信。由符信之義引申出符命、符應、符瑞等，僧道術士的書劾秘文之所以被稱為「符」，取的就是憑信、契合之義。有兩種涵義：一是指術士通過畫符籙與上天溝通，以合上天的意志並取得無窮的法力。二是指符籙有靈驗，如同符契一樣有信。符籙的形成經歷一個漫長的歷史過程，「是先秦、西漢巫覡迷信、神仙方術的承繼與綜合。析而言之，道符綜合了青銅紋飾溝通人神、祈福引魂的功能，驅儺逐疫、厭劾惡鬼的方法，符命符讖的神授思想與技法，以及巴蜀荊楚少數民族的鬼及北斗崇拜的法術，等等。大致經歷了從西王母籌到復文，再到道符的發展階段。其最後的形成在東漢順帝之前。這種綜合不是一人一時完成的，而是不同地域，甚至不同民族的方士巫覡經過數代人的補充與完善最終形成的」[1]。

　　符籙最初使書寫在竹帛上，大約在唐宋時主要書寫在黃紙上，此外還有寫在竹簡、桃板、鐵券、銅片、瓦器、磚頭或隨葬品上的符籙。常見的符籙長約五寸，寬一兩寸，用朱筆或墨筆書寫，但近年來符籙的長度和寬度有增大的趨勢。書寫符時須集中精神，兩眼凝視紙張，雙腳平踩土地，一氣呵成，如果筆墨乾了也不可沾墨後再寫，寫完後也不可以修改，書寫時更不可以與他人說話，否則此符即失去功效。每張符的開頭都要寫上依稀可辨的「奉某神敕令」之類的字樣，

1　劉曉明：《中國符咒文化大觀》（上海市：百花洲文藝出版社，1995年），頁33。

意指此符乃某神靈發出的神符，與某神靈親自駕臨具有同等神力，符令一出，該神所役使的小神小鬼都要為其效勞，去執行發出符令神靈所要他們做的事。

　　符籙的種類很多，其表現方式具有濃厚的神秘色彩，符籙的正文不好辨認，似字非字，似畫非畫，一般人以為是道士胡亂塗畫而成，所以在中國流傳有「鬼畫符」的俗語，用來比喻字跡潦草，難以辨認的文字。實際上，道士畫符除了有一套理論指導、有繁瑣的儀式和特殊的技法外，還有一套畫符的原則和章法，絕非亂畫一氣，否則，在他們看來符籙就不靈了。《雲笈七籤》卷七「符字」條：「符者，通取雲物星辰之勢；書者，別析音句銓量之旨；圖者，畫取靈變之狀。然符中有書，參以圖像；書中有圖，形聲並用。」也就是說，符籙主要由符號、文字和圖像等三種方式構成。

　　符籙的符號多是雲物星辰之勢，表示神靈從天乘風雲而降和神旨通過雲氣達於人間，或表示施符者的先天之氣與天神感通，使符籙獲得靈性，成為「靈符」。也有約定成俗的符號，道內人一望便知，如符籙的上端大多有上勾的三點，代表玉清、上清、太清三位祖師，意為急急催使所役使的鬼神迅速奉命行事。

　　符籙上的文字是將有關神鬼的名稱直接書寫在上面，有的文字雖然做局部的變形，常增加或減少筆劃，但一般可以辨認。不過由於符籙的文字受篆隸的影響很深，加上道士為了增加神秘感，故意將文字進行變形，使得符籙上的一些文字不易辨認。

　　符籙上的圖像則不能隨意亂畫，要求「畫以像真」，才能「有靈相通」。道教認為，只要在符籙中畫上某物，便可與此物感通，甚至成為此物體的化身，具有此物體的功效，可以招致精靈來依附，成為「靈符」。有的符籙的圖像內容豐富，相當於一幅風俗畫。[2]

2　詳見劉曉明：《中國符咒文化大觀》，上海市：百花洲文藝出版社，1995年。

圖一　符籙

符籙的種類很多，有平安符、辟邪符、鎮宅符、壓煞符、鎮諸怪符、治病符、五雷符、鎮惡符、月令符（按日期不同分三十種）、鎮火符、求子符、安胎符、收魂符、淨符、關符、和合符、化虎變蛇符、喪葬符、五穀豐登符、家畜用符、雜符等，還有用於離散夫婦的離散符，用於害人性命的凶符等，不勝枚舉。筆者近年來在福建民間收集的符籙超過千張，無論是在內容上還是在形式上，符籙之多樣性，令人咋舌。在被調查的一百四十五座備有符籙的宮廟中，約81.38%備有平安符；其次是鎮宅符，約占37.24%；第三是治病符，占19.31%。

符籙可貼、可掛、可隨身帶，也可以化成灰燼沖水飲服，化灰沖水飲服多用於治病壓驚，其餘的都用於驅邪鎮妖保平安。符籙不能自製，均由巫覡書寫，閩臺民間宮廟都備有符籙，善男信女如果需要符籙，須到宮廟燒香禮拜後索取，且往往要交若干香火錢。不少鄉村，逢年過節或神誕日，家家戶戶的門上都貼上平安符。

　　由於臺灣民間信仰基本上是福建傳去的，因此民間宮廟的符籙也大同小異。如閩臺民間流傳的一些鎮宅符基本結構相似。在臺灣，鎮宅符有時還要請道士黏貼，並誦念咒語：「天陽地陰，二氣化神，三光普照，吉曜臨門，華香散彩，天樂流音，迎請家堂，司命六神，萬年香火，永鎮家庭，諸邪莫入，水火難侵，門神護尉，殺鬼殊精，神威廣大，正大光明，太乙救命，久保么門，安神已畢，永遠大吉。」[3]

　　又如在閩臺民間廣泛流傳的張天師治病符完全相同，這種治病符共三十張，從初一到三十日，每日一張，哪一天犯病，就使用哪一天的專用符。符籙注明在何處得病、何方鬼怪作祟、病症如何、怎樣禳解，等等。甚至連畫符所頌念的咒語也完全一樣：「赫赫揚揚，日出東方，吾此符普掃不祥，口吐三昧之火，肥飛門邑之光，捉怪使天蓬力士，破疾用機跡金剛，降妖怪化吉為祥，急急如律令敕。」[4]張天師治病符之所以在閩臺民間廣為流傳，與泉州洪潮和密切相關。洪潮和是清代泉州著名的術士，他編寫的《通書》在閩南和臺灣都有很大的影響，至今猶然。在他編寫的《通書》中除了收入「每月三十日張天師祛病符法」外，還有化骨符、收驚符、夜啼符、鎮煞符、壓煞符等。

　　在一般的情況下，佩帶、黏貼、焚化符籙不需要繁瑣的儀式，但也又一些特殊情況，如在閩臺民間廣泛流傳的太歲符，安奉時就需要一定的儀式。所謂「太歲」，是民間信仰的值歲神，戰國之前，古人根據歲星（木星）的運行來觀測天體運動和制定曆法，漢代把歲星神秘化，認為動土起宅、遷徙嫁娶等要避開太歲所經過的方位。如果在太歲方位上動土，就會挖出一塊會動的肉塊，這就是太歲的化身，動土者要遭殃，因此俗語說「不敢在太歲頭上動土」。至遲在宋代，太歲逐漸人格化，甚至十二甲子的每一年都有一命相應的太歲星君值守。

3　劉文三：《臺灣宗教藝術》（臺北市：雄獅圖書公司，1979年），頁110。

4　劉文三：《臺灣宗教藝術》（臺北市：雄獅圖書公司，1979年），頁110-111。

圖二　臺灣的符籙旗幟

如二〇〇一年的太歲星君是鄭祖，生肖屬蛇的，為本命年，俗信「太歲當頭座，無喜恐有禍」。生肖屬豬的與太歲相沖，俗信「太歲出現來，無病恐破財」。凡屬上述兩種生肖的人，要請安奉太歲符，以祈福禳災。為了方便善男信女安奉太歲符，有些宮廟在太歲符的背面寫明安奉儀式。主要有：可將太歲符安奉在廳堂、神佛位、灶君位等其他清淨之處。有的符籙的內容十分豐富，有圖畫、有文字、還有各種符號，一張符籙幾乎是這座宮廟的圖文並茂的廟史。如臺灣溪北六興宮的「媽祖大符」（圖三），符籙的中間為媽祖畫像等，右邊有一段文字寫道：「道光六年，湄州來臺三尊媽祖，元住笨港，分居新港大媽，北港二媽，溪北三媽，住在王提督公館。王提督籌備全島人士等建成六興宮正三媽廟宇。」符籙的左邊也有一段文字寫道：「王提督御駕奉迎正三媽進入正殿，速再調大媽、二媽、三媽、四媽、五媽香火，靈感顯化。經過十二年再調，合於三十二尊香火，奉祀千年祈念。」簡明扼要介紹了該廟的歷史。

圖三　臺灣溪北六興宮「媽祖大符」

　　筆者在福建古田臨水夫人祖廟收集到一張臨水夫人的符籙，長五十釐米，寬三十七點四釐米，由黃色油光紙為材料，四色套印而成，類似於招貼畫，是我所見到的尺幅最大、設計最精美、內容最豐富的符籙（圖四）。

圖四　精緻而大幅的臨水夫人符

二　咒語

咒又稱「咒語」、「禁咒」、「神咒」、「神祝」等，是遣神驅鬼的口訣，俗信具有某種神秘的力量。咒語起源於原始社會，此後一直不衰，最初是由神職人員掌握，「上不傳父母，下不傳妻子」。後來許多咒語流傳於民間，神秘色彩逐漸淡薄。咒語須念出聲，方有效力。咒語有可解與不可解之分，一般說來，嚴格意義上的宗教（如佛教、道教）的咒語不可解釋或不容易解釋，如佛教的「唵，金齒臨，玉齒臨，吽」的咒語就不知所云。而民間信仰中流傳的咒語則通俗易懂，甚至有即興創作、張口就來的咒語。俗信咒語神力無比，能令魑魅魍魎俯首聽命，具有與神靈降臨同等的功效。

在閩臺民間，咒語的種類很多，有什麼符籙幾乎就有什麼咒語，而且畫符和念咒經常結合在一起使用，俗信這樣更具神力。如火災後或發現火災的預兆（狗爬上屋頂），百姓多要請巫覡或道士來祈禱、鎮火，除了舉行祈禳儀式外，還要畫鎮火符，念鎮火咒。

又如：閩臺民間盛行的「收驚」儀式也往往符籙和咒語並用。俗信人有三魂七魄：三魂為胎光、爽靈、幽精；七魄為屍狗、伏矢、雀陰、穀賊、非毒、除穢、臭肺。人死之後，七魄隨軀體留在墓穴內，三魂要下陰間受十殿閻王審判。而人活在世上，魂魄不能離散，否則，輕者生病，重者死亡。特別是小孩因不慎突然跌倒或受到較劇烈的驚嚇，到夜晚哭鬧不停，大人便以為小孩的魂魄受驚嚇而離散，須舉行收驚儀式，借神力來壓驚，使魂魄返回小孩的身體內，才可保證小孩平安乖巧。臺灣有句民諺說：「沒收驚的囝仔飼未大漢」，意為沒有收過驚的小孩難以養育成人，反映了收驚在臺灣十分普遍。收驚有一定的儀式，諸如焚香、請神、燒紙錢等都是少不了的程式，通常還用茶杯或小碗裝滿白米，用受驚者的衣物覆蓋其上，拉緊捏住，倒反過來，然後在受驚者的臉上不停地晃動，並誦咒文三遍（或點一根香

的時間），咒文因人因地而異，常見的有「十二生肖咒」。

念咒完畢，然後小心翼翼地掀開覆蓋在米杯上的衣物，再根據上層米粒所顯現的形狀，來判斷受驚的原因。由於米杯被衣物拉緊，加上不停搖晃，米的表面自然不會像原來那麼平整，會出現豎立狀、半豎狀、裂紋狀、半倒狀、低凹狀等變化，收驚者認定這是神靈傳達的信號，豎立狀是被人嚇著，半豎立狀為自家邪神嬉逗所致，裂紋狀為禽獸所驚，半倒狀為他家邪神纏身，低凹狀為「土神問著」，即挖土或填地時沖犯土神所致。若沖犯土神，屬比較嚴重，僅是誦念上述咒文還不足以壓驚，不但要貼上「土神符」，同時還要加念「天師爺收土神咒」。

在道士主持的各種齋醮上，也少不了要念咒語，如閩臺民間常見的祈求神靈保佑兒童健康成長「過關」儀式上，誦念的咒語有「解結咒」、「消災咒」、「玄壇咒」、「真武咒」、「哪吒咒」，「天猷咒」、「雷公咒」、「奶娘咒」八種，其中「奶娘咒」被視為能消除一切災厄的總法咒，全文如下：

> 奶娘神咒，天靈天靈。陳氏夫人，閭山學法，觀音化身，奉行正法，護國救民。空中敕力，海中揚坪，除邪滅鬼，斬斷邪精。若求子息，抱送麒麟；若有產婦，奶便現影；若有苦難，奶便降臨；救度眾生，監生大神；南朝護國，大顯威靈；二十四歲，部領神兵；千千萬萬，傳法救民。吾奉奶娘神咒，急急如律令。

應該著重指出，符籙僅僅是一種文字夾雜著圖畫的符號，咒語也不過是帶有神秘色彩的語言信號，根本不可能招來神靈，降服妖魔鬼怪，當然也就不可治疾病、保平安了。那麼，為什麼符籙和咒語能從古代一直流傳下來，而且為千百萬人民所信仰？原因是多方面的，最根本

的原因是人們相信鬼神的存在，相信禍福吉凶均與鬼神有關，在這一觀念的支配下，求符籙和念咒語的神力所致，大肆渲染，逐漸成為一種思想定勢，代代相傳。實際上，符籙和咒語有時能治好人的病，並不是符籙和咒語在起作用，而是病人深信符籙和咒語的神力後，在客觀上解除了病人的思想負擔，精神振奮，從而充分地調動病人身體內部固有的潛在機能，消除病灶，恢復健康，這與強調只有樹立戰勝病魔的信心才能盡快康復的現代醫學理論並無二致，只不過符籙和咒語披上一層神秘的迷信外衣罷了。

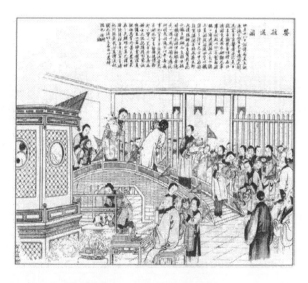

圖五　嬰孩過關（《吳友如畫報》，12-132）

第二節　驅邪治病

一　偶像治病

當百姓病重，醫家束手無策時，病家往往要到宮廟抬神像到家中，用豐盛的供品和隆重的儀式祭祀神靈，祈求神靈驅邪治病。請偶

像治病在古代福建相當普遍，特別是瘟疫流行時，迎神賽會更是常見。謝肇淛在《五雜俎》卷六中指出：「閩俗最可恨者，瘟疫之疾一起，即請邪神香火，奉事于庭，惴惴然朝夕拜禮，許賽不已。一切醫藥，付之罔聞。」一些宮廟，塑有許多神像以方便善男信女迎請。如民國初，「廈門福茂宮，內有清水祖師焉。……宋仁宗時以醫道成神，廈民奉之甚虔，稱之為祖師公。民間疾病，諸醫束手者，必延祖師公。延祖師公而猶不愈，謂其人必無生理。故廟內塑祖師公像甚夥，聽民間之延請。凡延請者，雇輿夫四人，擊鑼者一人，即可抬祖師公到家……」[5]。至今在福建民間，此舉雖不多見，但並非絕跡。

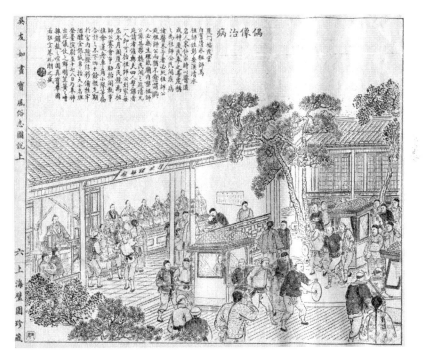

圖六　偶像治病（《吳友如畫寶》〈風俗志圖說上〉）

5　吳友如等：《點石齋畫寶》，上海市：上海文藝出版社，1998年。

二　抬神尋藥

　　久病不癒或病重不起，則有抬神尋藥之舉，此風在古代的福州、興化、泉州、漳州等地較為流行。志稱：「偶沾疾病，輕則召巫行符，重則迎神取藥，少延醫者。」[6]廈門、同安、泉州一帶，主要是抬神到藥鋪取藥。《廈門志》載：「疾病，富貴家延醫診視，餘皆不重醫而重神。不曰星命衰低，輒曰觸犯鬼物。牲醴楮幣，祈禱維虔。至抬神求藥，尤為可笑。以二人肩神輿行，作左右顛仆狀，至藥鋪，以輿杠頭遙指某藥則與之。鳴鑼喧嚷，道路皆避。至服藥以死，則曰神不能救民也。即有奸徒稍知一二藥性，慣以抬神為業者，官雖勸諭之，終不悟也。」[7]《同安縣志》載：

　　　　俗信巫鬼篤于信醫，病家每雇兩人扛一菩薩，以扛保生大帝為多，一人鳴鑼隨後，沿街遊行。遇人家藏有藥品，神停不行，名曰討藥。其家即拈香低聲念藥品，視神進退以定去取。神或旋繞奔突，則以筊擲之，得聖筊合，陰筊否。或到藥鋪，令藥鋪唱藥名而筊決之。無論是否對症，或成方與否，均服之不疑，甚有因而致命者，竟以天命諉之。吁，亦愚矣！[8]

清末泉州抬神求藥之風盛行，時人吳增在《泉俗激刺篇》〈佛討藥〉中寫道：

　　　　病人病勢劇，請佛去討藥。好藥不必人人有，總是佛爺好妙手。轎進步，藥則可；轎退步，藥則叵（不可）；有時不進亦

6　乾隆《德化縣志》〈疆域志・附風俗〉，卷3。
7　道光《廈門志》〈風俗記〉，卷15。
8　民國《同安縣志》〈禮俗〉，卷22。

不退，顛來簸去嚇殺我。百虛無一實，十分煎成七，毒如鉤吻根，咽之甘如蜜。甘如蜜，嗟何及，宛其死矣啜其泣。[9]

圖七　神檢藥（《吳友如畫報》，8-85）

漳州一帶除了抬神到藥鋪尋藥外，還有抬神到野外尋藥。清末施鴻保對此曾作了詳細地描述：

漳浦縣城隍廟有木皂隸。民有病者，舁其像行郊野間，群巫隨之搰鼓吹螺，過草木叢茂處，突一巫跳擲如醉，則止像拜之。其巫隨取草根、木葉、藤梢、竹枝之類，仆地睡去，群以為神

9　吳增：《泉俗激刺篇》〈佛討藥〉，見《泉州舊風俗資料彙編》（泉州市：泉州市民政局、泉州志編纂委員會辦公室，1985年），頁124。

賜之藥矣。俟巫醒，坐以彩輿，插花披帛，隨像而歸，以所取物煎飲。病者愈，則演戲酬神，而以金帛謝其巫。縣人莫不尊信，至稱為藥王大帝，且杜撰〈藥王出身記〉。雍正初，鄞縣陳汝咸以翰林改知縣事，始嚴禁之，並毀其像。今則此風復熾，維所舁非從前木像矣。[10]

又載：

舁神尋藥。下府各縣皆有舁神尋藥之俗，不獨漳浦木皂隸也。病家或舁社廟神，或舁家所祀神，顛簸而行，至藥肆前，像重，止不能行，隨取肆中藥，次呈像前，如是則像復輕，仍舁而歸，不論何藥，購而服之，雖死不悔。大抵閩俗，上諸府病則聽于巫，下諸府病則聽于神。[11]

　　臺灣地區抬神尋藥俗稱「觀輦」，據廟祝介紹，「觀輦」就是將神明、輦轎、幫忙的人手都請到家裡後，由民家燒香後，向神明稟家中誰有什麼地方不舒服，誠心祈求神明「觀輦」藥方。接下來就是抬神轎的人準備「起輦」，如果這家的室內夠寬，可以在大廳「起輦」，但通常都是在外埕比較多。「觀輦」是沒有附身的，完全是透過現場「擲筊」問神明是不是可以看病，如果是「聖筊」就可以將「輦轎」抬到病床邊，利用「輦轎」前面的竹子做的「轎柄」——那是一截圓圓瘦瘦的竹筒，將它放在病人手上把脈，一手看完了換另一手。過一會兒，等「輦轎」衝到房間外，就表示診斷完畢可以準備進入開藥方的階段。神明開藥方是非常仔細的，方法有兩種，一種是「派大藥」，也就是開藥方之後，到藥房抓中藥；另一種是「派青草」。在開

10 施鴻保：《閩雜記》〈木皂隸〉，卷7。
11 施鴻保：《閩雜記》〈舁神尋藥〉，卷7。

藥之前要先「擲筊」問清楚是哪一種，如果要「派大藥」，就要拿出「藥論」來看。「藥論」是一卷白布，上面密密麻麻寫了幾百種藥味。只要將「藥論」那塊布攤開在桌上，神明利用「轎柄」在布上指，指到哪一種，旁邊識字的人幫忙「擲筊」，喊「某某藥味對否？」如果是「聖筊」，就用筆記錄下來，再繼續看神明出哪一種藥味；如果遇到沒有「聖筊」的情形，同一排上下的藥味再問一下就對了。就這樣神明一邊「叩、叩、叩」的出藥方，旁邊的人一邊記下來，一直到差不多七八味到十多味藥方，就可以問神明是不是足夠了。等到所有的藥味都問齊了，再開始一種一種問分量多少，要多少水煎成幾碗。到這裡，差不多清楚了，剩下的就是拿藥方去中藥行抓藥。若是「派青草」就不用「藥論」，直接「輦轎」晃到路邊、田邊或是菜園等等，到一些什草長的旺盛的地方去找，旁邊的人就用菜籃提一隻、尖尾刀拿一支跟著去採青草。大概選好地點後，開始臨近的青草一種一種地問，問到「聖筊」的青草，就連根採到籃子裡，等採了七八種上下又一直求不到「聖筊」時，就知道藥味差不多夠了，再請示神明，是不是青草已足夠了。確定藥味之後，再問每一種的分量要不要再多採一點來補，如果足夠了，就可以將青草帶回民家。由於採的時候是連根拔，所以採回時還要「擲筊」問清楚用青草的「頭」（根）「骨」（莖），還是葉分量多少啦！水分多少啦！都要再問一遍。還有需不需要加「靈符」。[12]顯而易見，臺灣的「觀輦」與閩南地區的抬神尋藥基本一樣，是從閩南移植過去的。

三　扶鸞問藥

　　古代福建，扶鸞相當盛行，明代謝肇淛說道：「箕仙之卜，不知

---

12 詳見蔡欣茹訪談整理：〈黃財龍‧游金生先生訪談錄——尾塹保安宮保生大帝醫療佚事〉，《宜蘭文獻雜誌》1999年第37期，頁90-99。

起于何時，自唐宋以來，即有紫姑之說矣。今以箕召仙者，里巫俗師，即士大夫亦或能之。」[13]許多州府縣都設有專門用來扶乩的乩壇，除了問科舉題目、問禍福等外，問病討藥者尤多。如永安「遇疾輒請土神扶乩，問吉凶，采醫藥」[14]，惠安「鄉村之民，病則扶鸞抬神」[15]，金門「惑鬼神，信禨祥，病雖用醫，然扶鸞抬神問藥，延巫覡禳符燒紙，至死不悟」[16]，崇安「問乩卜紫姑之類也，邑人偶為之，以沙盤寫字，間或為人治病」[17]。閩侯青圃靈濟宮的扶鸞問藥活動早在五代後周顯德二年（955），就有「降筆判符藥以濟人，聲聞達于四方」[18]。宋元明時期，靈濟宮扶鸞活動十分頻繁，元代初年有人把靈濟宮歷代乩示編輯成冊，名《徐仙翰藻》，共十四卷，洋洋十餘萬言，其中也有一些是答問醫藥的。清末民國初，莆田、仙遊三一教祠堂也盛行扶鸞，編造了大量乩示。民國初，三一教徒將歷年乩示編輯成冊，名《鎮家寶》，共六冊，數十萬言。《鎮家寶》主要宣揚三一教教義，也有一些答問醫藥的。

　　清康熙四十年（1705）前後，扶乩從福建傳入臺灣，自然也就參與臺灣的民俗療法。咸豐之後，臺灣出現大量的鸞堂，民國以後遍布臺灣全省，如今仍有五百多座鸞堂，除了扶鸞為善男信女答問醫藥禍福外，不少鸞堂還編有鸞書，個別鸞書也涉及治病，如《聖道旅程》鸞書中就有以華佗仙翁名義發布的「治病訣」，宣揚：萬病皆由心生，人世間的憎惡、妄念、煩惱、焦躁，都是導致疾病的主因。要想治癒疾病，必須先去除病源；運動有助驅除病魔，疾病屬陰，運動能產生陽氣，當陽氣旺盛時，自然能趕走病魔；善行能治由怨尤、災害

13　謝肇淛：《五雜俎》〈事部三〉，卷15。
14　道光《永安縣續志》〈風俗〉，卷9。
15　乾隆《泉州府志》〈風俗〉，卷20。
16　民國《金門縣志》〈禮俗〉，卷13。
17　民國《崇安新志》〈禮俗〉，卷6。
18　《徐仙真錄》〈符藥濟人〉，卷1。

引起的「冤孽病」。有的鸞書中有各種治病符咒，如《幸福之道》收有「仙佛聖像金身開光點眼靈咒」、「安胎符」、「化骨符」、「鎮驚符」、「諸法水治病咒」、「救水治病咒」、「化身咒」，等等。臺灣鸞堂所信仰的神靈十分龐雜，多半以三聖恩主或五聖恩主為主，其他的則包括三清道祖、五老天尊、玉皇大帝、伏羲、神農、軒轅、三皇五帝、堯、舜、禹、三官大帝、南北斗星君、九天玄女、孔子、大魁夫子、倉頡聖人、中天玄靈高上帝、關帝、呂祖、玄天上帝、司命、王天君、岳飛、文昌七大恩主公、釋迦牟尼、藥師、阿彌陀、三寶仙、觀音、地藏、文殊、普賢、濟公、彌勒、清水祖師、保生大帝、媽祖、臨水夫人，張天師、城隍、福德正神，等等。[19]

在臺灣，有鸞堂的地方就有扶鸞問藥，有時扶鸞問藥的時間要延續幾個小時，臺灣宜蘭員山普照廟的廟祝游文衍說：「在扶鸞的過程中，尤其是遇到問病的狀況，有時神明會為了去取藥方而離寺，暫時

圖八　福建民間的扶乩問藥未絕跡

<hr />

19 詳見吉元昭野、陳昱審訂：《臺灣寺廟藥籤研究》，臺北市：武陵出版公司，1993年；王見川：《臺灣的齋教與鸞堂》，臺北市：南天書局，1996年；王志宇：《臺灣的恩主公信仰——儒宗神教與飛鸞勸化》，臺北市：文津出版社，1997年版。

中斷扶鸞。譬如說這個人的病需要一味比較特殊的藥方，或者是這個藥方的俗稱很多，有人這樣稱呼，有人那樣稱呼，為了不用錯藥起見，神明會直接不退靈，也就是靈還在主筆身上的情況下，去野外採集需要配藥的藥材回來做樣本，這樣配藥的人就可以拿著樣本去藥店配藥，或者是直接拿回去用。若是遇到這種情形，扶鸞的時間會拉得很長，一次就無法回答太多人的問題，所以有的人嫌麻煩等不及，或是症狀較不嚴重的，就乾脆用『求籤』來問也一樣。」[20]

　　臺灣一些宮廟的扶鸞問藥，不完全是針對個人的，遇到流行病，也會扶鸞出「公藥」供所有病人服用。如一九四五年臺灣光復後，宜蘭縣曾流行狂犬病，搞得人心惶惶。員山普照廟的佛祖就扶鸞出一方治療狂犬病的公藥，給病人服用，效果很好。根據《外員山普照寺藥籤本》的附錄中記載，此治療狂犬病的藥方是從上海商務書館印行的《增訂驗方新編》抄寫下來的，再由佛祖的名義公布。[21]

四　跳神覓藥

　　在福建許多地方，童乩經常以跳神的形式驅逐病魔，或開出藥方。清代施鴻保做了生動的描述：

> 降童即降神也，閩俗又謂之打童，上下諸府皆有之，而下府尤盛，皆巫者為之。云須自幼煉致一神，焚符則神附其自（當做「身」字），刀鑴水火皆不能傷。凡有疾病或失物，輒迎致之，其巫衣履亦如恆人，惟以紅布抹額，至者據高座，禱者焚

20　蔡欣茹訪談整理：〈游文衍先生訪談錄──員山普照寺廟公談觀音佛祖濟世佚事〉，《宜蘭文獻雜誌》1999年第37期。

21　蔡欣茹訪談整理：〈游文衍先生訪談錄──員山普照寺廟公談觀音佛祖濟世佚事〉，《宜蘭文獻雜誌》1999年第37期。

香燃燭，跪拜于下。少頃，巫起舞，散髮目瞪，則神來矣。左右二人急挾持之，隨自以小刀劃舌噴血，作符焚室四方，憑人所問，信口作答，語皆不甚明瞭，左右二人，代為傳述。將去，又自以小刀劃舌噴血作符，疾病者或令焚灰和水飲，或令貼床幃。……作符訖，其巫定坐如常時，則神去矣。[22]

福建地方志有不少跳神治病的記載。福建永安「閩俗尚鬼好巫，永亦不免，遇疾輒請上神扶乩問吉凶、采醫藥。治未效又以為鬼祟，非禳不解，召巫數輩，日夜鳴鉦擊鼓，跳躍喊鬧，費鈔無數，如是者雖死不悔」[23]。政和「民間疾病，醫藥罔效，輒請巫入家為儺，俗謂之『降童』。云神附其身，或教以藥，或教以禳，然效者一二，而不效居其多數」[24]。崇安「疾病難痊，即祝神占卦，以為祟非禳不解。召巫數輩，日夜鳴鉦鼓，跳躍喊鬧。親族遺以菜酒，號為『贈巫』。如是者雖死不悔」[25]。壽寧「俗信巫不信醫，每病，必召巫師迎神，鄰人竟鑼鼓相助，謂之『打尪』，猶云驅祟，皆饜酒肉于病家。不打尪，則鄰人寂寞，輒謗為薄。當打尪時，或舉家競觀，病人骨冷而猶未知者。」[26]同安「扛菩薩之外又有跳乩童。凡人有病，輒向神問吉凶，神每憑人而言，謂某鬼作祟，隨口派牲醴菜飯，冥鏹祭送，可保無事。不驗仍歸諸數。為乩童者多係無賴惡少，以此為業，裸體披髮，紅兜白裙，手執刀劍，自劖口背，血淰淰下；或割舌，以血為符；或擲鐵釘球，或翻釘床，或過刀梯，或過火炭、火爐、火城，非言朱、邢、李，即言池王爺、五顯帝、中壇爺、二大使，屢經地方官

22 施鴻保：《閩雜記》〈降童〉，卷7。
23 道光《永安縣續志》〈風俗〉，卷9。
24 民國《政和縣志》〈禮俗〉，卷20。
25 嘉慶《崇安縣志》〈風俗〉，卷1。
26 馮夢龍：《壽寧待志》〈風俗〉，卷上。

嚴禁，而陋習終不可除」[27]。

　　在臺灣，跳童覓藥之風不減於福建，志稱：新竹縣「遇病群相祈禱，曰『進錢補運』。金鼓喧騰，晝夜不息。有為乩童者，披髮露臂，手持刀劍剖額刺膚以示神靈，妄示方藥」[28]。噶瑪蘭「俗尚巫，疾病輒令禳之」[29]。民國時期，臺灣乩童多達數千人。據民國七年（1918）不完全統計，臺灣有乩童一千一百十四人，實際人數遠多於此。民國二十六年（1937）僅東石郡就有三百二十九人，民國三十年（1941）增至五百一十七人，臺南也有童乩五百七十八人。[30]臺灣的童乩有的會開藥方，有的僅以畫符為藥方，有的則替人按摩以舒筋骨。據福田增太郎《臺灣之宗教》中介紹，同一種病，不同的乩童所開的藥方也不一樣。

五　落地府

　　落地府又叫「落獄府」，施用於病危者。俗信病危者的靈魂已墜入地獄，請來巫覡作法，吹角鳴鼓，誦念《落獄探宮科》咒文，讓巫覡入地獄詢問閻羅王有關病因及處置辦法。在閩北，落地府又叫「落陰」，志稱：「俗有女巫，自謂能以魂魄出入陰府，有疾病者多叩之，謂之問陰。其說謂陽間一人，陰府一花樹，病者則花樹枯槁，或被蟲齧，或被鬼傷。語多支離，而人民竟有信者，殊不可解。」[31]臺灣地區稱落地府為「進花園」，孕常流產或嬰兒常夭折及嬰兒發育不良，俗謂通往閻王府的途中，有一關隘名叫六角亭，那裡的花園常年失

27　民國《同安縣志》〈風俗〉，卷22。
28　康熙《諸羅縣志》〈風俗志〉，卷8。
29　光緒《安平縣雜記》〈僧侶並道士〉。
30　國分直一：〈童乩的研究〉，《南瀛文獻》第8卷。
31　民國《政和縣志》〈禮俗〉，卷20。

圖九　過陰關亡（《點石齋畫報》，9-72）

修，花朵不佳，根部腐爛，因此要請巫覡鳴吹角鼓，誦念〈落獄探宮科〉咒文，手舞用五色紙裝飾的甘蔗，施行修花園儀式，俗信這樣才能消弭病因。

六　脫身

　　脫身又叫「替身」，俗信病者的靈魂被惡鬼捉去，須做草人或紙人作為病者的替身，請巫覡作法後，將替身扔在遠離病家的十字路口，讓惡鬼捕捉，而招回病人的靈魂。此俗由來已久。明代謝肇淛說道：「今俗人家患病，篤道士為作醮，祈禳以紙為人，名曰替身，此鄙俚可笑之極。及讀《閑窗括異志》載：都頭李遇病困，魂至陰府，有一相識先死者曰：『常侍安得來此？』俄有一人曰：『已追到李

遇。」遇乃得蘇，見妻子環泣，身下臥一畫人，號為替代云。乃知此俗已久。嗚呼！閻君竟可以替代欺乎？」[32]

七　補運

　　在臺灣，有些人認為生病是由於「厄運」降臨所致，所以要舉行「補運」法式，驅逐厄運，病情就會好轉起來。「簡式」的補運只要到宮廟燒香禮拜，供上米糕，或者請道士或巫覡在廟中施行簡單的法式，為之消災解厄即可。若是病重，就要請道士或巫覡到家中設道場，舉行「補運大典」。補運大典俗稱「作司」，儀式繁瑣。作司前，先供上三清、閭山、西王母、左頭陀、右頭陀等神像，並抬出五番牌，然後敲鑼打鼓、鳴笛。接著請神、誦經，先後為灶神井神上供，祈求平安。隨後巫覡手持白扇，邊舞蹈邊誦經，並焚化寫有病人姓名的疏文於門口。接著，巫覡口念請神咒語，走進病人的寢室，掛上五雷、五昌神像，供上生豬肉五碗，小碗祭品十種，誦念「押煞」咒文，並行「祭送」法術，將作祟的鬼魔惡煞趕出門外。至此，作司才進行一半，接著還有畫符念咒、「祭五昌」、「拔碗卦」、「送火」、「送神」等儀式，折騰了大半天才結束。

八　乞符籙香灰

　　在閩臺民間，尤其是在古代醫療條件比較落後的鄉村，家人生病了，最常見也是最簡單的對付方法就是到附近宮廟燒香祈禱，向巫覡乞取符籙回家貼在病人的臥室門上，或掛在病人的蚊帳上，或焚化成灰沖開水給病人喝，俗信這樣就可以趕走惡鬼或化解惡煞，家人的病

---

32 謝肇淛：《文海披沙》〈替代〉，卷7。

自然就會好起來。在閩臺民間，治病符種類很多，百姓有什麼疾病，就有相應的治病符。當然，與治病符相輔相成的治病咒語也是幾乎囊括所有的病症。民國初，廈門曾發生瘟疫，當時有位名叫施少欽者，畫了五千多道「辟邪治疫靈符」，送給病人吞服，據說竟能「奏效如神」。吳友如先生專門為此畫了一幅題為「請符治病」的風俗畫。

　　乞香灰又稱「乞爐丹」，俗信宮廟神像前香爐中的灰燼具有特殊的神力，病人喝了用白開水沖的香灰，勝過靈丹妙藥。所以舊時在閩臺民間，家裡有人生病，往往不找醫生診治，而是直奔他們認為最靈驗的神廟，燒香禱告後，從香爐中抓取少許香灰回家給病人沖服。在臺灣一些地方，乞香爐除了焚香禱告外，還要投筊來占卜神明是否允許，乞香灰治病至今在民間仍可見到。

圖十　請符治病（《吳友如畫寶》〈古今談說圖上〉）

九　巫覡驅邪治病的奧秘

巫覡為人驅邪治病，是鬼神迷信和醫療衛生落後相結合的產物，毫無疑問，它與科學相對立，阻礙了醫學的發展和普及。在歷史上，不知有多少人因信巫不信醫而冤死於巫覡之手！古代一些有識之士對信巫不信醫的陋習也深惡痛絕，曾予以猛烈地抨擊，甚至試圖依靠行政力量來改變這一陋習，如宋代蔡襄、陳淳，明代馮夢龍等就先後在莆田、福州、安溪、壽寧等地下令禁止巫覡治病。清末泉州吳增在《泉俗激刺篇》中對巫覡驅邪治病的欺騙性做了深刻地揭露，認為「百無一實」，並發出「安得西門豹，投之濁流死無赦」的怒吼。[33]宋象之在〈閩中吟〉對巫覡驅邪治病也進行了鞭撻，詩云：

> 南人素尚鬼，閩中久成俗。遂使狐鬼祠，多于編泯屋。
> 釀錢輒報賽，老幼紛爭逐。牛鬼與蛇神，時亦為禍福。
> 往往降巫身，能為人詛祝。猙獰紅帕首，騰擲亦垂足。
> 日暘暘忽雨，曰病病者篤。東鄰有窮叟，杖藜方向哭。
> 自云十歲兒，神怒偶然觸。臥病已經旬，靈巫幸見恤。
> 欲得神明歡，須蠲九百粟。所恨粟難得，自分成煢獨。
> 有客聞此言，氣憤雙眉蹙。笞巫毀其神，病者起食粥。[34]

但是，古代文獻在更多地方記載的是巫覡治癒各種疑難病症的事例，我們在福建民間調查時，也聽到不少類似的事例，有些寺廟還懸掛著許多寫著「神醫」、「國手」、「起死回生」、「藥到病除」之類的匾額、錦旗，甚至還貼著善男信女病癒後寫的感謝信。儘管古代文獻和今天

---

33 吳增：《泉俗激刺篇》〈神姐〉，收於《泉州舊風俗資料彙編》（泉州市：泉州市民政局、泉州志編纂委員會辦公室，1985年），頁121。

34 民國《政和縣志》〈禮俗〉，卷20。

當事人的口述，難免有誇大溢美的成分，但也不能武斷地斥之為子虛烏有，純屬捏造。應該承認，巫覡為人治病，在迷信的外衣下也包含著某些科學的成分，有時確實能治癒一些病痛，甚至疑難病症，這也是其得以長期存在的重要條件之一。

巫覡之所以有時會治好某些病痛，其奧秘至少有二：

首先，許多古人以為患病是由於惡鬼纏身所致，而要趕走惡鬼，就必須請神明幫忙，而要請來神明，非巫覡不可，古人的這種思維定勢，在今天大多數人看來是十分荒唐可笑的，但許多古人卻深信不疑。巫覡在為人治病時，往往要舉行一定的請神驅除惡鬼的儀式，在客觀上解除了病人的精神負擔，有時喝了香爐灰水、符水後，很快痊癒，其奧秘就在於此。巫覡無不強調病人要有虔誠的信仰，強調「信則靈，不信則不靈」，鼓吹能否治好病在於「其信之篤與不篤」[35]，目的不外是解除病人的精神負擔，調動病人身體內部潛在的機能，消除病灶，當然也為治不好病準備托詞。有些廟宇判方救病的對象僅限於貧窮人家，因為巫覡們深知富貴人家有錢請醫生治病，對符水香灰之類的功效半信半疑，「多思求而不服，服而中阻者十之九」[36]，所以效果不佳。窮苦人家無力請醫生治病，把一切希望都寄託在神靈身上，「唯神是聽」[37]，故治好病的可能性大些。總之，疾病的痊癒既不是巫覡請來神明趕走惡鬼的結果，更不是香灰符水的「神效」，而是病人自身的潛在機能起作用的結果。然而給兒童收驚就無法用心理暗示的理論來解釋，所以臺灣有些學者便認為是「不可知」的力量在起作用。其實不然，收驚的奧秘在於其儀式限於下午至半夜之前進行，一般是在受驚嚇的兒童似睡非睡時請巫覡或「收驚仙」、「收驚婆」來念咒，念咒的時間長達二、三十分鐘，喃喃的念咒聲本身就具有催眠的

---

35 嘉慶《江左洋嶼田忠堂鄭氏世譜》第4冊《齊天府建廟記》。

36 嘉慶《江左洋嶼田忠堂鄭氏世譜》第4冊《齊天府建廟記》。

37 嘉慶《江左洋嶼田忠堂鄭氏世譜》第4冊《齊天府建廟記》。

作用，加上用衣服包裹的米蛊在兒童的臉上不停地晃動，催眠的效果
更顯著，二、三十分鐘後，受驚嚇的兒童自然就睡著了，兒童一睡
著，對消除驚嚇有很大的好處。另外，念咒收驚一般要連續進行三
天，每天一次，兒童受到一般的驚嚇經過三天的精心護養，自然而然
會好轉起來，倘若仍煩躁不安，也正好證明收驚儀式並無什麼「不可
知」的力量在起作用。

　　其次，一些巫覡掌握一定的醫藥知識，還有一些民間秘方，如果
對症下藥，是能治癒一些常見的病甚至某些疑難病症。如明末福州洋
嶼齊天府內，主持扶乩判藥的是古田人鄭宗芳，此人「少習醫理，留
心活人，不取一鈔。夜看感應篇，晝行善事，因膺玉命，在此守爐，
判方救病」，所以「取乩告于神，指其病立驗」[38]也就不足為奇了。又
如上面提到的臺灣宜蘭員山普照寺廟祝游文衍先生，年輕時曾經與醫
生陳玉枝學習詩歌，同時，也向他學習了一些中藥知識，他說：「一
些較深入的中藥藥性的探討，我並沒有去研究，但是許多基本的藥方
和療效倒是在陳玉枝先生的言談中吸收不少，再加上佛祖廟也常有神
明聖示的藥籤，因此加加減減的總有一些粗淺的瞭解。」[39]由於職業
的關係，巫覡的消息比較靈通，誰家遇到什麼麻煩，得了什麼病，他
們大多瞭如指掌。即使不知道詳情，他們到病人家作醮時，通過旁敲
側擊和察言觀色，也能套出大概情況，使他們開出的藥方有時也能對
症下藥。前面介紹的抬神尋藥、扶乩問藥、跳童覓藥都屬這一類型，
在迷信的外衣下，多少包含有一些科學的成分，加上病人認定神明賜
予的藥（包括香灰符水等）乃神丹妙藥的心理作用，有時很一般的藥
確能取得神奇的效果。

　　求神治病多是一些過於貧困看不起病的人家所為，或者是醫生不

38　嘉慶《江左洋嶼田忠堂鄭氏世譜》第4冊《齊天府建廟記》。
39　蔡欣茹訪談整理：〈游文衍先生訪談錄──員山普照寺廟公談觀音佛祖濟世佚事〉，
　　《宜蘭文獻雜誌》1999年第37期。

能醫治的疑難病症及危重病人，無論是從歷史還是從現實出發，也許
還有其一定的合理性。但巫覡為人驅邪治病歸根結底是一種愚昧落後
的迷信行為，雖然有時也會治好病，「然效者一二，而不效者居多
數」[40]，「服效歸功於神，不效謂之壽算該盡」[41]。清代周瑚在《諭俗
令》中曾諄諄教導百姓：「有疾痛，用針砭，莫好鬼，事禳遣。」[42]在
科學昌明的今天，仍有一些人尚未醒悟，把寶貴的生命交給巫覡擺弄
因而命喪九泉的事件時有所聞，令人痛心。

第三節　藥籤

藥籤的產生是一個非常複雜的歷史現象。一方面，從醫學發展史
的角度審視藥籤的產生，也許可以說，藥籤也是醫學發展到一定階段
的產物，正由於醫學的發展，使一些巫覡不得不承認醫藥的功效要優
於宗教的符咒，為了與醫生爭奪患者，他們開始從祖先的醫藥寶庫中
吸取營養，尋找方便、簡捷、有效的藥方制成藥籤，供百姓占取，以
增加巫覡為人驅邪治病的成功率。另一方面，藥籤的出現從某種意義
上說，又是醫學屈服於宗教的產物。醫學的發展，對宗教的民俗療法
必定會產生巨大的衝擊，然而，具有數千年傳統的民俗療法在民眾中
的影響可謂是根深柢固，很難在短時間內被沖垮，一些醫生不得不屈
服於傳統的勢力，參與製作藥籤，以此作為普及醫藥的途徑。歷史就
是如此有趣，往往能把看起來是相互矛盾的事物，不可思議地把它們
奇妙地結合在一起，產生新的事物。現在，在中國其他地區，藥籤基
本退出歷史舞臺，而在閩臺的一些地方，藥籤仍然發揮固有的作用，
以驚人的生命力頑強地延續著。

---

40 民國《政和縣志》〈禮俗〉，卷20。
41 乾隆《海澄縣志》〈風土志〉，卷15。
42 光緒《邵武縣志》〈風俗〉，卷9。

　　藥籤與靈籤一樣均為竹製長條，上方標有號碼，由數十支或數百支組成一套，放入籤筒內。占卜者與抽蔥事籤一樣，須點香禱告，再搖晃籤筒，待其中一支從籤筒中跳出後，便持此籤擲筊，若得「聖筊」，占卜便認定此籤乃神明所賜，根據籤上的號碼，與廟祝或巫覡查對記錄。與靈籤不同的是，藥籤明確記載由若干藥物組成的藥方，而不是模稜兩可的籤詩。占卜者均深信藥籤上的藥方是靈丹妙藥，能起死回生，按藥籤上所記載的藥方配製給病人治療。

　　流傳於民間的藥籤或貫以某神明的名字，如呂祖藥籤、黃大仙藥籤、關帝藥籤、觀音藥籤、城隍藥籤、藥師佛藥籤等，或貫以名醫的名字，如華佗藥籤、保生大帝藥籤等，或貫以宮廟名字，如天仙娘娘廟藥籤，南竹寺藥籤、西龍寺藥籤、碧雲寺藥籤、三平寺藥籤、帝君廟藥籤、碧陽宮藥籤、朝天宮藥籤等。大多數藥籤直稱「仙方」或「神方」、「靈方」，如呂祖仙方、博濟仙方、呂祖神方、觀音靈方，披上一層神聖的外衣。藥籤最初是不分科的，後來為了適應善男信女的需要，有的藥籤分「男科」、「女科」、「外科」、「目科」、「幼科」等不同科目，善男信女可根據性別或所患的疾病有針對性地占取。當然還有不少藥籤仍然不分科，無論男女老少患何種疾病均可占取。

圖十一　閩臺有些宮廟備有藥籤筒，供信眾占卜

　　近年來，筆者在從事靈籤的研究時，收集到了一百多種藥籤，實際上福建的藥籤也遠不止此數，《長泰縣新志》記載：「病不求醫，事不酌理，生死禍福托諸神，內宮、南門嶽廟、外武廟等處均有恫書藥籤。愚矣！男女趨之若鶩。」[43]臺灣地區的藥籤也不少，日本學者吉元昭治在臺灣收集十二種藥籤，他認為，「在臺灣，藥籤的分布以南部最多。」[44]宋錦秀女士也在臺灣收集十餘種藥籤。[45]閩臺藥籤的種類很多，從外在的形式區分，主要有四種：

（一）只有藥方的藥籤。其中有的藥籤上方標有宮廟或神明的名稱，下方右側標明藥籤的號碼，左側寫明藥物的名稱和用量；有的藥籤上的藥物不標明用量，由藥劑師靈活掌握。如福建龍海紅滾廟、平和碧雲寺、臺灣北港朝天宮、南鯤鯓代天府等多數藥籤屬於此類。

（二）除了標明藥物及用量外，藥方之前或之後配有籤詩，說明病症等。流傳於武夷山西龍寺、臺灣宜蘭三星保安宮和頭城喚醒堂的藥籤均屬於此類型。

（三）把藥名和用量嵌入詩歌中。上杭縣東竹寺佛藥籤和寧化縣藥王廟藥籤均屬於此類型。

（四）少數藥籤上沒有藥方，只有哲理詩或勸善詩等。

　　在閩南和臺灣，保生大帝廟很多，其中不少保生大帝廟都備有藥籤供信眾占卜，保生大帝藥籤可以說是閩臺影響最大的藥籤了。

　　舊時通行的保生大帝藥籤有手抄本和木刻簡，現存最古老的木刻簡保生大帝藥籤，藏於龍海縣蓮花鄉後村紅滾廟內的，共一百八十四

43 民國《長泰縣新志》〈地理‧風土‧風俗〉，卷4。

44 吉元昭治著、陳昱審訂：《臺灣寺廟藥籤研究》（臺北市：武陵出版公司，1993年），頁117-118。

45 宋錦秀：〈臺灣寺廟藥籤彙編：宜蘭醫藥神的系統〉，《宜蘭文獻雜誌》1999年第37期。

圖十二　閩臺保生大帝藥籤

首，其中內科一百二十首，兒科二十八首，外科三十六首，「是清道
光丁酉年（1837）太學生宋元輝、宋登輝刻版計方的，是目前發現的
時間較早，保持最完整的木刻簡」[46]，十分珍貴。而手抄本藥籤因輾
轉抄襲，或根據當地的實際情況或增或刪，藥籤的數量多寡不一，有
較大的差異。閩南許多保生大帝廟使用鉛印本藥籤，全稱《玄光寶鏡
人集》〈保生大帝濟世仙方〉，據說是一九五一年由臺灣人林六善等人
口述整理的，改革開放後才傳入閩南。

　　關於保生大帝藥籤來源和創始時代，其信眾認為形成於宋末元
初，「考其花橋藥籤出處，據《溫陵探古錄》所云：始于宋末元初，
因宋末一大批達官貴人及名醫在元初建制之初，不願為其所用，紛紛
遁入宗教界以避兵燹和迫害，於是與真人嫡傳門徒共同編撰藥方，刻
製藥籤，利其病家。……（清末民初舉人）楊巽南並將原藥籤進行認
真研究、篩選，結合斯時的社會情況，按內。外、婦、孺四科的實際
需要，重新制定出療效更為確定的藥籤」。[47]又說：「真人羽化後，其

46 黃躍東：〈保生大帝藥籤探微〉，《吳真人學術研究文集》，廈門市：廈門大學出版
　社，1990年。
47 泉州花橋慈濟宮贈藥義診所董事會編：《泉州花橋慈濟宮》內部出版，頁17。

圖十三　福建晉江寶泉庵及其藥籤

門徒弟子及社會賢達在真人創立的方劑藥物基礎上，逐次編纂為藥籤，方便病家所需，並按方炮製丹、膏、丸、散、露及單味草藥，為病家所用。歷元、明、清、民國以降，經過歷代名醫的遴選增減，已為花橋慈濟宮的善舉之藥，且聲名遠揚，民眾所崇，香火鼎盛。」[48]不少學者也同意此說，並根據流傳在民間的藥籤來探討吳本的醫學思想。筆者以為，保生大帝藥籤並不是吳本所創，而是後世人集古代成方和民間常見驗方而成的。

　　由於近代之前閩臺地區的醫療衛生比較落後，巫術盛行，因此，藥籤在這裡廣為傳播，除了保生大帝藥籤外，還有媽祖藥籤、三平祖師藥籤、開漳聖王藥籤、清水祖師藥籤、大眾爺藥籤、太史公藥籤、華佗藥籤、呂祖藥籤等等。閩臺藥籤關係密切，以下兩個例子具有典型意義：其一是關於臺灣宜蘭員山普照寺的藥籤，據該廟的廟公介紹，普照寺的藥籤「最早是從大陸傳過來，但是大陸的氣候和習慣畢

48 泉州花橋慈濟宮贈藥義診所董事會編：《泉州花橋慈濟宮》。

竟和我們這邊不同，所以一直用舊有的藥籤也不是辦法，因此在民國
三十年（1941）初，佛祖開始利用扶鸞的時候修改藥籤，大概是一次
改十首，花了將近兩年的時間才修改完。……（分成五大科）加起來
近四百首」[49]。其二是晉江深滬寶泉庵藥籤，清咸豐年間，臺灣協慶
號的船員為了方便在經常停靠的福建晉江深滬寶泉庵看病，不但請來
了學甲慈濟宮的保生大帝神像，還千方百計徵集臺灣大甲慈濟宮的三
百二十四方藥籤，並保留其中「金匱丸」、「保齡丸」、「夜光散」、「七
針丹」等七方秘方，其餘的藥方均刊印出來，置於寶泉庵，供人求
取。清末民國初，晉江金井的跌打傷醫師曾廣濤，將自己從醫幾十年
的經驗中整理出一百條藥方，並住在寶泉庵內，每日通過葡筊的方式
與保生大帝修訂藥方，歷時三個月，從此寶泉庵增加了一百首跌打傷
藥籤。後來由於「文化大革命」等政治原因，寶泉庵的藥籤印版多半
失散，經董事會收集整理，訂正一些錯誤，改換第21和第25首的外科
藥籤，重新刊印，據說每年被抽取的藥籤有數萬張之多。[50]上述兩個
例子既能在一個層面說明保生大帝藥籤形成的過程，也真實地反映閩
臺之間民間信仰交流的歷史。

　　保生大帝藥籤一般分內科（大人科）一百二十首、外科六十首
（28首）、兒科六十首（36首）。關於保生大帝藥籤的特點，許多學者
進行深入研究，綜合起來，有以下幾點：

　　第一，重視健脾和胃。如在青礁慈濟宮藥籤（內科）和白礁慈濟
宮藥籤（內科）的120中，有51方是關於治療脾胃病的，占總數的
42.5%。其中健脾理氣法18方（青礁慈濟宮藥籤第8、9、12、17、
21、26、40、47、49、55、71、95、105、108、114首和白礁慈濟宮
藥籤第1、58、111首），健脾清熱化濕法12首（青礁慈濟宮藥籤第2、

49　蔡欣茹訪談整理：〈游文衍先生訪談錄——員山普照寺廟公談觀音佛祖濟世佚事〉，
　　《宜蘭文獻雜誌》1999年第37期。
50　黃良編：《晉江攬勝》（臺北市：國際文化出版公司，1998年），頁62。

3、24、33、34、51、53、63、68、91、110首和白礁慈濟宮藥籤第97
首)、健脾驅蟲法3首(青礁慈濟宮藥籤第65、96首和白礁慈濟宮藥籤
第76首)、健脾溫中法7首(青礁慈濟宮藥籤第24、32、38、50、60、
79、109首)、健脾養陰法三首(青礁慈濟宮藥籤第16、77、101首)、
健脾益氣養血法9首(青礁慈濟宮藥籤第76、84、88、90、99、107首
和白礁慈濟宮藥籤第92、104、120首)。[51]又如在紅滾廟保生大帝藥籤
(內科)共有189味藥物中入脾、胃、大腸經者達117味,占藥物總數
的62.75%。藥籤還重視以「有情血肉之品」來健脾和胃,其中有情血
肉之品類12種,配合成有情血肉之藥方19方,占15.83%。[52]

　　第二,用藥輕簡。據統計,在青礁慈濟宮藥籤(內科)和白礁慈
濟宮藥籤(內科)的120方中,單味4首、2味4首、3味35首、4味42
首、5味24首、6味7首、7味2首、8味2首。可見,藥籤的用藥多在5味
以下,占90.83%。每味藥的劑量也很輕,一厘1味,一分3味,二分6
味,三分51味,四分53味,五分48味,六分8味,七分13味,八分23
味,一錢162味,一錢半20味,二錢20味,三錢7味,四錢3味,五錢3
味。可見,藥籤的每劑用藥量多在一錢以下,占87.41%。[53]紅滾廟保
生大帝藥籤(內科)的用藥量也很輕,在189味藥物中,一錢以下的
占92.1%,平均用量9.14分,最多的藥方為八味,最少的藥方為一
味。[54]

　　第三,以單方、驗方、草藥為主。紅滾廟保生大帝藥籤(內科)

51 涂福音、吳耀南:〈慈濟藥籤中治脾胃病的組方淺析〉,羅耀九主編:《吳真人研
　　究》,廈門市:鷺江出版社,1992年。

52 黃躍東:〈保生大帝藥籤探微〉,《吳真人學術研究文集》,廈門市:廈門大學出版
　　社,1990年。

53 王宛成:《淺析慈濟宮藥籤用藥之特點》,羅耀九主編:《吳真人研究》,廈門市:鷺
　　江出版社,1992年。

54 黃躍東:《保生大帝藥籤探微》,《吳真人學術研究文集》,廈門市:廈門大學出版
　　社,1990年。

的189味藥物中，中藥138味，占73.1%；中草藥32種，占16.77%；中成藥8種，占4.23%；使用有情血肉之品12種，占5.86%。處方中，除成藥外，其餘均為單方、驗方。重複使用5次以上的常用的藥物有28種：鳳凰退、燈心、白朮、淮山、菊花、蓮子、金櫻子、淮牛七、木通、鱉甲、公石松、當歸、蟬蛻、枳殼、麥冬、白芷、甘草、甘菊、柿蒂、生薑、木賊、茯苓、川連、沉香、黑棗、人中白、山棗、朱砂等。[55]青礁和白礁慈濟宮藥籤（內科）的情況基本相同，單純用草藥組成的處方有9方，以草藥為主配合中藥的有49方。常用的藥物有50種，與紅滾廟保生大帝藥籤（內科）相比，除鳳凰退、燈心、茯苓、蟬蛻、人中白相同外，其他的均不同，它們是：風蔥、馬尾鬚、江西松、綠豆殼、馬蹄香、油蟲沙、冬瓜、白豆、烏豆、白胡椒、柳枝癀、鐵釘、金桔餅、紅糖、赤殼朮谷、松花粉、柿果、鹿肚草、蓮房、桃寄生、香菇、金針花、苦桃葉、白木耳、秋石丹、蛇退、山甲、蜈蚣、金沸草、赤葭藜、鹿胎、柿霜、生蚶、銀器、生蝦、桂圓、冰糖、鳳尾草、虎頭骨、韭菜、七層塔、赤榕皮、海鹽、海參等。[56]

　　第四，遣方用藥注意因地制宜。保生大帝藥籤的遣方用藥都是根據閩南的實際而製作的，如閩南地處東南沿海，氣候炎熱潮濕，因濕熱引起的脾胃病比較常見，保生大帝藥方中有關健脾清熱化濕的方藥有十多方，常用的藥物有土茯苓、赤茯苓、扁豆、香薷、淡竹、六一散、川連、黃芩、黃柏等，突出閩南地區的特色。[57]如閩南地區的百姓常患風濕病，紅滾廟保生大帝藥籤（內科）使用諸風藥和淡滲利濕藥共32味，占總數的24.6%。再如，由於氣候和營養等影響，在古代

55 黃躍東：《保生大帝藥籤探微》，《吳真人學術研究文集》，廈門市：廈門大學出版社，1990年。

56 黃躍東：〈保生大帝藥籤探微〉，《吳真人學術研究文集》，廈門市：廈門大學出版社，1990年。

57 涂福音、吳耀南：〈慈濟藥籤中治療脾胃病的組方淺析〉，羅耀九主編：《吳真人研究》，廈門市：鷺江出版社，1992年。

閩南地區，水腫病也較為常見，青礁慈濟宮的藥籤中就有33方可用以
治療水腫病，其中疏解利水1方、清熱利水4方、健脾清肺利水4方、
健脾滲濕6方、溫補脾胃2方、補腎5方、補腎利水2方、消導利水3
方、祛風利水2方、活血（化瘀）利水3方、行氣利水1方。[58]

　　最後談一談藥籤上的藥方是否符合藥理，其治療效果如何。筆者
曾將藥籤的藥方請教過老中醫，老中醫認定為基本符合藥理。筆者在
田野調查時，信徒均異口同聲說藥籤十分靈驗，許多備有藥籤的廟宇
還掛滿信徒贈送的書寫有「妙手回春」、「藥到病除」之類讚揚詞的錦
旗，甚至牆上還貼有服用藥籤而病癒的信徒書寫的感謝紅榜。有關文
獻也有記載，如近代著名的翻譯家林紓在《鐵笛亭瑣記》「大王」條
寫道：「余少時季父靜庵先生病臥，久不起，祖母陳太孺人，命予禱
於（醫官）大王之祠，得藥籤，按籤取藥服之，一劑立愈。」由於筆
者對中醫學知之甚少，所以對此問題不敢妄加評論。龔葆中在《孚佑
帝君藥籤書後》反駁社會上對藥籤的種種責難，認為藥籤對「貧寒困
苦」者有好處，他說：「困厄則呼天，疾病則呼父母。呼天必疾病，
窮困之秋，其力弗克延醫，不能購藥于時，不求于冥冥，又何求耶？
又誰為之拯耶？果有良醫，為力足以延之，藥貲雖貴，亦在所弗恤，
人豈甘心舍昭昭而入冥冥耶？」又說：「仙方皆足以活人歟？驕縱淫
佚，放僻邪侈，有所恃無忌矣，仙方不足以活人歟！鰥寡孤獨，貧寒
困苦，誰博施而濟之，神而明之，存乎其人。」前面提到的臺灣員山
普照寺廟祝游文衍也感慨萬千地說：「以前醫學不發達，再加上沒錢
看病，所以遇到急症來求佛祖藥籤的非常多。」又說：「在那個年代
一般都是貧窮人家，已經是沒有錢看醫生，才來求助。」[59]龔葆中和

---

58 杜錦海：〈慈濟東宮治療水腫病藥籤探析〉，羅耀九主編：《吳真人研究》，廈門市：
　　鷺江出版社，1992年。
59 蔡欣茹訪談整理：〈游文衍先生訪談錄——員山普照寺廟公談觀音佛祖濟世佚事〉，
　　《宜蘭文獻雜誌》1999年第37期。

游文衍先生的一席話，實際上點明了藥籤長期得以存在的社會根源。
隨著經濟的發展和醫療衛生條件的改善，無論是福建還是臺灣，藥籤
的影響大大縮小了，相信在不久的將來藥籤將從宮廟中完全消失。

圖十四　廟祝在信仰療法的對症下藥中扮演重要角色

　　還應該指出，藥籤上的藥方，絕大多數是一些清火、滋補、強肝
之類的處方，使用的草藥常見的有甘草、茯苓、熟地、當歸、陳皮、
牛七、淮山、砂仁、肉桂、人參等等，絕不用劇烈藥方，病人服用
後，即使不對症，治不好病，也不會傷害身體。為了避免吃錯藥，廟
祝們想出許多辦法來補救，一方面把藥籤分為大人科、小兒科、婦
科、眼科、外科等，另一方面有些藥籤明確注明什麼病該吃什麼藥。
臺灣有些藥籤簿由廟祝保管，求籤者得了籤號後，交給廟祝，由廟祝
將藥籤上的藥方抄給求籤者，甚至指定到那一家藥房抓藥。也有的廟
宇把藥籤簿直接放在中藥鋪中，病家抽取籤號後，憑籤號直接到那家
中藥鋪抓藥。還有的宮廟在廟內設有中藥鋪，為占卜藥籤者服務。無

論是管藥籤的廟祝還是開中藥鋪的老板，都深諳藥性，兼通藥理，他們在抄寫藥方或配藥時會有意識地詢問病情，並及時調整藥方、藥量，盡可能做到對症下藥，因此一般不會出太大的差錯。而俗信藥籤是在神明的恩准下求得的，患者自然對藥方產生信任感，有時還真能「藥到病除」。即使萬一吃錯藥而導致嚴重後果，百姓不會也不敢怪罪藥籤，因為他們相信「人會誤人，神繪誤人」。神都救不了，只能怪自己命該如此，宮廟可以把責任推得乾乾淨淨。

第九章
扶乩、跳神與靈籤

　　扶乩又稱扶箕、扶鸞等，是一種相當古老的占卜活動。古代福建扶乩活動相當盛行，至遲在五代時，就有扶乩之舉。宋代以後，扶乩活動遍及全省，不少地方設有乩壇，定期扶乩。一些文人士大夫也參與此事，除了向禍福吉凶、問病討藥外，還有問科舉題目的，不一而足。臺灣扶乩源於福建，其歷史遠不及福建久遠，但發展極快，民國時已遍布臺灣城鄉，至今仍有五百多座乩壇。在日據臺灣時期，一些宗教人士還借扶乩來發動戒除鴉片運動，以反抗日本殖民統治。

　　跳神，又稱「降神」，是一種由巫覡自稱神靈附體，做出與常人不同的怪異行為以愚弄百姓的迷信活動。在閩臺民間，由於受到「好巫尚鬼」傳統的影響，跳神之風盛行，至今仍能見到。跳神者除了平常為百姓祈福消災外，還經常在迎神賽會上表演，帶有娛樂的色彩。臺灣的跳神源自閩南，在重大的迎神賽會上，「跳童」成為不可缺少的表演節目。

　　靈籤又稱運籤、神籤、聖籤等，屬於占卜術中的一種，其基本特點是以詩歌為載體、以竹籤為占具來占卜吉凶。靈籤的歷史可以追溯到周代的《周易》，而在形式上受《靈棋經》影響更為直接，同時與詩讖和圖讖的流行有著不可分割的密切關係，另外詩歌創作的繁榮也是靈籤產生的前提條件。靈籤產生絕不是偶然的，而是中國古代占卜術逐漸趨向世俗化、占卜方法趨向簡易化的必然產物。

第一節　扶乩

　　在閩臺民間，扶乩常見的形式有三種：一種是用木頭（多為桃木）或竹子製成「人」字形的架子，架子下端綁一支筆或一根木棍，兩人各用一手扶住架子的一端，在撒有沙子、香灰的平面上或神案上寫字，三一教的扶乩形式即是此種；另一種是把畚箕、飯箕、米篩之類的竹編倒扣過來，上面覆蓋衣服，下面綁一支筆或木棍，兩人面對面各用一隻手扶箕在沙盤寫字，故稱扶箕或扛箕；還有一種是用特製的小「輦轎」，兩人用雙手握住輦轎的雙腿，利用輦轎前端的轎柄做鸞筆，在神案上劃出各種痕跡，俗稱「出轎仔字」。無論是哪種形式的扶鸞，都分為正乩（鸞）和副乩（鸞），正乩主導乩筆寫出文字，副乩負責辨認並讀出正乩所寫的文字，故又稱「唱乩」（也有由一到二名鸞生負責），負責筆錄的稱「錄乩」；經由扶乩寫成的文章稱「乩文」，將這些乩文結集出版叫「鸞書」。扶鸞前，施術者焚香淨手，或持香頭望空書符，或口中喃喃念咒，製造出一種「神靈」似乎真的即將下凡的神秘氣氛，同時要求扶乩者（正乩多須經過一定的訓練）也要篤誠。由於正乩處於半催眠狀態，手臂會下意識地抖動，使乩、箕或神鸞在沙盤上或香案上留下似字非字的痕跡，施術者宣稱這就是神的啟示，根據需要加以詮釋。

　　扶乩的歷史悠久，其濫觴於南北朝時期的紫姑信仰，形成於唐代，流行於宋代。[1] 古代福建扶乩活動相當盛行。至遲在五代時，閩縣靈濟宮就有扶乩之舉，所謂「降筆判符藥以濟人，聲聞過于四方」[2]。宋代

1　許地山在二十世紀四十年代有感於當時扶箕盛行，寫出了《扶箕迷信底研究》，分別論述了「扶箕的起源」、「箕仙及其降筆」、「扶箕的心靈學上的解釋」等，資料十分豐富，至今仍有參閱價值。該書於一九九九年由臺灣商務印書館重版。
2　《徐仙真錄》卷1，收於《正統道藏》第59冊（臺北市：藝文印書館，1977年），頁20。

圖一　扶乩

以後，扶乩活動遍及全省。明代謝肇淛就指出：「今以箕召仙者，里巫俗師，即士人抑或能之。」[3]民國時，扶乩之風不減，福建各縣方志都有記載，民國《同安縣志》〈禮俗〉：「又有扶乩法，取桃李之有兩叉者，削其頭如筆狀，令兩人各以一手持其柄，念動咒語請神，桃枝則躍躍動，書字書藥，甚或書寫詩歌，朗朗可誦。」張琴《莆田縣志》〈風俗〉載：「有桃木三叉者刻為龍首，左右扶乩者各執其一，旁人念咒降神，乩動神至，或預言體咎，或開示符方，或與書生唱和，或傳經訓勸世，時有靈驗，士大夫多為之。」[4]

　　關於臺灣扶乩的來源，文獻記載五種不同來源：一是康熙四十年（1701）從大陸傳入說；二是咸豐三年（1853）從泉州傳入澎湖說；三是同治六至七年（1867-1868）間澎湖許太老到廣東學習後傳入澎湖、宜蘭說；四是同治九年（1870）從廣東傳入澎湖說；五是光緒十九年（1893）宜蘭人吳炳珠、莊國香到廣東陸豐學習後傳回臺灣。[5]

3　謝肇淛：《五雜俎》〈事部三〉，卷15。

4　張琴：《莆田縣志》〈風俗〉，卷8。

5　詳見王世慶：〈日據初期臺灣之降筆會與戒煙運動〉，《臺灣文獻》1986年第37期；
　　參見王見川：《臺灣的齋教與鸞堂》（臺北市：南天書局，1996年），頁169-170頁；

對於上述史料，臺灣學者有不同的解讀，觀點不一。或主張從福建傳入，或主張從廣東傳入，或主張多來源。筆者比較同意王志宇先生的觀點：「鸞堂傳入臺灣絕不會晚至咸豐年間，而應在漢人移民進來臺灣的同時，也隨著傳入。而且鸞堂傳入臺灣亦非僅福建傳入澎湖，再傳入臺灣這種單一路線的傳遞，而應是多條路線的傳入。」[6]但有一點要補充，明末清初臺灣早期移民基本上來自福建，因此，清初臺灣的扶乩最早應該是從福建傳入，到了清末又從廣東傳入扶乩戒煙法。

清代，臺灣的鸞堂可以分為五大系統，即新民堂系統、一新社系統、彰化三興堂系統，聖賢堂系統和其他鸞堂，其中一新社系統、彰化三興堂系統，聖賢堂系統與福建有直接或間接聯繫。

一新社系統：據文獻記載，清末，澎湖地區的士紳為了「祈天消災」、「匡復人心」，派人到泉州「公善社」學習扶乩，並於咸豐三年（1853）回澎湖成立了「普勸社」，奉關羽和保生大帝為主神，開始扶乩。光緒十三年（1887）地方生員黃濟時等人集資重建普勸社，改名「一新社」，以解救鴉片中毒患者為宗旨，出版鸞書《覺悟選新》八卷，在澎湖發展出數十間鸞堂。[7]

彰化三興堂系統：據調查，三興堂之母堂為謏懿宮東興堂，而東興堂之母堂為廣善堂，廣善堂之由來與漳州有關。光緒八年（1882）關聖帝君由漳州移駕入苑里白沙屯，光緒十七年（1891）石岡坎下林家由白沙屯迎奉關聖帝君設鸞堂曰「講道堂」。同年，永靖打簾村村民陳儀亭等慕名從石岡坎下「講道堂」恭迎三恩主公香火，成立廣善

　　王志宇：《臺灣的恩主公信仰：儒宗神教與飛鸞勸化》（臺北市：文津出版社，1997年），頁29-30。

6　王志宇：《臺灣的恩主公信仰：儒宗神教與飛鸞勸化》（臺北市：文津出版社，1997年），頁30-31。

7　王志宇：《臺灣的恩主公信仰：儒宗神教與飛鸞勸化》（臺北市：文津出版社，1997年），第34頁。

堂。從三興堂分香出去的鸞堂多達六十多間。[8]

　　聖賢堂系統：在臺灣中部地區影響很大，其鸞法有兩個源頭，其中王翼漢的鸞法來自鹿港洪月樵（洪棄生），洪月樵於甲午戰爭前到福州參加科舉考試，遇一老人授其鸞法，回到臺灣後，將鸞法授予王翼漢。光緒二十年（1894）左右洪月樵的鸞法傳入，經王翼漢的傳承，在臺中地區不僅自成體系，而且至今仍持續不斷出版善書，稱為今日臺灣善書出版的重鎮。[9]

　　值得注意的是，日據臺灣時期，臺灣的鸞堂數量猛增，除了宣傳傳統倫理道德、為人看病外，還有一個重要的任務是幫助信徒戒除鴉片。眾所周知，日本殖民者占領臺灣時期，在鴉片政策上，推行與日本本土不同的政策。在日本本國，發布嚴禁鴉片令，並定有刑律，與各國簽訂禁止政府之外的鴉片輸入條例。在臺灣，則採取所謂漸禁政策，允許有鴉片癮者繼續吸食，建立總督府鴉片專賣制度，實際上是通過鴉片專賣對臺灣進行經濟掠奪。這一明顯的殖民政策引起臺灣同胞的強烈不滿，一些宗教人士借扶乩來發動戒除鴉片運動，有相當多的鸞堂參與進來，效果不錯，嚴重影響臺灣總督府的鴉片售出量，引起日本殖民者的恐慌，他們派專人調查鸞堂活動，並企圖予以禁止。[10]當然，並不是說所有參與扶乩戒煙運動的人都具備自覺反抗外來侵略的民族意識，但民族矛盾是導致臺灣扶乩禁煙蓬勃發展的基本原因卻是不爭的事實。臺灣學者也認為：「臺灣總督府的治臺措施，

8　王志宇：《臺灣的恩主公信仰：儒宗神教與飛鸞勸化》（臺北市：文津出版社，1997年），第34、36頁。

9　王志宇：《臺灣的恩主公信仰：儒宗神教與飛鸞勸化》（臺北市：文津出版社，1997年），第37頁。

10　詳見王世慶：《日據初期臺灣之降筆會與戒煙運動》，《臺灣文獻》1986年第37期；王見川：《臺灣的齋教與鸞堂》（臺北市：南天書局，1996年），頁169-197；王志宇：《臺灣的恩主公信仰：儒宗神教與飛鸞勸化》（臺北市：文津出版社，1997年），頁42-51。

含有視臺灣住民為二等公民的不平等意味，給臺灣住民相當大的刺激，而臺灣總督府輕蔑臺人的治臺措施與清末臺灣已發展成熟，具有漢人民族主義思想的漢人社會，相互激盪，都是造成了後來降筆會（鸞堂）戒煙運動爆發的基本原因。」[11]

民國四年（1915），臺灣還發生因扶乩宣傳抗日而遭到日本殖民者殘酷鎮壓的「西來庵事件」。西來庵是個鸞堂，鸞生余清芳通過扶乩，宣稱王爺乩示：「日本據臺期限二十年既滿，今年乃應撤去之期，屆期如仍欲圖占據，將一舉撲滅。」「天公將降下毒雨，掀起黑風，誅滅日本人及其他惡人。」許多信眾和鸞堂紛紛響應，反抗日本殖民者，後來遭日本殖民者鎮壓，一些人被捕，許多鸞生被監視。[12]

雖然臺灣扶乩的歷史遠不及福建久遠，但發展極快，民國時已遍布臺灣城鄉，至今仍有五百多座乩壇，乩童數量驚人。臺灣乩壇的神靈十分龐雜，一般以關聖帝君為主神，孚佑帝君（呂洞賓）、司命真君為主祀，合稱「三聖恩主」。如果再加上文昌帝君、玄天上帝，則合稱「五聖恩主」。其餘還有儀羲、神農、軒轅、三皇五帝、堯、舜、禹、倉頡聖人、三清道祖、五老天尊、玉皇大帝、三官大帝、南北斗星君、九天玄女、瑤池金母、何仙姑、麻姑、清水祖師、保生大帝、媽祖、臨水夫人、張天師、城隍神、王天君、福德正神、大魁夫子、中天玄靈高上帝、釋迦牟尼、藥師佛、阿彌陀、三寶仙、觀音、地藏、文殊、普賢、濟公、彌勒佛、孔子、朱熹、王陽明、岳飛等等。[13]

---

11 王志宇：《臺灣的恩主公信仰：儒宗神教與飛鸞勸化》（臺北市：文津出版社，1997年），頁43。

12 李世偉主編：《臺灣宗教閱覽》（臺北市：博揚文化事業公司，2002年），頁129-130。

13 吉元昭治著、陳昱審訂：《臺灣寺廟藥籤研究》（臺北市：武陵出版公司，1993年），頁200-201。

圖二　紫姑靈異（《點石齋畫報》，13-64）

在臺灣，流行「椅仔姑」占卜活動。「椅仔姑」的占卜活動是從紫姑信仰演變而來的。傳說紫姑為壽陽人李景之妾，為李景之妻所妒，經常受到虐待，於正月十五日含恨而死於廁所中，被上帝敕封為廁神。每逢元宵節，民間有迎紫姑之俗。紫姑信仰始於南北朝，唐宋時已盛行。紫姑雖為廁神，但不理廁事，而專為人卜體咎、占歲事，少女還常卜以婚嫁。在閩南，舊時每逢元宵之夜，少女們便取若干花生柑橘、菜飯雞頭等物到廁所致祭紫姑，會使致祭者聰明伶俐。在臺灣，舊時，每逢元宵節和中秋節，未婚女子們取一張椅子或竹籮、簸箕、掃帚之類的家具，把它裝扮成年輕女孩的形狀，前面放著倒過來

的水桶，蓋上鍋蓋，鍋蓋上放著胭脂、白粉、果物、花、剪刀、尺子、鏡子等供品。接著，由兩位姑娘各握住椅子的一邊，眾姑娘齊唱：

> 椅仔姑，椅仔妹，請你姑姑來坐椅。坐椅定，問倚聖，奈有聖，水桶頭，拆三的，來作聖。

據說不久椅仔姑就會顯靈，左右前後擺動，並敲水桶底部來回答姑娘們提出的各種問題。

　　應該指出，扶乩降神純屬虛幻，不可信以為真。但扶乩者編造乩示的動機和目的卻是真實的，或以此來謀生，或以此來擴大神明的影響。也有一些文人士大夫參與扶乩，他們多是借乩示之名，行作文賦詩之實，發發牢騷，嘩眾取寵，歷史上出了不少乩詩、乩文、乩畫。清代莆田人郭篯齡曾指出：「如世之所傳降鸞種種文字，以淺陋無識之文，托之神佛鬼神，曰此神道設教也。愚者信之，智者也噤不敢置詰，其害且及與天下萬世。」[14]此論言簡意賅，智者不可不察。

第二節　跳神

　　跳神，又稱「降神」，是一種由巫覡自稱神靈附體，做出與常人不同的怪異行為以愚弄百姓的迷信活動。跳神除了個別有師承關係外，大多是一些對精通巫術的人，突然宣布神靈附體，猶如著魔一般，時常發作，為人祈福消災。跳神者家裡一般供奉神像，桌子上放著鏡、尺、剪刀之類的物品。求神者進屋後，巫覡先燒香禮拜，閉目養神，打哈欠，伸懶腰，打噴嚏，流眼淚，故弄玄虛後，突然跳起，或渾身哆嗦，或搖頭晃腦，或手舞足蹈，宣稱某某神靈已附體，怪聲

14　郭篯齡：《山民隨筆》〈乩仙近事〉，卷5。

怪調地又說又唱，時而哈哈大笑，時而痛哭流涕，信口開河，為人驅
邪、治病、尋物、尋人、問亡，等等。

　　跳神者有男有女，男的稱「神漢」、「跳童」、「乩童」、「童乩」
等，除了平常為百姓祈福消災外，還經常在迎神賽會上表演。表演
時，他們多赤著上身，披頭散髮，腰圍紅肚兜，下身繫白裙，或用刀
槍劍斧狼牙棒自砍其背，或用尺餘大針穿透雙頰，或用七星劍割斷舌
尖，或爬刀梯過刀橋，或坐釘椅睡釘床，或亦足從熊熊燃燒的火炭上
走過，或雙手放入沸騰的油鍋中……表演種種令人咋舌的恐怖幻術，
以證明神靈確實附體。舊時，在福建各地的迎神賽會上時常可以見到
跳神者種種令人髮指的醜態。清末泉州人吳增在《泉俗激刺篇》中描
寫道：「跳童，跳童，裸身顛倒如發狂。睅其目，披其髮，挺劍自砍
肩，畫符又割舌，不為國民甘流血。左手簽刀右刺球，咬牙忍痛跳不
休，口中啾啾作鬼語，羞惡之心已盡死，似鬼非鬼惡形狀，本來面目
已喪盡。是何心，惡作劇，想是前世作孽來，今生過此活地獄。」[15]

　　直至民國時期，福建各地跳童之風仍十分盛行，胡樸安《中華全
國風俗志》曾做如下描述：閩人每有疾病，必以打獂為最要之事。打
獂者，謂之獂子，赤身紅褲，同來有一人，狀似道人，以後捻訣，向
獂子作種種怪狀，口中念念有詞。俄而獂子自搖其頭，愈搖愈疾，辮
髮皆散，披亂如捲。俄而獂子大聲疾呼，不知作何語，滾地作斛鬥無
數，或跳躍如猿，或伏如狗，此道士以法禁制之，使勿再發狂。然後
置香案於前，病家子弟眷屬，皆跪求施救病人。此獂子自表其附身神
道之尊號，大抵非二郎神楊戩及齊天大聖孫悟空之類。然後以不規則
之官話，向病家問訊，雜如囈語，不可盡解。道士進剃刀一把，獂子
以刀自劙其舌，以舌血畫符數十張，又取極旺之香火嚼之，口鼻皆冒
煙縷縷然，不知有何術也？事畢，道士焚符退神，獂子即醒，自言一

---

15 吳增：《泉俗激刺篇》〈跳童〉，見《泉州舊風俗資料彙編》（泉州市：泉州市民政局、
　泉州志編纂委員會辦公室，1985年），頁122。

切都不知曉，舌上割處，亦無痛楚。此等作偽之人，似亦稍有邪術也。按打獞之用甚廣，凡打花會者，亦常打獞，以代鬼卜。又秋間賽神時，神輿之前，亦有赤身步行，以鋼鑽貫其兩頤，血液模糊，口中流涎，垂至三尺。或一人，或數人，皆獞子也。[16]前些日子，筆者在閩東的古田縣做田野調查，還見到一乩童割破舌頭，用血給數十名信眾畫符治病，其情形與胡樸安的記載無異。

臺灣的跳童源自閩南，稱之為「乩童」或「童乩」，至今仍活躍於民間，成為重大的迎神賽會上不可缺少的表演節目。據一九八二年調查，高雄市旗津地區有五十名乩童，平均每一千人中就有一名乩童。[17]「屏東縣的東港、雲林縣的北港、臺南縣的南鯤鯓、彰化的鹿港等地，都存在著人數可觀的乩童，其人口數字亦絕不低於旗津。」[18]擔任乩童的人比較複雜，有的是天生比較神經質，容易接受暗示，在祭神儀式等神秘的氣氛中，不由自主地全身顫抖，精神恍惚，以為是神靈附體而成為乩童；有的是生病，發高燒，說胡話，聲稱是某某神靈附體，病癒後，在左鄰右舍的慫恿下而成為乩童；有的是家庭貧窮，為了生活，出於無奈擔任乩童；還有的是一些以詐騙群眾錢財為目的而擔任乩童的，這些人往往與巫覡相互勾結，為害鄉里。[19]高雄療養院醫師江英豪和黃正仁曾用現代科技對二十五名童乩進行各種測驗，在分析豐富的數據後得出如下結論：「從事童乩職業的人，他們的心理及個性，多帶有歇斯底里的傾向，而且較一般人容易衝動、敏

---

16 胡樸安：《中華全國風俗志》下篇，卷5《福建・閩人佞鬼風俗記》（鄭州市：中州古籍出版社，1990年影印版），頁69-70。

17 《聯合報》1982年8月25日，轉引宋龍飛〈手之、舞之、足之、蹈之——假託神意替神說話的童乩〉（上），《藝術家》1983年第2期。

18 宋龍飛：〈手之、舞之、足之、蹈之——假託神意替神說話的童乩〉（上），《藝術家》1983年第2期。

19 宋龍飛：〈手之、舞之、足之、蹈之——假託神意替神說話的童乩〉（上），《藝術家》1983年第2、3期。

感、妄信、固執，人格不夠成熟，對事情易有錯覺，多原始性思考，而且脫離現實。另外，由於童乩大多生活在階層較低的社會環境中，受寺廟宗教的薰陶，加上教育程度和智力較低，容易受暗示，所以每當遇見生老病死時，容易產生神鬼附身的宗教妄想。」[20]

童乩多在迎神賽會中出現，男性童乩大都赤裸上身，穿八卦紅圍兜，腰纏紅布條，左手持令旗，右手持寶劍等，表演調兵遣將、驅鬼逐魔的驚世駭俗的各種「法術」。連橫《臺灣通史》：乩童「裸體散髮，距躍曲踊，狀若中風，割舌刺背，鮮血淋漓，神所憑依，創而不痛」[21]。《臺灣民俗大觀》的作者也說：「在本省，每逢民間有祭典或是迎神賽會時，總有乩童們持著神的令旗，不時以『鯊魚劍』、『七星劍』、『刺球』、『月眉斧』、『銅釘棍』等各種法器，向著頭、背部捶刺，鮮血淋漓的場面，有些人早已見怪不怪，但總令乍見之人，覺得觸目驚心。」[22]由於乩童經常進行自虐式的表演，所以被稱為「最痛苦的行業」。

有一些乩童設有私人的神壇或依附在一個神廟中，經常施行各種「法術」，諸如跳童、落地府、進花園、貢王、脫身、驅邪等。民眾家裡有人生病，有的會請乩童跳神驅邪，有的乩童會開藥方或以符籙為藥方為人治病。[23]

在一般的情況下，童乩在代神發言或玩刀弄劍，都要經過精神恍惚、昏迷忘我的「跳神程序」，先閉目晃腦、空嘔作呵，繼而手腳顫動、渾身發抖，最終進入飛奔狂舞的「脫魂」境界。這種身不由己、宛如中邪一般的現象，精神醫學稱之為「人格解離」，所以乩童自虐

---

20 江英豪、黃正仁：〈童乩之人格研究〉，轉引宋龍飛〈手之、舞之、足之、蹈之——假託神意替神說話的童乩〉（上），《藝術家》1983年第2期。

21 連橫：《臺灣通史》〈宗教〉，卷22。

22 凌志四主編：《臺灣民俗大觀》第2冊（臺北市：大威出版社，1985年），頁8。

23 凌志四主編：《臺灣民俗大觀》第2冊（臺北市：大威出版社，1985年），頁8-21。

時，並不知道痛苦。其實不然，要成為一名正式的乩童，必須經過四十九天的坐禁期的嚴格訓練。在這四十九天內，坐禁者幾乎都處在身不由己的歇斯底里狀態，不能吃葷，不能出廟門，大部分童乩要在廟內特定的地方坐禁，學習畫符念咒、民俗療法、風水占卜等等規矩和做法。坐禁無論在精神上還是肉體上都是對童乩進行殘酷地折磨，一九七七年南投還發生過三名童乩坐禁而暴斃的慘劇。臺灣戴吉雄經過四個多月的追訪，基本揭開了童乩職業上的秘密，他說：「想要成為乩童並不簡單，首先必須帶有輕微的神經質，先天上就容易接受別人的暗示，然後在師傅的安排下，表演一齣『神明選召』。接著進行訓練，傳授畫符、操劍及做法時的各種技巧。學成出師前，還要經過七天的『坐禁』，最後還得來一次『過火』。讓童乩赤足從炭火上跑過，表示有神靈附體，才能毫髮無損，但事實上，在火上撒一層鹽，鹽能降低溫度，任何人都能走過。乩童當眾操刀把自己砍得血流滿面，常能堅定信眾的信心，而聽任神棍予取予求。童乩的這一招，必須經過苦練，下手輕重要恰到好處，要只流血而不傷，然後噴上米酒調製的止血鎮痛膏藥，面部表情就可以怡然自如了。童乩擁有好幾名助手，做法前負責搜集事主的一切資料，然後靈活運用，而使信徒深信不疑。至於捉妖，說破了毫不稀奇，他們事先將一些青磷放置在暗處，入夜後自會發出游移不定的綠火，經過一番裝腔作勢，再悄悄地把青磷收起，於是捉妖這齣戲也就隨之落幕。」[24]

　　女的跳神稱「仙姑」、「神姐」等，起源於女巫。巫術在古代福建盛行，明代謝肇淛指出：「今之巫覡，江南為盛，而江南又閩廣為甚。閩中富貴之家，婦人女子，其敬信崇奉，無異天神，少有疾病即禱賽祈求無虛日，亦無遺鬼。」[25]

24 轉引宋龍飛：〈手之、舞之、足之、蹈之——假託神意替神說話的童乩〉（下），《藝術家》1983年第3期。
25 謝肇淛：《五雜組》〈人部二〉，卷6。

　　仙姑除了為人祈福消災外，還經常為人「問亡」。「問亡」即女巫通過催眠的方式引導人的靈魂進入陰間與亡者相會，女巫以亡者的化身與活人對話。問亡在各地叫法不同，閩東稱「提亡」，閩西北稱「問神」或「問仙」，莆田仙遊一帶稱「尋亡」，閩南和臺灣稱「問亡」，又稱「探亡」。俗信人死後生活在陰間，活在陽間的人要瞭解死去的親人在陰間的生活情況，就必須請仙姑幫忙，把自己的靈魂引導到陰間與亡者相會。問亡多在陰暗的房間內進行，夜間進行時多將燈火熄滅，人數不限。問亡者先告以死去的親人為何方人氏、姓名、生死年月等情況後，仙姑燒香焚祝，伏在桌子上，口中念念有詞，或用尺子敲打桌子，節奏由慢到快，少頃醒來，宣稱自己已在陰間找到所要找的人。然後讓問亡者用紙錢擦手，或用毛巾蒙住眼睛，仙姑拿著燃燒的黃鼓仔紙，在問亡者面前不斷搖晃，並誦念咒語，不久後，用尺子敲打桌子，節奏由慢到快，咒語也越念越快，逐漸把問亡者催眠了。在催眠的狀態下，問亡者雙手握拳不停地敲打膝蓋，仙姑仍繼續念著咒語，暗示已將問亡者帶入陰間，正在尋找已死去的親人。找到親人後，仙姑又以死者的化身與問亡者對話，裝成死者的聲音，編造出一些離奇古怪的故事，如訴說在陰間過得如何如何幸福或如何如何痛苦，要求多給他燒紙錢或供奉什麼祭品，等等，說到傷心處，還會一把鼻涕一把眼淚，演出一齣齣使智者發笑、愚者信以為真的滑稽劇。清末泉州人吳增在《泉俗激刺篇》中把仙姑神姐的醜態刻畫得淋漓盡致：「燃香火，燒金紙，神姐閉目坐。頃刻鬼來語，身搖手復搖。先話奈何橋，急淚墜潸潸；又說亡魂山，覓新亡，覓舊亡，真人假鬼哭一場。無人心，無人理，醜態堪冷鑿。騙盡鄉村癡婦女，將錢買得淚如水。如此傷風化，安得西門豹，投之濁流死無赦。」[26]

---

26 吳增：《泉俗激刺篇》〈神姐〉，《泉州舊風俗資料彙編》（泉州市：泉州市民政局、泉州志編纂委員會辦公室1985年），頁121。

圖三　臺灣尪姨牽亡圖

　　在福州，「問亡」俗稱「勾亡魂」或「討亡」，流傳「舍人哥咒術」，所謂「舍人哥」傳說是臨水夫人的公子，能往陰間把死人的魂魄帶到陽間，借女巫之口與親人對話，因此，福州又把「問亡」稱為「請舍人哥」。「舍人哥咒術」實際上沒有什麼神秘色彩，通篇咒語主要敘述臨水夫人生平，對於研究臨水夫人信仰卻有一定的史料價值。[27]

　　跳神問亡顯然是騙人的鬼把戲，但是我們經常聽到對神姐的讚揚，說神姐是如何如何地厲害，不但死者死去時穿什麼衣服都知道，連現在家裡灶台的方向、雞鴨的數量也能說得一點不差，簡直是神了，不能不信以為真。實際上，神姐之所以能準確地說出上述情況，絕非神靈附體所致，而是通過下列途徑獲得的情報。一是問亡者無意

27　詳見劉曉明：《中國符咒文化大觀》（上海市：百花洲文藝出版社，1995年），頁448-450。

透露出來的；二是與問亡者結伴而來的人無意透露出來的；三是神姐
對問亡者的情況事先作了調查，許多人第一次找神姐問亡，神姐若對
問亡者情況一無所知，常以在地獄裡找不到死去的親人等作為藉口，
請問亡者下次再來，直到神姐瞭解情況後再跳神；四是神姐與其他的
巫覡相互勾結，許多問亡者要請尪姨之類的女巫同行，問亡後還要給
尪姨一定的酬謝，誰也不敢保證尪姨不會把問亡者的家庭情況告訴神
姐，一起騙取錢財；五是問亡者被催眠後，在神姐的啟發下，難保會
說漏嘴，透露了神姐所要瞭解的一些信息。上述五條獲得情報的途徑
只要其中任何一條暢通的話，神姐就可以根據這些蛛絲馬跡，大加渲
染，使問亡者不得不心服口服，樂意送給豐厚的酬金，還會為她當義
務宣傳員呢。

第三節　靈籤

　　中國人最相信天命，小至個人、家庭的禍福吉凶，大到民族、國
家的興衰存亡，往往歸結於冥冥之中的「天機」。為了窺視神秘莫測的
「天機」，以便趨吉避凶，先民們發明了足以讓世人歎為觀止的種類繁
多的占卜形式，而其中影響最大的恐怕要算是抽籤占卜了（或稱「求
籤」、「占籤」等）。在閩臺民間，絕大多數廟宇備有籤譜，供善男信
女占卜。每當在生活中遇到疑難問題無法做出抉擇時，或在人生旅途
中遇到艱難險阻又缺乏勇氣加以跨越而徬徨不前時，或遇到天災人禍
陷入困境時，許多人往往要到神廟燒香磕頭，祈求無所不知、無所不
能的神靈指點迷津或保佑逢凶化吉，求籤占卜是他們最經常採取的用
來窺測「天機」的方法。舊時民間廣泛流傳的「跨進廟門兩件事，燒
香求籤問心事」俗諺俚語，真實地反映了千百年來抽籤占卜在百姓的
宗教信仰中占據著極其重要地位這一歷史事實。如福建平和三平寺在
一九八八年之前，每年春秋二季前去進香朝拜（主要是抽籤占卜）的

香客就「不下四十萬人次」[28]。臺灣彰化鹿港龍江寺,「平均七八個月就要耗掉五十萬張籤詩」[29]。近年來前來抽籤的人更是成倍增長。

靈籤大概產生於唐代,其主流沿著通俗明瞭的方向演化,宋代的一些靈籤就有了注解、斷語等,明清時期又增加了典故、傳說故事、釋義、占驗、上中下兆象等等。由於靈籤比起其他的占卜形式更加簡便易行,所以靈籤產生後,便很快在民間流傳開來,宋代的許多宮廟備有靈籤供善男信女占取,明清以來,絕大多數宮廟都有靈籤,甚至一座宮廟有多種靈籤。同時,也出現少數靈籤的解釋越來越繁複的現象。

由於數百年歷史的積澱,至今在民間可以看到各種詩歌格式的靈籤,從三言、四言、五言,到六言、七言、長短句,應有盡有,最常見的是七言四句的靈籤,其次是五言四句,再其次是四言四句和長短句,三言和六言的靈籤比較少見。

圖四　武夷山瑞岩寺清代籤詩雕版

28　王雄錚:《廣濟大師與三平寺》〈前言〉,平和縣三平風景區管理委員會,1988年11月。

29　胡珍妮:〈一「籤」點醒夢中人?——中國籤詩〉,《光華雜誌》第20卷第5期(1995年)。

從靈籤的外在形式來看，最初靈籤是刻寫在竹片上的，後來被書寫在紙張上的靈籤所取代，並成為最常見的形式。在歷史上，還出現了刻寫在木牌上或鑿刻在石頭上的靈籤。近年來，不但有燒製在瓷磚上的靈籤，而且有用塑料紙製成的靈籤。

靈籤的種類繁多，體現在靈籤中的兆象也是千奇百怪，幾乎無所不有，十分複雜，大致可以歸結為原初兆象、擴展兆象和定性兆象三個形式：原初兆象與籤詩同時產生的每首籤詩固有的最初形態的兆象，無論籤詩的製作者是否有意去編造靈籤兆象，抽籤者都把籤詩所描寫的種種物象視為兆象。由於原初兆象包含在詩句中，它與擴展兆象、定性兆象相比，比較朦朧，不容易判斷。如福建福安市白石林公忠平王宮籤譜第三首：「長長短短短長長，吉吉凶凶凶吉吉。下下高高高下下，來來去去去變停。」此籤詩簡直是一種文字遊戲，儘管「來來去去」讀了好多遍，但還是弄不明白其中的奧秘。

擴展兆象是指對靈籤的原初兆象加以擴展使之更加明晰的兆象。前面說過，原初兆象比較朦朧，一般人不容易看清楚其中的奧妙，因此後世的宗教家或文人特意對某些籤譜進行再加工，在原初兆象的基礎上增加一些新的兆象，以幫助人們更好地理解原初兆象。當然，也有些籤譜自古以來一直保留著最初的原型，並沒有對原初兆象進行任何的擴展，所以，與原初兆象不同，擴展兆象只有部分籤譜具備。由於靈籤產生後，一直沿著世俗化和簡易化的方向演化，所以靈籤擴展兆象的形式很多，常見的有：增加若干組詩歌作為擴展兆象，借用《易經》卦象作為擴展兆象，借用五行作為擴展兆象，借用天干地支作為擴展兆象，借用十二宮作為擴展兆象，借用典故等作為擴展兆象，以圖畫作為擴展兆象，利用方位、數字及其他符號作為擴展兆象，等等。

定性兆象是在原初兆象、擴展兆象的基礎上產生的，從產生的時間上說要稍遲一些。定性兆象就是對靈籤的吉凶兆象進行定性，即對

某一靈籤所包含的兆象是吉還是凶作出明確或比較明確的判斷。常見的有兩種形式：一是總體定性兆象。總體定性兆象就是對靈籤的吉凶作總體判斷，又有兩種情形：其一是用短語加以概括，如《觀音神課三十二卦》籤譜在序號之後分別標上如下總體定性兆象：星震卦、從革卦、無數凶卦等，又如《玄真靈應寶籤》中有「待時必捷」、「守否方泰」、「更改則吉」、「勞心事成」等。這種以短語作為總體定性兆象在籤譜中所占的比例很小，其特點之一是有時並不是非常明確，仍要去猜測揣摩。另外一個特點是有時還會指出如何實現總體定性兆象的途徑。其二是以吉、凶或上、中、下不同等級來表示總體定性兆象。吉有時又分為大吉、吉、中吉、小吉、不吉等，上、中、下有時又分為上上、上中、上下、中上、中中、中下、下上、下中、下下九個等級。籤譜在標明總體定性兆象時以上、中、下三級制最為常見，也有吉凶和上中下交叉使用的籤譜。二是具體定性兆象。具體定性兆像是指對具體占卜事項的吉凶作出判斷，籤譜中往往稱之為「斷曰」或「解曰」，其主要特點是定性用語明確，毫不含糊。具體定性兆象至遲在南宋的籤譜中就出現，宋代以後，籤譜增設具體定性兆象已經相當普遍，其具體內容涵蓋人類生產、生活的各個方面。

　　在宮廟中，籤筒幾乎是必備的。籤筒一般置放在神案上，通常用竹筒做成，筒內裝有標著籤詩號碼或刻寫籤詩的竹條。最常見的抽籤方法是籤筒法，即抽籤者燒香禮拜、禱告一番後，雙手捧住籤筒，稍將籤筒傾斜，再輕輕地上下不停晃動，由於竹條互相摩擦，其中有一支竹條會從籤叢中露出頭來，甚至從籤筒中跳出來，此竹條經過卜筊確認後，即是神靈賜予的靈籤。有些地方求籤時不必非要把竹條搖晃出來，而只要將籤筒輕輕一搖或數搖，然後抽籤者隨意從籤筒中抽取一支即可。個別宮廟的籤筒用鐵鑄成，固定在神案前，抽籤者不是搖晃籤筒，而是雙手抱住竹條，用力左右旋動數次，其中哪一支從籤叢露得最高，抽出後再經過卜筊確認，即是神靈賜予的靈籤。

　　拋擲杯筊法也是比較常見的求籤方法。杯筊是一種占卜工具，最初是以兩片蚌殼製成的，後來有用玉或竹、木牛角仿製的，最常見的是竹製，形狀似半月。外突內平，外稱陽，內稱陰。占卜時先將杯筊合攏，捧至胸前，默禱一番後，拋空擲地，視其俯仰，以定吉凶，稱之為「卜杯」、「卜筊」、「擲筊」、「杯角」、「杯教」、「杯筊」，等等。杯筊是宮廟中必備的占具，有的人在家裡也備有杯筊，通過卜筊來揣測神明的旨意，最為簡便。占卜時拋空擲地，兩片杯筊一俯一仰為「聖杯」，皆仰為「陽杯」或「笑杯」，皆俯為「陰杯」或「怒杯」。「聖杯」寓意神明贊許，所求吉利；「笑杯」寓意神明在嬉笑，不置可否；「怒杯」寓意神明不同意，所求不吉。卜筊一般是連續拋擲三次，三次均為「聖杯」為大吉，有兩次「聖杯」為吉利，一次「聖杯」亦為小吉，三次皆「陰杯」為「大凶」。大概在明中葉之後，通過拋擲杯筊來占取籤詩的方法才出現，有兩擲杯筊法，也有三擲杯筊法，而以三擲杯筊法為多。三擲杯筊法通過排列組合，形成二十七種

圖五　最常見的搖晃籤筒求籤法

不同的杯筊象。抽籤者連續三次拋擲杯筊，將所得到的杯筊象對照籤
譜（或稱杯筊辭），即可獲得靈籤。有些宮廟備有籤筒和杯筊辭，供
信徒自由選擇。

　　在閩臺民間成千上萬計的宮廟中，靈籤幾乎是無宮不有，無廟不
在。二十世紀八十年代，德國學者龐緯（Werner Banck）曾選擇《中
國靈籤研究》作為博士論文的題目，他以臺灣為中心，旁及港澳、東
南亞、韓國、美國等地，搜集大量靈籤資料。一九七六年，龐緯還將
其中「最具代表性」的五十五種靈籤影印出來，名為《中國靈籤研究
（資料篇）》，「供研究者之參考」[30]。其中大多數籤譜來源於臺灣。九
十年代，臺灣學者的丁煌曾在臺灣南部的嘉義、臺南、高雄、屏東、
澎湖等地調查百年以上歷史的老廟，收集到三十七種籤譜。[31]一九九
五年以來，筆者在諸多朋友和學生的幫助下，開始在以福建為中心搜
集靈籤，連同先前搜集的靈籤，超過一千種，剔除相同的或相似的靈
籤，還有四百種左右。對照筆者在福建收集的籤譜和龐緯、丁煌在臺
灣收集的籤譜，很容易發現閩臺民間宮廟的籤譜有許多相同點。

　　首先，觀音籤、關帝籤是流傳最廣的籤譜。《觀音籤譜》在民間
常見的有兩種：一種是六十首的，俗稱《六十甲子籤詩》，首籤首句
是「日出便見風雲散」；另一種是一百首的，首籤首句是「開天開
（闢）地作良緣」。許多非觀音寺廟也採用觀音籤譜，只不過把名稱
改換一下，如福建古田臨水宮使用一百首的觀音籤，把它改名為太保
籤，臺灣臺南海安寺將一百首的觀音籤改名為天上聖母籤，類似的例
子很多。這兩種籤譜近年來還被多次大批量重印，流傳愈廣。臺灣學
者林修澈對宜蘭、新竹和澎湖的八百十座宮廟的籤占進行調查，其中

---

30 龐緯：《中國靈籤研究（資料篇）》，臺北市：龍記圖書公司，1976年。

31 詳見丁煌：〈臺南舊廟運籤的初步研究〉，文載李豐楙、朱榮貴《儀式、廟會與社
　　區——道教、民間信仰與民間文化》（臺北市：「中央研究院」中國文哲研究處籌備
　　處，1996年），頁375-426。

圖六　觀音籤譜流傳最廣、影響最大

有五百五十九座宮廟備有籤譜，使用《天上聖母六十甲子籤》（即觀音的《六十甲子籤》）的宮廟多達二百二十六座套（宜蘭縣144套、新竹縣54套、澎湖縣28套），占40.43%。[32]臺灣宗教人士陳清河走訪過臺灣九〇二座宮廟，其中有二百七十七座使用「六十甲子靈籤，約占30.71%。」[33]筆者在福建省收集一千多種的籤譜中，上述兩種籤譜有二百餘種。由於社會歷史的不同，各地對觀音籤的解釋也不盡相同，福建的觀音籤與臺灣的觀音籤就有一些差異。

　　關帝籤也是閩臺民間最流行的籤譜之一。關帝籤原名「護國嘉濟江東王靈籤」出現於南宋，《搜神記》卷五「江東靈籤」條記載：「籤神姓石，名固，秦時贛縣人也。歿而為神，或陰雨霾霧，或夜深淡月微明，鄉人往往見其出入，驅從如達官長者，蓋受職陰司，而有事於綜里云。人為立廟，設以珓，往問吉凶，受命如響。人益驗其靈應，為著韻語百首，第以為籤神乘之，以應人卜，愈益無不切中。廟在贛

32　林修澈：〈宜蘭縣內廟的運籤〉，《宜蘭研究》第三屆學術研討會論文集（2004年），頁23。

33　陳清河：《談籤詩說八卦》（蔡宗勳，2003年5月），頁1。

州府城外貢水東五里，因名曰江東靈籤，世傳以為美名云。」³⁴

大約在明代中後期，隨著關帝神格的提高，被關帝廟借用的「護國嘉濟江東王靈籤」依賴關帝在民間的巨大影響，成為中國流傳最廣、影響最大的靈籤之一，結果人們只知道關帝籤，而不知道有「護國嘉濟江東王靈籤」。關於「護國嘉濟江東王靈籤」如何被關帝廟所取代，有這麼一個傳說：「高皇初起兵渡江，偶爾桅折。見江東廟神（石固，秦人），有木可伐，將伐之，廟祝言神籤頗靈，可問之。高皇從其請，得籤曰：『世間萬物皆有主，非義一毫君莫取。總然豪傑自天生，也須步步循規矩。』遂不伐。明朝小史云：高皇怒其不許，乃取其訣本，送關聖掌之，至今關帝江東籤，比本籤訣更靈。」³⁵清代的關帝籤比明代更加通俗明瞭，《關聖帝君靈籤詩集》除了保留明代《正統道藏》收入的《護國嘉濟江東王靈籤》的所有內容外，又增加了典故、天干、籤首兆象、占驗、碧仙注等。

其次，由於閩臺有許多土生土長的神靈，一些影響較大的神靈擁有自己的籤譜，為閩臺地區所獨有。如「清水祖師籤譜」共四十八首，五言四句，每首籤詩的首句首字連成十二句四言詩，宣揚清水祖師法力無邊，神通廣大，即：「清水真人，黑帝化身。風火乘腳，沙世縱橫。七星寶劍，斬斷妖精。雨陽隨禱，護國安民。陰間有聲，陽間有名。上天下地，應物現形。」此籤譜被閩臺清水祖師廟廣泛採用。又如「天上聖母籤譜」有一百首和二十七首（另加兩首「都魁」、「亞魁」籤）兩種，均收入編於光緒十四年（1888）的《湄洲嶼志》卷四中。由於媽祖主要是作為海神被人們所信仰，所以，湄洲天上聖母籤譜中有一些關於航海貿易方面的內容。再如「保生大帝籤

---

34 《搜神記》卷5《江東靈籤》，《繪圖三教源流搜神大全》（外二種）（上海市：上海古籍出版社，1990年），頁420。

35 褚人獲：《堅瓠六集》卷4《筆記小說大觀》第15冊《江東籤》（揚州市：江蘇廣陵古籍刻印社，1983年），頁203。

譜」有兩種，白礁慈濟宮為六十首，青礁慈濟宮為六十六首，七言四句，絕大多數籤詩大同小異，少數完全不同。保生大帝祖廟的籤譜也傳到臺灣，並發生一些變異。如澎湖威靈宮共六十四首，除了籤詩有些變動外，最大的不同是增加了具體定性兆象之類的內容。再如「廣澤尊王籤譜」共一百首，七言四句。福建南安廣澤尊王祖廟鳳山寺和臺灣彰化鹿港鳳山寺使用相同的籤譜。類似的例子很多，說明閩臺靈籤存在某種淵源關係。

　　第三，在閩臺民間的一些宮廟中，除了固定的籤數外，還特製一支「籤王」，也有以第一籤或最後一籤為「籤王」，按照民間傳說，抽到籤王者必大吉大利，所以一定要給神明添油香。有些籤詩不注明吉凶，也不附錄解籤，信徒若不能詳解籤詩涵義，可求助於廟祝或查對籤解書。

圖七　專門供青年男女戀愛占卜的籤譜

　　靈籤對中國社會的影響不可低估，古代社會自不必說，至今仍有
很大的影響。一九九五年和一九九六年春節期間，筆者在學生的幫助
下，對前去宮廟的抽籤人進行隨機問卷調查，總共四千七百十八人，
調查面幾乎覆蓋福建全省。調查統計數據表明：受靈籤影響的婦女要
比男人多，抽籤者中男性有一千八百六十九人，占39.61%；女性二千
八百四十九人，占60.39%；抽籤的主體是二十至五十九歲之間的善男
信女，占78.76%；靈籤對鄉村人的影響比城市人大；抽籤人的職業
（身分）幾乎包含社會的各行各業，其中農民最多。

　　一九九七年春節期間，筆者曾對福建省內的三百八十四個家庭的
一千四百零二人（十五歲以上）進行隨機問卷調查。在被調查的這些
家庭中，至少有一人抽過籤的家庭有三百六十五個，占被調查家庭總
數的95%，說明靈籤對絕大多數家庭產生過或多或少的影響；在被調
查的一千四百零二人中，至少抽過一次籤的有一千零三十二人，從未
抽過籤的有三百七十人，分別占總數的73.61%和26.39%，說明靈籤對
至少70%的社會成員產生過一定的影響。

　　抽籤（包括其他占卜術）之所以能從古代一直流傳至今，有神
論、宿命論的宗教觀念和人類對自身能力的懷疑是其長期延續的文
化基礎。首先，抽籤者都相信有超自然力量的神祇對人類的主宰作
用，認為通過籤詩的啟示就可預知神旨。在抽籤者看來，搖晃籤筒而
偶然得到的一支籤詩是神祇意志的體現，進而對本屬無稽之談的籤詩
深信不疑。其次，抽籤者無不是宿命論者，他們抽籤的目的不僅僅為
了預知自己的命運和前途，還希望得到超自然力量的幫助，趨吉避
凶，祈福禳災。第三，抽籤者大多屈服於大自然和社會的壓迫，深感
自己無能為力，不能把握自己的命運，只好拜倒在神祇的腳下，任其
擺布。

圖八　老廟祝在為信眾解籤

　　抽籤在諸多的占卜術中最受百姓喜愛，絕大多數人在一生中不止一次抽過籤，這並不是偶然的，除了抽籤這一占卜形式簡單易行外，還與籤詩本身的特點有密切關係。一方面，籤詩的內容多模稜兩可，可以作出多種解釋，甚至同一首籤詩也可以作出完全相反的解釋，廟祝或解籤者根據抽籤者的觀察，結合自己豐富的人生經驗，憑著三寸不爛之舌，隨機應變對籤詩作出種種解釋，甚至這種解釋本身有時也是模稜兩可、含糊不清的，具有較大的迴旋餘地。而抽籤者大多懷著虔誠的信仰而來，他們把籤詩看成是神諭，奉為至寶，不敢或不可能（由於文化程度低）提出懷疑。廟祝或解籤者的詮釋也多是以其昏昏，使人昭昭。另一方面，籤詩上、中、下籤的比例頗有講究，絕大多數籤詩的上中籤比例占總數的百分之七十至八十，下籤僅占總數的百分之二十至三十，以迎合香客們趨吉避凶的心理需要，同時對懷著不安的心理來抽籤的香客，也在某種程度上起到了緩解的作用，即使抽到不很吉利的籤詩，經過解籤者的委婉解釋，也會有所寬慰。我們

發現，哪個宮廟籤詩中、上籤比例越大，香客們則往往反映這裡的籤詩特別靈驗，其奧秘就在於此。[36]

---

36 「簽」的主要含義有二：一是指一頭尖銳細小的小杆子，如竹簽、牙簽等；二是在文書上署名或畫押，如簽名、簽押等。而「籤」的本意是預言的應驗，《說文解字》卷九：「籤，驗也。」本書中所探討的「靈籤」和「藥籤」均有「預言的應驗」的內涵，故採用「籤」字而不用「簽」字，特此說明。

第十章
風水術與民間禁忌

　　風水觀念早在秦漢時就傳入福建，魏晉之後，風水術逐漸在八閩流行，晚唐時期，在開發程度較深廣的福建東南沿海地區，已形成較為系統的風水形法理論，並影響到廣東等地。隨著贛南形法派風水術由福建的客家地區向福佬地區的逐漸擴張，兩地的形法理論也慢慢地走向融合之勢。明清以來，隨著福建居民大量移居臺澎等地，福建的形法思想亦傳入這些待開發的地區。大體來說，閩臺的形法派同理氣派一樣，其形成與發展過程都同福建居民的開發活動以及家族的事死事生活動密切相關，並融入了該區域的一些民間習俗，從而對閩臺民間社會產生深刻的影響。

　　民間禁忌，是指一社群內為絕大多數民眾所遵循的，以「求福消災」為主要目的一套「該做什麼」與「不該做什麼」的禁制體系，是該社群人們傳統風俗習慣的重要組成部分。閩臺區域殊異於中原地區的地理狀況與開發歷程，又決定了在中華文化大家庭的前提下，發展出一些與其他地區迥異的文化形式，閩臺民間禁忌即是如此，它既具有華夏族民間禁忌的一般共性，又不乏自身特點。

第一節　風水術

一　風水術在福建的傳播

　　秦漢時的陰陽望氣論和地脈論等風水觀念隨漢人的足跡而滲入閩中。《閩中記》述福州閩縣金雞山：「秦始皇時，望氣者雲，此山有金

雞之祥，遂劚斷山脊，且厭王氣。舊斷處為人行路，號曰雞公巷。」[1]
而那時一些避世隱居及道羽者流如左慈、葛玄亦入閩中山川佳麗之處，
並可能參與一些建觀方面的風水實踐活動。[2]他們亦通望氣之術，以期
通升天之道。如甌寧縣郭岩山有漢代梅福之傳說：「福為南昌尉，上
書不報，隱于建之城南山上，學仙術，後游武夷，望見郭岩有紫氣，
即往訪之。時岐公已先居焉，因與同處。後二人俱乘鶴上升。」[3]

　　魏晉南北朝是風水理論初立體系的時期，據正史的記載，中原門
閥士族憂於世變莫測，亦多倚重風水（特別是陰宅）。大批入閩的中
原士人常以簪纓世胄自居，大多尊祖重本，渴盼光宗耀祖，他們在多
瘴癘之氣的自然環境及弱肉強食的社會環境中，亦免不了有一些事死
與事生的風水實踐。事實上這些族葬地的選擇，大多分布於土山丘陵
的半麓，已相當講究風水。

　　福建的地方史書有不少有關兩晉福建的風水活動的記述或傳說，
宋梁克家《三山志》卷四較早記錄了被後世尊為風水理論鼻祖的郭璞
在福州的卜城活動：「嚴高謂冶城狹小，不足聚眾，將移白田渡，嫌
非南面，乃圖山川形勢，以咨郭璞。璞指越王山南小阜曰：『是宜
城』，於是遷焉。」[4]此後，《閩書》等志書記載更加詳盡，並增添許
多神話色彩。[5]這個時期福建各地建造的寺觀，也多考慮風水建置因
素。如晉江縣之玄妙觀，在泉州府治之西南，晉太康中為白雲廟，[6]

1　黃仲昭：《八閩通志》〈地理‧閩縣〉（福州市：福建人民出版社，1990年），卷4，
　　頁65。《福州府志》卷二亦載是說。

2　詹石窗猜測左慈的「造陰宮」，可視為道教風水實踐的一種。參考氏書《道教風水
　　學》，頁64。

3　黃仲昭：《八閩通志》〈地理‧甄寧縣〉（福州市：福建人民出版社，1990年），卷4，
　　頁100。《漢書》有〈梅福傳〉。

4　道光《重纂福建通志》，卷17《福州府子城》引。

5　何喬遠：《閩書》〈建置志〉，卷32（福州市：福建人民出版社，1994年），頁776-
　　777。

6　黃仲昭：《八閩通志》〈寺觀〉，卷77（福州市：福建人民出版社，1990年），頁826。

該觀建於雲山之南坡，據山家云，山脊末端為龍脊之首或鳳之首，前望廓遠，廣庇眾生也。[7]另據《建寧府志》載：「菩見塔在紫芝山左，與郡作對，名文筆峰。晉太康中，于山下建林泉寺。」[8]塔寺之建，顯然融入一些風水觀念。民間的傳說也透露出政治力量對早期風水活動的左右。如《寰宇記》載：東晉時，望氣者言建寧府建安縣的白鶴山「有異氣，命工鑿之，朝鑿暮合，已而有白鶴雙翔其上。」[9]大體來說，在唐以前，避亂入閩是北方士民入閩的主要因素。畏難懷居、以求安堵的北方士民在閩的風水活動尚未蔚為風氣。

　　初唐以降，除中原人口繼續潮湧閩中外，原較早占籍閩中的漢民系家族或因家族人口的擴張，或受外來移民的生存競爭，其家族中各房派的內遷移（從始遷地到福建其他地方）活動也趨頻繁。毋庸諱言，初遷至閩的中原漢民因生計緣故，較可能無暇去考慮居住空間或祖先墳塋的風水問題（當然，篳門圭竇和衣冠士族是有所差異的），但那些已在福建繁衍生息的家族的再遷居或擇居活動，已多少受風水因素的左右。以福建的「九牧林」為例，相傳林披先世所居的北螺村，係福平山所止之處，「村地延袤，爽塏如飛鳳之形」[10]，是所謂的風水寶地，因此，所出九子，均仕州牧，世稱「九牧林」。林披雖不信鬼，曾著《無鬼論》，卻「諳熟地理風俗」，以立遺囑的形式，強調龍岩城未改前風水有所欠缺，故子孫不可遷居。[11]

　　隨著唐代福建開發規模的擴大和文化的發展，閩地移居漢人的風水活動也更趨頻繁。流行於中原的葬書各家當有傳入閩中民間者，從

7　鄭國棟、林勝利、陳垂成編：《泉州道教》（廈門市：鷺江出版社，1993年），頁12。

8　嘉靖《建寧府志》〈古跡〉，卷13。

9　黃仲昭：《八閩通志》〈地理・建寧府建安縣〉，卷4（福州市：福建人民出版社，1990年），頁95。

10　何喬遠：《閩書》〈方域志〉，卷23（福州市：福建人民出版社，1994年），頁556。另漳州《西河九龍族譜》等也有載。

11　漳州《九牧林氏宗譜》。

而左右著閩人的葬法。如漳州刺史陳元光，就積極參與風水的實踐。「陳王遷墓」便是一個事關風水的撲朔迷離的公案。據雲霄山美《潁川陳氏開漳族譜》抄本載：「唐鳳儀三年，男龍湖（即陳元光）奉敕葬考妣于雲霄修竹里將軍山，既而有術者指其地有王者氣，龍湖公遂改葬于大溪社大峰山以避之。至宋徽宗宣和五年，陳將軍役使鬼物遷葬考妣于雲霄將軍山舊塋偏穴，坐庚向甲兼申寅。」[12]

　　唐代後期，中原戰亂加劇，北方士民再次南遷，形成了漢人入閩的又一個高潮，人們對所移居或定居的空間秩序的競爭更為劇烈。為了能保持或振興門庭，也為了強化繼嗣和血緣關係，他們對於能增強對生存空間的信心和希望的風水術，當然也更為熱衷。如福州尚干《林氏族譜》記載，其先祖世居河南固始，系隨王潮、王審知兄弟入閩的，「功績居多，故位居左朝奉大夫。後國家胥慶王恩與從己之人自擇桑梓，為裕後之計，于是王自擇藤山，我始祖瞻顧枕峰一脈一回龍，經營處所卜居名區焉」[13]。毫無疑問，「為裕後之計」，推動本姓家族在閩中的發展，林氏始祖在擇居時已將風水列為考量因素之一。

　　唐末五代以降，中國的經濟和文化軸心已逐漸南移，經過兩宋的開發，福建的社會經濟已獲得較快的發展。這時期雖然還有不少北方士民遷入相對較落後的閩北、閩西山區，但是福建畢竟是個山多地少的丘陵地區，耕地面積有限，隨著人口的大幅度增長，福建的人地關係更趨緊張，一些家族開始向周邊地區移民。到了明清時期，眾多的福建居民更是大量朝海外、省外及偏僻山區遷移。外移族眾在他鄉「外境」的開發活動，也多重複著列祖列宗在故鄉「吾境」所追尋的好風水的傳奇。此外，隨著福建移居族眾的草根化或在地化，明清時期由血緣和地緣關係結成的鄉族社會已基本形成，在帶有某些割據性

12　另平和節溪的《陳氏家譜》（抄本，不分卷）亦題：「陳政葬雲霄將軍山，妣司空氏合葬。」

13　民國《尚干林氏族譜》第一世，刻本。

質的鄉族社會中，新的外來移民的融入更為困難。隨著新型家族制度
在福建的建立與發展，及其在國家與社會之中的角色變遷，風水與福
建地方社會的互動也更為複雜化，並呈現出新的特徵。特別在人地關
係緊張的情況下，閩人試圖通過風水活動以維持良性的生存空間、提
高生存質量的努力也隨之提升，各種由風水活動引發的紛爭也隨之加
劇。風水可能既是鄉族內部穩定社會秩序的潤滑劑，也可能是區域內
社會秩序動盪的催化劑。

二　福建風水術的流派

　　唐宋以後，流傳於福建的風水術主要有兩大流派，即理氣派
（「方位理氣」）和形法派（「巒頭形法」），明代王禕曾說過：「後世之
為其術者，分為二宗：一曰宗廟之法，始於閩中，其源甚遠，及宋王
伋乃大行。其為說主于星卦，陽山陽向，陰山陰向，不相乖錯，純取
五星八卦，以定生克之理。其學浙間傳之，而今用之者甚鮮；一曰江
西之法，肇于贛人楊筠松、曾文辿，及賴大有、謝之逸輩，尤精其
學。其為說主于形勢，原其所起，即其所止，以定位向，專指龍、
穴、砂、水之相配，而宅拘忌在所不論。其學盛行于今，大江以南，
無不遵之者。二宗之說，雖不能相同，然皆本于郭氏者也。業其說
者，參其異而會其同，斯得之矣。」[14]

（一）理氣派

　　從東漢末至唐末五代，正是北方士民大舉遷居和開發閩中的時
代，中原「法天地，象四時」、「起五德終始，推其極而無不至」、「然

---

14 〔明〕王禕：《青岩叢錄》，《五朝小說大觀》本，上海掃葉山房民國十五年（1926）
　　刊行。

後言天地之利害，事之成敗」的圖宅術，自然也隨著移民大潮而傳入閩中，並得以保存與發展。據泉州海外交通史博物館所藏〈唐許氏故陳夫人墓誌碑〉載，陳氏先祖是中原潁川人，曾為福州長樂縣令，先家于福唐，為閩之豪族。後「刳舟剡揖，罄家浮海，宵道于清源之南界海之中洲曰新城，即今之嘉禾里是也，……家業豐厚」，陳氏之父伯也曾任縣令或縣丞。唐大中十一年（857）十月陳氏下葬時，「青烏從事」，所選的墓地是「坤向山，巽流水，申未朝，寅卯葬」。[15]按「五音吉利說」及生克原理，陳姓聲屬水姓，墓地應以北高南低為吉，顯然陳氏墓方位、朝向皆合。而以所謂的「地戶」巽（東南）方為水口，甚合圖宅之法。當然重理氣方位的圖宅術亦用於唐宋福建城池之建。如唐太和三年（829）泉州刺史曾鑿清渠，引筍浯二水入城，名天水淮，北宋則將此溝築成南護城壕，後世稱之八卦溝。據載，「古特以八卦瓶埋置于先天方位，至明弘治十一年（1498），御史張敏開城中溝，于西南隅掘得大瓷瓶，上陶巽字，蓋取其方位之相配，非鑿溝如八卦形也」[16]。此足見唐宋泉州之堪輿術甚重先天八卦方位。另後周安溪令詹敦仁曾作《五代初建安溪縣記》，亦以八卦配天干記其邑之形勝：「新邑發岡自乾、亥而來，轉勢從辛、兌而入，向丙、巳以奉離明之化，流寅、甲以伸震迭之威。左環右接，如抱如懷；前拱後植，若揖若拜。」[17]秦漢以降中原方術之所以能在閩中較完整地保存和長期延續，大抵受兩大因素左右：以地理條件析之，福建背山面海，呈半封閉的狀態，較能保持獨立個性；以文化變遷論之，漢族文化逐漸取代閩越文化，呈唯我獨尊架勢。這些也是宋時蔚為興盛之風水流派——理氣派之所以能在閩中自成體系的重要因素之一。

15　此碑現藏泉州海外交通史博物館展廳內，碑文係墓主之丈夫給事郎前行泉州參軍許元簡撰，筆者抄。

16　周學曾等纂修：《晉江縣志》（福州市：福建人民出版社，1990年），卷9，頁189。

17　〔清〕乾隆《安溪縣志》〈藝文上〉，卷11。

　　福建理氣派在唐宋的傳承問題，已無從考證。學者一般都認為宋代的王伋對福建理氣派的發展有很大的推動作用。按《處州府志》載：「王伋，字肇卿，一字孔彰，汴人，其祖訥因議王朴金雞曆有差，眾排之，貶居江西贛州。伋因鄉舉不第，遂精地理學。棄家浪遊，見龍泉山水秀麗，遂家焉。伋為人卜兆，獲福者甚多，人以地仙稱之。卒後門人葉叔亮傳其所著《心經篇》、《問答語錄》。范公純仁跋之曰：『先生通經博物，無愧古人，異乎太史公所謂陰陽之家者矣。』」[18]但王伋所著之書，世少有傳本，至今有關王伋的風水主張，較詳者有上述王禕的說法：「主于星卦，陽山陽向，陰山陰向，不相乖錯，純取五星八卦，以定生克之理。」《古今圖書集成》亦提及：「王伋云，陰陽家無它，唯忌樂二字而已，樂惟樂其純陽純陰，忌唯忌其生旺庫墓，此水法也。謂如子午向，午水甲水皆可向，即純陽。艮震山庚辛水流純陰。」[19]這些都說明福建理氣派延續或發展漢唐以來的圖宅術，特別重視八卦方位同八干、四維、十二支的配合。此外，王伋應已懂得風水羅盤的製作及星度的差異了。他曾作過一首有關羅盤的針法詩：「虛危之間針路明，南方張度上三乘。坎離正位人難識，差卻毫釐斷不靈。」[20]據王振鐸考證，該詩所據曆法，不會早於慶元五年（1199），故可知王伋為南宋時人。[21]王伋之術，顯然與《宅經》思想有相契之處。

　　王伋以後的理氣派傳承，亦已無從得其詳。按學者的研究，後世各地理氣派的操作方法，都特別強調人與時空關係的有機和諧。通常是將「命主」（即宅主人的命之八字、流年吉凶）同陰陽宅的方位有

18　光緒《處州府志》〈流寓〉，卷21。

19　《古今圖書集成》〈博物匯篇‧藝術典〉，卷680〈堪輿部紀事〉。

20　泉州《繼成堂洪潮和通書》各種民國版本所附的《羅經圖說》皆錄有是詩。該通書所題「越王趙卿」，即是王伋。

21　王振鐸：〈司南、指南針與羅經盤〉，《中國考古學報》1948-1951年，第3-5冊。

機地結合起來，並考慮陰陽宅營造時的年、月、日、時辰吉凶。至今
福建民間社會所傳的「福地福人居，福人居福地」諺語，大抵就是理
氣派之理念的一種體現。按理氣派又稱屋宇法、宗廟法，學者或以為
屬陽宅之法，其實不盡然。宋元時期福建陽宅建築施以理氣法者，文
獻記載甚少，無從討論。而考古發現，宋元時期福建墓葬多運用方位
理氣之說，重視厭勝、除煞等禁忌。

　　有明一代福建的理氣方位之術影響依然頗大，我們可從明代福建
建陽刻書的目錄中可窺一斑。建陽各書肆堂號曾刊刻了大量的風水書
籍，其中屬理氣方位之學占了相當大的比重。根據謝水順、李斑所著
《福建古代刻書》和陳昭珍所著《明代書坊之研究》介紹，晚明建陽
各堂號所刻堪輿書目可考者三十餘種，流傳遍及大江南北，影響實為
深遠，這些書籍當然在福建傳播更廣。

　　入清以來，福建地方書肆依然大量刊刻理氣和形法兩派的風水書
籍，此外還有大量的選擇日書——通書。如連城四堡書坊刻書的商業
性極強，主要刊刻東南地區市場需求量較大的民間日常生活用書。[22]
據調查，清至民國尚存雕版的四堡堪輿書目，霧閣一帶有《山洋指
迷》、《龍穴扼要》、《人子須知》、《地理大全》、《雪心賦》、《魯班經》
等；馬屋一帶有《百段經》、《先天易數》、《龍埋龍穴》、《地理五
訣》、《地理河洛精義》、《永寧通書》、《永吉通書》、《協記通書》、《萬
法歸宗》、《四彈子》等。這些書籍銷往福建、廣東、廣西、江西、湖
南、浙江、四川、山東、雲南等地。[23]從四堡書坊刊刻的風水書目可
知，清代風水術的理氣與形法兩派，在福建等地皆各領風騷，為民間
術士或百姓所宗法。

　　明清時期，福建的社會經濟已跨入全國的先進地區行列，特別是

22　謝水順、李斑：《福建古代刻書》（福州市：福建人民出版社，1997年），頁469。
23　包發生：〈四堡雕版印刷業情況調查〉，《客家縱橫》1998年第1、2期，頁36。

沿海地區，更是利用地理便利，開展海上的私人貿易活動，這為家族組織的發展提供了必不可少的經濟條件，不少家族為達到敬祖收宗睦族之目的，大都熱衷於宗祠和墳墓的建造。風水術中的方位理氣派的操作法則，也隨著建祠、墓的風潮而得到廣泛的運用。閩中的族譜有不計其數之記載。漳浦梅林陳氏祖祠追來堂始建於明，歷有修葺，便用羅盤的二十四山法格定宅內外的方位，其營造法亦運用「壓白」尺法對宅內的尺寸作了明確的規定。[24]南靖和溪坂場的李氏大宗祠，道光年間重新修葺時，除用羅盤之法以定祠方位外，又嚴格按照日法來確定營造步驟，並結合了九星飛宮等法。[25]平和蘆溪鄭氏係南宋由贛遷入汀漳等地。一位相當專業的風水師運用二十四山分金坐度納甲放水手法，對該家族的一成員的墓內外的方位作了詳細的布置。[26]以上事實，足以證明清以來閩西南一帶的家族已將風水中的方位理氣之說，廣泛運用於營造祠墓的活動中。

　　隨著福建沿海地區與海外交流的擴大，理氣派風水也遠傳至海外。如琉球閩人後裔蔡溫就曾於康熙四十七年（1708）來福州，奉命學習地理事。其曾問學於劉日齋，悉受其秘書及大羅經一面，所學即以理法為主。至今理氣法在琉球一帶依然盛行。[27]

　　簡而論之，風水術中的方位理氣派可謂源遠流長，它跟秦漢流行的式法、日法有密切關係。這種定向與定時相結合的術數隨著北方士民的南遷而傳入自然環境較封閉、社會文化較落後的福建之後，經過長期的整合，至宋元時期已形成較系統的理論體系，並融入了福建的地域文化特色，從而對早期「堪輿術」的內涵作了創造性的擴展。衍

24　《梅林陳氏族譜》，抄本，不分卷。原文用民間記帳常用的「碼子字」，為方便行文，均換算成阿拉伯數字，1.87丈係指1丈8尺7寸。

25　《李氏族譜》，抄本，不分卷，撰述者不詳。

26　民國乙亥《鄭氏族譜》，抄本，不分卷。

27　王閩石：《蔡溫與中國堪輿學說在琉球的傳播》，《道韻》第八期（臺北市：中華大道文化事業公司，2001年），頁300-318。

至明中葉之後，福建的山區及沿海的商品經濟都獲得較快的發展，為
風水各流派在福建的擴散提供了有利的社會條件。如建陽、四堡刻書
業的興盛，使得方位理氣派的書籍廣為流布，影響大江南北。而社會
經濟的進步也推動了民間家族組織的發展，方位理氣學說更是廣泛地
運用於家族的建祠和修墓的活動之中，以維繫家族的血緣關係，鞏固
或改變其生活秩序。

（二）形法派

　　班固在《漢書》〈藝文志·數術略〉中，曾提到形法一類，謂
「形法者，大舉九州之勢以立城郭室舍形，人及六畜骨法之度數、器
物之形容，以求其聲氣貴賤吉凶。猶律有長短，而各徵其聲，非有鬼
神，數自然也」。早期的形法不僅包括相地形和相宅墓，也涵蓋相
人、相刀劍、相六畜等。後世志書則將「望氣」也列入形法之中。

　　形法類的相墓相宅之術也是隨北方士民南遷而傳入福建的，最初
多用於卜城之形勝。如上述東晉郭璞所作的《遷城記》或《遷州
記》，述福州的形勢，當屬形法類作品。晚唐至五代，福建已形成風
水形法理論的雛形，以晚唐黃妙應為代表。黃氏曾作《博山篇》，析
為「概論相地法」、「論龍」、「論穴」、「論砂」、「論水」、「論明堂」、
「論陽宅」、「論平地」八目，對後世形法派的理論要點──「地理五
訣」中的龍、穴、砂、水、向已有相當詳盡的描述。[28]大體而言，〈博
山篇〉強調形勢與方位的辯證統一，亦重視五星及五行生克之理，表
明晚唐時福建的理氣派和形法派的界限並非涇渭分明，兩者實有共通
之處。重視宅之方位應是當時福建的風水術的一大共性，區別在於形
法派是從辨形勢入手來判定方位的美惡，而理氣派著重從宅主的音姓

---

28 以下所引〈博山篇〉，皆見《古今圖書集成》〈藝術典·堪輿部〉，卷666，不一一作
　　注。

或命相來決定方位的吉凶而已。這為後世福建兩派的融合伏下理論的契機。

　　值得注意的是，黃妙應提出了「行龍的度，人身相似」原則，並將「尊祖敬宗」的宗法觀念也引入風水的操作法則之中，這無疑也是當時閩中移居社會重視宗法宗族關係的現實的一種折射。由於地緣的關係，黃妙應的形法理論主要從閩東南的莆泉地區向閩西南及東粵一帶傳播，明清時期，黃妙應的形法思想在閩中依然很有市場。

　　大抵是受王褘說辭的左右，人們一般提到形法派，皆指江西之法，都歸宗於唐宋時期的楊筠松、曾文辿、賴文俊、廖禹等人。如是因循之說殊不盡然。閩中固有的形法和理氣二派，反而保持著相對完整的獨立理論體系。而由於傳入福建的楊、曾、賴等氏文多偽託者，其術亦有理氣，這反過來促進了福建理氣派的繁榮。

　　由於閩贛地理上毗鄰，現定居閩西、閩北一帶的居民的先祖有相當部分是經贛南地區移入的，故有宋以來江西派對閩北、閩西等內陸地區的影響遠較閩東南沿海地區深廣。

　　明清以來，隨著江西形法派在東南地區的擴散，福建原有的形法傳統反有淪落為非主流之勢，在傳承上反成「別子為宗」了。本書擬以明清時期在泉州一帶頗有影響的形法派風水師——淮右禪師的堪輿實踐為個案，藉以蠡酌管窺閩贛的形法派在福建區域變遷中的一些演變特徵。

　　淮右約為明清之際人氏，係是一位由道入釋的禪師。他曾歷覽泉州五縣（安溪、永春、惠安、南安、同安）的山水，並遠涉澎湖、臺灣等地，以圖讖結合的形式，記下了泉臺的山川形勢美惡。按一位曾細閱過淮右留下的風水圖讖的蓮先生所說，「淮右大師圖偈，正合楊公九星穴法結作，並無半字差錯。觀巒頭星體，龍度變星，結作穴法，件件相符，又分別支幹，點穴葬法，淺深推式。其藝有郭楊之

術，與曾黃並肩，其文詞有扳桂之才。」[29]另按淮右之陳辭，其之所以偏愛「地理圖讖」，本意就在於彌補江西楊筠松和閩中黃妙應的風水理論之不及，泉州明山秀水則為他提供良好的風水實踐場所。

　　淮右認為楊筠松的學說偏於說空理，而黃妙應的圖偈又語焉不詳，導致誤葬者多。他創的「挨指圖訣」，乃為避免「是欲福之地反禍之」之後果。為此，他並不盲從二人的看法，如他對黃氏所喝的「將軍抱印」穴就不以為然。但淮右亦認為，「遍歷名都名鄉，佳宅亦夥，而作法善必以黃公為最」[30]。可見他對黃妙應圖偈的推崇，所師法更偏重於黃妙應一系的傳統。

　　在淮右看來，「陽居最重水法，營造次之」，為此，他曾挨指了「清源郡城九乳總圖」並作有《陽居後圖序》、《九乳圖說》，詳述了泉郡九乳陽居的「喝形」、「注氣出水」之法及其格局大小美惡。除陽居外，淮右更是對泉州郡城及周邊地區陰宅每一重要的穴地的來龍支脈、朝案、方位、穴地的水法或葬法，以及穴地美惡吉凶作了相當清楚的交代，即所謂的「穴證」。特別是他對葬法的深浮尺寸以及水口方位的嚴格要求，無疑是深受江西形法派的觀念影響。而其圖讖結合的方式，敘述得也比遠黃妙應來得細緻，淮右認為，地理之圖其實是天地之造化的結果，相地者的辨龍察砂點穴觀水活動，不過是順應自然生氣變化，比擬自然，以達到一種天人和諧的境界罷了。如他稱：「地理之圖，充塞宇宙，凡天之所生，地之所養，飛走動植，融結成形，莫不畢肖。故善相地者當觀其生意之所在，神情之所趨，反覆以求之，多方以乘之，合佐龍遠近以證之。測淺深浮沉以取之。雖有龍穴砂水之不同，穴以龍辨，得水為穴，望龍知穴。」[31]

　　值得注意的是，淮右自稱他所作的陰陽穴地「喝形」，係多遵照

───────────

29　〈蓮先生偽證真序〉，載《清源圖》，清抄本。

30　淮右：《清源圖》，清抄本。

31　淮右：〈續序〉，載《清源圖》，清抄本。

泉州「俚言」（如閩南方言、俗語）來寫，亦由泉人「蒲匯錄之」，故
「喝形」也透露了明清時期泉州的一些民間風情和信仰情態。他以飛
禽走獸的活動情態為喝形的重點，特別以傳說中的靈異動物如麒麟、
神龍、靈龜、飛鳳、金牛、金蛇等來隱喻泉州穴地的吉凶，這合乎明
清時期泉州人對吉祥動物的崇拜心態，其中也可能包含著某些圖騰崇
拜的因素，如泉漳一帶自古以來就有崇拜蛇、龜的習俗。而以美女或
玉女的軀體形態（如美女遮羞穴所葬處係女性的陰部位，美女獻花穴
形則葬女性的乳部位）或動物的交媾形態（如雙犬交春）來喝形，堪
稱是遠古以來漢人生殖崇拜的折射與延續，也是當時庶民化的女性審
美情趣的真實反映。事實上陰宅風水的穴形圖也都接近於女性的生殖
系統的外陰形狀，隱喻著漢人重視傳種續嗣的歷史事實。此外，作者
亦借用傳統民間社會喜好的雲、月、玉、蓮、荷花、牡丹、芙蓉等物
象喝形，以表述人們對除祛祈祥的真切渴盼。淮右還借用佛道的神靈
形象來比擬穴形，這除了與他出道入釋的經歷有關外，亦與當時佛道
二教早已融入東南的民間信仰有一定關係。在這位出家僧的風水喝形
活動中，神聖與世俗似乎並未根本對立，反而是有機的統合在一起。

　　淮右除重視通過喝形及葬法改變人的生存狀態之外，更強調鬼神
等超自然能量（造化）是決定得「好風水」的關鍵因素，認為「有德
福者方能得好風水」，這種觀念對於欲得好風水的人來說，確是種無
形的精神壓力，但對於維持福建民間傳統社會的道德秩序亦有一定的
益處。綜而觀之，淮右對泉州郡城及周邊地區穴地的「挨指」，業已
將形法派理論同儒道釋三教信仰乃至福建的地方傳統習俗信仰有機地
融合在一起。

（三）形法派與理氣派的融合

　　元明時期，理氣與形法二派的對峙還是較為劇烈的。由於理氣派
將方位看得比形、勢重要，引來形法派的大力批評。如元趙汸《葬書

問對》就透出當時爭執的信息，他認為「論五行衰旺生克，此是陰陽家事，非所以求形法」，「方位時日無關于地理」，「夫方位之說，本非所以求地理，況乎隨意所擇，不得形法之真」。[32] 趙汸以為勢與形理顯而事難，以管窺豹者，每見一斑。而方位者理晦而事易，易為「喜模鬼神，憚作狗馬」者利用以惑人。其實《葬書》除言形勢外，亦言及方位，曾採用陰陽及八卦法則講述風水的方位理氣。這種爭執在福建亦盛行一時。

　　但是，由於江西派或托名江西派的風水著作本就糅雜著巒頭和理氣二術，再加上被士紳視為國粹的《易》學及陰陽五行學說一直盛行於世並日益滲入民間社會，明清以來形法與理氣派的融合趨勢已趨明顯，而以「二十四山」法為基礎設計的羅盤的廣泛使用更為二者的結合提供了實踐的基礎。隨著福建開發規模的擴大和社會經濟的發展，許多地理環境多已被「人化」，失去了固有的風貌，特別是城鎮地區建陽宅時，由於宅屋交錯，常出現理法風水術中所謂的「沖煞」情形，形法派的「喝形」諸法亦難已有效的實施，客觀上加劇兩派理論的有機整合。今人或以為贛派風水在明清已定為一尊，被定型為讀書人的堪輿學，而閩派則多是下里巴人，恐是揣測之辭，不足為憑。[33] 在福建的民間社會裡，我們所見到的更多的是將兩派觀念糅雜在一起的風水術。

　　試以明代羅明祖（福建永安人，約生活於萬曆至嘉靖年間）的風水理論與實踐活動為例。羅氏係宋儒羅從彥之後裔，出身易學世家，崇禎四年（1631）進士，曾任華亭（今上海松江縣）令和浙江蕭山令，後棄官而歸閩。其甚精通易學和曆算，對當時二派的紛爭也頗不以為然，以為「巒頭天星諸家紛紛各持其說，總之要合得著，用得

32　《古今圖書集成》〈博物匯篇・藝術典〉，卷680〈堪輿部藝文〉。
33　高友謙：《中國風水》（北京市：中國華僑出版社，1992年），頁75-76。

活，制得倒，救得來」[34]。對於被托稱楊筠松作品的《玉尺經》及賴文俊（布衣）的形法理論，羅氏也頗有異辭。他曾寫過一篇〈形氣賦〉，對山川的「形」與「氣」的辯證關係作了深入的分析，認為「形氣不分體用，體用乃係人為。術士各占一家，形氣不能一貫」，山川的形氣實有清濁之分，如形清氣清不教而善，而「形清氣濁，此名巒頭吉而理氣不吉。庸人有富貴膴下之時；形濁氣清，此名理氣不凶而巒頭凶。豪傑有殺身成仁之日。作用全仗取捨得定，推移純係趨避合法。以形救形，山水皆形也，在所定向，但得臨渴甘泉，何意貪秀峰特聳。以氣救氣，陰陽俱氣也，要於合局。氣一形一者，美惡任我進退。氣異形異者，酸鹹妙在烹調，五行之正變亦多矣」[35]。強調相墓相宅時必須形氣兼顧，方位與形勢皆不可偏廢。在〈地理微緒〉中，羅氏本人亦以形法為主，理法為輔，對其先祖們的葬地吉凶禍福做了相當精闢的分析。對於高祖妣之穴地，羅明祖除從形法角度辨析了該穴在挨扦時存在的問題外，亦用理法中的卦氣及方位吉凶變化法則，來解釋其家族在一甲子輪迴中的興衰成敗。羅明祖係將房親「人財零替」以及自身高中科舉皆歸因於高祖妣地風水穴地氣運的變遷。而對於先慈葬地，羅氏先遵從形法派之觀龍、察砂、辨水、喝形、點穴之法，再結合了理氣派對山川形勢的卦氣吉凶判斷。從羅氏的論述看，明中葉以降福建風水二派走向結合是風水理論上發展的必然結果，畢竟兩派的理論基礎並不互相矛盾。

　　明清以來福建風水二派走向融合之勢，亦是民間普遍具有的驅煞求祥的社會心態使然。這亦反證了風水觀念已日益滲入福建民間了。福建民間在運用形法派「喝形」術做墳墓或建宅時，亦相當重視祛邪

---

34 羅明祖：〈地理微緒〉，《羅紋山先生全集》（揚州市：江蘇廣陵古籍刻印社，1996年），頁1015。

35 羅明祖：〈漢上末言〉，《羅紋山先生全集》（揚州市：江蘇廣陵古籍刻印社，1996年），頁1068-1072。

鎮煞之法，如石敢當在民間的廣泛運用，主要就是為了克服陽宅本有的吉方位免受「沖煞」。此外，唐宋以來，「買地券」較常為理氣派風水師做墳鎮煞時所用，但明清時期形法派的風水師亦多用之。

福建的一些方志亦記載民間風水師如何將形法同理法（特別是日法）相結合，以避免「犯煞」的事例。民國《永春縣志》曾刊載一位李姓風水師耍的喝形絕活，堪稱是「驚心動魄」，不信風水者大抵會以為是在讀一篇小小「志怪小說」：

> 李虎，字從龍，太平村人，入贛學相地術，業成歸里，當乾隆時，自擇墳地于安溪界之東溪，葬其先世，號其形曰活虎開掘。日推算支干，禁其子，不許從行。因俗言：凡地形類猛獸者，必食人乃發也。子不信，竟往助工，及歸，勞雇作者，其子出陪，席方舉杯，飲即頭暈仆地，舉家驚哭。虎遽搖手止之曰：「無妨，不過些須事耳。」用盆水加鬺尺以草繩纏之，祝曰：「起。」子遂愈。問之，曰：「渠方欲搏噬，適吾以繩縛其喉也。」費長房縮地與楊筠松撼龍其術等耳。[36]

李姓風水師主要是用「形法」之術來卜地的，但做風水時顯然又運用了日法（推算干支）。俗信在日時辰上犯了沖煞，會導致風水穴地「真龍」怒動之後果。至今福建民間依形法派「看風水」者，大多相當重視理法常用的日辰吉凶的選擇，並根據穴之「喝形」的特性做些防煞的準備。

毋庸諱言，唐宋以來福建風水二派的形成、傳播，以及走向融合的歷程，帶有強烈的文化整合的意義。如福建的理氣派以《易》學和陰陽五行學說為基礎，對先秦以來流行的實用文化傳統如堪輿星算、

---

36 民國《永春縣志》〈方技傳〉，卷24。

日法選擇、厭劾祠禳等做了有機的結合；形法派在延續古有的相宅相
墓傳統的同時，更融入了圖偈或圖讖的形式以及宗法等級觀念。二派
也直接或間接地吸收了儒道釋三教的一些價值理念，進一步刺激了三
教信仰的民俗化和地域化歷程。一定程度上說，二派風水術在廣泛傳
播過程中也參與了福建地域文化的改造和民間道德秩序的建構，融入
了福建的地域文化特色，從而推動了福建地域文化的價值增生或意義
轉換。當然，我們也應看到，社會的變遷因素也很大程度上影響著風
水師及大眾的風水選擇。在漫長的歷史長河中，風水兩派的融合趨勢
以及誰更據於主導地位，往往受到社會變遷因素的左右。

三　福建風水術在臺灣的傳播

　　臺灣的風水術源於福建，淮右曾較早到過澎湖及臺灣等地，並繪
有《浮游壯圖》一冊，記錄臺澎山川形勢之美惡。可惜該圖冊早已散
佚泉州民間，未能一睹其詳。今《清源圖》錄有《澎湖總論》、《臺灣
內山總序》二文及《澎湖總圖》及《臺灣內山圖》，可觀其大概。特
別是淮右所繪的《澎湖總圖》，較詳細地繪出了澎湖的山川形勢及地
脈走向，應屬最早最完整的澎湖輿圖，頗具歷史價值。明萬曆二十五
年（1595）之後，漢族移民已較有規模地開發澎湖。這些移民多以泉
州府（如同安、金門）籍者為主，泉州一帶的巒頭形法派風水對澎湖
居民的墓地、建築、聚落及城鎮的選擇影響實至為深遠。[37]以淮右在
泉州的影響力及到過澎湖的經歷，不能排除他的堪輿活動對澎湖早期
居民的陰陽宅營建活動的影響。淮右認為澎湖於福建為南北向，稱大
山嶼的紅毛舊地為澎湖的風水形勝之地，亦符合後世關於澎湖巒頭風
水的說法。如清代林豪的《澎湖廳志》所做的風水描述，實與淮右所

---

37 劉敏耀：《澎湖的風水》（馬公市：澎湖縣立文化中心，1998年），頁16。

繪的輿圖及圖中的文字說明有相近之處：

> 澎湖屹峙巨浸中。自泉郡清源山發軔，蜿蜒至東南入海，一線
> 隱伏波濤中，穿洋潛渡，至澎之北礁隱躍水面，形如吉字，俗
> 名北礁；繚繞而南，始浮出水，曰吉貝嶼，是過脈處；復伏水
> 中三十餘里，至北山嶼之瞭望山，起高阜十餘丈，周二、三
> 里，是起龍脈起處；過北山嶼十餘里，由中墩嶼過峽二里許，
> 特地結一大嶼，名大山嶼，在澎湖中央，磅礴崙崗，幅員約五
> 百里；廳署、鎮營皆在焉。大山嶼之中，一山鎮峙，周圍四五
> 裡，地勢獨高，名大城山，為廳治少祖。山分四大支，一支出
> 東北，為林投奎壁等澳；一支出西南五里，至東西衛澳之文澳
> 社，為舊廳治（文石書院亦在此）；又西去五里，至媽宮社
> （鎮營、廳城、街市俱在此），內開一港，為商蕒聚泊之所。
> 港口有龜蛇二山，南北拱持，護衛周密，為全澎正口；所謂險
> 口不得方舟，內溪可容千艘者是也。山之北一支為鼎灣、瓦硐
> 各澳；南一支為蕒里澳一帶，聯絡至風匱尾社，回抱媽宮口與
> 西嶼之內、外塹，形勢相倚。此大山嶼之勝概也。[38]

淮右在《臺灣內山圖》中則對臺灣總體的風水形勝做了概略性的描述：
「內山冬仔爛，真形勝之地區。萬山回拱，來龍雄特，東有打鄰之歟，
西有揀骨之故，南據沈米谷，北則平陽八十里，外有龜蛇把水口，而
例麥一帶，則沃野土膏，八東雷一路，難以通行，惟鋪木屑方可穩
步，容兵二十萬，礁凹藐亦足為郡縣，方之青齊沃野，未足為多。」
　　值得一提的是，臺灣著名史家連橫的一則筆記——《釋華右遺
書》，對淮右（華右即淮右）在閩臺活動的情況及其書傳到臺灣的情

38　林豪：《澎湖廳志稿》，光緒二十四年（1893）。

形略有記述，或可管窺風水形法派對臺灣早期社會的影響。茲錄於下：

> 鄭芝龍據臺時，普陀山釋華右者，精堪輿術，與其友蕭克偕遊
> 臺灣。自蛤子難入山，歷經番社，年餘，乃出諸羅。所至圖其
> 山川，志其脈絡。克，俠客也，腰弓佩劍，饑則射鹿以食，故
> 無絕糧患。華佑既去，主于安溪李光地家，乞刊其書，未久圓
> 寂。光地好堪輿，愛其書，秘以為寶。閱數世而為某所得，攜
> 自鹿港。某死遂散佚。彰化關帝廳莊蕭氏存六十餘頁，北斗街
> 人某亦有三十餘頁。書雖不全，而其所言多屬奇異。為錄數
> 則：「某日至巴老臣社。番性純良，多識字，能讀《孝經》、
> 《論語》。社前有巨石，上刻『唐碑』兩字。大徑尺。碑文為
> 風雨所蝕，漫不可讀。」又曰：「某日至濁水溪，水大不可
> 涉，乃騎野牛而渡。」又曰：「某日至蘇澳，見鹿入水化為
> 鯊，角猶存。」是其所言，均屬創見。他日苟得其書，當再而
> 刊之，以公於世。[39]

可以斷定的是，連橫所見應就是《浮游壯圖》殘本，個別字句亦與
《清源圖》有相近之處。從淮右的例子可以看出，福建的形法派在臺
灣的堪輿活動，早在明末漢民尚未大量遷臺時就已開始，而淮右的風
水形法書亦在康熙年間傳入臺灣了。

　　清代以來，隨著閩南泉漳二府的漢族移民在臺灣的大規模開發活
動，泉漳流行的巒頭派風水術更是在臺灣廣為傳布，從而左右著臺灣
基層社會的事生事死活動。我們以閩臺流傳最廣、影響最大的泉州繼
成堂洪潮和通書（已有二百餘年曆史）為例，管窺福建風水對臺灣的
影響。

---

39 連橫：《雅堂文集》，卷3（臺北市：古亭書屋1979年影印臺灣銀行經濟研究室點校
　本），頁144。此則資料係王見川先生提供，特此致謝。

　　清代以降，由於「術數之家，更相推衍，吉凶禍福，不無矛盾。而一二克擇者流，又泥無稽之神煞，愚庸眾之聽聞，宜忌混淆，是非倒置，星學之道，愈晦而不彰矣」[40]。皇曆不大適應民間的用法，故清以來在閩臺民間社會影響最大的通書是「發明皇曆之隱微」的泉州洪潮和繼成堂趨避通書。關於洪潮和其人其書，同治《福建通志》曾載：「洪潮和，字符池，精通星學，著通書，濱海數十郡及外洋無不購之。子彬海，能習父業。」[41]洪氏姻親吳煥彩《〈繼成堂趨避通書〉序》則云：「元池洪先生，世以堪輿克擇著名。購書京師，考訂粵南，乙卯（按：乾隆六十年，即1795年）下廉溫陵，與余時相考證。觀其所造通書，原原本本，一遵《協紀辨方》、《數理精蘊》，與憲書無不吻合，洵趨避之津梁，而吉凶之著鑒也。」[42]洪氏通書發行前期，影響主要集中於附近的泉州、興化等地，而後逐漸擴散到浙江、臺灣等地。如嘉慶二十一年（1816）通書參校門人六十二位，其中五十七人籍屬福建（泉州府二十四人，興化府二十四人，永春州四人，福州府四人，延平府一人），浙江溫州府四人，臺灣鹿港一人。光緒二十五年（1899）三房的參校門人累計達二百二十九人，浙江增為七人，臺灣地區增至二十一人，漳州府出現5人（嘉慶二十一年參校門人名單幾乎全部收入）。[43]民國十九年（1930）泉州洪氏三房通書的參校門人累計達三百九十八人，其中臺灣累計列入的達一百四十二人，浙江有十四人，餘為福建各地人。泉州洪氏長房民國十六年（1927）的通書（洪應奎）所錄的「傳授普通門人」共三十人，其中福建十四人，臺灣十三人，浙江紹興二人，南洋一人。民國十七年（1928）

40　吳煥彩：《〈繼成堂趨避通書〉序》，載陳國仕輯錄《豐州集稿》上冊（福建南安縣志編纂委員會，1992年），頁259。

41　道光《重纂福建通志》，卷247。

42　陳國仕輯錄：《豐州集稿》上冊，頁260。此序在民國版三房繼成堂通書皆有附。

43　嘉慶及光緒本「參校門人」數系黃一農《通書——中國傳統天文與社會的交融》中所做統計。

（洪應奎）的門人新增十九人，其中臺灣新增七人。民國二十七年
（1938）廈門長房來孫洪煮鷗的參校門人累計達一百九十八人〔包括
民國十七年（1928）泉州長房通書中的四十九人〕，其中臺灣屬泉廈長
房門下的達五十七人，福建各地占一半多，浙江有近二十人、廣東、
上海、江蘇、江西、南洋等地亦零星。這些參校門人又都在各地設館
授徒、編書，更進一步推動泉州洪氏通書在東南民間社會的影響面。[44]

　　日據時期，日本當局儘管曾下令禁止大陸的通書入臺，但在泉州
洪氏繼成堂祖館（長房和三房）及各門人分館的推動下，單是洪潮和
祖館通書在臺發行量就相當大，據說最全盛期可達十萬冊，而繼成堂
也一直有「專售臺灣」的版本。[45]各分館自行編著的發售量應更為可
觀。當今臺灣出版的通書有三分之二就直接或間接地源自繼成堂。[46]
臺灣富有民族情感的漢人，更是將通書當做是維護傳統漢文化的利
器。如臺灣鹿港詩人林朝松在民國初年寫的詠〈舊日曆〉詩中，就有
「留與子孫知漢臘」之句。漢臘，主要指的是洪潮和通書。繼成堂洪
氏前輩也多次到臺灣傳授曆法。[47]一些源於繼成堂的臺灣選擇家更是
常登報做廣告以招攬門徒或授書。如《臺灣日日新報》日本曆大正十
三年（1924）九月十日號載：「艋舺益慶堂之擇日，夙有聲譽。其家
學淵源，則自施可斯氏遞授至其曾孫施定川氏。定川更潛心研究，又
躬造泉州洪潮和派下應登之處，執弟子禮。近已返梓在龍山寺町，重
整舊業。艋舺近來青年有志家留學於內地漸多，故如日家亦愛受其刺

---

44 據李豐成告知，部分參校門人也承擔各年度通書的吉課推算工作，然後由他匯總編
　排。清以來的洪氏參校門人是否也參與繼成堂通書的吉課推算，不得而知。李氏
　稱，民國時期長房通書的克擇推算更為精緻，編得比三房的通書還好些。
45 如筆者所見民國初年、民國十九年洪潮和通書皆標明「專售臺灣」。近年來發行的
　李豐成大通書，所標明「專售臺灣」者，收入傳統通書固有的風水的基礎知識部
　分，國內版則略去這些。
46 黃一農曾分析了長房與三房發生嫌隙的原因，及日據時期和當代臺灣流行的通書與
　三房通書的關係。
47 參見洪英林為《李豐成大通書》（2001年度）所作之序。

戟，不肯以故固自步也。」[48]施定川名字就列入民國十六年（1927）、十七年（1928）泉州洪氏長房通書的「傳授普通門人」名單之中。繼成堂其實就是閩臺民間堪輿師和擇日師的長期培訓基地。其參校門人堪稱是風水術在閩臺民間社會的專業傳播者。大量的基層民眾通過繼成堂的門人及泉州洪氏通書，既接受一些常識性的風水知識，亦加深了對風水的觀念認同。

在閩臺民間，風水術還被納入靈籤之中，用以占卜豎造和喪葬活動的吉凶。遍布閩臺各村落的宮觀寺廟籤譜所列的占卜事項，都有大量涉及風水術的語辭及風水吉凶斷語的內容。據統計，閩臺各寺廟有代表性的籤譜所涉及生活方面的八種事項中，「居住風水」出現的次數僅次於「運途謀事」和「婚姻生育」之後，位處「占病求壽」、「功名富貴」、「行旅」、「爭端訴訟」、「尋人尋物」之前。在福建四十二種未重複的籤譜（分布於各縣市）中，「居住風水」（包括建屋、移居、家宅、陰宅、風水等事項）類共出現1414次，其中「家宅」事項出現508次、「陰宅」260次、「移居」150次、「建屋」131次、統稱「風水」者365次。而在臺灣的19種有代表性的籤譜中，「居住風水」類共出現1335次，其中「家宅」事項出現571次、「陰宅」256次、「移居」303次、「建屋」95次、「風水」110次。[49]家宅、移居、建屋等事項主要與陽宅風水相關[50]，三種事項出現的總次數是「陰宅」出現次數的

---

48 此則資料係臺灣王見川博士提供。

49 林國平博士論文附錄三〈靈籤具體定性兆象統計一覽表〉所作統計數字包括北京、海外等地的靈籤八十七種。本文根據林氏此表數據，主要對福建和臺灣兩地的靈籤重作處理。臺灣的靈籤，林氏原數據係根據龐緯《中國靈籤研究（資料篇）》所作的統計。本文所列六十一種閩臺靈籤，係皆有關涉「居住風水」者。

50 靈籤的「家宅」事項涉及面較廣，包括房屋的風水、家運的興衰、家庭人口的安危、家道是否安寧、屋宅是否吉祥等，反映了中國人對「家」的重視，參見林國平：《中國靈籤研究——以福建為中心》，廈門市：廈門大學博士學位論文，1998年，頁162。

數倍，此足見閩臺民間無疑把「事生」看得比「事死」來得重要，這大抵也符合中國人傳統的「重生」的觀念（「未知生，焉知死」）。值得注意的是，臺灣地區的靈籤反映「移居」吉凶的兆象頗多，這可能與清代以來閩粵向臺灣的大量移民有一定關係。

值得注意的是，閩臺的籤譜並非僅是在占卜事項（擴展兆象或定性兆象）中涉及風水主題，在一些靈籤的籤文（原初兆象或主兆象）中亦有與風水相關的語詞。這顯然是由民間社會的風水認同需要設定的。如：（1）澎湖馬公鎮五德里威靈宮（祀保生大帝）第四十七籤：「神仙指出神仙宅，世上凡民皆不識。守護青龍數百年，福人先到可安得。」[51]（2）臺灣宜蘭中山里城隍街感應宮（主神孚佑帝君）第五十一籤：「雖不甚美，亦不甚惡，探穴尋龍，將就之著。」[52]（3）彰化縣鹿港鎮龍山里德興街鳳山寺（主神廣澤尊王、文安尊王）第二十一籤：「營求吉穴築高堂，此地誠為吉利場。庇蔭秪㸃成美利，子孫永保福繁昌。」[53]（4）臺北縣烏來鄉烏來村妙心寺（主神釋迦佛）第六籤：「宅墓鬼凶多，人事有交論。傷財損失防，祈福始中和。」[54]（5）新竹市關帝里南門街關帝廟（總60首）己亥籤：「神仙豈敢漏天機，福地福人居莫疑。相適只恐相知逢悮，只恐相逢悮不知。」癸丑籤：「山山包裹水水歸，真穴天成認四圍。下看正形無倚側，男為將相女為妃。」[55]籤文中的風水觀念作為一種普通的知識資源，在抽籤者及解籤者的解釋與運作之下，經過一種「轉喻」的過程，實現了價值的多重轉換和意義的多元生成。如上述澎湖威靈宮的四十七籤亦用來解釋功名、六甲、生理、失物、婚姻、遠信、厝宅、丁口、官司、

51 龐緯：《中國靈籤研究（資料篇）》（臺北市：龍記圖書公司，1976年），頁210。

52 龐緯：《中國靈籤研究（資料篇）》（臺北市：龍記圖書公司，1976年），頁393。

53 龐緯：《中國靈籤研究》（資料篇），頁460。

54 龐緯：《中國靈籤研究》（資料篇），頁484。

55 龐緯：《中國靈籤研究》（資料篇），頁155。

出行、疾病、月令等等。當然，從主籤詩到評、注解、說明，隨著籤
詩兆象的擴大化，一些籤解也凸顯了風水主題在文本中存活的方式和
地位，達成了自身價值的延續和意義的明晰化。而抽籤者對風水的價
值認同，也借助靈籤這種通俗化的文化表現方式，逐漸由表像走向觀
念，由抽象上升到具體。譬如，上述新竹關帝廟的兩籤的解說：一是
己亥籤──評曰：「禍福無門咎有因，免求地理與星辰。若能積德皇
天佑，災自清除福自新。」注解曰：「宅神化吉……地理選擇。」說
明曰：「此籤宜避凶趨吉，革故從新，亦不可坐守，始以無故而得
禍，復可作善而得福，若自己無轉動，福何由來？禍從何消？門里墳
未安，是陰陽二宅不利所致，改換陰陽方向，自然轉禍為福，莫作等
閒看，言禍福由人轉移，非無根據可論，人身健康，家門平安，人丁
興旺，財利日發，自是陰陽有應之理也，宜慎之。」二是癸丑籤──
注解曰：「宅神迪吉，……進理可求。」說明曰：「此籤有吉有凶宜依
理順行，不可妄意強求，反招禍患，如相地者，乾亥來龍，以坐坎向
離為順。若獨執偏見，改作丑辰坐穴，是陰陽背逆，自然門戶凋零之
咎乎，宜取吉避凶，慎勿顛倒。乾亥居西北，來龍由此脈出，坎正北
子位，午正南離位，擇此地自然陰陽交媾之美，亥子午年，龍運極
佳，丑辰寅年欠吉。」[56] 而尤值得關注的是，上述靈籤借助風水吉凶
判斷的方式，既重申了對傳統宇宙秩序（陰陽有應之理，陰陽交媾之
美）的信守，亦確立了一種社會道德秩序（作善得福，依理順行）的
指向。在抽籤占卜的宗教儀式中，神秘的風水信仰與理性的道德判斷
彼此獲得存在的合理性。[57]

---

56 龐緯：《中國靈籤研究》（資料篇），頁155。
57 本節由陳進國教授提供初稿。

第二節　民間禁忌

一　民間禁忌的類型

　　閩臺區域歷代相沿、積久成俗的民間禁忌種類繁多，各行各業、婚嫁喪葬、衣食住行，觸目皆是令人驚怖不已的禁制與忌諱。臺灣學者林明峪在《臺灣民間禁忌》一書中把臺灣民間普遍存在的禁忌分為十二個部分，包括婚嫁、房事、孕婦、產婦、嬰兒、兒童、居家、行業、動物、節令、喪葬和祭祀，幾乎囊括臺灣民眾日常生產生活的方方面面。儘管該書洋洋灑灑數十萬字，但作者的字裡行間卻明白流露出對未能全面收集民間存在的所有禁忌而抱有的遺珠之憾。其實，在過去，林林總總的民間禁忌，大多都是一社群的民眾為「求福消災」而設置的層層「關卡」，這種禁制體系是以更好地服務於該社區民眾的生產和生活為根本目的的。正因為如此，我們可以把民間禁忌分為生產禁忌與生活禁忌兩大部分。生產禁忌涉及各行各業，如農業、商業、手工業等，其中又以農業禁忌為主，這是與過去自給自足的封建自然經濟相適應的。生活禁忌包括有關人的禁忌，如產婦、兒童等人必須遵循的種種忌諱；有關物的禁忌，如動物、植物及其他宇宙裡存在的事物；有關行為方面的禁忌，如祭祀禮儀、婚嫁喪葬、建房、飲食等各方面的禁制。上述分類可以圖示如下：

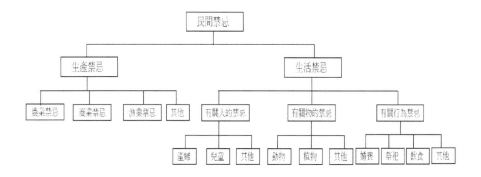

　　當然，任何一種分類，都是學者出於研究的方便，為更好地把握禁忌的結構及存在狀態而給其人為地套上的一層主觀框架。事實上，禁忌作為一種客觀存在的觀念，它本身是極其複雜的，生產禁忌和生活禁忌之間的界限，並非像我們給定的那樣黑白分明，它們通常是難分你我地扭結在一起，其區別在於究竟是生產性的因素多一些，抑或生活性的因素占上風。下面我們分生產和生活兩部分進一步來談閩臺區域的民間禁忌。

（一）生產禁忌

　　在封建社會裡，廣大民眾生活在「日出而作、日落而息」的自然經濟圈裡，他們靠天吃飯，從地中求食，自然條件的優劣好壞在相當大程度上影響著他們的生產與收成。嚴重的自然災害，曾迫使無數人家破人亡、背井離鄉，甚至喪身異地；當然，風調雨順也曾使許多民眾愜意於男耕女織、平靜祥和的安定生活。在禍福難以預料與把握的背景下，民眾在生產活動中逐漸形成一系列的禁忌，對生產流程的重要環節加以特別看顧，尤其在一些危險的生產部門裡，更是禁忌重重，唯恐因「不敬」或「觸犯不潔」而導致超自然力量的報復，使生產勞而無獲，甚至危及自身的生命。

1　農業禁忌

　　農曆正月初九「天公生」，亦即玉皇大帝的誕辰，閩臺農村家家戶戶備辦祭品，朝天禮拜。當天忌下田耕作，忌觸動田裡的泥土，因俗云：「初九土，做摸」，農民在家休歇一天。如有人觸犯了禁忌，不僅田地易遇災害、收成不好，下地的人也會染上疾病。除了初九日忌耕作外，閩臺民間還有其他日子也禁忌下地，清時閩縣人林春溥在《閒居雜錄》中認為：

> 田祖即神農氏，甲寅日死；田主乙巳日死，辛亥葬；田父丁亥
> 死，丁未葬；田母丙戌死，丁亥葬；田夫丁亥死，辛亥葬。以
> 上諸日並忌開田、耕作、耕耘。后稷癸日死，專忌播種。[58]

瓜農種瓜，可多種或不種，但忌種兩棵，普遍認為兩棵瓜苗會因互相推諉而不結瓜。瓜農也忌以手指初結實的瓜果，包括蔬菜類的匏仔、菜瓜、苦瓜、南瓜、冬瓜、刺瓜、涵瓜等，水果類的香蕉、鳳梨、龍眼、西瓜、番石榴、芒果等，擔心這樣會使瓜未熟透即敗壞掉落，致使收成欠佳。只開花不結實也是瓜農的一大忌諱，如遇到這種情況，民間常用破碗片將接近根部的瓜莖劃開道道，以刺激其結瓜。閩臺民間種香蕉時，忌人影照入掘開的土坑，和土一併埋入坑中。因為這在果農心裡會產生一種自身也遭到埋葬的不吉想法。如香蕉樹遇蟲害乾旱而中道枯死，果農更驚恐萬狀，深恐自身也連帶遭殃。為避開這一禁忌，民間習慣選在陰天種植香蕉，或是晴天種植時面朝太陽，將人影留在身後。[59]

由於養蠶的成功與否，是當時人力所無法把握的，因此民間養蠶者中也形成了不少忌諱。對於普通農家，養蠶是貼補家庭生計的一個重要來源，但蠶極嬌氣，最怕腹瀉，動輒橫死。養蠶者忌用帶雨水或露水的桑葉直接餵蠶，必須等晾乾後才餵，否則蠶容易得病「爛肚」而死。也因為蠶極易「爛肚」而死，養蠶者中對「死」字十分忌諱，如有蠶死了，稱之為「鮮」，避忌直接說「死」。農家賣蠶，也絕不賣四隻給別人，因「四」與「死」諧音，恐蠶會因此而遭到不測。農家愛蠶，美稱蠶為「娘仔」，計量時忌說「隻」、「架」，而稱為「一仙」、「兩仙」。在臺灣民間，舊時養蠶者對「架」字諱莫如深，如有

58　林春溥：《閒居雜錄》〈人事宜忌〉，卷上（咸豐甲寅竹柏山房刻），頁30。

59　林明峪：《臺灣民間禁忌》（臺北市：聯亞出版社，1981年），頁252。

人對養蠱者詛咒：「一架，兩架，死到無半架」，會使養蠱者暴跳如雷，絕不肯與之善罷甘休。

2　漁業、行船業的禁忌

　　閩臺不但濱海，陸地上河流交錯，水系發達，許多民眾以舟楫為生。舊時由於河道失修，航行極為不便。如福建清流縣與永安交界的九龍灘，水急灘險，民間流傳有「十船過去九船翻」的俗諺，可見其危險！而在那「水波接天碧」的無涯無際的大海裡逐波打漁，漁民們更顯得渺小與無助，若遇上颱風海嘯，便只有仰賴超自然力量的恩賜了。在這種極度危險的生產環境中，人們為了祈求平安，在求神拜佛的同時，形成了許多禁忌，希望不觸犯冥冥之中的那股神秘力量。

　　舊時民間俗例，船隻「正七二八」不開航，認為正月逢七、二月逢八開航不吉利。同時，船隻又有正月初三、十三不開航的忌諱，即「楊公忌」。傳說楊令公初三出征，十三兵敗，叩死於李陵碑，船民們引為行船大忌。[60]開航前，忌諱船上的老鼠溜光，民間俗傳老鼠搬家是為了避禍，說明這次出行不順利，甚至會有翻船之虞。

　　出於對翻船的恐懼，再加上船民希冀航行與打漁平安順利的求福避災心理，船上諱言「翻」、「住」、「離」、「散」、「沉」等字眼，如盛飯必稱「添飯」，成功必稱「完功」，以避免引起人們的不祥之感。夜間行船，船民相互間一律呼「兄弟」，忌直呼其名，唯恐犯邪。旅客離船辭歸，船民送行時說「順行」，帶有以後行船一帆風順的良好心願。而陸上人家常說的「慢行」，在船上卻是一大忌諱，因為船隻有在無風時才會慢行，豈不是詛咒以後行船無風或逆風？關於船民的語言禁忌，明末福建文人謝肇淛的認識也頗為深刻：

60　王明元：〈泉州民俗禁忌繼談〉，《閩臺文化》2000年第4期，頁189。

船戶畏忌甚多，尤畏言「翻」、「沉」，延及同音。……此甚無謂，更未易盡諱。誠然，豈能不容樊、范、陳、程之姓登舟乎？[61]

謝肇淛身處士大夫階層，自然認為這些迷信的禁忌荒誕不經。而對於那些在狂風巨浪裡討生活的船民而言，除了語言上的重重忌諱外，他們在船上的行為舉止更有著許多的禁忌。船上吃飯用的食器如盆、碗之類忌諱翻過來底朝上；帽子脫下放置，忌諱頂向上，要帽口朝上。船民的褲腳不許翻轉。船上煮魚和吃魚，忌反翻魚的下一面，吃菜時也忌將碗底的菜往上翻。吃飯時忌將飯盛得太滿，飯滿喻義「勘頭勘面」，即劈頭蓋臉，唯恐為船隻沉沒之預兆。船上吃飯時還忌諱坐著吃，而應蹲著吃，其原因有二：一是怕出航不利，坐吃山空；二是怕坐著吃飯會引起「坐風」（即風停），船隻航行不能一帆風順。吃飯時還忌把筷子放在碗沿，恐以後行船、打漁會「觸礁」、「擱淺」。

　　船頭是船隻的領先部位，象徵著整隻船的命運，因此，有關船頭的禁忌特別多。無論船隻靠岸或出航，均嚴禁任何人在船頭大小便，包括船民和旅客。忌有人從船頭走過或跨過，尤其是女人。因為打漁時收穫量的多少，航行時順風與否，都與船頭有著莫大而微妙的關聯。如有人從船頭經過，即意味著擋住去路，包括兩層意思：一種是擋住財路，即預兆著此次出航勞而無獲；另一種即暗示有暗礁橫於水裡，擋住水路，船隻有葬身海底之虞。出航時如遇到從船頭經過的水流屍，船民忌諱任憑它隨波漂流而去，而應將它撈上船，妥為照顧，再設法運回岸上，加以隆重安葬。因為船民害怕水鬼作祟，尊稱水鬼為「好兄弟仔」，將水流屍安葬，不僅可以有效地防止水鬼「掠交

61 何喬遠：《閩書》，轉引自何滿子《忌諱及其他談片》（上海市：上海古籍出版社，1998年），頁82。

替」，還可以反過來祈求水鬼保佑漁船豐收、航行順利。[62]

3　商業禁忌

　　封建時代歷屆王朝施行「崇本抑末」的政策，通過種種法令的制定來抑制商業的發展。但是經營商業帶來的高額利潤卻使大量民眾趨之若鶩。福建素有「八山一水一分田」之說，人多田少的狀況，使不少農民棄田經商，甚至不憚危險，往販於東西二洋。由於商人經商，是為了求財圖利，而生意的興隆與否，直接關係著商人的收入，因此商人在經商時形成不少禁忌也就成為歷史的必然了。

　　福建泉州的店鋪早上開張營業，忌第一個顧客不成交而去。因為好的開始是成功的一半，如果第一個顧客即順利成交，一天的生意自然也就得心應手。商人做生意，還忌諱臉朝內、背朝外而坐，或打呵欠伸懶腰，對顧客態度冷漠。商店裡擱放硬幣的錢槽、糧店量五穀的升斗等忌覆置，算盤忌隨便撥動或反置滾動。賬桌、櫃檯忌坐臥或敲擊。忌人踩踏店門門檻，或面沖店門小便。藥店、棺材店在顧客離去時，忌說「再見」、「以後再來」，這類話會讓顧客聽起來有「再得病」、「再死人」的不祥之感。[63]莆田的點心店，忌諱把餐具倒扣在桌上。[64]在臺灣，商人忌諱有人在店鋪前的桌櫃與長椅上睡臥。因為桌櫃、長椅是商人與顧客交談生意、互遞銀貨的地方，是店鋪生意興隆的象徵；且在舊時代，人們俗信桌櫃為桌神、櫃神的棲身之所，就像挑夫的謀生工具——扁擔一樣重要，自然不容他人褻瀆！而且，若有人在桌櫃椅上睡臥，在顧客的眼中，就會產生本店已打烊的觀感，當然也就會望而卻步了。

62　林明峪：《臺灣民間禁忌》（臺北市：聯亞出版社，1981年），頁250。

63　王明元：〈泉州民俗禁忌繼談〉，《閩臺文化》2000年第4期，頁188。

64　《莆田風情》（福州市：福建人民出版社，2000年），頁46。

（二）生活禁忌

在舊時代，由於醫藥的缺乏、生存環境的險惡，人們對生老病死等生活中涉及的各種事項感到迷惘，如人為什麼會生病？為什麼人有時得病容易治好，而有些時候卻針石罔效？在這種人力不及的條件下，人們自然而然地將後一種情況歸咎於觸犯邪靈，並就此一事項形成禁忌。人的生活所涵蓋的內容包羅萬象，從人們日常中的吃飯、走路，到人生中的重大禮儀活動如婚嫁喪葬，可謂五花八門，因之而形成的禁忌也顯得錯綜複雜。

1 有關人的禁忌

在舊時男尊女卑觀念的支配下，女性的社會地位特別低下。同時，由於女性自身生理上的特點，從十四、五歲起即定期排出經血，再加上產婦生產時「羊水破裂」造成的血污，給人以女性「不潔」的想法。女性「不潔」及低下的地位，使得男子在社會優越感的誤導下，把生活中的不幸與災難均歸於女性引起，並為之套上重重的禁忌枷鎖。

福建莆田一帶禁忌男人從曬著女性衣服的竹竿下穿過，據說對於男人的功名與福氣不利。所以女性的衣物忌諱晾在通道。[65]政和民間同樣也有「禁婦女內衣暴曬於進出之處」的忌諱。[66]臺灣民間還禁止女性跨越扁擔。在以農耕為主的社會，扁擔是各家戶及各行業必備的用具，關係著家業與買賣的成敗，是嚴禁「不潔」的女性跨越的。女性出入寺廟燒香拜佛、接觸祭品也是閩臺民間社會的一大忌諱。女人屬虎、斷掌、刀鼻、高額，舊俗認為屬克夫之相，忌男子與之結親。婦女坐於門檻，將沖犯門神戶尉，也屬禁忌之列。[67]

---

65 《莆田風情》（福州市：福建人民出版社，2000年），頁45。

66 秦光前等：《漫話政和風土人情》，頁112。

67 劉浩然：《閩南僑鄉風情錄》（香港：香港閩南人出版公司，1998年），頁388。

　　生育在性別受到高度重視、只有男子才能繼嗣的農耕時代，是一件既神秘又備受人們矚目的大事。舊時閩臺地方忌生女嬰，民間長期流行「溺嬰」的惡習。為什麼孕婦產子有男女之別？這對於前人來說是難以理解的。為了讓孕婦順利產下男孩，人們在無法解開生育之謎的情況下，便給孕婦設下種種禁忌，希冀她避免觸犯「危險」與「神聖」的事物。孕婦之家忌釘鐵釘、砍木頭、塗抹、黏貼等，據說會傷及「胎神」，不利嬰兒出生。嘉慶《南平縣志》對此禁忌有詳備的描述：

> 胎教自古所尚，南邑尤忌工作。雖鄰里，聞斧鑿之聲，必禁止。箍桶糊窗，疏塞補缺，皆在所禁。犯則墮胎或生子不備，甚則傷孕婦。[68]

觸犯「不潔」是孕婦大忌，因此，民間不許孕婦接觸喪葬方面的事物，忌孕婦夜間出門，這是人們出於「凶沖喜」心理引發的禁忌；反之，「喜沖喜」的結果也將使「福薄」的一方，甚至是雙方同遭不幸。所以孕婦忌與孕婦同坐或同睡，忌入新娘房和月內房。孕婦還忌諱觸犯「神聖」，不得出入寺廟、觀看建灶、鑿井、蓋廟、上樑或雕塑神像。民間俗信，灶有灶神，井有井神，寺廟更是神佛藉以顯靈的棲身之所，這些都是神聖不可侵犯與褻瀆的地方，自然禁忌孕婦以「血污」、「不潔」之身隨意出入，更遑論建灶、上樑等特別重要的日子旁觀。孕婦忌看布袋戲、傀儡戲。布袋木偶腹內中空，身體的各關節用線牽引，由人手控制，如果孕婦看了布袋戲與傀儡戲，腹內的胎兒極有可能受到交感，致使產下無五臟六腑或患軟骨症的嬰兒。孕婦的飲食安排也有不少禁忌，孕婦忌食薑、吃蟹和吃兔肉。早在東漢

---

68 嘉慶《南平縣志》〈風俗〉，卷8。

時，名醫張仲景在《金匱要略》禁忌條就已指出：「妊婦食薑，令子餘指。」這是基於薑尾大多歧形如指的聯想。螃蟹的特徵為多腳橫走，古人有「食螃蟹，令子橫生」的記錄。「橫生」是孕婦難產的另一說法。吃兔則有「子生缺唇」之忌，因兔子為三瓣嘴。

產婦也有許多禁忌。閩臺民間忌把房子借給產婦生產，尤其是娘家。俗信嬰兒會將借家的福分和運氣帶走，如果借家有孕婦，更忌諱產婦把家中的「好兒」生走。娘家尤為避忌，這是因為嫁出女兒已屬「賠本」，如再讓她在家中生產，豈不要將家裡的福運全都掏挖一空？產婦生產後，忌將使用過的產褥燒毀，胎盤也不許亂丟，而應裝入大瓦壺，深埋於不被人撞見的地方，或擲入大河。基於「不潔」的觀念，產婦同樣忌諱出入寺廟、燒香祭祀。為了防範「對沖」，月內婦（產後坐月子）忌與月內婦對看、忌在一起哺乳嬰兒，犯忌則對一方或雙方不吉，甚至有「停奶」之虞。產婦分娩後，「忌鎖鑰，能令兒不乳」[69]。這是基於「鎖」字有關閉之意，寓意嬰兒將不食乳水。月內婦還忌諱洗浴，恐患「月內風」。

舊時育嬰十分艱辛，因照料不周或醫藥缺乏而夭折的嬰兒比比皆是。為了讓嬰兒平安順利度過兒童期，閩臺民間設置了種種禁忌。

嬰兒順利出生，帶來一家的喜氣，但如果出現某些異常情況，在大人的心裡不免怏怏，恐嬰兒有個好歹，豈不空喜一場？民間忌嬰兒剛出生即拉尿，據說會克及父母。嬰兒出生時有牙齒也是父母的忌諱，因為正常的嬰兒要第九個月才發牙。嬰兒出生時頭髮帶有母體的血污，忌諱留長，必須在將滿月時剃光。嬰兒體弱，抵抗力差，忌陌生人或肖虎者前來探視，恐受到驚嚇而失魂。由於夜間露野煞氣重，忌將嬰兒抱出家門，更忌諱抱到曠野露天處。抱小孩忌說「重」、「漂亮」「猴子」等。民間認為說「重」、「漂亮」等吉利話會事與願違，

---

69 嘉慶《南平縣志》〈風俗〉，卷8。

嬰兒反而逐漸消瘦或變醜，產生「說吉反凶」的反效果。說「猴子」則怕不幸言中，說凶成凶了。給嬰兒取名宜取粗賤之名，如「豬」、「狗」、「小乞兒」等，忌取一些好聽高貴的名字，這樣鬼煞便不會打嬰兒的主意，嬰兒更易於平安成長。

　　嬰兒逐漸長大，學會走路、說話，可以用小孩來稱呼時，有關的禁忌也起了相應的變化。父母忌用尺子打小孩，俗信小孩會長不高，方言謂之「無尺頭」。因為尺子是用來量長短的工具，如用來打小孩，很可能會限制孩子長高。同時，人們還認為用尺打小孩會使小孩「慢皮」，變得不怕挨打了。小孩忌吃雞腳，據說以後學寫字時歪歪扭扭，寫不工整。小孩忌諱吃魚卵、玩米、數星星，因為魚卵、米和星星都屬數目龐大、不易數清的東西，如果讓小孩接觸它們，在有始無終的情況下，恐孩長大會不懂計算。小孩生病，忌直說病，而稱「無乘」、「無快活」。如病勢轉重，尤忌諱陌生人進入小孩臥室。小孩頭頂忌被人跨越，恐會使小孩「矮古」，即長不高。小孩忌捕麻雀，俗云「捉鳥仔無老爸」，會克及父親。小孩忌把字紙當草紙用，這樣做對孔子不敬，會不聰明，以後不會讀書。民間稱月亮為月娘，小孩忌用手指月亮，認為以手指月是對月娘的褻瀆，會受到月娘割耳朵的懲罰。泉州一帶的父母不但不許小孩手指月亮，還教他雙手合十，對月吟唱：「孝月娘，孝月姊，好頭毛，好嘴齒，嘴齒哺食物，頭毛哺梳妝。汝是兄，我是弟，呣哺割阮雙爿耳。」[70]

2　有關物的禁忌

　　在生活中，有些事物與人的關係十分密切，如豬、雞、鴨、鵝是人們年節與宴客時的主要菜餚，普通農家每家每戶均有飼養，貓、狗是人們日常起居重要的伴侶，與主人的關係尤為親密。由於接觸頻

70　王明元：〈泉州民俗禁忌繼談〉，《閩臺文化》2000年第4期，頁190。

繁，人們很容易從這些事物的反常現象，聯想到主人的財氣與命運，似乎有一根無形的繩子繫著雙方，使雙方休咎與共。

民間忌養「五爪豬」，認為五爪豬是人的投胎轉世，這是基於人有五指的聯想。初生未滿三日的豬仔，忌人呼叫，否則豬會被嚇著，不肯吃飼料。肖虎的人虎性強，容易對豬仔造成「沖傷」，所以肖虎者忌偷窺豬仔。同理，貓仔也忌肖虎者的探視，俗信會導致母貓吞食自己的貓仔。白蹄貓和白尾貓較為罕見，人們在忌諱反常的心理下，認為養白蹄貓和白尾貓會不得善終。貓和狗死後，忌將屍體隨便亂丟，民間較為普遍的做法是「死貓掛樹頭，死狗放水流」。母雞啼鳴和公雞打鳴非時是農家的大忌。在男性為主的社會，「母雞司晨」讓人聯想到婦女取代男子的地位，而且，母雞啼鳴究屬反常現象，使人產生不吉的觀感。公雞啼叫非時，古時稱為「荒雞」，主大災禍，更為人們所忌諱。如遇上這些情況，主人應立即以快刀斬下雞頭，連同冥紙繫於竹竿，豎於田頭田尾，以資禳解。農家忌對他人提及母雞孵卵，唯恐說破了孵不出小雞。臺灣民間忌打蛇不死。過去臺灣為荒榛之地，蟲蛇出沒無常，令人防不勝防，而且民間有蛇會「討命」的說法。為了避免蛇來討命，唯有的辦法就是一次性將其打死，所以臺灣有打蛇不死之忌。而在福建的有些地方，人們認為入宅的蛇是神蛇，避忌打死，而應用竹棒、掃帚將其「請」出家門。

3　有關行為的禁忌

有關行為的禁忌是閩臺民間生活禁忌中最為繁瑣的部分，涉及人們的婚嫁喪葬、祭祖祀神、飲食衣著、建宅築灶、出行人事等各方面的言行舉止。

（1）有關婚嫁喪葬的禁忌

婚嫁喪葬是人生中的大事。婚嫁吉利預示著以後夫婦和諧、子孫

繁衍、家業興旺；喪葬的合理操辦，則是子女盡孝的重要表現，同樣受到民間社會的高度重視。

閩臺民間嫁娶宜在十月至翌年三月進行，忌四月至九月，臺俗俚諺有說：「四月死日，五月差誤，六月娶半年某（妻），七月娶鬼某，八月娶土地婆；九月狗頭重，死某亦死尪。」[71]這是與閩臺地區農耕節令相適應的。閩臺地處北回歸線一帶，氣候溫暖宜人，水稻一年兩熟，每年三月插早秧，五、六月收割，接下來插晚稻，並於十、十一月間收割。農忙時段為四月至九月，十月為農忙與農閒的分野，所以民間習慣在秋收冬藏之後操辦嫁娶，這時農家既有錢又有閒。

舊時閩臺民間嫁娶大致遵循古代的「六禮」舉行，各環節均有著相應的禁忌。「問名」時，由媒婆交換男女雙方的生辰八字。交換後，男家、女家將八字安置於自家的神龕，面朝神明祖先焚香卜吉，如三支香炷燒得參差不齊，即認為「有長短」，不敢進行婚事。有些地方則將清水供於神座旁，如三天內無飛蛾蟲子掉入，則為吉利。泉州交換八字的這天，如果家中有人走路不慎碰到石頭，婚事便即作罷。男女雙方的生肖也有避忌，閩臺民間認為，犬忌配牛龍羊雞，牛忌配龍馬羊狗，羊忌配鼠牛狗，犯忌則有「沖克」，於雙方不利。訂婚包括「送定」與「完聘」，男方贈送女家的聘金和訂禮必須合乎偶數，這是基於民間喜事「重雙忌單」的心理。「請期」（擇吉日）之後，緊接著便是「親迎」。當嫁娶隊伍吹吹打打地將新娘抬回男家時，路上忌遇上送葬行列，民間認為「凶沖喜」會給準備成婚的新人帶來不吉。「喜沖喜」也深為人們所忌諱，俗信兩支親迎隊伍於路上不期而遇時，福薄的一方的喜氣會被對方奪走，喜事便有轉凶的可能。遇上這種情況時，雙方的媒婆就得趕緊摘下新娘頭上的簪花（或是取出手帕），跟對方交換，俗稱「換花」。新娘進男方家門時，忌用

71　林明峪：《臺灣民間禁忌》（臺北市：聯亞出版社，1981年），頁47。

腳踩門檻，因為這是對男方家長的侮辱。臺灣有些地方甚至忌新娘
「見著天」和「踩著地」，習慣用八卦米篩或雨傘遮頭，地上鋪以木
板或紅毯。洞房裡點著的大紅燭，忌新人把它吹熄，要讓它自然地燃
燒完。閩南一帶的新婚喜宴還有「見雞飛，見鰻趖」的風俗。當上到
雞肉與鰻魚這兩道菜時，客人即起身準備離席，表示「菜豐酒足」。
這時主人必須主動撤走雞肉與鰻魚，留客人繼續吃喜酒。[72]

圖一　八字帖

　　閩臺民間在喪葬方面也有著種種禁忌。死亡是人生中最為可怕的
凶事，民間出於「趨吉避凶」的心理，希望死者能安心離去，不再與
家人糾纏。民間「葉落歸根」的觀念根深柢固，忌諱人在外橫死，為
了不把煞氣帶回家，民間忌把死者運回家中，而於村外設置靈堂。死
者忌在晚飯後斷氣，認為死者把家裡的三餐飯全吃走，不給子孫「留
衣食」，以後家裡會「鬧窮」。報喪者到親戚朋友家發布訃聞時，只能

---

72 沈繼生：《泉州人文風景線》（福州市：福建人民出版社，1999年），頁73。

站在門口高喊，然後索水漱口而去，忌把不祥帶入其家。死者斷氣後，親屬應留人來「守鋪」，對屍體妥為看顧，不使受任何傷害。民間俗信，如果有貓，特別是白蹄貓，從死者身上跳過時，死者會立刻變成僵屍跳起來抓人。死者入殮前有「套衫」之舉，由孝男先一重一重地反穿壽衣，然後再一一剝下，給死者正套上去。俗例穿壽衣的件數不能為偶數，也不能為九重，偶數恐有雙喪之虞，九與「狗」同音，俱屬忌諱。入殮時，忌與死者生肖相克者在場觀看，圍觀者則忌把人影照入棺中，恐生人的魂魄一併被封入棺中。送葬時，喪家送給的白布，忌直接帶回，必須經水沖洗才能帶進家中。

（2）有關祭祖祀神的禁忌

祭祖祀神是非常神聖的事，忌諱「不潔」人的參與。「不潔」的人包括來月經的女子、孕婦、產婦、未剃胎髮的嬰兒、戴孝者、便溺後未洗手者，以及不忌房事者。民間認為「不潔」的人參與祭祀，是對祖先神明的褻瀆，以後必有禍殃。祭祀時忌用手指神像或觸及神像，這是對神明的輕蔑之舉，將嚴重觸怒神明。未洗手者忌接觸神案上的法器和經書，犯忌會使法器和經書失去靈力。民間祭祀供物方面也有諸多禁忌。人們忌用牛肉和狗肉祀神，因為牛是農耕最重要的工具，殺牛將影響耕作，且有「忘恩負義」之嫌；狗看守門戶，亦有功於人，加上舊時有「狗肉不上桌」的說法，所以人們忌用狗肉祀神。番石榴俗稱籃仔佛，其籽入腹不化，隨人的糞便排出，入土即長，為粗賤不潔之物，忌用以祀神，民間俗諺稱「籃仔佛燴上三界桌」[73]。蕹菜（空心菜）的菜莖中空，如用之祭祀，恐會人財兩空。苦瓜「苦」字當頭，意味祭祀者將來過苦日子，忌用之祀神。同理，民間神案供桌也忌用苦苓木製作。忌以吃過的食物祀神，因這對祖先神明

---

73 王明元：〈泉州民俗禁忌纜談〉，《閩臺文化》2000年第4期，頁81。

將構成大不敬之罪。民間還忌用打鱗去鰓的魚當供品，恐對神明失敬。供品忌六碗或九碗，因古時囚犯臨刑前以六道菜活祭，而九與「狗」白讀音同，亦為民間所忌諱。

（3）有關飲食衣著的禁忌

俗話說，民以食為天，民間基於辟凶求吉的想法，在飲食民俗中形成不少禁忌。俗諺有「吃桃肥，食李瘦」，意即多吃桃子有利身體健康。「六月薤，卡（更）毒『飯匙銃』（眼鏡蛇）」，是說農曆六月的薤菜，含有毒素，吃了對人體不利。[74]民間還有「黃瓜上市，醫生行運；蘿蔔上市，醫生倒黴」的說法，即是說黃瓜吃了容易使人得病，蘿蔔則於人體健康大有益處。[75]由於耕牛於人有功，人們除忌以之作供品，同時還忌殺牛作食物。在飲食用量上，閩臺民間也有一些禁忌。俗信吃得過多過飽，不僅於人無益，反會有損健康。飯後忌立即躺下睡覺，應稍事休息，或出外散步，認為「飯後百步走，能活九十九」。餐桌上也有許多禁忌。飯前忌用筷子敲空碗，俗以為「窮氣」，只有乞丐才這樣敲碗沿街乞討。拿碗時應將拇指扣於碗沿，忌用手掌平托碗底，因這是乞丐專用的方式。飯盛好後，忌把筷子插在米飯中，民間祭鬼時才將筷子豎插於米飯中。正月初一早上不許吃稀飯，犯忌恐有「出門天下雨」之虞。小孩打碎碗碟，大人忌大聲斥責，而應說：「歲歲（碎碎）平安。」小孩吃飯要把碗底吃光，犯忌將來要娶（嫁）麻臉妻子（丈夫）。

衣著方面也有不少禁忌。民間辦喜事時尚紅忌白，紅色代表吉利。喪期孝眷和孀居寡婦則與之相反，穿著尚素淡儉樸。忌將衣服反穿，閩臺民間孝男為死者套衫時才反穿壽衣。曬衣時，忌夜間將衣服晾於露野，恐犯邪氣。衣服曬好後，忌未折好就直接穿上，犯忌會變

---

74 王明元：〈泉州民俗禁忌纘談〉，《閩臺文化》2000年第4期，頁182。
75 任騁：《中國民間禁忌》（北京市：作家出版社，1990年），頁247。

成「竹篙鬼」。縫補衣服時，要把衣服脫下，忌穿在身上縫補，俗認為犯忌會失人緣，遭人怨恨，臺灣一帶則認為穿在身上縫補類似巫覡的草人加害術，於人體大為不利。在萬不得已必須犯忌時，泉州民間趕緊口念咒語：「連身（組），連身縫，怨針莫怨人」，用以禳解。[76]

（4）有關建宅築灶的禁忌

房子是人一生的棲身之所，關係著人們生活的方方面面，其禁忌深為人們所重視。閩臺民間房屋忌「坐南向北」，這是為了抵禦嚴冬的凜冽寒風和迎接夏日涼風的需要，同時也是對日照方向的主動適應。房子忌門口與路、巷、柱子及檐尾相沖。門口與路、巷相接，鬼神物煞便能容易地潛入家門。如果門口與柱子、檐尾相沖，不僅阻擋了房子的視線，給人以壓迫感，好似對方尖銳地刺入自家大門一樣，而

圖二　金門風獅爺

76　王明元：〈泉州民俗禁忌繼談〉，《閩臺文化》2000年第4期，頁183。

且，在舊時迷信觀念的指使下，人們更相信自家的好風水都給對方破壞了。金門風沙大，當地盛行風獅爺信仰，多立於村口以辟邪去煞。

舊時建灶忌灶口向北和向東。閩臺地方濱海，冬季冷風從北方吹來，夏季颱風多來自東方，灶口忌朝東、北方向有其科學之處。依民間術士的說法，東方屬木，北方屬水，如灶口朝北，就成了水潑火；如灶口向東，火燒及木，將觸犯東方的神煞。[77]灶有灶神，建灶時必須避忌不潔。灶位不能選在曾做豬寮、廁所的地點，一些汙物，如破掃帚、舊草鞋、破育桶及淋過便溺的木柴等，俱不許塞入灶口燃燒。因為灶口象徵著灶神的嘴，豈能容污物隨便進入？

（5）有關出行及其他方面的禁忌

舊時家中有人出門，家裡避忌失手打破杯碗、飲食嗆著、發生口角或說不吉利的話。行前尤忌烏鴉鳴叫，俗信烏鴉鳴叫預示主有不測之災，可吐唾液禳解，這時必須轉回家，另擇吉日出門。農曆每月初一、十五出門時忌喝米湯，以免途中遇雨。出行路上，身上忌被鳥雀拉屎、被人啐唾或潑髒水，恐帶來不祥。遇上這種情況時，潑人髒水者應煮雞蛋向對方賠禮道歉，讓其服下，以資禳解。

民間忌諱拔腳毛，俗云「一根腳毛管三個鬼」。夜間如有人在戶外呼喚人名，被喚者不許回答。打掃房屋時，忌從裡往外掃，而應從外往裡掃，這樣才不會把財氣掃走，等等。

二　閩臺民間禁忌的禳解

禳解在古代又稱為厭勝、壓勝，是指民間在犯忌之前或犯忌之後，為解除或緩解違犯禁忌帶來的來自神秘力量的懲罰而採取的各種

---

77 林明峪：《臺灣民間禁忌》（臺北市：聯亞出版社，1981年），頁210。

措施。禳解是禁忌體系的重要組成部分，可視為禁忌行為的延續，它是為適應禁忌的存在而產生的。

　　閩臺民間涉及人們生產和生活的禁忌可謂五花八門，令人觸目驚心，只要稍有不慎，即有違禁犯忌的危險。多如牛毛的禁忌網，不僅大大制約了人們生產與生活的時間和空間，還給人們的心理加上重重的壓力，使得他們在言行舉止上誠惶誠恐，生怕犯忌會帶來不祥之災。在「趨吉避凶」心理的支配下，古代人們在形成有關各種事物的禁忌的同時，也賦予自身以禳解的能力與方法，甚至還在犯忌前，人們就試圖使用種種措施來清除預料中違禁將帶來的不祥，即事前設防的禁忌禳解。

　　舊時，閩臺民間家家戶戶的後門上均貼有「姜太公在此，百無禁忌」的紅紙，這是人們事前設防的禁忌禳解的一種重要形式。民間傳說，姜太公是封神之神，如果姜太公蒞臨宅屋，其他的神煞自然就得悄然退位，不敢再為禍人間。百無禁忌是一種非常寬泛的無禁忌狀態，「它反映了民間反抗各種禁制的理想和願望」。[78]觸犯神聖是禁忌的一大來源，為避免發生這類危險，民間習俗在農曆臘月二十四這天將所有神靈都恭送上天，這樣人間完全成了凡人的世界，也就不再有觸犯神聖的可能，這是歲時無禁忌狀態的主要形式。在家門里巷、船渡橋頭之處豎立「泰山石敢當」，也是民間對禁忌的一種禳解儀式。以石來鎮宅驅邪是古代靈物崇拜的遺風，唐宋時已有以「石敢當」禳解災異的習俗。後來人們豎立「石敢當」的主要目的是抵禦邪神的進入，這樣，家中的言行就可以少了很多禁忌。桃枝柳葉、菖蒲艾草，也有很強的避邪功能。人們常將桃枝插於門首，用以驅避邪鬼。清明時節，閩臺民間普遍有門前插柳或頭頂戴柳的習俗。菖蒲艾草主要用於端午節，民間認為端午是「五毒日」，鬼煞出沒頻繁，這時各家各

---

78 任騁：《中國民間禁忌》（北京市：作家出版社，1990年），頁552。

戶均在門檐插上菖蒲、艾草，以禳邪招福，俗語有說：「艾旗招百福，蒲劍斬千邪。」雄雞報曉，意味黑暗（陰）的結束、新一天（陽）的開始，所以人們認為雄雞具有驅邪的靈力，在新宅奠基和完工時，要殺雄雞一隻，將雞血灑在門面上，或以雞血大書一「吉」字，以資禳解工匠建房時有可能使用的黑巫術。民間還普遍相信銅鏡具有鎮煞作用，舊時常被用做厭勝物。如倒鏡即銅鏡的一種，民間習俗要把倒鏡懸掛於屋檐，倒照前方，能迫使妖邪不敢現形，這是人們藉以化凶為吉的一種重要厭勝物。嫁娶是一件喜事，最忌邪氣沖犯，所以新娘的嫁妝中必有一面銅鏡，用以辟邪。除了上述的幾種厭勝物外，閩臺民間用以事先設防的厭勝物還有：演戲、春聯、午時聯、午時水、淨水、雄黃酒、鉸刀尺鏡、粽符、指、手印、符、咒語、爆竹、阿彌陀佛碑、八卦碑、篩、「卍」字、吉竿、七星劍、鹽米、火、香、法索、草席、香囊、紙錢、紙牌、獸形牌、香灰、長命縷、門神、榕枝、塔、開路神、風獅爺、引路雞、照牆、石將軍、幡旗、黃飛虎、蚩尤、火珠、福祿壽三星、翁仲、劍牆及太陽形等等。[79]

　　在閩臺民間信仰中，雖然事先設防的厭勝物種類繁多，可是民間禁忌體系卻龐雜而又無孔不入，如果人們萬一不慎觸犯了禁忌，便只有求助於事後補救的禁忌禳解了。違犯禁忌的事後補救，包括兩個方面：一是努力使犯忌不成立，即從違禁犯忌的狀態回復到正常人的狀態；二是努力使犯忌帶來的懲罰不致真正降臨或緩解懲罰的嚴重程度。[80]按照大陸學者金澤的看法，事後補救的禁忌禳解中，最為重要的步驟是淨化，淨化儀式的目的「在於通過一定的方式清除當事人由於違犯禁忌而陷入的污染或不潔的狀態（受魔鬼侵襲生病亦是不潔），使人返回到正常狀態」。[81]因為禁忌本身即是人們出於害怕「觸

---

79 參見周榮傑：〈臺灣民間信仰中的厭勝物〉，《高雄文獻》1987年第28、29期合刊。

80 任騁：《中國民間禁忌》（北京市：作家出版社，1990年），頁564。

81 金澤：《宗教禁忌》（北京市：社會科學文獻出版社，1998年），頁187。

犯神聖」與「接觸不潔」而招致神秘力量的懲罰和報復而形成的，如果違禁犯忌的人清除了身上的「污染或不潔」，就可以回復到犯忌前的狀態，避免遭到懲罰。

圖三　門首的厭勝物

唾液，舊時又稱為「玉液」、「玉漿」，民間認為具有超常法力，能制服鬼魅，驅除邪氣。閩臺民間俗信，夜間出行遇見鬼影，應立即咳嗽一聲，吐唾液一口，鬼即不敢上前加害。走路時碰上送葬行列，應吐唾液一口，疾走而過，以禳解被沖克的危險。流星又被稱為「漏屎星」、「掃帚星」，見之不吉，也應吐唾液一口解穢。舊時出門或著手從事重要活動時，忌聽到烏鴉啼叫，否則認為不吉利，應吐唾液禳解。《格物總論》說：「烏一名鴉，其名自呼，見異則噪，故以為烏霍歎所異也。今人聞鵲噪則喜，鴉噪則唾，以為烏見異則噪，故輒唾其凶也。」[82]

在舊時人的觀念中，血液同樣具有驅災辟邪的靈力，這是人們基於血液既神聖又不潔的雙重潛質而得出的普遍認識。在長期的生產、

82 轉引自周榮傑：〈臺灣民間信仰中的厭勝物〉，《高雄文獻》1987年第28、29期合刊，頁53。

生活實踐中，人們觀察到了血液對維繫個體生命的重要性，並賦予血液以「神聖」的特徵。如果在夜間遇上鬼魅騷擾，俗信立即咬破手指，將血液灑向鬼魅，即可化險為夷，這是人們以血液的「神聖」來壓制邪穢的一種具體形式；反之，一些動物的血，如牛血、羊血、狗血，以及女性經期流出的經血，則帶有「不潔」的顯著印記，但通過「以毒攻毒」的途徑，同樣可以達到制服邪穢的目的。舊時的小說、演義中大量記載以牛、羊、狗血與婦女經血來破除對方巫術的故事。在十九世紀末的那場轟轟烈烈而又深入人心的義和團運動中，群眾在這種認識的誤導下，試圖以牛、羊、狗血、經血及一些穢臭之物如屎尿等，來破除洋槍洋炮具有無敵威力的神話。

　　當違犯禁忌的懲罰不可避免時，人們還可以採取一些其他措施來逃避來自神秘力量的報復。臺灣新娘入男家時，避忌「頭見著天」，犯忌將遭到邪穢的侵襲。為逃避犯忌的懲罰，民間便用竹篩或紅傘遮住新娘頭部，使邪靈找不到犯忌的人，從而使新娘逃脫懲罰。閩臺民間喪葬時忌白蹄貓從死者身上跳過，犯忌時死者將立即變成僵屍，跳起來抓人。發生這種情況時，人們可擲出掃帚、枕頭或隨手可拿到的器物，讓僵屍抱住，即可禳解。這是人們在犯忌的懲罰不可避免時，使用「替罪羊」來解救自身的一種措施，可視為「移災法」。閩臺民間放風箏的習俗也是「移災法」的一種具體運用。在病人病勢嚴重且醫藥罔效時，民間便通過放風箏來帶走病魔。民間忌斷線的風箏掉落自家屋頂或庭院，即是擔心風箏會帶來病魔與不吉。

　　在不慎的情況下造成對方的犯忌時，閩臺民間俗例「肇事者」必須向對方提供用以禳解的物品，來彌補自己的過失，同時使對方回到犯忌前的狀態，避免遭到犯忌的懲罰。如泉州民間出行時忌被人潑髒水，若不慎發生這類情況，潑人髒水者應煮甜雞蛋向對方賠禮，請其服下，以為禳解。又如，臺灣民間忌房子借給孕婦生產，俗諺有「肯借人死，不肯借人生」的說法。在萬不得已非借產婦分娩時，如產婦

不及回家即瀕臨生產的情況下，事後產婦的家人必須給借家掛「紅彩」和燒「糕仔金」，或付象徵性的房租錢，這樣即可禳解借家被嬰兒帶走福分的危險。

　　犯忌後，在個人力量不足以禳解時，人們便要花錢請巫師術士作法，增強自身的力量，來化解來自犯忌的懲罰，這是人們主動消除禁忌的積極行為。也有的人在犯忌後到寺廟燒香拜佛，以求得神佛的保佑，這是人們禁忌禳解的消極行為。

　　總之，不管是事前設防的禁忌禳解，還是事後補救的種種措施，其目的都是使犯忌者得到淨化，逃避或緩解來自神秘力量的懲罰和報復。因而禳解就其本身而言，它是禁忌體系的一個重要組織部分，是禁忌行為的延續。

三　民間禁忌的主要特徵和社會作用

　　禁忌在其本質上是人類要求自律的一種表現，而自律則是人類走向文明的象徵。最初的原始人群缺乏自律，可以毫無顧忌地全面滿足自身的種種欲望，因而耗盡了絕大多數的能量，而無法創造文化。人類自律的最初形式是禁忌，當人類意識到一絲不掛是一種羞恥時，人類就向文明邁進了一大步，即出現了自律行為：裸體禁忌。此後，隨著禁忌（自律）的不斷增加，人類對自身欲望的限制越來越多，這樣便節省出大量的能量用以製造文化。從這種意義來講，禁忌本身即是一種文化現象，它象徵著人類的文明程度與進化歷程。所以，探討禁忌，也就是探討人類社會本身的發展歷程。

　　閩臺區域位於我國東南海濱，其民間禁忌的形成、相沿與變遷，反映了閩臺地方社會的政治、經濟、文化、地理等方面的發展與變化，同時也反映了當地人民的風情習尚、社交禮儀的一些真實情況。正因為如此，閩臺民間禁忌不僅具有華夏民族傳統禁忌的共性，同時也兼有不少獨具地方特色的因素。

（一）神秘性

閩臺民間禁忌神秘性的特徵主要表現在兩方面：一是閩臺民間禁忌與巫術的關係極為密切，二者混雜為一體的現象並不鮮見；二是閩臺民間認為違犯禁忌導致的報復或懲罰來自冥冥之中的超自然力量，這也為世界上所有的民間禁忌體系所認同。

中國傳統巫術藉以施展法術的基本規則主要有兩條：感應律和象徵律，這兩條規則同時也是民間禁忌得以成立的依據。感應律又可以分為兩條細則。一是凡由同一整體分開的各部分，在分開後仍然相互感應，如閩臺舊時理髮後要把地上的頭髮拾起藏妥，忌被別人撿走，因人們認為如巫師對頭髮施以法術，其主人將受其感應而遭到懲罰。二是曾經相互接觸的兩物，在分開後仍然相互感應，如舊時閩臺民間煎過的藥渣忌隨便亂丟，恐被人踩踏或被拾去施以黑巫術，否則病人將受到感應而病情加重，甚至有喪命的危險。象徵律主要依據同類相生相剋的規則。如臺俗用稻草製一人形，給其穿上病人的衣服，作為病人的替身，放置於遠離病家的十字路口，任邪煞捕捉，病人即可借此脫身。閩臺民間「信鬼尚巫」的傳統由來已久，早在先秦時，閩越族「斷髮紋身」的習俗即是一種「模仿」巫術，族人剪去頭髮、紋上蛇圖，以嚇走水怪。「模仿」巫術依據的原理類似於象徵律，它也是以同類相生相剋的原理紋上蛇圖，來嚇走水中與蛇形相類的動物，使自身免受傷害。

閩臺民間禁忌的神秘性，還表現在違犯禁忌後遭到的懲罰來自於不可捉摸的超自然力量。觸犯神聖和沾染不潔是引起禁忌的兩個主要原因。宗教社會學的主要奠基人杜爾凱姆在《宗教生活的基本形式》中指出，禁忌是用以規範神聖與世俗兩個世界的體系，它禁止俗人未經聖化儀式即進入聖界，同時也禁止聖界的人和物隨便沾染世俗的東西。這裡，俗人要進入聖界必須經過聖化儀式，如閩臺民間在入廟燒

香禮佛前，必須先洗浴、齋戒；未經聖化儀式進入聖界即是觸犯神聖，如孕婦、產婦、便溺後不洗手者、不忌房事者，忌諱入廟燒香，觀看建廟、上樑、雕塑神像等。閩臺民間禁忌不潔的人接觸法器、經書、供品，禁忌以番石榴、狗肉、食用過的食物祀神，則是恐怕聖界的東西沾染上世俗的不潔，導致犯忌。既然觸犯神聖與沾染不潔都構成對聖界的大不敬之罪，那麼這種懲罰也必然來自聖界，即冥冥之中的神秘的超自然力量。

（二）海洋性

　　海洋性是閩臺民間禁忌的最大特色。閩臺區域濱海，許多禁忌也因此表現出與水的莫大關聯，這是與閩臺地方的地理條件與當時的社會狀況相適應的。福建東南瀕臨東海，有著漫長的海岸線，臺灣與福建隔海相望，是我國最大的海島，這種先天的地理條件為閩臺人民從事捕魚業、航海業與出海貿易提供了極大的方便。同時，福建的開發雖然起步較晚，但速度很快，至唐宋時已有後來居上之勢。隨著經濟的發展，福建人口增殖極快，在宋時就已出現「人地失衡」、「人多地少」的局面。這種「人地失衡」的現象與福建的地形也有很大關係，福建素有「八山一水一分田」之說。但無論如何，「人多地少」是當時社會的既存現實，人們要想在嗷嗷待哺的眾口裡謀得生路，就必然要放棄傳統的生產方式，尋找新的出路。廣闊的海洋為當時的人們提供了一個新的生活選擇，許多人下海從事打漁、航運，在私人海外貿易高額利潤的吸引下，更有眾多的人往販東西二洋，甚至定居東南亞一帶。打漁、航運與出海貿易儘管能夠給生產者帶來較高的收入，但就其職業本身而言，是一件充滿危險和艱辛的事情。舊時既沒有先進的機械驅動的輪船，又沒有準確的氣象服務，甚至連像樣的打漁工具也極為缺乏，要想在狂風巨浪中討得生活，並不是一件容易的事情，有時不僅會勞而無獲，甚至葬身魚腹也是常有的事。當時民間俗諺

云：「風平浪靜見父母，風波不測見媽祖」，媽祖是海上保護神，「見媽祖」即為葬身大海之意。明清時期，歷屆政府大多厲行海禁，在清康熙初期，甚有「寸板不許下水」的嚴令，百姓私自下海貿易即觸犯律法，官兵也嚴於查緝。在性命交關之間，從事水上生產的人群不僅要對付海上的驚濤駭浪，也要與政府的稽查周旋，自然也就相應地產生許多有關「水」的禁忌。

（三）雜糅性

閩臺民間禁忌也表現出很強的雜糅性，包括兩方面：一是前述分類把閩臺民間禁忌分為生產禁忌與生活禁忌兩類加以介紹，而事實上生產禁忌與生活禁忌之間並沒有明顯的分界線，在很多情況下，二者是難分難解地雜糅在一起的；二是閩臺民間歷代相沿的民間禁忌中，有一些禁忌既有迷信的一面，又有科學的一面，只是舊時人們在迷信觀念的指使下對科學的禁忌加以非科學的解釋，使科學與迷信雜糅在一起。

閩臺民間嫁娶宜在舊曆十月至翌年三月進行，忌四月至九月操辦，這是與農耕社會的生產需求相適應的。閩臺民間三、四月開始進入農忙期，十、十一月是晚稻的收割期，也就是說，每年的三月、十月是農閒與農忙的分野。人們習慣在秋收冬藏之後舉辦婚事，這時人們既有錢又有閒，可以將婚事辦得體體面面、妥妥當當。這則禁忌從表面看是生活禁忌，但其實質上又與生產有著極為密切的關係，即使將其視為生產禁忌也不無道理。另如，船上人家吃飯時忌坐著吃，恐有「坐風」之虞。吃飯是人們日常生活的基本要素，所以把該禁忌歸入生活禁忌是很恰當的，但該禁忌深層面上所涉及的問題卻是「坐風」，即船民吃飯與生產也是聯繫在一塊的。

閩臺民間禁忌中科學與迷信的雜糅可以從舊時人們建灶的習俗中看出端倪。臺灣民間建灶忌灶口朝北、東方向，有其科學之處。臺灣

冬季冷風大致從北方颳來，夏季颱風多來自東方，灶口自然不宜朝
北、東方向。但在民間術士看來，則有著一套完全不同的迷信解釋：
東方屬木，北方屬水，若灶口向北，即成了水潑火；若灶口向東，火
燒及木，將觸犯東方的神煞。另如，閩臺民間小孩吃飯忌留碗底，這
是人們愛惜勞動果實的一種表現，但大人卻總以犯忌以後將娶（嫁）
麻臉妻子（丈夫）相恐嚇。

　　閩臺民間禁忌是閩臺人民長期生產和生活的歷史積澱，它在閩臺
社會的開發與發展進程中呈現出代代相沿或因襲變遷的豐富、絢麗的
色彩，它是社會長期發展的產物，也象徵著人類的文明程度，但它不
是被動地依附於社會，而是對社會生產、生活作出種種禁制，影響著
社會的進程。禁忌的這種作用包括積極與消極兩方面。

　　閩臺民間禁忌寄託了閩臺人民渴望吉祥平安的美好願望。在前所
述的各種民間禁忌裡，要求吉祥與平安是兩個永恆的主題。如過年時
小孩不慎將碗打碎，大人忌大聲責罵，而是立即說出一句吉利話：
「歲歲平安」，以禳解打碎碗的穢氣，轉凶為吉。閩臺民間嫁娶時如
新娘的花轎遇上另一迎娶行列，兩個新娘間要互換簪花或手帕，以換
取雙方的吉利。

　　閩臺民間禁忌還體現了民間社會對危險事物及對破壞集體的力量
的一種公共約制與迴避。例如，帶雨水或露水的桑葉對蠶來說是一種
危險物，蠶吃了會拉肚而死。為避開這一危險事物對生產的破壞，民
間即制訂出不准拿未曬乾的桑葉直接餵蠶的禁忌。夜晚野外露氣重，
會影響嬰兒的健康，所以民間忌夜裡把嬰兒抱出戶外。同樣，浪費習
慣的養成也是對社會的一種無形破壞，民間忌小孩吃飯時留碗底，即
可把這一潛在的危險清除。

　　閩臺民間禁忌還起到一種文化整合的作用。它有利於閩臺區域性
大眾心理素質和認同感的形成與保持。閩臺民間禁忌為人民提供了一
套基本的行為範疇和社會贊許模式，從而使這一區域人們的觀念與某

些價值有序化。在歷史上，任何否定既定文化的「反常」，均受到禁忌的有力挑戰。禁忌還負起將這些「反常」事件或因素納入既有的文化系統，又不使之破壞既定秩序的任務，使各種社會因素、力量成為一個統一的整體。[83]

不可否認，民間禁忌是一把雙刃劍，它的消極影響遠遠超過積極作用，而且這種負功能是多方面。首先，民間禁忌警告人們要提防危險，但它對消除危險辦法的建議是消極的，不可能在人身上激起新的積極力量。如禁忌強調某些日子下田幹活是危險的，但它卻未提出任何的解決辦法，而是要人們在這些天裡不事生產，這就嚴重阻礙了生產。其次，禁忌以人們的保守與惰性心理為基礎，對一切新生事物均持懷疑與恐懼的態度，不利社會的進步。第三，禁忌加重了犯忌者的心理負擔，特別是對女性「不潔」的禁忌更破壞了社會的和諧，把犯忌者隔到另一個生活圈子，限制了人身自由。

總之，隨著社會的不斷進步，禁忌也隨著人們對世界認識能力與改造能力的增強發生相應的變化。現在，許多古老的、曾經是最嚴格的禁忌已經在無形中自然而然地拋棄了、消失了，而一些新的禁忌也在不知不覺中補充到我們的生活中來。人類的求知欲與進取心是無止境的，到了達到人類真正的自由王國時，禁忌就會永遠地從人們的視線中消失。[84]

83　金澤：《宗教禁忌》（北京市：社會科學文獻出版社，1998年），頁195。
84　本節由范正義教授提供初稿。

第十一章
神明傳說與宮廟壁畫、媚神歌舞、酬神戲劇

　　任何一種宗教信仰的確立、發展、傳播都離不開神話傳說。尤其是民間信仰，各地信仰的神靈林林總總不下千萬，而每個神靈的背後都有著他光怪陸離的神話傳說，通過這些形形色色的傳說也可體現民間信仰的一些真實面貌。民間信仰與諸神的傳說，二者之間是互為載體，互相促進的。一方面，民間信仰為神明傳說的孕育和發展提供了得天獨厚的肥沃土壤，神明傳說的廣泛流傳又反過來促進民間信仰的傳播和發展；另一方面，隨著民間信仰的進一步傳播和發展，諸神傳說也更加豐富多彩，並更加廣泛地流傳，從而促進民間信仰突破原有的空間、地域，輻射到更加廣袤的地區；同時，神明傳說之間互相影響、互相滲透，新的傳說又被不斷地模擬、創造出來。

　　壁畫是指繪製在建築物的牆壁或天花板上的圖畫，是歷史最悠久的繪畫形式之一。閩地宮廟林立，大都繪有壁畫，其形式多樣，內容豐富，是宗教建築中常見的藝術形式和百姓喜聞樂見的宣教形式。它不僅是社會生活的重要組成部分，而且擔負著「成教化、助人倫」的社會功能，成為宣傳宗教教義和營造宗教氣氛的有力、實用的手段之一。善男信女多不理解那些深奧玄妙的宗教教義，但他們相信善惡有報和輪迴轉世的道理，幻想著今生辛苦，來世必得富貴。即使缺衣少食，也要竭力湊錢去孝敬菩薩。宮廟壁畫是他們用自己的美術表達方式給神的獻禮，是他們禮拜的對象、獲得心靈安慰的空間。所以宮廟壁畫也是閩臺民間信仰研究的一個重要方面。

　　宗教信仰與歌舞活動的關係十分密切，在重大的宗教祭祀活動中，常常要舉行盛大的歌舞活動，善男信女們希望通過載歌載舞來取媚於神靈，以博得神靈的歡心，進而獲取神靈的保佑。閩臺民間保存著大量古老的宗教歌舞，經常在迎神賽會等場合演出，雖然其目的是為了媚神，但客觀上則是娛人，成為民間文化生活的重要組成部分。

　　戲劇與宗教的結緣雖然遲於歌舞，但同樣是非常密切的。在百姓的觀念中，要獲得神靈的歡心和庇佑，除了獻上豐盛的祭品和虔誠禮拜外，還要「演戲酬神」、「演戲媚神」、「演戲娛神」。在福建，這一傳統至遲在宋代就已形成，明末清初，演戲酬神的風俗也隨閩人移民傳到臺灣，並在清代蔚然成風，宗教祭祀活動在客觀上促進了閩臺地方戲劇的繁榮。

第一節　神明傳說

一　神明傳說的主要類型

　　閩臺民間信仰之發達，與俗文化的助力是分不開的。演戲酬神、說書評唱、口承傳說、民俗廟會等，以各自不同的方式將民間俗神信仰一代代傳承下來。閩臺民間信仰的興盛與神祇傳說故事等俗文化的流傳是密不可分的。鄭志明先生在其書中就明確地指出，舊的神明也要仰賴新傳說的承繼和流布，才能有再創新的機運，同樣，新的神明要不斷地加強其傳說的靈驗性與傳奇性，才能取得傳播的優勢。[1]

　　閩臺民間信仰的神祇多數是人格化的神靈，雖然老百姓充分發揮他們的想像力，為其編造出各式各樣、光怪陸離的神話傳說，但是無論編造得多高明，總離不開現實性、功利性、人格化的趨勢，似乎只

1　鄭志明：《中國社會的神話意識》（臺北市：谷風出版社，1993年），頁263。

有這樣，才能得到更多善男信女的認可與信仰。人格化的神靈的傳說就其縱向發展來看，大致可分為以下幾個時期：神靈作為凡人出生前後有怪異預兆，作為凡人在世時有非凡舉跡。這些都是神靈贏得信眾、奠定其信仰地位的基礎。然更多的傳說是圍繞著其成神之後的種種靈跡而展開。綜觀閩臺各地稍有影響的神祇，他們的神跡基本上都是沿著上述的軌跡逐步發展的。

（一）超人的生平事蹟

人的出生是無法選擇，由人而神的神明亦是。人格化的神明生前乃一凡夫走卒，平民布衣，無法出將入相，百姓自然會為他們編造出一些超人的事蹟，顯示出其與眾不同。某一地方神靈要得到民眾的崇拜、奉祀，他生前必有超人的事蹟，若沒有，老百姓也會創造出相關神話傳說以確立或鞏固對該神的信仰。

媽祖出生前，據《繪圖三教源流搜神大全》中的「天妃娘娘」條記載：「（其母）嘗夢南海觀音與優缽花，吞之而孕」，說媽祖其母是吞食觀音賜予的「優缽花」後才懷孕；又一說媽祖父母誠信觀音，因子嗣微弱，經常祈禱觀音再贈子嗣，一日，「（其母）王氏夢大士告之曰：爾家行善，今賜女一丸，服之當得慈濟之貺。遂娠。」[2]臨水夫人陳靖姑的出身，一說是觀音指甲所化，一說是觀音指血所化，又一說陳靖姑其母葛氏於鼓山喝水岩觀音前祈子，夢吞紅雲而孕。保生大帝吳本生前據說其母黃氏「夢白龜而孕」，或說「夢有神護童子降與庭曰：是紫微神人也」。[3]顏蘭《吳真君記》云：「聖母（黃氏）將娩，夢長素道人、五老慶誕、三臺列精、南陵使者、北斗星君護童子至寢門內，曰：是紫微神人也。」此類投胎轉世的傳說不只保生大帝

2　林清標：《天后志》，卷下。
3　民國《同安縣志》，卷40。

一人，玄天上帝傳說是玉帝投胎轉世，莆田涵江靈顯廟主神陳應功，據說是蒼龍轉世，「（神）母甘氏當載戴載夙之時，夢一蒼龍蟠于寢室戶樞上，明發而應功實生」[4]。

圖一　臨水夫人傳說故事成為宮廟壁畫的主要題材

及至神明誕生或升化更是靈異不已，媽祖出生時，「地變而紫，香繞于室」[5]。法主公張慈觀出生時，雲五彩，室異香。[6]臨水夫人出

4　〔明〕黃仲昭：《八閩通志》〈祠廟〉，卷60（福州市：福建人民出版社，1996年）。

5　林嵋：《天后顯聖錄序》，引自蔣維錟編校：《媽祖文獻資料》（福州市：福建人民出版社，1990年），頁143。

6　《岐山樂土春秋》（內部刊物）。

生時，「陳府祥雲繞屋，紫氣盈庭，異香滿室」。扣冰古佛傳說乃辟支佛托胎轉世，其出世時「仙樂騰空，餘音不斷，異香滿室，彌月猶存」[7]。媽祖升化時，「燕集于舟，蜂翔于水，紫衣明燭，救世現身」[8]。保生大帝於景祐年間蛻化於漳州白礁，乘鶴升天。廣澤尊王郭忠福生前乃至孝，一日放牛外出，至夜未歸。翌日，鄉人找到他時，只見郭忠福蛻化於古藤上，牛也只剩下一堆骨頭。

這些傳說大同小異，無非就是要提高神明在信徒心目中的權威，使百姓更加敬畏神明。編造神祇出世與升化的傳說只是神明人格化的第一步，接下來還要創造出神靈作為凡人在世時與常人不同的事蹟，來逐步完善、豐滿神靈的形象，鞏固神靈的地位與權威。如張聖君小孩時就能人在自家，魂遊鄰里，捉弄刻薄的鄰居，稍大上山砍柴，草場觀弈，得神仙妙傳，以後還會神腳發功代替柴火煮飯。媽祖在世時，能窺井得符，機上救親、航海尋兄，揮草救商，菜嶼長青，禱雨，降服二神，收晏公，懇請祛病，收高里怪，除水患，除怪風，收服二怪等。保生大帝吳本生前異於常人的傳說有如下幾種：

其一，吳本「不茹葷，不受室，嘗業醫，以全活人為心」，醫術高明，沉痼奇症，也是藥到病除，「遠近咸以為神」。[9]

其二，「神年十七，遇異人授以青囊玉籙，遂得三五飛步之法，以濟人救物」。[10]

其三，宋明道二年（1033），漳泉「苦疫，神施符水以療，存活無數」。

其四，宋仁宗時醫好帝后頑疾。

7　普濟：《五燈會元》〈扣冰藻先古佛〉，卷2。
8　林嵋：〈天后顯聖錄序〉，引自蔣維錟編校《媽祖文獻資料》（福州市：福建人民出版社，1990年），頁143。
9　乾隆《海澄縣志》〈藝文志〉，卷22。
10　民國《福建通志》〈廟壇志〉，卷3。

其五，有一老虎吃一婦女後，骨頭鯁喉，吳本用符水將其醫好，吳本成仙後，該虎成為保生大帝廟的守護者。一條龍患眼疾，化成人求醫，吳本道破其化身並將其醫好，該龍成為吳本仙化後的坐騎。

其六，宋「明道元年（1032）漳泉旱，民艱於食，神以法挽糧船，賑救，經月不匱。越二年又苦疫，神施符水以療，存活無數」。[11]

其七，某日有一壯漢假病求治，吳本診後說：「無病玩弄醫者必死。」十數日後該漢果然死去，眾云為本所害，至無人敢來求醫；本窮于食，出外雲遊時，治癒欲埋之死人，因而名聲大噪，遂成為宮中御醫。

（二）特殊的神跡及靈驗傳說

任何神靈要得到善男信女的頂禮膜拜，就必須要有特殊的神跡以及眾多的應驗傳說，才能吸引更多的信徒，擴大神靈的信仰空間。檢視閩臺的民間信仰，幾乎任何神明都曾經出現過特殊的神跡，諸如天現霞光、化身施藥、海上救人、托夢建廟、自購木材、出米餉工等傳說屢見不鮮。創造這些傳說無非是要提高神靈的威信，吸引更多的信眾參拜，捐獻更多的錢，蓋更宏偉壯觀的宮廟，重塑金身，進而請求朝廷的敕封賜額，獲取正統地位。

關於神靈托夢要求建廟的傳說在閩臺各地隨處可聞。臺灣雲林包公廟相傳，清高宗乾隆三年（1738）七月八日夜，有本村吳稽先生，睡至三更，冥冥中見祥光萬丈，一黑髯老人，手持金杖自天而降，直趨其身側道：吳善士，七月十日申時有天神將降貴村西南海面，請走告村民，集往接駕回村，建廟奉祀朝拜，不能延誤。語畢，立刻飛逝。吳善士驚醒，滿身大汗，原乃南柯一夢。他反覆思索夢境，忽覺靈光盈室，筋脈發熱，血氣奔騰，如戒齋沐浴，頓生祥瑞之氣，深信

---

11 民國《福建通志》〈廟壇志〉，卷3。

必有徵兆。翌日清晨，即將夢境轉告村民，村民亦深信不疑，乃相約如期往指示地點接駕。至申時，果遙見西南海面有一黑影直奔海岸，一時，烏雲密布，狂風大作，白浪滔天，瞬間又風平浪靜，白日青天。但見一小船，上有木塊神牌，上橫刻「森羅殿」，中刻「閻羅天子」，神像一尊，身披紅布。村民們大為驚異，決定建廟奉祀，曰「海青宮森羅殿」，並約定農曆七月初十為閻羅天子千秋慶典。爾後村民平安，風調雨順，五穀豐登，六畜興旺，信徒有求必應，香火極為旺盛。相傳將樂定光古佛升化後顯靈托夢山民要求建廟奉祀。[12]龍岩地區龍門塔的天后宮據說也是聖母娘娘托夢山民要求建廟。[13]在臺灣草屯鎮有一座陳府將軍廟，祭祀挫強扶弱、劫富濟貧的義人陳府將軍。據傳廟在光緒年間被洪水沖毀。二十多年後邑人許萬乞夢有一老翁要求他重新建廟奉祀，許以為奇，乃詢問前人才知以前確有此廟，以為神異，遂出資重新建廟。[14]

　　形形色色的神靈傳說之間互相影響，互相抄襲的現象並不罕見。在有關建廟傳說中，為人津津樂道的濟公建造靈隱寺的傳說被移植到了許多神靈顯靈建廟的傳說中，以陳普足建廟的傳說最為典型。據說陳普足建廟時需要許多巨材大樑，但是陳普足捨不得毀掉岩寺邊茂密秀麗的山林，便徒步去內地買杉。杉主問要購買多少，陳普足說要買下所有的「無尾杉」。杉主以為山上根本沒有「無尾杉」，就說：「我們山上哪有無尾杉？要有，儘管挑，我們分文不取。」陳普足就跟杉主約好明早取貨。杉主暗自沉思：山上的杉木成千上萬，你單槍匹馬，即使連夜砍伐，能有多少的無尾杉？說來奇怪，那天晚上突然月

---

12 詳見將樂縣民間故事集成編委：《中國民間故事集成‧福建卷‧將樂縣分卷》（1991年），頁67。

13 將樂縣民間故事集成編委：《中國民間故事集成‧福建卷‧將樂縣分卷》（1991年），頁211。

14 詳見鈴木清一郎著、馮作民譯：《臺灣舊慣習俗信仰》（增訂）（臺北市：眾文圖書公司，1989年），頁461。

躲星避，黑天暗地，一陣齊頭大風把山上那片高聳入雲的杉木打得斷
尾齊腰。次日清早陳普足請杉主上山，指著那片被風颳掉杉尾的杉木
林說要買下全片。杉主見狀大吃一驚，認為是天意，就拱手相送，不
取分文。當天下午又下的一場暴雨，把那片杉木林棵棵掀倒在地，沖
流到山下的溪裡，然後再漂流到蓬萊，從清水岩口的浮杉池中浮了上
來。只要木匠拿走一根，就又浮上一根，直到岩寺建完為止。據說有
一位木匠見到杉木那麼大便眼饞心貪，想拿一根回去，可他才拔出一
半就拔不動了。至今方池孔眼中還遺留著露眼的大杉頭，那口池就被
後人稱為「浮杉池」。[15]顯然，這個傳說是把濟公建造靈隱寺的故事經
過改編、加工而來的。

　　關於臺灣關渡媽祖的傳說也是頗具傳奇色彩。據傳媽祖的神像以
及廟宇被洪水沖垮，媽祖托夢當地人要求出工建廟，但是木材和建廟
之所由媽祖自己選擇。於是媽祖顯靈化作凡間女子自己上山採購木
材，削好木材，然後呼風喚雨把木材沖到蓋廟之所，而且流米餉工。
媽祖的靈驗傳盛一時。[16]臺灣東港東隆宮的溫王爺建廟的傳說更是讓
人難以置信。相傳，福州地區某家木材行，有天深夜忽有一白髯老翁
與之訂貨，言明在木材上標上東港溫記字樣，然後投入海中，自可漂
流到目的地——臺灣東港。木材商收下貨款後，翌日木材價格竟然高
漲，他暗叫吃虧決心違約，但是從此卻臥病不起，藥石無效。月餘木
材商夢見老人斥責其言而無信，怒其違約。他驚醒後，半信半疑如數
投下木材入海，不久病就自然痊癒。木材商在好奇心的驅使下，親自
來到東港，恰巧木材已漂流到東港，果有一白胡老翁在整編木材，但
是鎮上居民無一人認識這老人。當夜有人看見一漁民家屋頂發出異樣
光芒，該漁民夢見一白髯老人，自稱是溫府王爺，即將到東港上任，

---

15 詳見龍岩市民間故事集成編委：《中國民間故事集成·福建卷·龍岩市分卷》（1988
　　年），頁273。
16 詳見王一剛：〈臺北的傳說九則·關渡媽祖〉，《臺北文物》第7卷第3期，頁3373。

要用他家屋頂的香檀木來刻像。漁民醒後發覺屋頂上確實擱著一塊其從海邊撿來的木塊，遂告知鄰人神明顯靈的事蹟，成為轟動一時的奇聞。後在神人的合作下，人們用漂來的木材蓋了一間溫王爺廟，並以該樟木刻成神像，極為靈驗。[17]

　　類似的傳說林林總總，內容各異，或顯靈滯足不前要求於是地建廟，或托夢建廟，自購木材流米餉工等，多是老百姓們借助神的權威來發動鄉民出工出力集資建廟，因為只有借用種種杜撰的關於神明顯靈的傳說，才會名正言順地調動人們參與建廟的積極性，保證神明安享四方香火。

　　老百姓對神靈的選擇是本著實用主義原則即惟「靈」是信，所以，廟成後還要創造出種種神明顯靈、護國佑民、保境安民的故事以吸引信眾，保證香火絡繹不絕。媽祖成神後，她顯靈佑民的靈跡不勝枚舉，像降服應佑、收服晏公、雷擊鯉精、龍蝦去齒、聖泉救疫、濟

圖二　媽祖誕生的傳說故事

---

17 詳見鄭志明：《臺灣的宗教與秘密教派》（臺北市：台原出版社，1990年），頁161。

度饑荒、藥救呂德、雲船救難、平息械鬥、巧對策讀、暗助窮人、錢塘築堤、威懾海盜、火燒海賊、霧海助戰、紅燈導航、泉井濟師、澎湖破敵、「海幫」朝聖、乾隆進香等，幾乎涵蓋了媽祖的所有靈跡。由於老百姓的口耳相頌以及歷代朝廷頻頻冊封，媽祖享譽四方。

　　閩臺各地方神明顯靈佑民的傳說比比皆是，而且往往是一個神靈有許多的靈跡故事極易形成一個傳說群。如法主公的傳說，法主公又稱張法主公、張恩公、都天聖君等，他成神後就有了收「蛇精」、懲治雕佛師、用神兵殺退土匪、護鄉境顧民、治病救人、追回被盜的神佛等[18]，這些傳說經過老百姓的口耳相傳已成為聞名遐邇的奇聞，信眾更加篤信法主公的靈異。

（三）神明與皇室顯貴有關的傳說

　　有關神明的傳說經過歷代的口耳相傳，不斷地變異、充實。但是老百姓總有意杜撰一些與皇帝有關的故事，以抬高神明的地位，或試圖證明神靈有功於社稷與人民，而得到皇帝的冊封，或強調神靈與扶持王朝之間有某種內在的聯繫，從而使地方神明也具有正統性。因為在封建時代，皇帝是凡間唯一的主宰者，他的威望是不容任何折扣的。在封建社會中皇帝有著至高無上的權威，上有所好，下必甚焉，故只要是皇帝冊封的神明，自然而然就成為萬民奉仰的對象。而且只要皇帝開了金口，因為皇帝的冊封，地位較為低下的神祇也會快速提高他的神格，成為萬人膜拜的守護神。關帝、保生大帝、天上聖母、玄天上帝，聲名赫赫，都跟皇帝的推崇有直接的關係。所以我們就不難理解為什麼民間造神運動中要千方百計的杜撰出神靈與皇帝扯上關係的故事，其用意就在於擴大神靈的影響，吸引更多的善男信女。民間神明與皇帝攀上親不外有如下幾條路徑：

---

18 詳見《岐山樂土春秋》（內部資料），2001年5月，頁56-70。

　　第一，救帝王於危難。中國封建社會朝代更迭，「落難皇帝」、「走皇帝」不乏其人。由於「落難皇帝」不再是高高在上，遙不可及，世人就可以將神明的靈異與皇帝的落難經歷相掛鉤，他們亦以神明得到皇帝（即使是落難的末代皇帝）封贈為榮。如保生大帝黃河渡高宗的傳說，云：北宋靖康之難，皇室成員俱被擄走。趙構在被囚禁中夢見一年過半百的道人要助他逃走，重整帝業，因為國不可一日無君。次日果有大雨，牢門大開，獄卒昏昏沉沉躺倒於地。趙構逃走後被金兵一路追殺，躲到一廟中求菩薩相救，忽然廟中泥馬轉生，載趙構遠去。帶了黃河邊，前有大河阻路，後面追兵廝殺聲不絕於耳。正在此時，狂風乍起，飛沙走石金兵被打得頭破血流抱頭鼠竄。忽然東邊一個閃電，劈開雲層，雲端現出一方臉長鬚的老人，他的背後五彩蓮幡大書「慈濟吳真人」。那仙人揮手一指，泥馬橫跨越過黃河，趙構脫險。趙構回到江南後重整帝業，建立南宋。[19]元末明初，據說朱元璋與陳友諒在鄱陽湖大戰時，突然颶風大作，眼看朱元璋的戰船即將被風吹翻，正在這千鈞一髮之際，保生大帝突現雲端，旗幡森布，把搖晃的船穩定下來。朱元璋即位後在洪武五年敕封他為「昊天御史醫靈真君」，以報答保生大帝的救命之恩。[20]又傳說南宋末帝被元兵追殺，由陸秀夫等人保駕南下，路經莆田時，威武聖侯因為顯靈驅元兵，護聖駕有功，帝欽賜「帝懋乃功」匾額以褒揚其護帝功績，廟內的一對楹聯：「神靈顯昭明，丹心抉宋室；聖跡轉乾坤，赤膽驅胡夷」，生動地概述了這個傳說。神明因為這些子虛烏有的功勞，以得到即使是落難的末代皇帝的嘉獎、冊封為榮。

　　在臺灣也不乏神明救皇難的傳說。臺北市廣照宮祀飛天大聖，據傳昔有皇帝逃難至江邊，欲濟，無舟楫。偶有一烏龜，背負之以渡。

---

19 詳見龍海縣白礁慈濟祖宮理事會、龍海縣文聯民間文藝協會編：《白礁慈濟祖宮‧故事傳說》，頁67。

20 詳見凌志四主編：《臺灣民俗大觀》第4冊（臺北市：大威出版社，1985年），頁100。

帝還朝後追封為「飛天大聖」。[21]新竹城隍廟原是縣城隍，後因為其救皇子有功而被晉封為威靈公，具有府城隍的神格。據說清朝年間，有一皇子與奶娘在海邊乘船遊玩，忽遇颱風，船被吹到臺灣來。皇子在臺灣呆了好幾年，想要回京，便乘船北上，但是船被吹回新竹香山海岸。當夜皇子便宿於城隍廟中。天明之際，忽聽鑼鼓大作，原來當地城隍托夢給新竹知縣，要他護送皇子回京。皇帝知情後，敕封新竹城隍爺為威靈公。[22]

　　第二，陰功助戰。在歷次的戰爭中，統治者總是不忘抬出一兩個神明，製造一些神明顯靈護國庇民的故事來安定民心，鼓舞士氣，並藉神靈的助佑來表明征伐的正義性。明朝中後期，朝廷政治腐敗，海防鬆懈，導致倭患日益擴大，官方和民間組織抗擊倭寇的鬥爭絡繹不絕。在抗倭鬥爭中，閩臺至今仍流傳著許多神明參與、顯靈擊退倭寇的傳說。莆田縣莆禧「保衛宮」主祀張巡、許遠、雷萬春三神明。傳說莆禧地方一有倭犯，民眾就到「保衛宮」祈求三神明助戰護城。民眾藉著神威曾多次挫敗倭寇的進犯。莆禧「天后宮」的媽祖傳說也曾派千里眼、順風耳，召集所有的山神、土地神，手執兵械，配合民眾抗擊倭寇。與其說是神靈總動員抗倭，不如說是民眾眾志成城，擊敗倭寇。莆禧城隍廟只是所城隍，因其抗倭有功而被封為威靈公，具有府城隍的神格。據傳，嘉靖年間倭寇圍攻莆田莆禧城五十多天，軍民由於長期守城，有些疲憊。正當守兵倦怠疏忽之際，倭寇想突襲，卻發現「神燈四布，夜夜繞城。而寇望城生畏，自潰鼠竄，城而不陷」[23]，有人看到燈上寫有「城隍」二字，才知是城中城隍顯靈，出神兵以助戰。事後知府上報朝廷，皇帝賜城隍黃袍加身，並敕封「威靈公」，

---

21 詳見陳乃蘗：〈本市寺廟靈顯傳說・廣照宮〉，《臺北文物》第9卷第1期，頁4256。
22 詳見凌志四主編：《臺灣民俗大觀》第4冊（臺北市：大威出版社，1985年），頁65。
23 〔清〕《敕封守御城隍大神碑文・風嶺鼎建鯉江城隍廟碑記》（現存於莆田涵江鯉江廟）。

以彰其靈。另一則城隍顯靈助戰滅寇的傳說似乎受到媽祖助施琅平澎湖傳說的影響，云：戚繼光在莆禧打敗倭寇後，親自檢點兵將，卻意外發現一隊穿著黃裝的士兵，一時想不起這是哪來的隊伍。其中有一將稟道他們乃奉城隍之命前來助戰，言訖，那些士兵都不見了。戚繼光派人到廟中查看，發現廟中所塑的四大將軍與剛才所見的一模一樣，而且身上不時有汗珠滴下。至此時，戚繼光才明白是城隍暗中助佑，便寫上「恩威護庇」、「東海保障」的匾額，以彰其靈。[24]

圖三　神明故事被畫成宮廟壁畫

　　清軍入主中原受到了漢人的大力抵制，為了既定天下，爭取民心歸順，清廷就借民間神祇的聲音來宣揚其得天下乃順乎神意，民間神靈在此時成為清兵入主中原的開路先鋒。明末清初，清兵入關，連連告捷，江山易主，民不聊生，正所謂：「興，百姓苦；亡，百姓苦。」當時一張公聖君弟子到宮中求公一卜，云：梅花樹下鎮君王，萬子萬孫一掃空。日月不光人不見，清風吹入水頁臺。不難看出，這是一則「政治傳說」，「日月不光」暗示明亡，「清風吹入水頁臺」暗

---

24 詳見莆田縣地方志編撰委員會、莆田縣民俗學會編：《莆禧「所城」雜記》，1997年，頁35。

示清軍入關得天下、治天下乃順乎神明旨意，合乎天意。

清廷在收復臺灣的過程中，打出了媽祖庇佑的旗號征討鄭成功。據史載，康熙十九年（1680）清軍征剿廈門（媽祖）神助取捷，敕封護國佑民妙靈昭應弘仁普濟天妃；康熙二十三年（1687），施琅攻下臺灣奏神功，特封護國佑民妙靈昭應仁慈天后。閩臺兩地盛傳媽祖顯靈助佑施琅軍隊的傳說，更是傳得有眉有眼。據傳，當時將士都感覺天妃娘娘跟隨左右，平澎湖之時，大家甚至看見天妃神像。事後有人在媽祖廟中見媽祖神像衣袍濕透，左右神將雙手起泡，才知是媽祖幫他們打了大勝戰。而且媽祖還在施琅軍隊所到之處，冒出甘冽的泉水，以資軍隊之需。戰後，施琅特立碑曰「師泉」。[25]媽祖顯靈助滅草寇的傳說亦見於史載，略云：宋淳熙十年（1183）媽祖助佑朝廷剿滅溫州臺州兩府的草寇。在《天后志》中也載云：媽祖顯靈助閩省將士平蕩大奚草寇。皇帝得知後龍顏大悅，封蔭其親。

職司保境安民的城隍顯靈護國佑民的傳說也為澎湖居民津津樂道。據說在光緒十一年（1855），法軍攻占馬公，居民避難於附近的白沙島，人們口中不忘叨念城隍保佑。突然之間，大雨傾盆，敵炮無法炸開。洋鬼子鬥不過土城隍，居民安然無恙。中法議和後，通判奏請加封「威靈公」。[26]這些傳說以訛傳訛，大多無史可考，但他們無非就是要藉著神明有功於社稷有功於封建王朝，以博得帝王敕封，抬高神靈的地位，擴大神明的影響。

第三，治癒帝王頑疾。在古時的閩臺地區，瘴氣嚴重，醫藥落後，民眾長期以來形成「信巫不信醫」的傳統，老百姓就給諸多的神靈都賦上了去疫治病的功能。並且極力的將神明治病的靈異與帝王的痛疾掛上鉤，因為製造神明顯靈治癒帝王的頑疾，得到帝王敕封的傳說是抬高神格有效且快速的途徑。因此我們就不難理解為什麼民間這

---

25 詳見凌志四主編：《臺灣民俗大觀》第3冊（臺北市：大威出版社，1985年），頁177。
26 詳見凌志四主編：《臺灣民俗大觀》第4冊（臺北市：大威出版社，1985年），頁71。

麼不遺餘力的創造此類的傳說。神明顯靈治癒帝疾，而受到帝王推崇的，在福建要首選二徐真人。據記載明永樂十四年（1416）前後，成祖龍體欠安，多方醫治無效，後來祈禱於二徐真人，二徐真人顯靈為成祖治病，施以靈符濟，以天醫妙藥，使成祖龍體轉危為安。成祖龍顏大悅，不僅賜予封號，還下詔大規模重建閩侯縣青圃洪恩靈濟宮。於是，二徐真人的信仰在福建盛況空前。

　　有些信徒為了擴大信仰，就模仿其他傳說故事，編造類似的故事，最典型的例子就是受中國小說《西遊記》的影響。相傳唐末有一樵夫姓楊，泉州人，一日遇二仙人對弈，予以桃，食其半，神氣靈異，有仙姿。王審知夫人病瘡，往聘之。夫人不面診，以線察之，初系於木，曰：「木也。」後繫在犬上，曰：「犬也。」最後繫瘡灸立愈。王大加爵賞，楊樵夫辭不受，只要求閩王建坡七里，引水灌溉，王許之。不日，有七道士至，楊與道士俱化為鶴去。[27]保生大帝顯靈治癒永樂帝后乳疾的傳說，云：永樂帝后患有乳疾，藥石無效。太子貼出皇榜求醫，保生大帝化作道士揭榜，進宮請視帝后疾。皇后羞于見醫，便懸線診脈。成祖怕他是位庸醫，想試試他的本事，就叫宮女把線的一端綁在貓的腿上，另一端拉出給保生大帝。保生大帝以線把脈說：「非熊非豹，乃貓也。」成祖又命人將線的一端繫在屋內的門環，保生大帝在門外一摸線就說：「是金木之性，非人脈也。」成祖這才命人把線綁在皇后的右腕上。保生大帝把脈後，斷道：「是乳疾，須以針灸治之。」但皇后乃貴為千金之軀，不能與醫生赤裸相見。於是保生大帝就站在屏風外，以懸針行針灸，皇后乳疾，不久痊癒。成祖欲以金帛厚賜，他卻翩然離去。皇帝就封他為「萬壽無極保生大帝」。顯而易見，這個傳說是脫胎於吳承恩筆下《西遊記》第六十八至六十九回的孫悟空為朱紫國國王「懸絲診脈」的故事。雖只是虛構

---

27 〔明〕何喬遠：《閩書》〈方域志〉（福州市：福建人民出版社，1994年），卷9，頁212。

的故事，但老百姓對保生大帝的高明醫術、赫赫威靈是篤信不疑的。

相傳宋仁宗母后生乳疾，多方醫治無效，貼出皇榜求醫。當時陳普足是位得道高僧，醫術出眾。與安溪城隍和羅內境主一同進京，醫好皇后乳疾。皇帝龍顏大展，將舊龍袍賞與他們。[28]

臨水夫人是主司生育之神，因為其「扶胎救產，保赤佑童」，神跡靈異，而被敕封為「順天聖母」。相傳清道光皇帝的皇后分娩時難產，一連三天三夜痛苦不堪，險象叢生。眾太醫束手無策，有人提醒不妨求救於臨水夫人。道光皇帝馬上設案祈禱。過了片刻傳來皇后順產的消息。皇后對皇帝說正在危難間，恍惚見一仙女，披髮仗劍進入房內，皇兒就呱呱降生。皇帝聽罷感慨萬千說道：「臨水夫人真乃朕之再生父母。」從此民間就把臨水夫人稱為「陳太后」。[29]南安舊時有一得道高僧真覺添志大師居蓮花峰，傳說宋徽宗在位時，陳太后病，大師以「咒水治疾」，陳太后病愈後，念大師治病有功，「敕賜衲袈裟金環絲鉤。」[30]

臺灣郭聖王醫好雍正帝的傳說云：雍正帝還是太子的時候，不幸感染了天花，病情十分危急，在昏迷中，夢見一少年送他一顆靈藥，謂之降痘丹，問以姓名自稱為泉州郭乾，說完遂不見其人。雍正醒後，病也痊癒了，馬上派人到泉州調查，得知郭乾即鳳山寺的神明形象和他夢中所見相同，故特封他為「保安廣澤尊王」。[31]

從上述傳說可見，在具有「官本位」心理的老百姓看來，神祇們不僅需要金身廟宇，還需要官位封號來體現其身分地位，封賜不僅是

---

28 詳見龍岩市民間故事集成編委會：《中國民間故事集成‧福建卷‧龍岩市分卷》，1988年。

29 詳見《臨水夫人陳靖姑》編委會：《臨水夫人陳靖姑》（福州市：海峽文藝出版社，1995年），頁93。

30 〔明〕何喬遠：《閩書》〈方域志〉，卷8（福州市：福建人民出版社，1994年），頁195。

31 詳見鄭志明：《臺灣的宗教與祕密教派》（臺北市：台原出版社，1990年），頁176。

對神祇尊重和承認的最高表現，而且還是一條獎勵和鼓勵他們多顯靈跡的有效途徑。

（四）神明助佑科舉的傳說

數千年的封建社會均以科舉取試，無數的學子猶如千軍萬馬過岌岌可危的獨木橋，誰將及第杳不可知。士人就給各地神靈紛紛賦上助佑科舉的職能。宿命的文人經常將自己的科舉功名命運交給冥冥之中的神意。榜上有名，乃神助佑之功，考場落第，又是宿命與功名無緣。所以功成名就者也樂將神靈的助佑大加宣傳，無形中也使得民間神靈的信仰更加普及推廣。翻開《夷堅志》，裡面充斥著大量文人仕子及第與神祇的暗中保佑有關的記錄。

〈林劉舉登科夢〉有云：福州長溪人林劉舉在國學，淳熙四年，將赴解省，禱於錢塘門外九西聖行祠。夢成大殿，見五人正坐，著王者服，贊科如禮。聞殿上唱云：「五飛雲翔，坐吸湖光。子今變化，因溯吾鄉。」覺而不能曉。是秋獲薦，來春于姚穎榜登科黃甲，注德興尉。既交印，奠謁五顯廟，知為祖祠，始驗夢中之語。[32]

〈威懷廟神〉有云：建陽縣二十里間蓋竹村，有威懷廟，以靈應著。陳秀公少年時，家苦貧，朋友勉以應鄉舉。公雖行，而心不樂，過廟入謁，祝杯珓曰：某家貧，今非費數千不可動，亦無所從出，敢以決于靈侯，舉三投之，皆陰也，意愈不樂。同途者，強勉以前。既入城，夢人白言：蓋竹威惠侯來相見，出庭之，具賓主之禮，神起謝曰：「公惠顧時，吾適赴庵山宴集，夫人不契堪；誤發三陰珓。公此舉即登科，官至宰相矣。」公驚寤。他日，齋戒密往禱，連得吉卜，如所占，果拔鄉薦。明年登甲科，為熙寧相。[33]

---

32 《夷堅丁志》，卷5（北京市：北京燕山出版社，1997年），頁1088。

33 《夷堅三志己》，卷10（北京市：北京燕山出版社，1997年），頁2671。

　　〈方翥招紫姑〉有云：莆田方翥次云，紹興丁巳秋，將赴鄉試。常日能邀紫姑神，于是以題目為問。神不肯告，曰：「天機不可泄。」又炷香酌酒，禱請數四，乃書「中和」二字。翥時方十八歲，習辭賦，遂遍行搜索，如「天子建中和之極」、「致中和天地位」、「以禮樂教中和」、「中和在哲民情」，如此之類，凡可作題者，悉預為之。是歲以舉子多，分為兩場。其賦作前題曰〈中興日月可冀〉，後題曰〈和戎國之福〉，始悟所告。翥試前賦，中饋選。予少時猶有傳誦之，其中警聯曰：「八絋地辟，符一馬之渡江，六合天開，光五龍之夾日。佇觀僚屬，復光司隸之儀，忍死須臾，咸泣山東之淚。」翥次年登科，然蹭蹬三十年，才為秘書省正字而止。[34]

　　以上神明或顯靈給予其應試的信心，或托夢示題，簡直有神人共同參與「作弊」之嫌。神靈預示考題，以助佑科舉的傳說以漳浦林士章中舉的傳說最為典型。相傳，從前漳浦有個書生叫林士章，要赴京趕考，路過惠安媽祖廟歇腳，向媽祖求佑。趕路沒多久，遇見一女子要林士章幫她對個上聯。她說下聯是：「鞋頭梅花，朝朝踢露花難開。」林士章無以對，於是路上加倍用功，不敢懈怠。他進考場後，文思泉湧，下筆如有神，高中進士。逢殿試時皇帝出對：「扇中柳枝，日日搖風枝不動。」林士章想起途中女子所問的聯對，就開口接上：「鞋頭梅花，朝朝踢露花難開。」皇上聽後龍顏大悅，封其為探花郎。林士章回鄉省親，拜謁媽祖時才發現原來是媽祖出對策讀，才使自己榜上有名，於是在漳浦重塑媽祖金身，以謝神恩。[35]

34　《夷堅支戊志》，卷2（北京市：北京燕山出版社，1997年），頁2040。

35　莆田市民間文學三套集成編委會：《媽祖的傳說》，北京市：海峽文藝出版社，1992年。

二　民間信仰與神明傳說的互動

民間信仰與神明傳說互為載體，互相促進，這一點是不言而喻的。一方面，民間信仰的廣泛流傳豐富了神話傳說的內容，也使得傳說歷久不衰。另一方面，這些通俗化、大眾化的傳說又反過來有力地宣傳和弘揚著民間信仰。神話傳說大多以「神格」為中樞，所敘說的神事能使信仰者更加敬畏神明，於是信眾們又歌頌其威靈，讚美其壇廟。如此循環往復，信仰愈盛，傳說愈繁。

（一）民間信仰對神明傳說的影響

其一，信仰的傳播與發展促進著神明傳說的日臻完善。最具代表性的莫過於盛傳於閩臺的媽祖信仰。在北宋，媽祖也無非只是一個具有一點神異、默默無聞的地方女巫，而到了今天媽祖卻成了婦孺皆知、威名遠揚、人人敬仰的全國性海神。有關媽祖的生平事蹟，在地方文獻資料的記載中有一個逐步演變發展的過程大致是：宋代簡略，元代演變，明代發展，清代完備定型。媽祖生平的傳說也是經過歷代文人、官方紳士不斷增添、加工，才有今天如此豐滿、生動、具體的形象。

媽祖在宋代被多次晉封後，其聲名大揚，各種關於女神靈威顯赫的傳說應運而生，有關媽祖的生平傳說也開始顯山露水。南宋仙遊人廖鵬飛於高宗二十年（1150）撰寫的〈聖墩祖廟重建順濟廟記〉，被認為是有關記載媽祖資料中最早的一篇。其中云：「初以巫祝為事，能預知人禍福。既歿，眾為立廟于本嶼。」[36]從這裡可知有關媽祖生平的最早記載已包含民間信仰中巫祝的成分。而且，記載頗為簡單，

---

36 廖鵬飛：《聖墩祖廟重建順濟廟記》，引自蔣維錟編校：《媽祖文獻資料》（福州市：福建人民出版社，1990年），頁1。

有姓無名，無家世，僅知大致的籍貫與職業。終南宋一代關於媽祖生
平的記載沒有超出上述這個範圍。如莆田人黃公度於高宗紹興二十一
年（1151）曾賦〈題順濟廟〉有云：「平生不厭混巫媼。」[37]莆田人李
俊甫撰於寧宗嘉定二年（1209）的《莆陽比事》卷七記載：「湄洲神
女林氏，生而靈異，能言人休咎，死廟食焉。」[38]莆田人丁伯桂於理
宗紹定二年（1229）所撰的《順濟聖妃廟記》有云：「神莆陽湄洲林
氏女，少能言人禍福。歿，廟祀之，號通賢神女。」[39]惠安人黃岩孫

圖四　媽祖飛升

37　黃公度：《知稼翁集》，引自蔣維錟編校：《媽祖文獻資料》（福州市：福建人民出版
　　社，1990年），頁3。

38　李俊甫：《莆陽比事》，卷77，引自蔣維錟編校：《媽祖文獻資料》（福州市：福建人
　　民出版社，1990年），頁9。

39　丁伯桂：《順濟聖妃廟記》，引自蔣維錟編校《媽祖文獻資料》（福州市：福建人民出
　　版社，1990年），頁10。

撰於寶祐五年（1257）的《仙溪志》卷三「三妃廟」條有云：「順濟廟，本湄洲林氏女，為巫，能知人禍福，歿，而人祠之。」[40]這些記載大同小異，均認為媽祖生前是位「女巫」，巫術高明，預卜靈驗，深受沿海百姓的信賴。

　　終宋一代朝廷對媽祖的冊封多達十五次，加上佛道的捧場，媽祖的靈異更加突出。元代漕運業的發展，因為媽祖護航有功，朝廷共敕封五次，封號多達二十字，媽祖的信仰迅速從莆仙一帶向全國輻射。到了元代，關於媽祖的家世，生卒年以及生平記載就日漸豐富。如浙江慶元人程瑞學於文宗至順三年（1332）所撰的《靈慈廟記》載：「神姓林氏，興化莆田都巡君之季女。生而神異，能力拯人患難。室居未三十而卒。」[41]記載媽祖其父官職與本人享年。元末倪中在《天妃廟記》云：「神姓林氏，世居莆田湄洲嶼。都巡檢孚之第六女也。生於宋元祐八年（1093）[42]，少而靈異，能知人禍福，鄉民以疾苦告輒已。處室三十年而卒。」[43]元代對媽祖生平傳說的記載基本上不超出以上的範圍，即只有其父的官職與她模糊的享年。

　　明代鄭和七下西洋，大規模海事頻頻進行，天妃信仰更加廣為傳播。有明一代關於媽祖生平事蹟的傳說在元代的基礎上又有進一步的補充和發展。媽祖的家世更加清晰，其生卒年也有了更具體的時間。浙江仁和人朗瑛（1487-1566）曾記載：「天妃，莆田林氏都巡君之季

---

40 黃岩孫：《仙溪志》〈順濟行祠〉，卷3。

41 程瑞學：《四明續志》，卷9，引自蔣維錟編校：《媽祖文獻資料》（福州市：福建人民出版社，1990年），頁40。

42 據黃仲昭：《八閩通志》記載，媽祖於雍熙四年（987）逝世後，過了十二年，即咸平二年（999），與湄洲島隔海相望的平海衛（今平海鄉）建有一座媽祖宮。這是目前所知道的有確切記載的媽祖信仰傳播的最早分廟。故媽祖生於宋元祐八年（1093）的記載是明顯錯誤的。

43 黃仲昭：《八閩通志》〈祠廟〉，卷59。

女，幼契玄理，預知禍福，在室三十年。」[44]嘉靖八年（1529）進
士，晉江人黃光升謂：「神居莆陽之湄洲嶼，都巡檢之季女也。生有
祥光異香，資慧穎悟，能知休咎。長能乘席渡海，常乘雲遊於島嶼。
人呼神女，又曰龍女，以其變化尤著于江海中也。宋太宗雍熙四年九
月二十九日升化。」[45]時人費元祿云：「天妃林氏，本閩著姓也。舊在
興化軍寧海鎮，即莆田縣治八十里濱海湄洲地也。妃稟純靈之精，懷
神妙之慧，少能婆娑按節樂神，如會稽吳望子、蔣子文事。然以衣冠
族，不欲得此聲于里間，絕跡櫛沐自嗛而已。居久之儼然端坐而
逝。」[46]崇禎十六年（1643）進士，莆田人林嵋云：「天妃為都巡檢惟
慤公六女，學道莆之湄洲。方其生也，地變而紫，香繞于室。及其升
化，燕集于舟，蜂翔于水，紫衣明燭，救世現身。」[47]媽祖的出生被
文人墨客如願以償地披上了儒、佛、道色彩。

　　清代有關媽祖的生平傳說得到進一步補充完善。康熙年間由丘人
龍重新編校而付梓的《天后顯聖錄》，集歷代有關媽祖傳說之大成，
並且試圖使之系統化、形象化、神聖化。在《天妃降誕本傳》中，先
是對祖宗林氏九牧、父親為官都巡檢的考證，確立媽祖乃出身名門望
族。後說其父母「陰行善，樂施濟，敬祀觀音」，其母吞觀音賜丸而
懷孕，因媽祖出生彌月不曾啼哭，取名「林默」。八歲時「從塾師訓
讀，悉解文義」，接受儒家教育。十歲餘，「喜淨几焚香，誦經禮
佛」，開始信佛。十三歲，有一老道士玄通授她玄微秘法，少女時信

44　郎瑛：《七修類稿》〈奇虐類〉，卷50，引自蔣維錟編校：《媽祖文獻資料》（福州
　　市：福建人民出版社，1990年），頁92。

45　隆慶《泉州府志》，引自蔣維錟編校：《媽祖文獻資料》（福州市：福建人民出版
　　社，1990年），頁102。

46　費元祿：《甲秀園集》，引自蔣維錟編校：《媽祖文獻資料》（福州市：福建人民出版
　　社，1990年），頁119。

47　林嵋：《天后顯聖錄序》，引自蔣維錟編校：《媽祖文獻資料》（福州市：福建人民出
　　版社，1990年），頁143。

道術。十六歲「窺井得符，遂靈通變化，驅邪救世，屢顯神異」，於雍熙四年（987）九月初九得道升天。其中關於媽祖的家世、出生的前因後果、兄妹中的排行、何以命名為默、幼年及少年的經歷等都敘述得有血有肉、詳盡完備，把宋代文獻原來只有隻言片語的女巫，添枝加葉描述成一個活靈活現、身世不凡的女神，並融儒、釋、道觀念於一身。

今天關於媽祖的傳說基本上是以《天妃顯聖錄》中的傳說為基礎，再進一步擴充、發展。由於歷代統治者的推崇、冊封，媽祖信仰已跨出莆、仙地區，而一躍成為全國性的海神。天妃本只是莆田湄洲島一位名不見經傳的女巫，其真實詳細的生平已杳不可考，而正是藉著媽祖信仰的傳播，後人不斷地附會、添加上她的生平傳說，塑造出了一個秉承佛性，兼有道術的傳奇女子。從媽祖由人而神的轉變過程，我們就可見民間信仰與神靈傳說之間的互相影響、互相促進的關係。

其二，神明顯靈的傳說基本上是圍繞著民間信仰的功利主義而展開的。民眾對神靈的選擇是本著「唯靈是信」的原則。「唯靈是信」很好地體現了中國傳統文化中的實用精神和功利主義，也更加貼近民眾生活的實際。民間信仰中的實用功利性在民間傳說中打下了深刻的烙印。人們信奉神明具有降雨放晴，治病救災，驅蝗去敵的神能，所以每當逢災鬧病、瘟疫橫行、旱暵肆虐、蝗蟲遮天、洪水成災、兵匪為害時，人們束手無策，都求助於地方神祇，可見民眾求助於神祇都是出自日常生活之需：病痛、子嗣、饑荒、蝗災、洪水、旱暵、兵燹等。民眾幻想媽祖有無所不至的神能，於是在傳說中，媽祖就有了鐵馬渡海、種藥救人、聖泉救疫、濟度饑荒、藥救呂德、雲船救難、平息械鬥、巧對策讀、暗助窮人、錢塘築堤、威懾海盜、火燒海賊、霧海助戰、紅燈導航、泉井濟師、澎湖破敵等傳說，把媽祖的職能表現得淋漓盡致，媽祖的這些神能與人們的生活需求是密切的相關。清水祖師祈雨驅晴的傳說，臨水夫人扶胎救產的傳說，更是屢見不鮮。打

開地方志書，廟壇志中記載神明因顯現異樣神跡退寇御敵、雨暘祈陰的傳說隨處可見。

《明溪縣志》記載：「歲甲戌，豪奸阮定等集眾作亂，民罔寧處，懇禱神靈，緝獲平之。……己巳，蝗生苗枯，感神默相，蝗不為災，是歲豐稔。後寧化賊黎七等四出，里社靡寧，復禱神祠，方擁迎敵，賊懼潛退。……」永樂年間，「山寇陳添保等劫縣官，民廨舍一燃無遺。惟明溪一鄉頂避之。賊見四壁罄空，不愜所圖，方欲縱火，官兵追及，殺死幾半。明溪無虞，神之力也」[48]。

侯官縣顯靈廟，神生前樂善好施，平寇有功，死後，「鄉人哀而祠之。自是大顯靈貺，凡水旱盜賊及沴氣流行，禱之無弗應者。」[49]

連江英顯廟，神名蕭孔沖，「宋靖康初建，寇葉儂逼縣境，神兵見於羅崙山，遂遁去。紹興中，海寇掠荻蘆寨，神兵復現于九龍江，亦遁去。……寶祐元年，夏大旱，鄉人禱之，雨輒應」[50]。

莆田涵江靈顯廟，神陳應功，禦寇而亡，鄉人祠之。「建炎初，里人陳倅宣撫淮南，每出師討賊，空中時見陳將軍旗，前導所向，賊鋒披靡。他如海道風濤之恐，歲時雨暘之咎，事無巨細，隨叩輒應。」[51]

這些神靈的職能無不與人們的生活需求密切相關，法主公的傳說也明顯地體現出這一點。傳說舊時從永泰到仙遊的道路又窄又難走，交通極為不便，兩地百姓叫苦連天。張聖君為解決人們的困苦，就在一夜之間施法將從永泰到仙遊的羊腸小道拓寬，再在三千四百個臺階上鋪上石塊。聖者還擔心遇上雨天，石階太陡，行人容易滑倒，又施法在每個臺階上扒出紋痕。張聖君為民鋪路，解決了永泰、仙遊兩地百姓的燃眉之苦，人們無不對他感恩戴德。又傳說因為當時山路崎

48　民國《明溪縣志》〈祠廟〉，卷10。
49　〔明〕黃仲昭：《八閩通志》〈祠廟〉，卷58（福州市：福建人民出版社，1996年）。
50　〔明〕黃仲昭：《八閩通志》〈祠廟〉，卷58（福州市：福建人民出版社，1996年）。
51　〔明〕黃仲昭：《八閩通志》〈祠廟〉，卷60（福州市：福建人民出版社，1996年）。

嶇，岩石阻路，農民要繞道而行，不便農作，張聖君就施法開闢山路，方便農民。為解決農旱，他又施法迎水建圳。傳說張聖者能入地升天頃刻間，呼風喚雨在須臾。[52]從張聖君屢斬邪魔、鋪路修橋、勇鬥蟒蛇、治病救人等傳說中可見張法主公的職能是與老百姓的生活需求密切相關，也生動的體現了閩臺民間信仰的功利主義。

其三，民間信仰的多神融合的特徵，與中國傳統文化中「厚德載物」、「三教合一」的思想是相一致的。「厚德載物」的精神培育了中華民族效法大地、德載萬物的寬容性，這種精神表現在宗教信仰上具有很強的包容性，在民間的宮觀廟宇中，不同宗教的神明被供奉在同一廟宇中，和睦相處，共享人間香火。

在臺灣和閩南地方，媽祖和保生大帝的香火極為旺盛，或一廟共享香火，或獨佑鄉民。傳說媽祖與保生大帝在同安時為保境安民共驅瘟神，瘟神與被媽祖鎮服的烏龜精合計要讓媽祖與保生大帝自相殘殺。龜精就化成一花婆來到保生大帝廟前說：「聖母傳話，你先前不過是個鄉下郎中，有何本事？有本事就到湄洲島鬥法，要是不敢，此地就歸聖母管轄。」瘟神也變成一中軍來到湄洲祖廟對媽祖說：「我家大帝說，你生前不過是個漁家女子，有啥本事？要真有本領，去白礁村鬥法，不然，就速離湄洲，此地由保生大帝管轄。」次日，媽祖與保生大帝都往對方那邊去，途中相遇，便各自施法，媽祖要以風颳去保生大帝的冕冠，保生大帝要以雨洗去媽祖臉上的花粉，但保生大帝的冕冠穩穩不動，媽祖臉上的花粉也是光彩依舊。而躲在角落裡的瘟神和龜精被保生大帝祭起的一道閃電，照出原形。媽祖祭起一聲霹靂，將其化為灰燼，原來二神早已識破詭計，將計就計，藉鬥法之際將兩妖一舉誅滅。另外一則傳說卻云：保生大帝和媽祖成神後，多事的媒神看媽祖妙齡獨身，保生大帝也是孤家寡人，想撮合他倆。因媽

---

52 詳見永泰縣方壺岩管理委員會編：《張聖君信仰發祥地‧方壺山》（內部資料），
　　1999年，頁28-50。

祖看到母羊產子時的痛苦，對婚姻心生畏懼，就辭謝了這段姻緣。媒神失望之餘，就在保生大帝面前搬弄是非，保生大帝十分生氣，便說：「媽祖繞境那天，我定要下場大雨，洗去她臉上的胭脂花粉。」此話不料被順風耳聽到，忙去稟報媽祖，媽祖大怒，決定先發制人，在保生大帝繞境時，颳起大風，吹掉他身上的龍袍。於是就有「大道公風，媽祖婆雨」的諺語。[53]這兩則傳說，對保生大帝和媽祖的描述不偏不倚，平分秋色，龍海人從直覺的信仰的功用主義出發，對媽祖崇拜沒有因原有的神明而抵制，而是本著多多益善的心態歡迎媽祖。像何仙姑與定光古佛鬥法爭寶地的傳說亦是以二者平分秋色，無傷大雅而結局。從這些傳說足見民間信仰的多神兼容並蓄的融合性。

其四，民間信仰的盛衰對神明傳說的內容豐富與否起著決定性的作用。民間信仰作為民間傳說的土壤，它的盛衰與傳說內容的豐富與否及傳播範圍的大小是成正比的。媽祖從宋代的一個女巫發展成為威靈顯赫的全國性的海上保護神，它的傳說與信仰的傳播是同步的。終宋一代，對媽祖史跡的記載的文人，不超出莆仙一帶。神跡主要表現在治水旱，癒癘疫，除海寇和為商舶指航等方面。隨著媽祖信仰的傳播、興盛，有關媽祖的傳統見於史載也日漸豐富，至今，關於媽祖的傳說故事非常之多。

(二) 神明傳說促進民間信仰的發展

其一，民間信仰在傳播的過程中，民眾為擴大地方神靈的影響，經常把香火較為旺盛的神靈的傳說偷樑換柱，改頭換面，為我所用，這實在是擴大神靈信仰空間不可多得的一條捷徑。在媽祖傳說的發展過程中，觀音大士的大慈大悲形象和救苦救難的神性日益增加在媽祖身上，這就使眾多的篤信觀音民眾對媽祖產生親切感和信任感，從而

---

53 詳見凌志四主編：《臺灣民俗大觀》第3冊（臺北市：大威出版社，1985年），頁179。

樂道其事，樂奉其神，使媽祖信仰在廣大善男信女間不脛而走。再如前文提及的楊樵夫治癒王審知夫人疾病的傳說與保生大帝治癒明永樂帝后疾病的傳說，明顯是仿造《西遊記》中孫悟空為朱紫國王「懸絲診脈」的故事。莆田縣莆禧城隍爺顯靈助威繼光滅倭的傳說與媽祖助施琅平澎湖的傳說更是如出一轍。

　　黑面媽祖與烏石宮的傳說可以說是臨水夫人的傳說、媽祖傳說、觀音造洛陽橋傳說的集大成之作。烏石宮位於福廈路一百五十公里處的東側，正殿中奉祀著媽祖娘娘及順天聖母黑面媽祖。黑面媽祖原籍福建古田，名陳靖姑，號臨水夫人，曾拜許真君為師，潛心苦學，學得非凡法藝，二十四歲那年為救生靈於倒懸之苦，不顧天譴，毅然施法祈雨抗旱，以致觸犯天條身遭雷擊，顏面變黑，殞身於古田臨水。百姓感其一生正義，供奉為神，終使天庭玉帝感動，封其為「順天聖母」。[54]這與《臨水平妖》、《陳十四傳奇》、《閩都別記》等書中記載陳靖姑升天的傳說有所不同。媽姐神像有「紅面媽祖」、「烏面媽祖」、「金面媽祖」三種不同的臉色，紅面媽祖形同凡人，烏面媽祖是救難面相，而金面媽祖則是得道之身。據說鹿港天后宮烏面媽祖原來也是粉紅色臉面，但因百年來受香火熏繞，已成黑色的「香煙面」。[55]

　　臨水夫人以其扶胎救產、保婦佑童的神跡傳遍閩臺，凡祈雨、驅疫、斬妖、救產、救嗣都祈求臨水夫人。南宋淳祐年間被封為「崇福昭惠慈濟夫人」。但是臨水夫人同時也掌管江河海運，為閩江流域的船民所崇拜。傳說，明嘉靖年間，高澄出使琉球，使團成員多為閩人，當在海上遇險時，眾人求救於天妃諸神，後經天妃降箕，說：「吾已遣臨水夫人為君管舟矣，勿懼！勿懼！」回到福州後，高澄偶然間在福州發現了臨水夫人祠，請教于祠中道士，道士曰：「神乃天妃之妹也，生有神靈，不婚而正果水仙，故祠于此。」又說：「神面

---

54 劉秋星：《烏石宮與黑面媽祖》（油印本）。

55 詳見凌志四主編：《臺灣民俗大觀》第3冊（臺北市：大威出版社，1985年），頁174。

上若有汗珠，即知其從海上救人還也。」[56]

　　陳靖姑作為海神的傳說顯然是受到了媽祖傳說的影響。

　　其二，在民間信仰傳播的過程中，老百姓就會依照他們的願望與需求給神靈附會上更多的職能，創造出更多神明顯靈的神話傳說，使神明的職能日益多樣化，以期得到更多善男信女的膜拜。媽祖作為一個全能的地方守護神，她的職能是因時而異，因地而異。明人費元祿說她「尤善司孕嗣」[57]。在古時，福建叢林密布，野獸成群，虎患不絕。在平潭人的心目中，媽祖儼然就是虎患的天敵。[58]在日寇入侵時代，時人又給媽祖、城隍、土地公等神明賦上驅逐日軍的神能。到了今天，神明們的職能仍與人們現實生活緊密地聯繫在一起。如在臺灣某一航空公司，因為媽祖被賜封為「天上聖母」，認為媽祖自然也會擔負起保護天上航空安全的職能，也把媽祖奉為公司的保護神。福州元帥廟的負責人告訴筆者田都元帥一些驚人的靈跡：某一田都元帥的信眾去廣州辦簽證，第一次面試時被無故刷下，第二次面試時，該信眾就在門外一直默念：「田都元帥保佑簽證成功！田都元帥保佑簽證成功！」果然，一切順利。他認為這都是田都元帥在暗中庇佑之功德。這二則傳說分明就是民間信仰與現代化生活緊密聯繫的產物。

　　南安蓬華鎮華美村的佑聖宮，主祀玄天上帝，玄天上帝降妖伏魔的故事在民間廣為流傳，而且在此玄天上帝居然也頗具主司生育的神能。相傳當地有一孕婦難產已三天，其夫祈求上帝保佑，求得聖杯，問：「弄璋弄瓦否（生男生女）？」童乩答道：「弄璋又弄瓦。」其夫大喜，其妻果然平安地孿生一男一女，村民深感上帝靈應感光。

---

56 高澄：《臨水夫人記》，見蕭崇業《使琉球錄》，臺北市：臺灣學生書局，1970年。

57 費元祿：《甲秀園集》，引自蔣維錟編校《媽祖文獻資料》（福州市：福建人民出版社，1990年），頁119。

58 詳見平潭縣民間文學三套集成編委會：《中國民間故事集成·福建卷·平潭縣分卷》，1990年。

　　在這些傳說中，媽祖海上保護神的職能，臨水夫人生育神的職能，保生大帝袪病癒疾的職能不但得以保留下來，而且由於其職能的多樣化，反過來又強化了媽祖海上保護神、臨水夫人生育神、保生大帝醫藥神的地位，擴大了神靈的影響。

　　其三，神明靈異的傳說是民間信仰在新的地區扎根、發芽、成長的重要土壤。

　　民間信仰流傳到不同的地區，神祇們亦要「入鄉隨俗」。當地人在認同和接受外來神祇的同時，要將外來的神明與本地原有的習俗、觀念融為一體，神明的職能要進行地方化的加工，這一點在傳說故事得到了較為鮮明的體現：信仰對象原先的傳說部分被去除，換上信仰者當地的相似事物。改頭換面的傳說必須與當地的人文風情緊密結合，才能贏得新的信眾，擴大信仰的空間。

　　沿海地區的人們更加篤信媽祖海上護航的神能。在沿海地區的神明，人們明顯賦予他海上職能更多些，在連江一帶，關於龍、海龍王的傳說尤甚，如海龍王招親、白馬的傳說等，長樂的蔡夫人也是名噪一時的海上守護神。相反，在內地，群山環繞地帶，叢林密布，野獸成群，虎患不絕，人們則對神明除蛇妖、伏虎精的職能給予更大的熱情，如陳靖姑收蛇妖，廣澤尊王驅邪治妖，三平祖師降伏山鬼，收蛇怪，閩西的定光古佛除蛟伏虎等。在閩清、永泰、仙遊等地流傳的有關法祖公的傳說基本上是施法除蛇精、開山路、迎水灌田等與當地的環境密切相關。屏南的虎婆廟，祀為保境安民在驅虎中獻身的江夫人。在虎患為害的屏南人心目中，江夫人儼然是虎患的天敵。

　　然而，神靈的職能是與地方社會的風情緊密相關的，民間傳說也很好地體現了民間神祇的地方性特色。民間信仰與神明的傳說可以說是相輔相承、互為動力、互相促進的。

三　神明傳說與社會教化功能

　　人們在編造神靈的傳說時，不可避免受到當時文化的影響，特別是見於經史的有關神明的傳說經過士大夫的改編潤色。幾千年的中國傳統文化的薰陶，尤其是明清以降，三教合一的觀念深入民心，傳統故事在傳承流變的過程，不自覺就會滲透著中國傳統文化的倫理觀、價值觀、道教準則等，寓勸懲人心於其中。神靈的傳說大都與地方的人文風情相結合，以其通俗化、大眾化的傳說故事在無形中發揮著某些法律、倫理都無法延及的社會教化功能。

（一）宣揚孝悌道德倫理觀念

　　在中國人的心理中似乎還沒有哪一種社會觀念能像孝親觀念那樣，對人們的心理和行為有如此牢固、持久和廣泛的支配力、威懾力、約束力和感染力。封建社會經過幾千年頑固地傳承發展，孝道觀已牢牢地根植於人們的內心世界，孝悌倫理幾乎是無孔不入。民間傳說作為民間文學的一部分，無處不在體現著儒家的孝悌思想，百姓則樂此不疲地將孝子賢孫的故事代代相沿傳承。

　　明清以降，在「三教合一」思想的影響下，各個崇拜者依照自己所傾向的某種宗教及喜好需求，對媽祖的生平事蹟進行進一步的加工組合。佛、道兩派對媽祖極力捧場，或說是太上老君點化，或說其是觀音轉世。儒者們也不忘把媽祖塑造成一個合乎封建禮儀規範的孝女。嘉慶年間，莆田進士陳池養寫了篇〈孝女事實〉直接冠以媽祖「孝女」稱號，云：媽祖十六歲隨父兄渡海，因風大浪急導致翻船，媽祖負父泅到岸，父親無恙，但是兄長卻葬身於海，媽祖施展法術，從茫茫大海中浮出其兄屍體，載之歸葬。在其踏浪尋兄、伏機救親的傳說中，媽祖是符合了「孝父母、守倫規」的儒家倫理。在後人編寫的傳說中，媽祖的父母去世後，林默娘整天跪在父母墓前悲哭，茶飯

不思，忘了晨昏，活脫脫的一個「孝女」形象。

臨水夫人陳靖姑成神後，後人也不忘從儒家的「孝道」觀出發來塑陳靖姑的形象。傳說陳靖姑逃婚去閭山學法，三年後學成回家，將功補過，格外孝敬父母，還割肉醫補父母瘡疽，並答應出嫁。陳靖姑脫胎祈雨，羽化之前還不忘割骨還父，割肉還母，咬破手指還血觀音。這完全是按照儒家敬教遵禮的要求來塑造陳靖姑，使她成為封建社會善男信女的楷模。

安溪的廣澤尊王，名陳普足，以「至孝」聞名於世。坐化前，因家貧給人放牛，雖離家很遠，他每天傍晚還是回家事奉雙親，其父去世後，郭忠福就想方設法埋葬父親。後來偕母親遷居南安詩山郭山下，更加孝順母親。

因「孝」成神的例子不勝枚舉，臺灣的「泰源宮」及長泰武安鎮的「正順廟」，供奉的是「英烈聖侯公」，是一位「至孝」。傳說「英烈聖侯公」姓陳名簪，又名陳傑，乳名爽仔，從小父亡，孤兒寡母，

圖五　媽祖伏機救親

生計維艱。陳聳對母親非常孝順，他因公務蒙冤入獄，其母沈氏聞訊
殺雞送至牢房，陳聳扯下雞肉，留給母親，自己啃雞骨頭，由於不慎，
雞骨梗塞咽喉，不治而死，死後屍體發臭，臭氣瀰漫縣城，三天不
散。縣官驚奇，查明陳聳蒙冤入獄和行孝事蹟，趕緊為其做法事，說
也奇，此後，臭氣盡散，代以香氣，連續三天。陳聳的孝行孝德感天
動地，萬民舉哀，後人建廟祀他，稱之為：「聖侯公」、「孝子公」。[59]
傳說郭聖王名為郭義，福建莆田人，因為至孝，被皇帝表揚，建有孝
子祠，因顯靈平亂有功，邑宰上其事，詔改孝子祠為廣澤尊王廟。[60]

　　臺北市的瞿公真人廟，神生前以純孝而聞名方圓百里。其母喪，
痛不欲生，積薪置桌上坐而自焚。忽有一片黑雲，自天下降，籠罩其
身，攝之以去，村民感而建廟以祀之。[61]

　　民間傳說故事中毫不掩飾地流露出對孝道觀念的執著追求，同時
也旗幟鮮明地表現出對不肖子孫的憤怒譴責。在閩臺各地盛傳的雷公
電母的傳說就可以很好地說明這一點，臺北市民相傳電母本是一位很
有孝心的婦人，丈夫身亡，因家貧，她將每日的米飯留給失明的家
姑，自己吃些胡瓜子充饑。此事被其家姑知道了，她就自己吃胡瓜
子，媳婦無奈只好把胡瓜子倒掉，此時恰好被眼差的雷公看到，將她
打死。玉帝知道雷公誤傷了好人，為表彰該冤婦的孝行，就封其為電
母，電母的工作就是在打雷前，放出光亮，以免雷公再誤炸好人。[62]
在莆田、順昌、將東、永定、屏南、漳浦、南安、南平等地流傳的關
於電母的傳說與上述的內容幾乎如出一轍。

　　民間傳說故事緣何這般熱衷於宣揚孝道事親，究其因便是「百善

---

59 陳建才主編：《八閩掌故大全・民俗篇》（福州市：福建教育出版社，1994年），頁
　226。

60 鄭志明：《臺灣的宗教與秘密教派》（臺北市：台原出版社，1990年），頁177。

61 詳見陳乃蘗：〈本市寺廟靈顯傳說・瞿公真人廟〉，《臺北文物》第9卷第1期，頁
　4275。

62 詳見王一剛：《臺北的傳說九則・雷公與電母》，《臺北文物》第7卷第3期，頁3380。

孝為先」的倫理觀歷經數千年的延續，尤其是到了今天受市場商品經濟利欲觀的衝擊，孝子賢孫已如鳳毛麟角。像《紅樓夢》開篇所云：「癡心父母古來多，孝順兒孫誰見了？」這麼多宣揚孝悌觀念的傳說故事流傳至今，從另一層面說明了為父母者願得孝子賢孫常伴膝頭頤養天年美好而淳樸的願望，而在現實中未必有子孫能盡孝贍養晚年，只好從宗教中去找尋一點孝親心理的補償與安慰。同時，又告誡為子女者要盡到為兒孫輩應盡的責任與義務——盡孝事親、義不容辭，否則，必遭神人共棄！

（二）從忠君思想向外延伸的愛國主義精神

中國人的孝親觀念從家庭向整個宗族以至國家這個範疇擴散，就在全國上下形成了忠君愛國之風：在家盡孝事親，入仕則盡忠報國。愛國英雄人物盡忠殉身後，極容易被後人奉為神靈。諸如前面介紹過的許遠、張巡、雷海青等均因忠君愛國而成為神明。

在有關神明的傳說中還不乏宣揚封建正統思想。據說鄭成功當年率軍時路過玉山，想要從玉山上鑿一塊玉石來當做他的玉璽，但部下卻全無收穫，明明在山上是一塊上等的美玉，鑿下山後就變成了普普通通的石頭。鄭成功等人又驚又怒，此時有一白髮老人路過，自稱是這裡的土地公，眾人忙問原因，他說玉璽是至尊皇上才配用，此外任何人都不能擁有。幕僚們有所懷疑，土地公點石成玉，就奉送一塊玉石給鄭成功，鄭派人在上面刻上「賜國姓鄭成功之印」，可是每次蓋在紙上都變成了「南無觀世音菩薩」，也許是天意不可違，鄭成功只好將這玉印送給附近的觀音寺。[63] 這顯然是清人以後所編，以封建忠君思想為底基，編造出這一則傳說。

閩南各地有許多「三公」、「三王」之廟，所祭祀的多是宋末抗元的忠臣義士。表現漢民族不忘故國，崇敬在民族戰爭中為國捐軀的忠

---

63 詳見榮峰：《南部傳說七則・玉山》，《臺北文物》第7卷第4期，頁3540。

烈，建廟塑像，籍垂不朽。三公廟多祀宋末忠臣文天祥、張世傑、陸
秀夫。華安縣華封鎮湖底村的嘉應廟，主祀南宋末年祖孫三代忠貞不
貳的魏天中，其父魏國祐，其祖魏了翁，俗稱九龍三公。魏了翁與翁
國祐在抗金，抗元鬥爭中為國捐軀。魏天中在護帝南下時在漳州被元
兵圍困，元將阿利罕逼瑞宗飲鴆自盡，魏天忠為解宋主之危，便暗中
換穿帝服，代帝飲鴆而殉難。明廷為表魏氏一門忠烈，特在其故里修
建嘉應廟，並追諡為「九龍三公」。

　　漳浦縣坑尾村的古公三王廟內祀三身王公，傳說是民族英雄文天
祥部下的驍將：大王公柳信，精醫道，通藥理；二公葉誠，江湖俠
客，武藝高強，會分金點穴，通曉勘輿地理之術；三王公黃勇，力大
無比，有百步穿楊之術，三人義結金蘭，同保宋室。當元兵追趕南宋
的幼主時，他們率義軍攔截元軍，保護宋主逃走。待到崖山之戰陸秀
夫背帝蹈海。南宋亡後，他們仍在漳浦抗元，直至以身殉國。後人為
紀念愛國先烈，遂在是地建廟奉祀。因為在元朝統治下，民間諱稱他
們為「古公」，取「生人已作古」之義，所以稱「古公三王」。[64]

　　凡舉城隍廟，都會供有馬爺。相傳馬爺乃秦代項羽的坐騎——黑
龍騅，項羽覺得自己無顏過江東，派人把黑馬騅牽回，那馬見項羽不
肯回江東，即投烏江而死，報主忠心，堪稱忠臣義士，並列千古，故
其正氣歸空後，祀為「神馬爺」。[65]臺灣的五妃墓是明寧靖王五個妃子
的墳墓。相傳明末，皇室傾覆，明寧靖王攜眷渡海來臺灣依附鄭成
功。相繼投繯而死，後鄭克塽降清，寧靖王決心殉身宗社，五妃亦不
約而同殉身保節，後人為表彰五妃的忠貞，奏請清廷為之建廟。五妃
廟的右側有一小祠名「義靈君墓」，是埋葬二位侍官的忠骨處，可見
人們的「忠君」情結是何等的深厚。

---

64 詳見王雄錚編撰：《漳州掌故大全》（內部資料）（漳州市：漳州市圖書館，2001年），
　　頁141。

65 詳見鄭志明：《臺灣的宗教與秘密教派》（臺北市：台原出版社，1990年），頁165。

　　臺灣奉祀的「義民爺」就專奉那些為保鄉衛民而英勇犧牲的忠烈義士，或為守土救民而捐軀，或為除暴安良而殉難的義士。其中多祀明代向大陸移民來臺的創業先烈，或是追隨鄭成功光復臺灣的忠軍義士，或是清朝民族革命時為平亂而亡的鄉民，或是護臺抗日的忠義鄉民。

　　上述傳說與愛國主義傳統美德是一致的，中國歷史上早已形成了對民族、對社會高度負責，以民族、以社稷為重為先的無私獻身精神，膾炙人口的傳說故事飽含著愛國主義精神，並用它樸實、實用主義的方式將這個優良傳統代代相傳。

（三）「舉頭三尺有神明」——善有善報，惡有惡報

　　任何宗教在道德問題上都表明了褒善貶惡的堅定立場，民間宗教亦相信道德上的善惡效果，即善惡的福禍效應。佛教中的善惡業報、因果輪迴說教，道教中的「承負說」都在民間信仰中打下了深刻的烙印。在民間傳說中，隨處可聞「為善善報、為惡惡報」的教化氣息。老百姓相信，只要為善之人，必能成仙成佛，修成正果。正是基於這種想法，民間諸多的為善之人死後，人們就虔誠地奉祀他，希望善者能在遙遠的天國行善依然，有求必應。

　　「彭祖高壽」是中國人孜孜以求的一大理想。相傳彭祖真正的壽命只有二十歲，但因為他為人樂善好施，心地善良，為八仙所垂青，就每人贈送給他一百年的壽命，因此彭祖就活了八百二十年。[66]在此，行善與高壽就有著直接的因果關係。而且，人們篤信，行善修善，會終成正果，得道成仙。

　　在中國的鬼神簿上，也不乏鬼神因行善行而脫離鬼界，位列仙班的傳說。其中以水鬼做城隍的例子為最，據傳安溪的城隍原為水鬼，

---

66 鈴木清一郎著、馮作民譯：《臺灣舊慣習俗信仰》（臺北市：眾文圖書公司，1989年），頁566。

因其心地良善，九年不傷一生靈，而被封為安溪城隍。[67] 還傳說一水鬼與其陽間的朋友李福，兩人都心地善良。水鬼狠不下心來抓替身下水，李福為超渡水鬼朋友脫離鬼界，甘願做替身，但水鬼還是盡力把李福救上岸，他們倆的善行與義舉感動了天庭，玉帝就下旨：「李福之善，善衝霄漢，玉帝為之感歎；水鬼之義，義入冥地，鬼神為之感泣。善良可歌，義舉可泣，為表彰仁義，令水鬼為巡河吏，即河署事，李福多善，增壽一紀。」無獨有偶，長汀地方還傳說一水鬼因其行善，心腸好，被閻君封為地方社公。[68]

很多神靈生前都是行惡之人，在某些因緣際會下，放下屠刀，立地成佛，成為眾人敬奉的神祇。

清水祖師成神的傳說與觀音引渡玄天上帝成神傳說極為相似。據傳清水祖師原為屠夫。一日，媽祖變為老婦在洗衣，清水祖師憐其老邁，代人洗衣，誰知衣服越洗越黑。清水祖師問其緣故，婦人告訴他業屠太髒，祖師頓悟自悔，回家後持刀剖腹，掏出肝臟，洗淨後再收回肚中，媽祖見他能痛改前非，所以就度他為神，此傳說與觀音度玄天上帝的傳說顯然是相互混淆了。

民間宗教已吸納世俗道德中的善惡觀。信眾們相信，高高在上、洞察秋毫、有善必褒、有惡必懲的神靈，時刻都在監督人們修善棄惡。運用超自然的神力來獎善懲惡，無疑會加強世俗道德的心靈震撼力，正如一些地方城隍廟的楹聯：「善行此地心無愧，惡過我門膽自寒」、「居心正直見吾不拜何妨，做事奸邪任爾焚香無益」，與傳說內容的思想相一致，他們均是借助神力來揚善抑惡的絕佳寫照，為善成神，為惡受懲的神靈傳說故事，無疑會起到積極的勸善效果。

---

67 安溪縣民間故事集成編委會：《中國民間故事集成‧福建卷‧長汀溪縣分卷》，1988年，頁15。

68 詳見長汀縣民間故事集成編委會：《中國民間故事集成‧福建卷‧長汀縣分卷》，1991年。

　　雖然神話傳說具有濃厚的迷信色彩，但是傳說在不自覺中起到的客觀的社會倫理教化功能卻不容忽視，因為家喻戶曉的傳說故事中包含了對全社會已認同的共同的道德準則、倫理價值觀的濃縮傳承，這就使得神靈的傳說在無形中寓含了許多合理的思想因素，以教導世人為善去惡、樹德積德、孝親愛國、講仁講義、自強不息等，這不僅能起到借古諷今的效果，讓人明清事理，而且作為一種無形的力量在民間發揮著道德說教功能。[69]

第二節　宮廟壁畫

一　福建宮廟壁畫

　　福建壁畫源於何時現已無法確證，即便是福建繪畫的歷史，也無法確定有多長。明代徐㷆在《閩畫記》中記載道：「吾閩僻遠，加以累朝喪亂之後，五季兵燹之餘，文獻莫征，遺跡漸滅，自唐以上無所得。」畫史上對唐代福建畫家鮮有記載，目前僅見清代黃錫蕃所著《閩中書畫錄》中的四位。而民間畫工不少，與其他地區相似，民間畫工在隋唐時已形成行會，且大多是繪塑兼工。閩南著名的漆線雕便是唐代民間畫工在佛像工藝上的創造。他們大多活動在寺廟中。唐代時，福建境內的寺廟已達到五百四十七所，興建宮觀十多座[70]，如此眾多的寺廟宮觀，加上散落於鄉間的民間祠廟，為宗教壁畫留下了極大的生存空間。而且就全國而言，此時壁畫達到了它的頂峰時期，邊緣文化的向心力使福建文化易於對中原文化作出反應，所以可以推測唐時福建的宮廟壁畫一定有很大的發展，只是隨著建築物的消失而湮滅了。

　　宋代，漢文化圈南移，特別是南宋定都臨安，福建與全國政治經

69　本節由范正義教授、俞黎媛教授協助完成。
70　陳支平主編：《福建宗教史》（福州市：福建教育出版社，1996年），頁16、137。

濟中心相近，各方面都得以大幅度地發展，所謂「為今東南全盛之
邦」，尤其是福建美術在這一時期大為發展，在畫史上留下了重要的
一筆，奠定了福建繪畫傳統的基礎。宋代皇家畫院大興，福建有不少
民間職業畫家入選畫院，如大觀年間的費道寧、宣和年間的徐知常等
等，院體畫在福建有很大的影響。宋亡，皇室南逃入閩，必有眾多的
畫院畫家一起避難入閩[71]，薪火相傳，院體的工筆寫實畫風對福建繪
畫影響很大。而宮廟壁畫主要是寫實的工筆人物畫，因此在這樣的畫
風氛圍下，宮廟壁畫必能得以繼續發展，而不同於中原由於墨筆文人
畫的興起，壁畫呈現衰落之勢。這一時期的宮廟壁畫已無實物留傳下
來，但文獻中有部分記載。如《八閩通志》上記：「（興化府學）宋咸
平元年（998），如有詔立學，進士方儀、陳翊願入資助成之。嗣請于
朝，賜地為夫子廟，郡人翕然輸錢三十萬，建正殿，塑先聖先師十哲
像，繪從祀于兩壁。」[72]一般正統祠廟對壁畫題材的選擇比較正規。
又如《夷堅志》中記載了這樣一則故事：「程虔卿，建安人⋯⋯乾道
三年（1167）春月⋯⋯酒酣，與同坐者入大中寺，至扣冰堂，繪匠方
畫佛壁⋯⋯是夜，歸舍醉寢，夢偕其友丁子和行抵別館，逢兩僧持梃
大呼，向前肆擊⋯⋯夢覺，流汗浹于枕席，心怖營不寧，坐以待旦。
諧丁生之門，方擬談說，丁錯愕止勿言，先敘所以，無一詞異。于是
相率往扣冰堂，正見兩像，即夢中僧也。」[73]可見，正統寺廟佛堂一
般畫僧像，而且此組壁畫十分寫實，以至令人入夢，以為真人。民間
宮廟中壁畫題材的選擇相對於此則比較隨意。如汀州南寨石固廟，供
奉石固大王，廟創自宋元豐年間（1078-1085），壁畫上題曰「紹定」
（1228-1233），乃「寨軍自寫其像于上也」[74]。

---

71 聶宗正：〈明代宮廷中何以浙閩畫家居多〉，《美術觀察》1997年第4期，頁48。

72 黃仲昭：《八閩通志》〈學校〉，卷45。

73 洪邁撰、何卓點校：《夷堅志》第2冊，《夷堅支甲》（中華書局，1981年），卷10，頁794。

74 楊瀾：《臨汀匯考》。

　　明清之際，福建繪畫高度發展，地域繪畫傳統就在此時形成，這種風格繼承宋元的工筆寫實畫風，又融入了閩人的人文精神。明代福建幾位頗有影響的畫家，如入職畫院的莆田人吳彬、沙縣人邊景昭，流寓金陵的肖像畫家莆人曾鯨，都是以工筆見長。清代福建畫史上很有代表性的畫家長汀人上官周，善寫人物，線條延綿遒勁，形神兼備，堪稱工筆人物畫的集大成者。寧化人黃慎對福建畫壇影響深遠，早年尤善工筆人物，畫神仙故事、歷史傳說，而這些正是福建宮廟壁畫中最常見的題材，蘊涵著閩人的風俗習慣、審美趣味。民間文化對上層文化有著天然的模仿力，職業畫壇的工筆傳統使民間傳統工筆繪畫得到進一步的發展，從保存至今的十幾組清代宮廟壁畫遺存來看，無一不是工筆畫，其中不乏技藝高超的精品。例如，德化潯中龍圖宮一組清末工筆水墨壁畫，十分精美，色澤清新淡雅，經歲月的浸染，更顯其古韻，特別是其中的「八仙圖」尤為突出。「八仙圖」分為兩

圖六　古田臨水宮壁畫

幅，一幅四仙。東牆描繪的是，月夜下，張果老敲擊著漁鼓，韓湘子在一旁吹簫相和，呂洞賓端著酒杯在樂聲中暢飲，漢鍾離雙手高舉，仰望天宇，似在詩興大發。西牆對應描繪的是，曹國舅端著酒杯頻頻向李鐵拐勸酒，李鐵拐則相背擺手似在說：「不行，不行，醉了。」何仙姑與藍采和都在思考著什麼，一個眉眼低垂，一個翹首凝神。有意思的是藍采和穿的是木屐，頗似一地道的閩南鄉民，何仙姑也綰著典型的清代大盤髻，耳鬢插花。構圖造型十分生活化，線條流暢，頓挫縈迴間頗見功力。清代福建宮廟壁畫已臻成熟，所用題材種類基本定型，後代的宮廟壁畫大多沿用此，幾無變化。

　　福建的宮廟壁畫所表現的題材內容十分廣博，我們調查了福建地區的二百六十六座宮廟，壁畫的內容分布如下表：

表一　福建宮廟及其壁畫內容的分布

壁畫內容	官廟座數
主、副神傳說故事連環圖	53座
通俗小說、戲曲故事、歷史典故圖	75座
二十四孝圖	37座
群神（八仙、十八羅漢、四大金剛、文殊普賢等）圖	54座
三十宮婆圖	9座
三十六關將圖	12座
十殿閻王圖	16座
籤詩圖	12座
宗教儀式圖	3座
祥瑞圖（吉祥圖案、吉祥繪畫、山水風景）	41座
守將（八班、黑白無常）	15座
其他（唐詩圖等無法列入以上類別的）	6座

　　以宮廟所奉主、副神的生平事蹟和傳說為題材的連環畫，主要表現的是某一位仙佛從誕生到修成正果及之後為百姓除魔消災的種種功績和教化事蹟，以宣揚神靈的無比神通和威力。以通俗小說、戲曲故事和歷史典故為題材，所選用的小說，一類是歷史演義小說，一類為神魔小說，共同點在於表現中國人的忠孝等傳統美德。歷史演義類小說主要是選用《三國演義》、《楊家將》、《說唐》等。「二十四孝」圖在福建各地的宮廟中經常見到，有官方和民間「二十四孝」壁畫。群神（佛）圖表現的神佛都是以群體、固定搭配的形式出現的。「十殿閻王」圖數量非常之多，在創作上也有一定的程式可循。一般尺幅都比較大，中間繪厚厚的雲氣，將閻王的公堂和人魂的受刑處分開，突出公堂的肅穆和刑罰的殘酷。籤詩圖將籤詩配上圖畫，繪於牆上，別具一格。宗教儀式圖主要表現迎神賽會的場面。民間吉祥圖案中有相當一部分的作品是以民俗藝術中覺得祥禽瑞獸等吉祥圖案為題材的。

　　福建宮廟壁畫藝術是種集體性的藝術。它的創作者，民間畫工很難受到系統嚴格的訓練，他們的創作是在耳濡目染、相互影響、相互學習的情況下完成的，所以幾乎沒有單純自己的風格，是種集體性的創作。而且宮廟壁畫是面向所有的信眾、百姓，這樣的審美活動，不是個人範圍內的自我情感體驗，而是群體共鳴的情感體驗和傳播。宮廟壁畫這種集體性藝術創作的藝術特徵主要體現在傳承性和地域性兩方面。

　　中國鄉村社會千百年來相對靜止，生活和勞作方式一脈相承，所以中國傳統民間美術也缺乏變異，而更多的是對傳統文化的陳陳相因，福建宮廟壁畫亦是如此。閩水泱泱，閩山蒼蒼，環境的相對阻滯和交通的不便，為宮廟壁畫提供了一個相對穩定的時間機制，使其千百年來缺少變化或變化幅度很小。同時，伴隨著民俗的規定和在其約束下，宮廟壁畫也一直傳習和延伸下去。現代的福建宮廟壁畫，就整體而言，與所收集到古代宮廟壁畫是一脈相傳的，無論是題材，還是

造型格局，基本一樣，變化不大。民間宮廟壁畫之所以具有這樣鮮明的傳承性特點，主要在於以下兩個方面：

一方面，宮廟壁畫的創作者絕大多數是生活在相對比較穩定的鄉村社會中的民間畫工，他們的生存環境比較封閉，生活方式也比較單一，在此基礎上，他們的心靈意識易囿於隔絕封閉的環境中。這就使得他們在藝術表現過程中常常只能描述流傳下來的情節內容、圖案紋樣，傾向於表現舊有格局，保留傳統，或作橫向交流與其他畫工相互學習。所以民間畫工在繪製宮廟壁畫時，他們的創作思維，乃至某種技法都極有可能具有強烈的歷史延續性。

另一方面，宮廟壁畫本質上並不僅僅是種裝飾藝術，其中蘊涵著群體的情感、審美意識和趣味，可以說這才是宮廟壁畫創作的目的和意義所在。這種集體性的審美觀念是畫工創作的目的和意義所在。這種集體性的審美觀念是畫工創作的依據和標準，並一代代地傳下來，在傳承過程中，個人的創造力並不重要，因為背離傳統的做法是難以為民眾所接受的。存在於鄉間千百年的宮廟壁畫，它的形式、表現方式已成為一種「有意味的形式」，業已定型，具備了民眾的情感底蘊和魔力。正如筆者在莆田做調查時聽一農婦所言：「每次到娘娘廟（天后宮）拜拜，看到千里眼、順風耳的畫像就踏實。」人們看到宮廟中所熟悉的壁畫，就能獲得一種心靈慰藉和審美感受。藝術家貢布里希提出的「預成圖式」的概念，正說明了根深柢固的審美觀念對民間宮廟壁畫的傳承性起了極大的作用。這個概念大致是指，人們在悉心觀察和表現事物之前，對該事物原已形成的圖像、程式等屬預覽方面的心理因素，是一種歷史或文化的傳統習慣，是人們在相同的生活環境中、長期的實踐中形成的對某些事物共同的識見、共同的經驗，是種知音式的共同情感的期盼，它規定和約束著畫工在繪製宮廟壁畫時延續傳統。

福建宮廟壁畫在藝術創作上也體現出極強的地域特點。不同的自

然環境、歷史條件造就不同人文性格的人群，產生相對不同的風俗，這些不同作用於藝術，使得宮廟壁畫呈現出地域間的差異，呈現出各地民間藝人集體性的智慧。

圖七　莆田黃石谷城宮迎神賽會壁畫

　　福建宮廟壁畫所具有的這種傳承性給宮廟壁畫蒙上了厚重的歷史色彩，藝術創作的各個方面經過了歷史的篩選，形成了福建宮廟壁畫一個顯著的特徵：程式化。題材、用色、造型等等，都具備了相對的穩定性，創作上有一定的規範。更為重要的是，宮廟壁畫和神（塑）像一樣也是百姓膜拜的對象，作為宗教崇拜的對象，客觀上要求形象規範化、程式化。就如佛教造型中有「八十種好」的規定、因果位不同，造（繪）像的高度也不同，佛是一二○分，菩薩則是一○八分。民間宮廟壁畫雖然無如此嚴格的規定，但無形中就有一種規範制約著民間畫工的創作。因為只有程式化的東西才易為百姓所理解和接受，例如到媽祖廟看到的是媽祖傳奇故事壁畫，到臨水夫人廟看到的多是

三十六宮婆像，等等。這種程式化的藝術表現形式主要體現在以下幾個方面：

　　在題材方面，福建宮廟壁畫所繪內容就整體而言有兩大特點。第一，反映的是民間文化，內容大多是選自通俗小說、地方戲曲和民間傳說，遠離和超越風雲變幻的上層政治，幾乎沒有政治色彩濃烈的作品。第二，以描寫信仰、鬼神世界為主體，反映時代特點微弱，尤其是現代宮廟壁畫。它不同於精英藝術，把表現時代精神作為藝術創作的重要準則。這兩大特點背後蘊涵著民間宮廟壁畫的創作原則──道德教化。從某種意義上說，中國文化是以道德規範為思想核心、以倫理教化為社會功利的文化。這種精神一代代地被貫徹於藝術創作中，所謂「圖畫者，莫不明勸誡，著升沉，千載寂寥，按圖可鑒。」中國的民間社會具有強大的自我教化功能，體現在民間藝術上便是呈現出強烈的倫理型審美傾向。所以是否具備道德教化功能成為福建宮廟壁畫題材取捨的標準。民間流傳的諸神傳說及演義小說、戲曲故事中展現的忠臣良將，能成為宮廟壁畫的一個重要題材，不僅僅是因為他們具有神性，更重要的是他們符合民眾的道德理想，具有榜樣的教育作用。分布於民間傳說、戲曲小說中的典型人物、典型情節所體現出的

圖八　大型的宮廟壁畫受敦煌壁畫影響

道德觀念為人們所接受和認同，作為一種理想人格從非造型藝術中被遴選出，成為壁畫藝術的主題形象。可以說道德觀念對壁畫的思想指導是很深刻的。「二十四孝」圖彰顯的孝子，「十殿閻王」圖表現的種種酷刑，「三國」圖中關羽的忠和勇，都以直觀可感的形象教育人們從孝向善，成聖成賢。

　　在造型方面，福建宮廟壁畫是具有極強教化意義的藝術作品，除一些民間祥瑞圖案外，絕大多數壁畫是人物畫。在藝術造型上，凡畫歷史人物，因繪古事，如衣冠服履、車旗傘帳，原型多不可考，民間畫工又無法得到相關確切的歷史資料，所以只求大概與象徵；而畫神仙鬼怪，更無從談及寫實，也只是憑藉一些觀念構形造像。因此宮廟壁畫在藝術上一個重要特徵便是「突破時空的造型」。歷史時代已不是一種限制，例如武將的裝扮往往是唐製的甲冑、兵器，文官大多為宋制的冠袍糅合元明清歷代服飾加以綜合而成。這一點在現存較早的清代宮廟壁畫中也可以看出。如，閩侯青口靈濟宮刁元帥府壁畫繪製於清康熙年間，所繪「八將」，上身穿清代兵士常穿的長襟式短上衣，胸前有一圓圈，下身穿唐代的戰裙，旁邊站著的傳令官則是典型的明代官員的打扮，頭戴烏紗帽，身著盆領長袍。而且在一幅畫上可能同時表現幾件事又不相互矛盾，如莆田石室岩的「二十四孝」壁畫。就民間畫工本人來說，他們在藝術創作時力求「形似」、「好看」，只是他們大多沒有經過專門系統的訓練，加上經濟物質等條件的限制，他們又不可能進行十分精緻的、費時費料的製作，所以大多數的民間宮廟壁畫，藝術造型上往往與自然原型偏離較大，有些甚至比例失調，顯得有些走樣變形。當然，也有些宮廟壁畫為畫家所繪，藝術水平很高。例如，閩中古典人物畫家李耕，在莆仙地區畫壁畫無數，其所作宮廟壁畫雅俗共賞，基本上是介於工筆和寫意之間，以寫實為重的小寫意畫，線條簡潔流暢，摻和著水墨的濃淡乾濕變化，留給後人珍貴的藝術享受。此外，多角散點透視、互不遮攔等也是福建宮廟壁畫的造型特點。

圖九　閩侯靈濟宮八將壁畫（局部）

在構圖方面，福建宮廟壁畫的構圖充分表現出中華民族的傳統心理：求整尚全。構圖講究飽滿充實，總是盡量將牆壁布滿，滿滿當當，充滿著喜慶的氣氛。這在閩南的宮廟中表現得尤為突出。閩南的宮廟中喜繪連環畫式的壁畫，五、六十格小幅圖將兩壁布滿，周圍小的空白處還繪上二十八宿、吉祥圖案等。但連環畫中的每一小格的構圖，相對古代壁畫則要簡單得多，以人物為主，山石樹木等背景則大為簡化，有些甚至略去。古代壁畫則比較注重背景的刻畫，界畫特別認真細緻，層層疊疊，使整幅畫顯得飽滿。此外，宮廟壁畫的構圖還講究布局的對稱。「對稱」是傳統的審美觀念，民間特別講究對稱之美。民間宮廟壁畫總體上都呈對稱布局，例如：東壁畫普賢，西壁畫文殊；東壁畫「三國演義」，西壁畫「說唐演義」；東壁畫「蘇武牧羊」，西壁則畫「精忠報國」，等等。對稱的布局使壁畫呈現出整體的氣勢，而且百姓看了東壁壁畫，再看西壁，會產生一種豁然開朗的感覺，立刻領悟出壁畫的意思，明白當初繪製壁畫的用意。所以這種構圖成為宮廟中最常見的形式。

在用色方面，福建宮廟壁畫的色彩基調是鮮明濃豔。大紅大綠形成強烈的色彩對比，產生醒目的色彩效果。它既是底層人民爽直性格

與奔放情感的反映，又體現出他們直觀的欣賞習慣。民間畫工善於純
度極高的原色，不分濃淡深淺，隨意而自然地平塗，用筆潑辣而毫不
猶豫，一些水平較高的畫工能夠創造出鮮明而淳樸、熱烈而和諧的藝
術效果，令人感到輕鬆愉快。例如，閩侯靈濟宮林氏宗祠內的「二十
四孝」壁畫為普通民間畫工所繪，採用了單色平塗的方式賦色，基本
用的是紅、黃、綠色，色彩分明、鮮豔奪目卻毫不刺眼。有些民間畫
工可能並不瞭解色彩調配理論，但經過年復一年的實踐，他們也總結
出一些配色方法，集中體現在民間畫訣中。畫訣對民間畫工影響是很
大的，可以說是他們進行用色時的理論指導，許多畫訣與正統的色彩
理論有著驚人的相似之處。例如，民間畫工中流傳一首配色歌：「軟
靠硬，色不愣，黑靠紫，真狗屎；紅靠黃，亮晃晃，粉青綠，人品
細……文相軟，武相硬……紅忌紫，紫怕黃，黃喜綠，綠愛紅。」這
首畫訣不僅注意到了顏色的軟硬之分，還注意到了同一類顏色中的冷
暖效果。福建宮廟壁畫中是有很多配色相當出色的作品的。

圖十　仙遊楓亭靈慈廟媽祖壁畫

　　福建宮廟壁畫是融合了福建民間信仰、神話傳說、歷史傳統等因素而創造出來的。這些因素作為一種閩人的價值觀念、審美理想、思維理性等精神因素，被綜合在各種藝術圖式中，成為一種創作模式，一種程式化的筆致、色調、造型原則等等而代代相傳。

二　臺灣宮廟壁畫源流

　　臺灣漢文化源自大陸，已是不爭的史實了。自十七世紀二十年代，大陸漢民開始大規模移居開發臺灣，經過明清三百餘年的開拓經營，漢文化在此深深扎下根基。臺灣美術文物大多是明清遺物，閃耀著中國明清文化的風采。文獻中對臺灣畫人的記載也是始於明清，這其中就有了對民間宮廟壁畫的記載，如：乾嘉年間活躍於臺南的福建同安籍畫師莊敬夫「應臺南寺廟之請製作壁畫」[75]；道光年間的嘉義人林覺，在臺南、嘉義、新竹一帶活動，擅作人物畫，為寺廟製作壁畫，被稱為「過去三百年間，唯一臺灣出生的畫家」[76]，等等。

　　民間信仰講究神靈來源的正宗性。移民為神靈修建的宮廟往往模仿家鄉宮廟的建築形制、內部布置，營造出一種與發源地相似的信仰氛圍。所以絕大多數的臺灣宮廟與福建祖廟十分相似，有些宮廟以聘請到閩籍師傅為榮，如鹿港天后宮一九一二年小幅維修時聘請泉州連姓匠師主持，一九二二年大修時，特邀泉州名匠王益順坐鎮指導，由其族人王樹發持篙設計執行，同時聘請惠安石匠蔣仁勳族人雕刻看堵

---

75 蕭瓊瑞：《臺南市藝術人才暨團體基本史料類編》（造型藝術）（臺南文化基金會，
　　1996年），頁47，轉引自蕭瓊瑞：《府城民間傳統畫師專輯》，臺灣「臺南市政府」，
　　1996年。
76 尾崎秀真：〈清朝時代之臺灣文化〉，《臺灣文化史說》（臺灣文化三百年紀念會，
　　1930年），頁266，轉引自蕭瓊瑞：《府城民間傳統畫師專輯》，臺灣「臺南市政府」，
　　1996年。

圖十一　臺北保安宮的八仙大鬧東海壁畫

石座。[77]直到現代，也有一些閩籍民間畫師為臺灣宮廟繪製染枋畫、壁畫等。

　　在這樣的時代、人文心理背景下產生的宮廟壁畫藝術是與福建宮廟壁畫一脈相承的，有著諸多的相似之處。「臺灣的繪畫傳自福建」，特別是宮廟壁畫的主要畫題——歷史故事、宗教人物故事、民間傳說，都與人物畫緊密相連，而「臺灣畫家對人物畫的師承也局限以福建畫家為主」[78]。大批閩籍移民入臺，自然包括許多藝術人才，當時「臺灣的廟宇裝飾藝術師傅大都是閩粵來的師傅，在此專門為廟宇工作，同時傳授徒弟，一代傳衍一代……」[79]如前面所提的曾作臺南寺廟壁畫的畫師莊敬夫，來自福建同安。又如一九二○年左右，泉州畫家呂壁松客居臺南，與當地畫師交流技藝，並收陳玉峰為徒，陳玉峰日後成為有著大量宮廟壁畫傳世的著名畫家。返回大陸前，他將畫稿盡數留贈予陳玉峰。現存於陳氏後人手中的一幅呂壁松的畫稿——「臺南迎媽祖風俗畫」，翔實地描繪了臺南民間迎媽祖神像時的熱鬧

<hr />

77 李奕興：《鹿港天后宮彩繪》（彰化縣：凌漢出版社，1998年），頁20。

78 林柏亭：〈中原繪畫與臺灣的關係〉，《90年臺灣美術年鑒》（臺北市：雄獅圖書公司，1990年），頁440。

79 劉文三：《臺灣宗教藝術》（臺北市：雄獅圖書公司，1990年），頁13。

景觀。畫面的第一部分是鼓樂儀仗隊；第二部分是娛神的表演隊伍，
有戲劇表演、驅魔表演等等；第三部分是「媽祖」神轎的隊伍，踩著
高蹺的「千里眼」、「順風耳」威風凜凜地在前護駕，「媽祖」的大轎
居中，鼓樂隊收尾。這樣的場面在福建民間的迎神賽會上十分常見，
整幅畫令人不禁想起莆田谷城宮的「楊五郎遊神」壁畫，內容、構
圖、風格與其都十分相似。而臺灣本土第一代民間傳統畫師「在廟畫
方面……往往是趁唐山師父來臺工作時，悄悄從旁觀察其所作所為，
默記於心，返家後再迅速用筆記寫下，描成圖形」[80]。這裡的唐山主
要是指閩粵兩地。此外，臺灣的畫師也常到大陸遊學，曾繪製過東西
精美宮廟壁畫的臺南著名傳統畫師潘春源、陳玉峰都幾赴大陸各地遊
學，學習中國傳統文化和畫藝，「陳玉峰亦時常前往大陸，遊歷見
習，並與當地畫師論藝請益，廈門是他最常前往的地方」[81]。由此可
見，臺灣繪畫繼承福建繪畫，在相似的宗教觀念和審美情趣下，臺灣
宮廟壁畫的創作深受福建宮廟壁畫的影響。

　　從臺灣宮廟壁畫題材，我們可以看出基本上都包含在福建宮廟壁
畫的選題中。兩地的壁畫，比如大多取材於《三國演義》等通俗小

圖十二　　鹿港天后宮壁畫

80 蕭瓊瑞：《府城民間傳統畫師專輯》（臺灣「臺南市政府」，1996年），頁31。
81 蕭瓊瑞：《府城民間傳統畫師專輯》（臺灣「臺南市政府」，1996年），頁46。

說、流傳於民間的歷史典故和神話傳說，以及閩臺地區百姓熟知的地方戲曲故事等，除祥瑞圖案外，基本都是古典人物畫。在壁畫的表現手法上，臺灣的一些作品與福建的也極為相似。如《台灣民藝造型》提到一幅「金門廟宇中的瓷畫磚」[82]，是一組繪製在瓷磚上的壁畫，所以為近年的作品。壁畫以小格連環畫的形式描繪了「三國演義」的故事，連環畫上方空白處描繪了「三十六關將」。這種小格連環式的壁畫在臺灣宮廟中，尤其是在較大的宮廟中比較少見，但這種形式卻遍及閩南的宮廟中，是閩南宮廟壁畫中最常用的形式。它往往是在兩牆上對稱地繪一組諸如「三國」、「封神」等通俗小說題材的連環畫，連環畫上方繪「三十六關將」、「二十八星宿神」或「十八羅漢」，形成滿滿當當、花花綠綠的整體效果。這組「金門壁畫」與廈門江頭濟南宮、漳州南靖千家宮壁畫幾乎一樣。此組壁畫很有可能是閩南畫師所作。又如「三十六關將」壁畫是最富福建特色的壁畫之一，三十六人各有自己的名號、武器法寶、坐騎，雖是以群體像出現，但各有個性，通常的構圖都是分為兩大幅，各列十八位神將。臺灣也有「三十六關將」壁畫，稱為「三十六宮將」，從名號到神將的坐騎與漳州薌城帝君廟「三十六關將」壁畫完全一樣，構圖也是分為兩大幅，可以肯定這必是從福建傳入的。潘岳雄一九八○年繪製於臺南縣東勢寮慶濟宮的一組「三十六關將」圖，也分為兩大幅，以青綠、藤黃為主調，人物排列整齊有序，使畫面氣勢略顯呆板，倒是與閩南鄉間小廟的作品有幾分相似。再如，在臺灣常見的「十殿閻王」圖的表現形式也與福建的一樣，分為三個部分，上半部分是莊嚴的公堂，十殿閻王對來此的人魂進行審判，中間是厚厚的雲氣，雲氣下便是令人毛骨悚然的地獄刑場，展現著各種各樣的刑罰。以臺灣民俗館的一幅「第十殿轉輪王」壁畫為例，第十殿轉輪王執行最後的判決，職掌善惡轉輪

---

82 莊伯和：《臺灣民藝造型》（臺北市：藝術家出版社，1994年），頁108。

投生。這幅圖中的轉輪王占據了上半部分的一半篇幅，比旁邊的判官、小鬼要大得多，手中握著決定人魂命運的判筆，顯示其地位的崇高。下半部分描繪的是人魂如何投生。繪一、二層小樓，分別有六個門（化生、卵生、士農工商、公侯將相、胎生、濕生），代表著投生後的六種結果。一樓各門前站著等待投生的人魂，如「公侯將相」門前站著的是前生行善之人，手捧官服官帽或珊瑚如意，進入門中，從二樓相應的門中投生，則成享受榮華富貴的公侯將相；而濕生、化生門中投入的是前生作惡多端的人的血水，他們已不具人形，出來的則分別是魚、蝦、鱉等水中的動物和蒼蠅、蚊子、蝴蝶等昆蟲。鮮明的對此給觀者的教育意義是強大的。而福建的「第十殿轉輪王」一般是畫一巨輪，取「轉輪」之意，輪上有幾個出口，受審完的人魂進入巨輪，然後從幾個出口投生而出（圖十三）。這與臺灣的有著異曲同工之妙，正說明了兩地文化觀念的相似性。

圖十三　鹿港金門館的童子戲球圖

　　臺灣的宮廟壁畫孕育於福建文化的母體內，在其發展過程中又有自身的特點。其中最主要的一點是「廟宇中的繪畫多是出自有專習的藝匠之手，甚至也有國畫家為廟宇作畫」[83]，而且畫師中存在著一個個的世系，全臺大部分的宮廟壁畫是由幾個畫師系統中的幾代傳人完成的。所以整體上臺灣的宮廟壁畫質量比較高，刻畫細膩，著色精當，非常精美。在用色方面，雖然每一個畫師在賦色方面有自己的喜好風格，但臺灣宮廟壁畫整體上有一種用色習慣，以青、綠、淺紫為主，尤其是佛青色運用廣泛，以朱膘、赭石為輔，稍偏冷色調，配色十分素雅，鮮見對比強烈的用色，頗具文人畫的氣息，與金碧輝煌的門神畫和豔麗繁複的染枋、棟架彩繪形成鮮明的對比；在構圖方面，臺灣的宮廟壁畫絕大多數都是獨幅大作，往往一堵牆只一幅畫，氣勢比較大，很少有小格連環畫，即使是表現主副神的傳說故事，也只是選取其中主要的情節，以獨幅來表現，只有訓練有素的畫師才能很好地完成大幅壁畫的創作。

三　閩臺宮廟壁畫的社會功能

（一）對環境的作用

　　壁畫從其出現開始，就與環境不可分割，從屬環境是其特性之一，既從屬於時代和社會這一大環境，又從屬於直接依附於其上的建築空間這一小環境。以環境意識為基礎的壁畫創作，題材選擇、構圖賦色等造型手段的運用都受到環境的某種限定，以便適應環境的整體意義功能。所以壁畫必然會反映出時代精神、社會審美理想等，使人們通過壁畫認識歷史、認識現實，自然壁畫也會對整個建築主體環境產生重要的作用。尤其是宮廟壁畫，它與公眾的宗教信仰緊密相

---

83 劉文三：《臺灣宗教藝術》（臺北市：雄師圖書公司，1990年），頁181。

關，又存在於宮廟這一特殊的公共場所，所以它是一種有著特定意義
的環境藝術。

　　就宮廟壁畫對大環境的作用而言，主要體現在三個方面。

　　首先，宮廟壁畫是一部保存了民間美術、民間審美趣味、民間信
仰等一系列民間文化的歷史，它是每個時代的產物，透過此，今天的
人們可以對先民的喜怒哀樂有一個更為直觀的瞭解，可以彌補正史記
錄上的疏漏，填補藝術史書的空白。例如，周寧林公宮的一八一一年
「西遊記」壁畫，一組九幅，每幅為長卷分段式構圖，九幅又形成連
環構圖。長卷分段式是傳統的壁畫構圖，魏晉的石窟壁畫中表現本生
故事、佛佛故事這些有情節的題材時多用此種構圖。光緒年間福建的
宮廟壁畫通俗小說題材採用的多是現代常見的小格連環畫的構圖。所
以林公宮壁畫的創作時期可能就是福建宮廟壁畫的轉折期，從長卷分
段式向連環式轉變，這是福建民間美術史上的一條重要的史料。又如
修建於明永樂十五年（1417）名噪一時的閩侯靈濟宮，至今留有當年
宏大規模的痕跡，內有一座刁元帥府，供奉主神二徐真人的麾下先鋒
刁元帥，人們對其年代的斷定一直很困難，因為在明代的《御制重修
洪恩靈濟宮碑》和康熙十年的《重修靈濟宮》中都未提到刁元帥府的
修建情況，加之年久失修，十分破敗，很難考證。但其中的壁畫給我
們透出歷史的信息。其描繪的是福州地區常見的「八班」，認真辨認
斑駁的畫面，筆者發現，人物下身穿的是各代均使用的鎧甲式戰裙，
上衣是清代獨有的士兵服式，長襟式段上衣，胸前有一圓圈。縱觀福
建宮廟壁畫史可以看出，有清一代的壁畫中會繪入有著典型清製裝扮
的人物，如清古田仕坂夫人廟中的儀衛像等著標準的長袍馬褂，道光
間福州泰山廟中的儀衛像、光緒間的德化龍圖宮內的何仙姑像、尤溪
鳳山福宮內的眾女士像都梳著清漢族婦女流行的大盤髻，而清代以後
就很少繪清制人物像，特別是到近現代，繪古典人物時多為唐宋時漢
人的裝扮。所以結合其他材料綜合考慮，刁元帥府是建於清代或清代

重修過的，而且大致應在康熙年間。再如，古田大橋鎮臨水宮是臨水
夫人祖廟，向來香火鼎盛，繪於一八七九年的陳靖姑傳說故事壁畫上
留有許多香客的題言，從清代到民國時期的，因為留有詳細的人名、
地址，所以可以看出民間信仰的一些傳播情況，例如第三十八回上留
有「福省建寧府建陽縣群玉鄉均旁里石溪岩下隆興社」的「高祖顯」
的一段題言，講述了他和兩位同鄉受眾鄉親的囑託誠心誠意趕來迎陳
太后及林、李二夫人的香火，還描寫了陳靖姑的靈驗法術，措辭語氣
十分虔誠，說明臨水夫人信仰當時在閩北地區也很有地位。而莆田黃
石北辰宮「請香」壁畫則是一張詳細的清代武當山地圖，從山下歇腳
的「草店」到山頂上的玄天上帝廟，一路上的地名和廟宇都仔細地標
了出來。

　　其次，宮廟壁畫對當代的民間審美風尚、民間信仰等有著一定的
影響。福建宮廟壁畫是一種傳承性極強的民間藝術，近百年來從內容
到形式，都沒有發生根本性的變化。人們信仰的審美趣味伴隨著民間
信仰一代代地傳衍，影響著當代宮廟壁畫的創作。筆者在鄉間調查時
發現，人們奉舊畫為正宗，將其視為教科書一般，就連一些小廟在翻
新時，也會依原樣畫下來，即使藝術水平不高，新作時，再讓畫工依
原樣而畫，民間信仰和審美習俗隨著壁畫而傳播。特別是民間神靈的
傳說故事圖的傳播對民間信仰有著更直接的影響。在宮廟壁畫延續傳
統的同時，它還記錄著其中發生的一些細微緩慢的變化。二十世紀九
〇年代初，在宮廟壁畫製作中，特別是在閩南地區，出現一些瓷磚
畫，由畫工畫好樣稿，燒製好直接貼在牆上。因為瓷磚這種材質較之
灰土牆、壁畫不易污損剝落，所以漸受一些經濟實力較強的宮廟的歡
迎。這種審美風尚的出現是與當地晉江地區成為瓷磚生產基地、民居
中也是以瓷磚做外牆裝飾密切相連的。也正是因為宮廟壁畫創作中的
傳統力量，這種瓷磚畫還未成為宮廟壁畫中的主流。

　　最後，宮廟壁畫中蘊涵著深刻的歷史和現實意義。通過前文對福

建和臺灣宮廟壁畫的整理和研究，我們可以很清楚地看出：古代福建是移民社會，福建美術以及福建文化都是根源於博大精深的中華文化中；臺灣與福建地理相鄰、血緣相親、習俗相近、語言相通，民間信仰中的神靈多從福建傳入的，而宮廟壁畫更是與福建一脈相承。事實不可辯駁地證明，閩臺文化同源，都從屬於五千年的華夏文明，臺灣文化是閩臺區域文化中一翼，是中華文化不可分割的一部分。

就宮廟壁畫對小環境的作用而言，主要體現在兩個方面。

首先，宮廟壁畫是對建築起裝飾美化的作用，這是壁畫最基本的特質。壁畫對環境的美飾不同於一般掛在牆上的繪畫作品，它直接參與建築空間的構成，對空間的作用也就更大，壁畫使建築更富有視覺的審美性。宮廟壁畫是服務於宗教信仰目的的，虔誠的閩人在壁畫製作表現出一種追求精緻與繁複、華美與莊嚴的傾向。許多壁畫作品都是民間繪畫中的精品，將廟宇裝點得或莊嚴肅穆，或嫻靜淡雅。如福清漁溪黃檗寺的隱元禪師故事壁畫，水墨淡彩而成，墨氣氤氳，頗具中國水墨人物之神韻，配合肅穆的禪堂，令人禪心頓生。又如連城莒溪天后宮天花板上的幾幅「游魚圖」，刻畫細膩真切，令人叫絕。幾條魚兒在水草間自由自在地遊弋，彷彿頃刻間就會脫壁而出，層次分明的墨色將魚兒的悠閒烘托出來，天后神像的「臉」上似乎也多了一份嫻雅。再如長樂樟港顯應宮由畫家蔡群所做的幾十幅大型壁畫，構圖縝密，線條挺拔流暢，色調和諧統一，具有很強的藝術表現力，將古色古香的廟堂點綴得雅意盎然。當然，還有很多宮廟壁畫繪製得很粗糙，在藝術上稱不上對宮廟的美飾，但這些畫工的本意是想畫好用來裝飾的，只因水平等因素的限制，他們未能畫出優美的作品。而在民眾心裡，這依然是對建築的一種點綴，是對神的獻禮，沒有了它們，還覺得不合適，民間百姓是不會對「神的畫像」作「美不美」的評價，他們看重的是有沒有營造出神的氣氛。

其次，宮廟壁畫是宮廟建築的有機組成部分，它對宮廟建築功能

能起一種強化和補充作用，宮廟建築的實用價值通過壁畫的藝術設計得以延伸，從而在文化品位上得到提升。宮廟壁畫的選材大多與鬼神等信仰世界有關，神靈的傳說故事、「封神演義」、「西遊記」、「十殿閻王」、籤詩圖等，滿壁飛舞著的神仙菩薩，與供桌祭壇、佛幡吊掛、神像籤筒等共同構成了一種神聖的宗教氣氛，當人們置身其間時，濃郁的神秘氛圍使人得到心靈的慰藉和精神的昇華。例如廈門蓮坂北山宮兩牆繪滿「封神演義」和「西遊記」故事圖，神仙法術、刀光劍影，縱橫交錯，其餘空白處畫二十八星宿，威風凜凜，似在天界巡視著下界的芸芸眾生；南安榮溪宮內繪八仙、「封神演義」中的各路神仙、十八羅漢、三十六關將、觀音等，完全是一種神仙大全。民間信仰的泛神性、兼容並包性赫然於壁上。閩臺宮廟壁畫中還有為數眾多的歷史典故圖，如榮溪宮內還有「東坡玩硯」、「琴高跨鯉」、「負薪讀書」等二十餘幅典故圖，羅源飛竹延年宮內繪「岳母刺字」、「蘇武牧羊」等圖；霞浦溪南惠雲佛寺內有「張松拜劍」、「渭水聘賢」等，仙遊圓通寺繪有「琴操參禪」等幾十幅歷史典故圖，臺南天后宮內有陳玉峰創作的「虎溪三笑」、「羲之弄孫」、「龐德遺安」等多幅典故故事壁畫。大量的歷史典故故事圖使宮廟建築的藝術美得到提升，更富人文氣息，更具文化品位，特別是一些由畫家創作的宮廟壁畫，如古典人物畫家李耕在莆仙地區留下的許多珍貴的宮廟壁畫作品，不僅烘托了宮廟的信仰氛圍，而且將信仰空間同時成為公眾的畫廊，在這裡人們獲得心靈安慰的同時，還能增長知識，欣賞到高水平的繪畫，提高藝術修養。畫家通過一個個生動鮮明的藝術形象對宮廟建築環境進行了完善和補充，使其成為展示精神的空間，充滿了濃郁的文化氛圍。

（二）教化與心理補償功能

宮廟壁畫是一種特殊的藝術品，它與繪畫愛好者手中的繪畫不一樣，它是依附於宮廟這一特定建築上的，是屬民間大眾的。閩臺宮廟

壁畫能夠生存並得到百姓的認可和歡迎，深層次的原因是它所具有的滿足人們潛意識中倫理道德教化等多方面的需要。

首先，宮廟壁畫的教化功能。以圖案來進行道德教化，這在中國由來已久。倫理道德是中國文化的基石，占據著十分重要的地位，即《論語》所謂「道之以德，齊之以禮」，講的就是要利用一切教育手段和社會輿論力量對人們進行精神上的薰陶，使其能形成好的習慣、信仰、觀念，達到「內聖外王」的境界。這種高度強調的德育與造型藝術相結合，就形成了「知神奸」的繪畫了。道德宣傳和教化一直成為中國繪畫的主要功能之一，譽為「畫史之祖」的張彥遠在《歷代名畫記》中對繪畫的教化作用這一核心功能做了精闢的概括，「夫畫者，成教化，助人倫，窮神變，測幽微，與六籍同功，四時並運」，以致「見善足以戒惡，見惡足以思賢」[84]，將繪畫的教化作用與六經相提並論。自三代始壁畫的教化功能就被人重視，孔子觀周明堂四牖上的堯舜、桀紂之像，而知「興廢之戒」，慨歎「明鏡所以察刑，往古者所以知今」。通過壁畫鮮明的藝術形象來「明鏡察刑」、「往古知今」，所起的作用自然不是單純的說教可以比擬的。壁畫的政治教化作用此時已確立，此後的壁畫幾乎全圍繞著「禮治化」來創作。當壁畫與宗教相結合，教化功能得到進一步的加強，而且更加偏重於道德倫理教化方面。對宗教的宣傳幾乎總是與勸善懲惡結合在一起的，從某種意義上說，宗教壁畫中不同程度的都會有教化成分。閩臺宮廟壁畫中絕大多數的作品具有很強的教化功能，而且這也是宮廟壁畫最主要的美學功能，具體表現在以下四個方面：

詮釋宗教教義。我國的第一幅宗教壁畫便是用於宣教的佛教壁畫。壁畫因其形象直觀易懂、具有有效的宣傳教育功能，一直為宗教所青睞，從某種意義上講，中國壁畫史也是一部宗教美術史。保留至

---

84 張彥遠：《歷代名畫記‧敘畫之源流》。

今的輝煌的莫高窟佛教壁畫、永樂宮壁畫、法海寺壁畫，堪稱我國民族藝術的瑰寶。閩臺宮廟壁畫此功能的發揮，主要有兩種形式。對正統宗教而言，例如佛教，主要畫佛傳故事，讓人們瞭解釋迦牟尼如何成佛、如何到處說法度人的經歷，以及畫佛經的故事，將深奧的佛理融入生動的繪畫中，其中的典型之作當屬泉州承天寺大雄寶殿後的十二幅佛經故事圖。如第四幅「丘井狂象」，畫面上一人被一頭野象追逐至一枯井，情急之下，他順井旁的藤枝而下，誰料有黑白二鼠在上面咬齧藤枝，而下面的一條毒蛇昂首正向他吐出鮮紅的信子，周圍還有一群野蜂來螫他。這則故事喻示人生無常，生老病死，種種災難都會給人帶來痛苦，以勸人們千萬不要被利欲所迷惑，應順其自然。理解了這十二幅畫，似乎對佛教的「四諦」、「八苦」也有了一點粗淺的瞭解。對民間信仰而言，沒有系統的教義、教規，對信仰的宣傳主要靠神靈的傳說故事，所以很多民間信仰的宮廟中繪神靈傳說的連環壁畫，詳細的圖解使人們一目瞭然，對鄉民來說，只要神靈靈驗就可以拜了，一幅幅神靈大展異術的壁畫正是最好最有力的佐證。

對神仙世界的著力描繪，堅定了人們信仰的信念。無論什麼宗教信仰，都希望信徒能忠心於自己所奉之神靈。信仰之路漫漫無際，各個信仰派別都會使出全身解數來堅定信眾的信念。宮廟壁畫就是一個很好的工具。一方面竭力描繪神仙悠閒自在、歌舞昇平的生活和隨心所欲使出的種種幻術法力，吸引人們對神靈世界進行幻想。如宮廟壁畫中許多十分精彩的八仙圖，或暢飲美酒佳釀，或遊戲人間，或協力與敵酣戰，自由舒適的生活對生活在底層的百姓充滿誘惑；「封神演義」、「西遊記」等壁畫上令人眼花撩亂的種種法術，向人們說明神靈有多麼厲害。另一方面通過觀音、媽祖、臨水夫人等傳說故事的壁畫教育人們，凡成正果的神仙菩薩得道前都是虔誠的信徒，修煉過程中歷經千辛萬苦、戰勝一個個困難才成功的，以神靈偶像的成長經歷給信徒無窮的鼓舞與力量。同時「四參圖」、「六參圖」等壁畫向人們展

示了諸如蘇東坡、韓世忠等歷史名人拜佛參禪的故事，連文豪驍將都誠心拜佛，更何況芸芸眾生呢？

　　宣揚忠孝觀念。這在閩臺宮廟壁畫的教化功能中表現得尤為突出，有關此的壁畫也特別多。中國傳統社會以仁為精神支柱，而孝悌則是仁之本。孔子倡導少年時就要「入則孝，出則悌」[85]，孝悌原則推行於國家社會即是忠君愛國，所謂「孝慈則忠」[86]。千百年來，忠孝一直是中國人的傳統價值觀。閩臺宮廟壁畫所選用的歷史典故題材大多集中在「蘇武牧羊」、「岳母刺字」上，莆田地區的「二十四忠」則遴選了歷史上二十四位忠君愛國代表人物，「三國演義」壁畫描繪了集忠孝結義於一身的關公形象，「楊家將」壁畫塑造了楊家一門忠烈的光輝形象。進入宮廟中便能受到一次忠誠的教育，一次傳統價值觀的洗禮。而遍及全省各地宮廟的「二十四孝」壁畫充分顯示了閩人注重孝道的傳統。福建民間信仰發達，孩童自小便會隨著長輩去宮廟燒香求籤，目光所及是一幅幅感人的孝子圖像，身邊還有長輩配著畫面講述的一則則孝子故事，而且這些孝子孝女與自己年齡相仿，這些都會在孩子的心靈上留下深刻的印跡。代代相傳，孝道思想深入人心，「二十四孝」壁畫所起的作用不可忽視。所以忠孝觀的宣傳集中體現了宮廟壁畫的教化作用。

　　明辨是非，揚善去惡。最能體現宮廟壁畫揚善去惡教化功能的自然是形形色色的地獄十殿圖了。冥界是陰森恐怖的，有著各種各樣可怕的刑罰，鮮血淋漓的畫面給人極強的視覺衝擊力，使人們印象深刻。中國人歷來相信因果報應，「善惡到頭終有報」，地獄圖從反面告誡人們要行善修持，莫要作惡作孽，否則死後會到陰間受苦受難的。這種教化作用是生動形象的，易為人們理解和接受。

　　其次，宮廟壁畫是民眾的精神承載。閩臺宮廟壁畫的產生、發

85　《論語》〈學而〉。
86　《論語》〈為政〉。

展、傳衍和變化都是建立在閩臺區域文化的基礎之上的，是一種公眾意識，反映的是群體精神。閩臺宮廟壁畫亦如民間信仰具有功利性，精神上的功利，對於閩臺百姓來說，宮廟壁畫的一項重要作用就是他們精神的承載物，是他們向神靈傳遞苦心祝禱和美好祈願、獲得心靈慰藉的手段之一。每一幅宮廟壁畫都是由信徒出資捐獻的，上面都有題獻者的名字。題獻了壁畫，也就意味著積了功德，在神靈面前許了願望，此後，題獻者在心理上就有了一層保障，多了一層安慰，認為冥冥中神靈一定會保佑自己的。例如，莆田城廂宮曆堂的「招來百幅」與「掃去千災」兩幅壁畫就是一位信徒出資主動要求廟方為其畫上的，以求神靈保佑其家人平安。也因為如此，民眾對宮廟壁畫能否再現客觀物象並不太在意，對一些藝術水平很低的宮廟壁畫作品採取一種十分寬容的態度，對他們來說，主觀上滿足精神需求和內心願望才是最重要的。

　　最後，宮廟壁畫是民眾現實生活的一種補償。現實生活中如果某種需要得不到滿足，人們往往求助於藝術，以獲得某種補償，達到心靈上的平衡。宮廟壁畫正是具有這種補償功能的民間藝術，特別是鄉間的宮廟壁畫表現得更為明顯。福建境內山巒眾多，許多鄉村交通不便，環境比較閉塞，生活也就相對平淡、枯燥，娛樂活動比較少，大紅大綠、絢爛多彩的壁畫給平日沉寂的生活增加一份活力與潤飾，壁畫中表現的歷史故事、傳說故事，又可以成為人們閑來時的談資，這樣可以釋放平日精神上的壓抑，以心理上的平衡補償物質世界的失落。又如，由於歷史的原因，臺灣文化中多了一份異質的東西，如今民眾特別注重中華傳統文化，掀起一波「文化反省」的浪潮，而宮廟壁畫正保存了中華傳統文化，有傳統水墨畫、蘊涵傳統價值觀的歷史故事，飽含中國精神的書法，等等，遊歷宮廟無疑獲得一次很好的傳統文化的薰陶與滿足。[87]

---

87 本節由汪潔協助完成。

圖十四　地獄十殿圖

第三節　媚神歌舞

　　宗教音樂與宗教舞蹈是孿生兄弟，原始人在祭祀神靈時，少不了
要載歌載舞，希冀通過動聽的音樂和歡快的舞蹈來博得神靈的歡心，
進而獲取神靈的保佑。《尚書》〈堯典〉中的「擊石拊石，百獸率
舞」，描寫的就是堯舜時代氏族部落成員披著各種獸皮，用手擊打石
塊，合著節拍，載歌載舞，舉行宗教儀式時的情景。在上古時代，宗
教信仰與人們的生產、生活極為密切，歌舞成為祭祀神靈的主要內容
之一。當時主持宗教儀式的巫覡都是能歌善舞，可以說是最早的職業
歌唱家和舞蹈家，鄭玄《詩譜》指出：「古代之巫，實以歌舞為職。」
《說文》釋「巫」字為「祝也，女能事無形，以舞降神者也」。實際
上，世界上所有的民族在舉行宗教儀式時都少不了歌舞活動。

　　在閩臺民間，還保留一些原始的媚神歌舞，如閩臺的拍胸舞最初是在慶賀豐收時表演的一種酬神的舞蹈，後來逐漸發展成為在歲時節慶和迎神賽會時表演的節目，甚至還成為一些乞丐乞食的一種手段。表演者裸體赤腳，斷髮紋身，群體聚跳，舞蹈動作多模仿動物或昆蟲，因人而異，有「老鼠逐」、「蜈蚣展鬚」「老鼠擊洞」、「青蛙掃蚊」、「玉驢顛步」、「金雞獨立」、「大閹雞行」、「蟋蟀跳」、「斗牛步」、「蜘蛛放絲」等等，風格粗放奔放。從舞者裸體赤腳和舞蹈動作多模仿動物或昆蟲來看，拍胸舞帶有濃厚的原始社會舞跳的色彩，許多舞蹈動作與華安仙字潭摩崖石刻裸體舞者的圖像很相似，很可能也是閩越族宗教祭祀舞蹈的遺存。

　　臺灣少數民族保存著許多原始文化的遺風，三國時沈瑩的《臨海水土異物志》、《隋書》〈流求傳〉都記載了臺灣少數民族的歌舞活動。直到明清時期，臺灣少數民族仍保存著濃烈的原始藝術的氣息，「收成則舞，獵歸則舞，出戰則舞，酬神則舞」，俗稱「番舞」[88]。舞者十餘人至數十人手拉著手，圍繞著熊熊燃燒的篝火，有節奏地踩腳、跳躍、搖身、擺手⋯⋯，舞蹈所反映的內容也多與宗教祭祀有關，他們相信通過載歌載舞，可以博得神靈的歡心，賜福祛災。「番戲」是在慶賀豐收或祭祀神靈時表演，他們聚集在一起，又唱又跳，通宵達旦。康熙諸羅知縣周鍾瑄曾觀看了「番戲」表演，並賦詩四首描述「番戲」表演的情景。[89]乾隆年間巡臺御史范咸也有《加藤社觀番戲詩》二首。[90]從周、范二氏詩歌所描繪的情景看，「番戲」實際上並不是戲劇，而是地地道道的歌舞，故後世人又稱之為「山地舞」。

　　三國以後，漢民族的宗教信仰及其祭祀歌舞隨著漢民族的南遷相繼傳入閩臺，形成了許許多多新的宗教祭祀歌舞形式，成為宗教祭祀活動中重要的內容。

---

88 轉引自臺灣文獻委員會《臺灣省通志》卷6〈學藝志・藝術篇・舞踊〉。

89 《番社采風圖考・番戲》。

90 轉引自臺灣文獻委員會：《臺灣省通志》〈學藝志・藝術篇・舞踊〉，卷6。

圖十五　　舞龍舞獅經常在祭祀活動中出演

　　閩臺地處亞熱帶，氣候炎熱潮濕，加上醫藥衛生條件差，所以在古代經常發瘟疫，嚴重地危害人畜安全。古人以為瘟疫乃瘟疫鬼散布瘟疫毒氣所致，故各地都信仰名號不一的瘟神疫鬼，每年五月或七、八月以及瘟疫流行時，各地都要奉行祭儀，驅逐疫鬼。大多數驅逐疫鬼儀式沿襲了古儺的某些形式，比較恐怖，婦女小孩不敢觀看。但有的地方舉行歌舞活動，討好疫鬼。[91]如福建三明、南平、建甌等地，送瘟神疫鬼出海的祭儀中有歌舞活動。據調查，在送瘟神疫鬼的隊伍中，有二十多人組人的「舟歌隊」，其中一個打鼓兼領唱，其餘人以號子伴唱，演者手持一用竹片紙糊成的船槳，邊唱和邊作划船狀。演唱內容均為歷史上的一些英雄人物（如楊家將、薛家將、三國演義、瓦崗寨）的故事，配合舞蹈隊表演，寓意以英靈來威懾瘟神疫鬼。舟歌隊將瘟神疫鬼送至城門口，即唱最後一句「家家戶戶得平安」。舞蹈隊由帶著各種猙獰面具、手持各式道具的「無常」、「八大將」、「五路神」、「張天師」等組成，他們伴著「送船歌」邊走邊舞，滑稽可笑。[92]

91　詳見汪毅夫：《閩臺社會與文化》，福州市：海峽文藝出版社，1994年。

92　詳見楊慕震：〈閩北的儺舞及儺文化活動〉，《群眾文學研究》1989年第11輯。

這種祭祀儀式的歌舞活動，實際上繼承唐代大儺的某些儀式。[93]

　　傳統的歲時節慶往往與宗教信仰活動緊密地聯繫在一起，因此伴有各種娛神的歌舞活動。以元旦及元宵的例，閩臺和地最盛行的是扮鬼、弄獅、鬧傘等歌舞活動。在臺灣，「元旦起至元宵止，好事少年裝束仙鶴、獅馬之類，踵門呼舞，以博賞賚，金鼓喧天，謂之『鬧廳』」[94]。此俗源於福建，如漳州平和，「元日，諸少年裝束獅猊、八仙、竹馬等戲，踵門呼舞，鳴金擊鼓，喧鬧異常。」[95]龍海「元日至元宵，童子多戴面具遊戲，夜則燃魚龍竹馬燈，金鼓朝喧，絲肉夕奏，並集喜門式歌且舞」[96]。扮鬼、弄獅、鬧傘之類的歌舞活動固然帶有娛樂的性質，但其本意則是驅逐疫鬼，是從古儺中演化出來的。

　　在閩臺民間，每逢神靈誕辰，必舉行祭典，在一些隆重的祭典上往往還有以歌舞或戲劇表演來媚神。迎神賽會的祭祀歌舞活動至遲在宋代就流行於八閩大地，時人劉克莊曾對當時的祭祀歌舞做了一些描述，他在〈神君歌十首〉其六中寫道：「村樂殊音節，蠻謳欠雅訓；老儒無的獻，歌以送相迎。」[97]他在〈又三首〉詩中云：「冠蓋幢幢有許忙，直從墟市到毬場；寶誄似得于儂塚，卉服疑來自越裳。鬢雪難勾小兒隊，眼花休發少年狂；兒時游女歸蠶織，勿學施學與約黃。」[98]宋代閩南保生大帝信仰影響頗大，時人楊志曾作「迎享送神之詞」，並譜成歌曲，讓百姓在祭典上演唱。不久，莊夏也撰詞譜曲，「俾鄉人歌而祀之」。[99]

　　宋代以後，迎神賽會祭祀歌舞的關係更加密切了。特別是明清以

93　《新唐書》〈禮樂六〉，卷16。

94　高修：《臺灣府志》〈風土志〉，卷7。

95　乾隆《平和縣志》〈風土〉，卷10。

96　乾隆《海澄縣志》〈風土志〉，卷15。

97　劉克莊：《後村先生大全集》〈詩〉，卷23。

98　劉克莊：《後村先生大全集》〈詩〉，卷21。

99　乾隆《海澄縣志》〈藝文志〉，卷22。

來，在閩南和臺灣各地的迎神隊伍中，都有樂隊跟隨，邊走邊奏各種音樂，隊伍內亦有樂隊演奏，並有藝人或能歌者演唱南音，還有一些舞蹈形式如花鼓弄、宋江陣、采菱舞、公背婆、火鼎公火鼎婆、駛犁歌等經常在迎神賽會上演出。

花鼓弄又名弄花鼓、車鼓弄、車鼓戲等，舞者僅兩人，一男一女，男為丑角，女為旦角。男懸大鼓在前，兩手擊鼓。女舞者一手執傘，量于肩上，旋轉不息，俗曰「弄鼓花」，一手搖動蒲扇（臺灣為檳榔葉扇），蓮步姍姍，妖嬌作態。兩人或前或後，一唱一答，配以管弦，扭舞不息。臺灣人稱花鼓弄為車鼓弄、車鼓戲等，由閩南傳入，從曲調、歌詞到舞蹈形式，基本與閩南相同，很受臺灣人歡迎。《彰化縣志》〈車鼓詩〉云：「歲稔時平樂事多，迎神賽會且高歌；嘵嘵鑼鼓無音節，舉國若狂看火婆。」

宋江陣表演人數多至一百零八人，打扮成水滸傳中一百零八將，每人手持兵器，兩人一排，列成兵陣，由一名旗手領先，敲鑼擊鼓，或表演各種武術，有單打、雙打、全體對打等，或排列成種種陣容。大規模的遊神活動，宋江陣多跟隨表演。由於宋江陣與臺灣歷史有密

圖十六　歌舞娛神常見於廟會

切關係，所以在臺灣，宋江陣深受百姓的喜愛，不但有男宋江陣，還
有小孩宋江陣、女宋江陣。鄭成功反清復明和收復臺灣，其部下多是
福建綠林好漢，梁山好漢自然成為他們心目中的英雄，因此開始以
「宋江陣」來訓練軍隊。鄭成功經營臺灣，採取「寓兵於農」的政
策，繼續以「宋江陣」演練軍隊。清朝統一臺灣後，社會動亂，鄉民
組織自衛，聘請武師教練青年子弟，操練「宋江陣」等武藝，在臺灣
形成尚武風氣。民國時期，「宋江陣」，在迎神賽會上，「宋江陣」既
是媚神的重要活動，也是青年人展現高強武藝的大好時機。[100]

　　采菱舞通常由一少女扮作采菱女，兩手搖一紙船，且搖且舞。另
有數人扮作魚蝦龜蛉，來回穿梭表演，別有一番情趣。

　　公背婆由一名舞者扮演，上身扮作妙齡少女，滿頭花粉，身穿短
花衫，手持一條鮮豔手帕，下身扮老翁，頭戴破帽，身穿黑色短衫，
面部堆滿皺紋，鼻下兩撇鬍鬚，兩手反背；下身扮作女人，穿印花短

圖十七　高雄內門順賢宮宋江陣

100 詳見淩四知主編：《臺灣民俗大觀》第1冊（臺北市：大威出版社，1985年），頁13-
　　16。

褲，兩肢蹺在後面，露出一雙蓮足。舞者將偶人套住腰間，兩手攀住偶人兩肩，狀似老翁背一少女，一面揮動手帕，做出種種嬌態，在現場躊躇而行，或做成老態佝僂之狀，或進或退，滑稽百出，令人捧腹發笑。

火鼎公火鼎婆由三個人表演，分別扮演老夫妻和女兒，老夫妻抬著火鼎，女兒就著柴火，邊走邊舞，詼諧滑稽，頗受群眾歡迎。

駛犁歌表演以一小頭戴紙糊的牛頭，佝僂前行，做犁田狀。一人扮作農夫，揚鞭執繩，隨在牛後，叱牛耕耘。另有兩人扮演農村少女，手持紙傘，隨在農夫左右，一進一退，載歌載舞，扮與農夫談情說愛狀。農夫後面還有一老翁和一老嫗，扮成少女的父母，不同意少女與農夫談情說愛。他們邊唱邊舞，詼諧百出。後面還有樂手數人，彈琴操弦，敲打銅鉦伴奏。[101]

上述舞蹈形式除了駛犁歌為臺灣特有歌舞外，其餘的均從福建傳入臺灣，在迎神賽會上經常可以見到。

第四節　酬神戲劇

閩臺戲劇文化源遠流長，遠在唐代咸通年間（860-874），福州、莆田等地就有百戲演出的記載。宋代以後，在北方戲劇傳入福建的同時，福建土生土長的戲劇也應運而生。明清時期，福建戲劇逐漸定型，並隨著移民傳到臺灣，成為閩臺民間文化生活的重要內容。由於閩臺地方戲劇的劇種多達四五十種，傳統劇目數以萬計，均為全國之冠，故素有「戲劇之鄉」的美稱。

閩臺地方戲劇的繁榮，原因是多方面的，其中宗教祭祀活動對閩臺地方戲劇的形成和發展起著非常重要的作用。在百姓的觀念中，要

---

101 參見臺灣省文獻委員會：《臺灣省通志》〈學藝志‧藝術篇‧舞踊〉，卷6；凌四知主編：《臺灣民俗大觀》第1冊（臺北市：大威出版社，1985年），頁1-31。

獲得神靈的歡心和庇佑，除了獻上豐盛的祭品和虔誠禮拜外，還要「演戲酬神」、「演戲媚神」、「演戲娛神」，這一傳統至遲在宋代就已形成，如漳州府每年「秋收以後，優人互湊諸鄉保作淫戲，號『乞冬』。群不逞少年，遂結集浮浪無賴數十輩，共相唱率，號曰『戲頭』。逐家聚斂錢物，豢優人作戲，或弄傀儡（即提線木偶戲），築棚于居民叢萃之地，四通八達之郊，以廣會觀者。至市廛近地，四門之外，亦爭為之不顧忌。」[102]泉州、莆田等地的演戲酬神之風不亞於漳州。[103]

　　明末清初，隨著福建移民的大批入臺，演戲酬神之風也帶到臺灣。清代，閩臺演戲酬神蔚然成風，所謂「神祠、里巷，靡日不演戲。」[104]

　　首先，歲時節慶要演戲酬神。以元宵節為例，俗傳正月十五為「天官賜福」之日，故元宵節前後各地好戲連臺，有關文獻記載頗多。《閩中紀略》稱：「閩俗元宵節，自十三夜，街上張燈，陳百戲」。[105]在臺灣，元宵節演戲酬神之風比福建有過之而無不及。志稱：「上元節，每神廟演戲一臺，俗號『打上元』」。[106]又稱：上元節，各地「演大、小劇，延道士諷經」。[107]鄭大樞在《風物吟》中生動地描述了元宵節演戲娛神的情景：「花鼓俳優鬧上元（優童皆留頂髮，裝扮生旦，演唱夜戲。臺上爭丟目采，郡人多以錢銀玩物拋之為快，名曰花鼓戲），管弦嘈雜並銷魂。燈如飛蓋歌如沸（製紙燈如飛蓋，簫鼓前導，謂之鬧花燈），半面佳人恰倚門。」[108]實際上，幾乎每個傳

---

102 陳淳：《北溪文集》〈上傅寺丞論淫戲書〉，卷27。

103 參見真德秀：《西山文鈔》〈再守泉州勸農文〉，卷7；劉克莊：《後村先生大全集》卷10、21、22、23、26、43。

104 朱景英：《海東札記》〈記習氣〉，卷3。

105 許旭：《閩中紀略》〈癸集〉，卷20。

106 咸豐《臺灣府噶瑪蘭廳志》〈風俗〉，卷5。

107 光緒《安平縣雜志》〈節令〉。

108 謝金鑾：《重修臺灣府志》〈藝文〉，卷8。

統節日都有演戲酬神活動，有的演戲酬神的規模不亞於元宵節。如臺灣「二月二日或十六日，各街社里逐戶斂錢，宰牲演戲，賽當地土神，名曰合福。」[109]中秋節，「山橋板店，歌吹相聞，謂之社戲。」[110]

　　其次，神誕日要演戲酬神。閩臺民間神靈眾多，據《泉州舊城鋪境稽略》統計，僅泉州城廂就有各種神靈一百三十二名，一年中的神誕日多達一百零二天。臺灣地區的神靈更是不計其數，據統計，一年之中，臺灣的神誕日竟有三百零八天之多！每逢神誕日，村民便籌集資金，聘請戲班，演戲酬神。志稱：「俗尚鬼神，故多演戲。」[111]至今遺風猶存。閩中、閩南、臺灣地區，神誕日演戲酬神之風最盛。志稱：廈門「賽社演劇，在所不禁」[112]。金門「裡社報賽，或演大梨園至三五日」[113]。在臺灣，「神誕，必演戲慶祝」。[114]「蓋臺地最喜演戲，多以古人報賽里社粉飾太平」。[115]「俗尚演劇。凡寺廟佛誕，擇數人以主其事，名曰『頭家』。斂金于境內，作戲以慶，鄉間亦然。」[116]「臺南郡城好尚鬼神，遇有神佛誕期，斂金浪用，……裝扮雜劇。」[117]類似的記載史不絕書。有時神誕節演戲酬神會一連數個月。據一九二六年對臺灣三千四百七十六座寺廟的調查，每年祭祀費用188230.48元，其中演戲費用44475.06元，占全部費用的百分之二十四，由此可見演戲酬神在民間信仰中的地位。[118]

109　蔣修：《臺灣府志》〈歲時〉，卷6。

110　高修：《臺灣府志》〈風土志〉，卷7。

111　民國《石碼鎮志》第1冊〈民俗第三・雜俗〉。

112　道光《廈門志》〈風俗記〉，卷15。

113　民國《金門縣志》〈禮俗〉，卷13。

114　康熙《諸羅縣志》〈風俗志〉，卷8。

115　康熙《諸羅縣志》〈風俗志〉，卷8。

116　唐贊袞：《臺陽見聞錄》〈風俗〉，卷下。

117　光緒《安平縣雜記》〈節令〉。

118　邱坤良：〈日據時期的臺灣戲劇〉，《歷史月刊》第37期。

圖十八　閩臺宮廟前多有戲臺，神誕日演戲酬神

　　除了歲時節慶、神誕節要演戲酬神外，祭祖、婚喪喜慶、寺院落成、神像開光點眼、祈雨、迎春大典等等，經常要演戲酬神。《諸羅縣志》載：「家有喜，鄉有期會，有公祭，無不先以戲者。」[119]新竹縣「凡誕子酬神，生辰賽願，各演雜劇，賓朋慶賀。」[120]由於宗教祭祀與戲劇的緊密結合，一方面推動了閩臺宗教信仰的發展，另一方面也促進了閩臺地方戲劇的繁榮，從而為民間文化生活注入了生機和活力。宗教祭祀對閩臺地方戲劇的影響，歸結起來至主要表現在以下幾個方面：

（一）促進了劇種的形成和演戲戲班的劇增

　　一方面，由於宗教祭祀的需要，從江浙等鄰省傳入的劇種很快地在閩臺民間扎下根來，開花結果成為閩臺戲劇的重要組成部分。與此同時，閩臺土生土長劇種也如春筍般地湧現，以適應不同方言區和不同的宗教祭祀活動聘請不同劇種的演戲酬神的社會需求，如臺灣地區「酬神唱傀儡班，喜慶、普渡唱官音班、四平班、福路班、七子班、

---

119 康熙《諸羅縣志》〈風俗志〉，卷8。
120 鄭鵬雲：《新竹縣志初稿》〈風俗志〉，卷4。

掌中班、老戲、影戲、車鼓戲、採茶唱戲、藝旦唱等戲，迎神用殺獅陣、詩意故事、蜈蚣秤等件」。[121]使閩臺地方戲劇的劇種不斷增多，達到四、五十種之多，居全國首位。另一方面，頻繁的演戲酬神活動為戲班提供了可靠的客戶來源，許多專業戲班紛紛組織起來。明清以後，閩臺各地戲班劇增，數量相當驚人。如康熙年間，莆田一縣至少有戲班二十八個，乾隆二十七年（1762）僅莆田瑞雲祖廟《志德碑》所記載的聯名立碑的戲班就有九十多個。仙遊縣有六十多個，還有許多以地名命名的鄉村小戲班，甚至出現了有女藝人組班授徒。福州流傳有儒林班、平講班、江湖班、徽班等劇種，每個劇種都有不少戲班，活躍於城鄉各地。如儒林班就有三十多家，福州府屬各地也組織了許多儒林班。流行於閩南的梨園戲有十五個戲班，高甲戲班更多，僅晉江、南安等縣就有上百個戲班。潮劇在閩南地區也頗為流行，清末僅雲霄縣就有潮劇專業戲班三十多個；詔安縣有近二十個專業戲班。改良戲的戲班最多，民國時僅龍溪一縣就有各種類型的改良類戲班二百多個。臺灣省的戲班數量也很多，清乾隆時就有數十個戲班，朱景英在《海東札記》中寫道：「里巷靡日不演戲，鼓樂喧闐，相續于道。演唱多土班小部，發聲詰屈不可解。譜以絲竹，別有宮商，名曰下南腔。又有潮班，音調排場，各有殊異。郡中樂部，殆不下數十云。」

　　戲班之所以如雨後春筍般地湧現，根本原因在於各地演戲酬神的客觀需要。因為演戲酬神，請外地戲班演出，既不方便，開支又大，語言有時也不相通，所以各地就自己組織戲班。如閩清「鄉人演戲賽神，每月均有一二次，極見熱鬧，向皆省城及古田、永泰外來之劇班。自清季以來，有所謂『儒』家者，係邑人所組集之娛樂」[122]。連城縣姑田一帶寺廟眾多，廟會頻繁，每逢神誕便演戲酬神，由於這裡

121　光緒《安平縣雜記》〈風俗現況〉。
122　民國《閩清縣志》〈禮俗志〉，卷5。

地處偏僻，請外來戲班諸多不便，百姓便自己組織戲班演出，清末有數十個戲班活躍於城鄉各地。臺灣在清代已形成「好巫、信神、觀劇」[123]三位一體的習俗，最初多是聘請福建和廣東的戲班到臺演出，後來便自己組織戲班，出現了數十個專業戲班，還有不少業餘戲班。

（二）一些劇種脫胎於宗教祭祀儀式

僧尼道士在舉行莊嚴肅穆的宗教儀式後，為了吸引群眾，做到既「酬神」又「娛人」，往往還有一些餘興表演。這種餘興表演比較輕鬆活潑，甚至有一些戲劇成分，把宣講教義寓於娛樂之中。明清以後，隨著道教、佛教的世俗化，形成了某些從宗教儀式中孕育出來的劇種，最典型的例子是閩南的打城戲。打城戲在未成為劇種之前，是僧尼道士在打醮拜懺時舉行的一種宗教儀式，即靈桌上安放一座紙棚的城池，象徵陰間的九層地獄，道士僧尼作法後打破城池，寓意打破地獄拯救出受苦受難的亡魂。後來為了滿足群眾的要求，增加故事性，並吸收了梨園戲、高甲戲、木偶戲的某些表演形式，在拜懺、盂蘭盆會和水陸大醮上搭臺演出，具備了戲劇的雛形。「打城」有「打地獄城」和「打天堂城」之別：打天堂城是演芭蕉大王巡視枉死城，下令小鬼釋放屈死冤鬼。打地獄城是演地藏王大開鬼門關，放出無數冤鬼。打地獄多由和尚表演，打天堂城則多由道士表演。清末，打城儀式走出寺廟和道場，活躍於閩南城鄉的戲場上，逐漸成為了新劇種。光緒十六年（1890），泉州開元寺和尚超塵、圓明等置辦行頭，邀請道士合作，組成了半專業性質戲班「大開元班」。不久，從大開元班中分裂出「小開元班」，演出水平和行頭都超過大開元班。二十世紀五十年代前，晉江東石、龍湖、永寧、青陽和南安洪瀨等地先後組織了「小興源」、「小榮華」、「賽龍章」和「小協元」等打城戲戲

---

123 康熙《諸羅縣志》〈風俗志〉，卷8。

圖十九　演戲酬神的告示隨處可見

圖二十　木偶戲經常被用於酬神

班，輾轉於閩南各縣演出，除了表演《目連救母》、《打天堂城》、《打地獄城》之類的宗教特色彩濃厚的劇目外，還上演歷史故事劇、武打劇等，很受群眾歡迎。由於打城戲的班主均為道士或和尚，故俗稱之「師公戲」、「和尚戲」、「法事戲」。[124]另外，在沙縣流行的「肩膀戲」是由民間迎神賽會的臺閣的基礎上發展而成的，閩南的竹馬戲與乞求農業豐收的「乞冬」祭祀活動密不可分，高甲戲則源於民間迎神的化裝遊神活動。[125]

124 吳天乙、余靜：〈泉州宗教戲劇的遺存──打城戲〉，《泉州文學》1993年第1期。

125 詳見中國戲劇家協會福建分會、福建省戲曲研究所合編：《福建戲曲劇種》，1981年。

　　有些劇種雖然不是脫胎於宗教儀式，但在其發展過程中卻與宗教祭祀活動有著密切的關係，如提線木偶戲的發展與演戲酬神的關係就十分密切。舊時，泉州人稱天為「天公」，自卑為「蟻民」，認為「天公」主宰一切，「蟻民」向「天公」祈求或許願，必須通過木偶戲的「進表」儀式才能靈應，故正月初九「天公誕」必請提線木偶戲演出。在臺灣，提線木偶戲一般只在天公誕、祭煞、普渡、超渡亡魂、發生天災人禍時演出，民間喜慶日則極少演出。俗信提線木偶戲能驅邪鎮煞，消災弭禍。由於提線木偶戲主要是為演戲酬神活動服務，所以許多道士成為了提線木偶的行家，經常協助演出。與此同時，也有不少提線木偶戲藝人長期觀看道士作醮，耳濡目染，對道教科儀也相當熟悉，甚至參與道教的齋醮活動。道教情調與提線木偶戲曲調相互滲透，故民間流傳有「師公（道士）嘉禮（提線木偶戲）調」的俚語。

（三）許多劇目帶有濃厚的宗教色彩

　　為了適應不同宗教祭祀活動的需要和爭取在激烈的競爭中立於不敗之地，各個劇種的劇目被大量地創作出來，劇目的總數數以萬計，居全國之冠。在數以萬計的劇本中，許多都帶有濃厚的宗教色彩，諸如《目連救母》、《李世民遊地府》、《封神榜》、《白蛇傳》、《西遊記》、《八仙過海》、《臨水平妖》、《五顯》（又名《南遊記》、《華光傳》）等，經常在迎神賽會上演出。不同的宗教祭祀活動演出的劇目有一定的定例，如傀儡戲在拜懺時多演《目連救母》，而在喜慶或神誕日多演《拜大壽》、《打金枝》、《天水關》、《三進宮》、《雌雄鞭》等劇目；亂彈戲在賽神或喜慶時演出，一日可演數齣，首齣俗稱「戲頭」，多演吉祥喜慶劇目，如《拜壽》、《封相》、《百壽圖》等，次齣則無拘束；歌仔戲班在參加迎神賽會的遊行後，多表演《陳三五娘》、《三伯英台》、《李三娘》、《呂蒙正》之類的民間故事。[126]在齋、

---

126 詳見臺灣省文獻委員會編：《臺灣省通志》〈學藝志・藝術篇・戲劇〉，卷6。

神誕、迎神賽會、拜懺、普渡等宗教祭祀活動時，《目連救母》劇本
最為經常被演出，影響也最大。《閩雜記》〈補遺〉載：「吾鄉于七月
祀孤，謂之『蘭盆會』，承盂蘭盆之稱也。閩俗謂之『普渡』，各郡皆
然。泉州等處，則分社輪日，演街演戲，晝夜相繼。……興化等處，
則於空曠地方搭戲臺，兩旁架看棚，對臺設高廠，迎各社神。……戲
臺上連日演戲，至滿日則皆演《目連》。」泉州地區喪葬時，要「延
僧為《梁王懺》七日。……禮懺之末日，僧為《目連救母》之劇，合
梨園演戲，至天明而至，名之曰『和尚戲』」。[127]若遇天災兵禍，各地
爭先恐後請僧道建醮演《目連》戲，以驅邪逐鬼，清代人郭籛齡指
出：「吾莆兵燹大災之後，類集優人演《目連》，俗謂可消殄戾。」[128]
福州的臺江和鼓樓達明里舊時都建有目連壇，主要用來演《目連救
母》戲。《目連救母》故事除了見於《佛說盂蘭盆經》外，還見於
《經律異相》、《撰集緣經》、《雜譬喻經》等佛經，唐代出現了《大目
連緣起》、《大目犍連冥間救母變文》等，故事情節逐漸完備。北宋產
生了《目連救母》雜劇，明中期鄭之珍寫成了《目連救母勸善戲文》
一百折。該劇描寫目連之母劉氏因不敬佛，死後被打入地獄受難，目
連遍尋地獄救出母親的經過，其目的不外是勸善行孝，宣揚善有善
報、惡有惡報的因果報應說。由於目連戲常常連演數日，排場盛大，
宗教色彩濃厚和演出形式奇特等點，所以在民間影響較大。

（四）表演程式打上宗教的烙印

　　由於閩臺地方戲劇多為宗教祭祀服務，許多劇種在表演程式上受
宗教祭祀的影響，都打上了宗教的烙印。提線木偶戲的戲臺由十八根
竹竿架成，呈八卦形狀，周邊供奉三十六尊木偶，其中有戲神相公爺
（田都元帥）。祭天進表時，要焚香燃燭，傀儡師操作相公爺木偶拿

---

127 林紓：《畏廬瑣記》〈泉郡人喪禮〉。
128 郭籛齡：《山民隨筆》。

著道士寫好的章表，在舞臺上邊表演邊誦念，俗信只有這樣才能將章表上達給「天公」，演畢還要舉行辭神儀式。

在臺灣，提線木偶戲演出時的宗教色彩更濃厚。若是天災人禍時聘演提線木偶戲，聘演人預先在災禍發生地點設法壇，供奉祭品，一般有三牲一副、雄雞雄鴨各一隻、鴨蛋十二粒、手巾二條、銅錢一枚、碗十個、香煙二包、燭四支、香一束、金銀錢若干、草席一條，若是禳除火災，尚須另備雨傘、水桶、水粉、黑板等物。傀儡師操縱傀儡作法時，率同樂手先在戲臺上貼一驅邪鎮煞符籙，隨後操縱花臉短髮的傀儡（頭戴尖翅紗帽，身穿紫金甲，足穿厚底黑靴，手執寶劍，狀如鍾馗）登壇，焚香作法，畫符分貼四境。接著，傀儡師念咒擲筊，用牙齒咬破雄雞的雞冠，讓雞血滴在四境符上。而後奏樂，演員操縱傀儡，自稱：「鍾奉勒降世驅邪鎮煞」。然後左衝右突，亂跑一場。頃刻樂息，傀儡師把「白水符」分送各戶，貼于門上以鎮宅，謂可逐除邪鬼。儀式結束後，傀儡師才率領樂手，跑回戲棚演戲。[129]從上述可以看出，提線木偶戲的演員實際上參與了宗教祭祀活動，易言之，消災弭禍已成為提線木偶戲演出的重要職責。

又如莆仙戲的演出也具有宗教色彩，每逢城隍爺誕辰，須有「弄八仙」表演，李鐵拐、鍾離仙、呂洞賓、何仙姑、曹國舅、張果老、藍采和、韓湘子依次上場表演，俗稱「弄小八仙」。若遇城隍爺和玉皇大帝誕辰的大熱鬧場面，還要增加王母娘娘兩侍女、龍王、蝦兵、蟹將、龜丞相、水族等角色，俗稱「弄大八仙」。凡祝壽、結婚。彌月等喜慶和城隍、玉皇大帝、王母、觀音日演出，要表演「加冠」戲。凡戲班開臺，新戲棚落成或祈保平安時演出，就要表演「武頭出末」，由靚裝（淨）扮黑面將軍，上場後放煙火，撒紙錢。新屋落成要演「弄王福」，即扮演福、祿、壽三星和喜神、財神，上場唱《點

---

129 《中國戲劇志・福建卷》〈演出習俗〉，下卷。

絳唇》。土地公壽誕時，要演「招財進寶」；觀音壽誕時，要演「寒山拾得」；婚慶時，要加演「送子」，等等。再如，薌劇在新落成的戲臺或廟臺上演出，要舉行「洗臺」儀式，以祈禱日後演出平安，吉祥如意。臺上置一燒旺木炭的小烘爐，白雄雞一隻，鹽拌米一碗，菜刀一把，冥錢、香燭、黃連紙若干。樂手口含一寸長的稻草一節，藝人裝扮鍾馗，在急急風鑼聲中，躍上新臺，將烘爐踢下戲臺，揮舞寶劍表演一番，並撒鹽米，燒冥錢，點香燭，將黃連紙懸掛在四周臺柱上，最後斬斷雞頭，拿著雞頭衝下戲臺，連跑帶舞至廟堂，以雞血塗抹門柱，然後回臺。閩西漢劇戲班如被請去為新廟、新祠、新戲臺、新屋落成演出，在正式開演前，須先「祭臺出煞」。雇主辦好三牲酒禮，擺好香案神臺，由武淨藝人扮演鍾馗，其餘藝人臉上或掌心用紅朱水寫豎「風」倒「火」字樣，在鑼鼓聲中隨鍾馗繞臺一周。繼之鍾馗殺雞、畫符、舞劍、撒鹽，以示驅鬼祭煞。此時，雇主和觀眾怕衝撞神煞，不敢圍觀，須待祭煞儀式結束後方敢進場看戲。[130] 類似的情形，在其他劇種中也屢見不鮮。

　　綜上所述，閩臺地方戲劇至遲在唐代就與戲劇結下了不解之緣，宋代福建形成了「演戲酬神」、「演戲媚神」、「演戲娛神」的傳統，明清時期，這一傳統傳到了臺灣。為了滿足宗教祭祀活動的需要，閩臺地方戲劇的劇種大量地產生，戲班如雨後春筍般地湧現，劇本也被大量地創作出來，易言之，宗教祭祀活動在客觀上促進了閩臺地方戲劇的繁榮。王國維先生曾在《宋元戲劇考》中提出了「後世戲劇，當自巫、優二者出」的重要命題，從閩臺宗教祭祀與地方戲劇的關係來看，戲劇的發展和繁榮也在相當長的時期內與宗教祭祀密不可分。

---

130 《中國戲劇志‧福建卷》〈演出習俗〉，下卷。

第十二章
閩臺民間信仰的特徵與社會歷史作用

　　由於受到特殊的地理、人文歷史和文化傳統的影響，閩臺民間信仰既具有中國民間信仰的一般特徵，又具有十分鮮明的地區特色。歸結起來，閩臺民間信仰具有功能性與實用功利性、放任性與融合性、區域性與輻射性、宗族性與群體性、本土化與正統性等特徵，這些特徵相輔相成，共同構成閩臺區域文化的重要內容。

　　閩臺民間信仰特別發達，林立的宮廟、成百上千的神靈、頻繁的宗教活動、眾多的信徒構成閩臺民間信仰的基本內容。民間信仰以深不可拔的傳統和無孔不入的力量，對閩臺社會歷史產生巨大而深遠的影響，其中既有正面的作用，也有負面的作用。

第一節　閩臺民間信仰的特徵

一　功能性與實用功利性

　　功能性是對神靈的職能而言，實用功利性是對信徒的信仰目的而言，二者既有區別，又有聯繫。

　　首先，我們從神靈的職能來考察閩臺民間信仰的功能性特徵。

　　神是人創造出來的，但是人創造出神之後，反過來又心甘情願地拜倒在神的腳下，成為自己一手創造出來的神的奴僕，猶如人製造了沉重的枷鎖給自己扛，卻又捨不得拋棄一樣，這是為什麼呢？其根本

原因是人類在強大的自然力和剝削制度的壓迫下，感到恐懼，認為自己太渺小，難以與自然力和社會壓迫的強大力量相抗衡，因此賦予神靈以超自然的力量，幻想借助於這種超自然的力量來消除恐懼，擺脫困境，實現依賴自身的力量無法達到的目的。易言之，人類之所以崇拜神靈，是因為神靈都具有超自然的虛幻靈光來滿足信仰者的現實需求，儘管這種現實的需求依靠神靈永遠也實現不了，但他們卻深信不疑。古今中外，任何神靈都具有某種或幾種能滿足信仰者需求的職能，否則就不存在對它的信仰和崇拜了。

不過，中國的神靈與西方的神靈相比，功能性的特徵更為突出。如基督教的上帝不僅僅是救世主，還是造物主，上帝既是宇宙萬物的主宰者，又是宇宙萬物的創造者，包括人類在內都是上帝一手創造出來的，上帝的絕對意志和至高無上的權威首先是通過創造萬物而確立起來的，然後再通過救苦救難等具體的職能進一步得到強化。而中國宗教中的幾乎所有神靈都不具備創造宇宙萬物的功能，它們僅僅是主宰宇宙萬物的超自然力量，其絕對意志和至高無上的權威是通過簡單的保佑與不保佑（是否保佑你）、諾與不諾（是否滿足你的要求）的功能關係確立起來的，所以中國的神靈帶有比較強烈的功能性色彩。

神靈的功能性特徵反映在閩臺宗教信仰上，集中地體現為各種神靈都有一定的職能分工。閩臺民間所奉祀的神靈成百上千，所有的神靈都有滿足百姓日常生產和生活需要的具體職能，諸如祈福消災、禦盜弭寇、鎮妖降魔、驅邪治病、祈風調雨順、祈求平安、祈求子嗣、祈求升官發財，等等。實際上，閩臺民間所奉祀的神靈的職能極少是單一的，也不是固定不變的。一般說來，每個神靈都有一種主要職能，同時兼掌其他多種職能，神階愈高，職能愈多，且隨著時間的推移，職能也在發生變化。如媽祖最初的主要職能是祈雨和預測吉凶，宋代以後被奉為航海保護神，同時增加了禦寇弭盜、驅邪治病、鎮妖降魔、祈求子嗣、祈求升官發財等等職能；又如臨水夫人最初的職能

是保護婦女生育，後來增加了保護兒童健康成長的職能，成為閩臺婦幼保護神，同時也兼有祈雨、治病、驅邪、鎮妖、禦寇、護航等職能；再如保生大帝在北宋時被奉為醫神，南宋時增加了祈雨、禦寇弭盜等職能，明清時期朝著地方守護神的方向演化，清代泉州的聚津、桂檀、甲第、妙因、北山、華仕、善濟等鋪境均奉其為鋪境神，成為守護神。類似的例子不勝枚舉，帶有普遍性，體現了閩臺民間信仰具有較強烈的功能性的特徵。

圖一　石獅會：百姓可以根據需要隨意造神
（《吳友如畫寶》〈風俗志圖說上〉）

其次，我們從百姓祭祀神靈的目的來考察閩臺民間信仰的實用功利性的特徵。

　　中國是一個高度重視倫理教化的國度，歷代統治階級力圖把宗教信仰納入社會教化的軌道，主張「禮法施于人民則祀之，以死勤事則祀之，以勞定國而祀之，有禦大災、捍大患則祀之」[1]，但是一般老百姓崇拜鬼神的最主要目的為了祈福禳災。在善男信女的觀念中，崇拜鬼神有百益無一害，只要點上幾根香，獻上若干祭品（這些祭品祭神後仍帶回食用，並未真的被鬼神吃掉），再磕上幾個無傷大雅的頭，就可以得到萬能神靈的保佑，諸多願望（如逢吉、財運亨通、全家平安、人丁興旺、風調雨順、五穀豐登等）都可以實現，何樂而不為呢？千百年來，百姓在生活中無法或難以實現的美好願望，只好通過對鬼神的祭拜祈禱，在虛幻的宗教世界裡得到某種精神上的補償，這是一般民眾宗教信仰的基本心態。

　　關於閩臺民間信仰的實用功利性心態，清初福建連江知縣王章就一針見血地指出：時人熱衷崇拜西天諸佛、南海觀音及關帝，不惜花鉅資建造華麗的寺廟，是因為在他們看來，西天諸佛和南海觀音「好福利人」，而關帝則職掌「禍福之樞」，所以虔誠地崇拜這些神靈，就可以得到他們的保佑，達到祈福禳災的目的。[2]《閩清縣志》作者也說：人們之所以篤信鬼神，是「于禳災祈福之故」[3]。

　　董苑芳在《臺灣民間宗教信仰》一書中指出：「臺灣民間敬神的目的均本於現世的個人實用主義，人一到寺廟捧起三炷香，目的不外乎求福祿財源長壽子嗣等，因此凡能迎合民眾所欲求者，則認為靈顯（或叫『靈驗』，俗稱『有聖』），其香火一定興旺。此一以靈顯為敬神目的之風氣，遂演變成一種毋庸問及神祇的本質如何，凡天神、人鬼、石頭、老樹、豬牛貓狗，只要有聖（靈顯），參拜的人一定就

1　〔明〕黃仲昭：《八閩通志》〈祠廟〉，卷58。
2　民國《連江縣志》〈祠祀〉，卷21。
3　民國《閩清縣志》〈禮俗志〉，卷5。

多，連荒地都會變成鬧市，此為臺灣民間常有之現象。」[4]

在閩臺，民間信仰的實用功利性特徵最典型的例子莫過於花會降童。花會是一種賭博形式，共三十七個花會名由賭徒壓注，壓中者可搏得本利三十倍，盛行於清末民國初。賭徒為了押中花會名，往往求助於神靈，搞得烏煙瘴氣。所謂花會，「閩臺地方最為狂迷，當地熾盛鬼神信仰，以致民風好賭崇神，大夥供奉各種仙、佛、土地爺，以祈飛來財運，早晚香煙、紙燭、水果供祭於神案上，有的焚香鞋給花會之鬼，祝告道：『汝等此去，當至各村運動，乞在夢中啟示翌日花會之名。』有的祈灶神、作聽香，依神示方向，前行到人家宅外偷聽言兆；有的敲盆錘頭以求神示；有的以花會名單入深山萬塚中，魍魎出沒之所，求鬼魅指點；也有偷取墳中屍骨回家供奉，祈求鬼使神報；而最奇者，莫過降童之舉，亦即尋求一位精巧童子，依術法畫符于水碗，令童子飲之，不移時，童子神昏心迷，倏而跳躍呼喝不已，已而就桌案顫抖危坐，斷續說道，汝等求我何為也？時則數人匍匐在地，囁嚅說道，弟子願求小財，乞大神查探掛筒花會為何名，如中，謹備三牲幣帛酬謝之。曰，若是乎，但看你福，估從汝請，不中無怨我，童子呻吟移時，乃執筆書寫一字于求者手上，令求者自解，然實似字非字，求者以己意附會之，故有中亦有不中，酬謝畢，童子倒地退壇。在臺灣，據說花會正風行時，人人迎奉鬼神，偶爾一二次得中，既以為鬼神聖靈庇佑，于是弄得家家不事耕作，田園一片荒蕪，甚至在荒郊野墳睡覺，以求鬼示，可見此一淫習糜爛」[5]。

在福建，花會與迷信相呼應，演出的一齣齣鬧劇，令人歎為觀止。據劉鞠民先生回憶，清末民初，乃是花會最猖狂的時期。不僅永春一隅受到它的毒害，鄰境仙遊、南安等地還更厲害。其危害性並不

4　董苑芳：《臺灣民間宗教信仰》（臺北市：長青文化事業公司，1980年第3版），頁26。

5　沈平山：《中國神明概論》（臺北市：新文豐出版公司，1979年），頁336-337。

低於鴉片，男女老少，偏村僻里都曾遭過它的禍害。大的，弄到傾家
蕩產，家破人亡；中的，造成男盜女娼，忘耕廢織；小的起碼也要節
衣縮食，廢寢忘餐。為了祈求鬼神保佑，賭徒們挖空心思，無奇不
有。如一九一四年間，所謂「保安會」的會首陳宗儀（德化東區人）
率領一群執有舊式武器的會眾，襲擊湖洋鹽館，陳將官鹽全部搶光和
焚燒鹽館外，且將捕獲的三個鹽哨（即鹽兵）抓往山仔草埔砍頭，頭
顱帶到風流嶺腳才把它丟下。由於這三個鹽哨，平時也是好賭花會
的，因此，和他們生前有來往的一班迷信鬼神的賭徒，竟然在當夜到
那尚未收埋的屍場，燒香點燭供上飯菜，向它許願，叩祈它派出花會
准。其法：將每一花會名，各寫在用金銀紙做成的三角小旗，遍插在
飯上；求准的人須暫時避開，等待香燭將滅的時候，才往觀察那些紙
旗，如有倒下的，或是歪斜的，這才算數。不然還要再點次香燭，直
到有旗倒下或是歪斜為止。即以那把倒下的旗上所寫的花會名當做是
「正准」，歪斜者都當作是「副准」，作為第二天押花會的標的；正准
為君押買多些，副准為臣押須酌量少買。倘若未被買中，只怨自己沒
有誠心所致，倒不覺得這是一樁愚蠢的迷信行為。

圖二　宮廟內高懸牌九圖，供賭徒祈求賭運亨通

　　仙遊某村有個少女，因賭輸了花會，將準備出嫁的妝奩偷偷賣掉，被她的父母痛責之後（是否另有別因，外人不得而知），竟然乘上山刈草的時機，採掘斷腸草，暗帶回家煎服，終因中毒過深，解救無效，以致暴卒，葬在風山墳地上。當夜，附近嗜賭花會的婦女，竟有人在深夜摸黑中，前往新墳上，一如上述「倒旗」的方式，向它叩求花會准。第二天恰巧被她們押中的艮玉這名花會，一時傳開說她是被花會鬼「抓交替」，所以很靈聖。從此，這個新墳在夜幕後，就不斷有人去燒香求准，香火盛極一時，人們還稱呼它為姑仔墓。

　　花會越猖獗，各神廟的香火越昌盛。如湖城南門宮的蘇公尊王，是當時最受賭花會的愚民所迷的對象，每夜向它扶乩求准的人，一場又一場，連續不斷，每到晨雞初啼時停止。當時，其中有個乩童黃西文還是受過教育當過教師的，時常在扶乩中念出詩猜，引人入迷。在宮門外聽准猜詩的人，連老幼婦孺都有，一群又一群地你來我往，直到夜半更深，宮門口這段路上，真是擁擠難行。婦女中丟掉纏腳繡鞋者艱步回家的笑話和丟失插髻的簪釵者、當場邊尋邊罵的事例，時有所聞。

　　橋仔頭村有家信奉基督教的家庭裡，向來是不准供奉偶像的。可是這家有個寡婦，偷偷摸摸地從她的親戚家裡抱來一尊小觀音，暗中奉敬在她的臥房裡，不時在深夜裡和鄰居婦女焚香扶乩求准。

　　處於接壤德化邊境的一個偏僻山村黃欄，全村的人口還不過上百人，生活水平一向不低。民國三年（1914）間，聽信乩童的妄語讒言，狂賭花會，致使村民十室九空，普遍地輸了不少從艱辛中克勤克儉積下的血汗錢財，弄得家家戶戶都要賣田租，借穀青，來維持生活。連那個乩童也免不了受到村民背地裡的指斥（指斥他是個「瘋神」）。[6]

6　劉鞠民：〈花會禍永記〉，福建省政協文史資料委員會編：《文史資料選編》第2卷《社會民情編——新中國成立前史料》（福州市：福建人民出版社，2001年），頁355-364。

　　歷史進入二十一世紀，但閩臺民眾的宗教信仰的實用功利性並沒有發生根本的改變，據福建電視臺二〇〇一年九月十三日報導，仙遊榜頭等地的一些百姓為了博取六合彩大獎，有的求助於一名自稱能猜中六合彩大獎號碼的乩童（據說有精神病）；有的求助於仙姑，晚上紛紛住在仙姑洞中，傳說第二天衣服上會顯現出六合彩大獎的號碼，或希望仙姑將六合彩大獎的號碼托夢於他們，不少人上當受騙，還認為是自己與仙姑的交情不夠深或不夠虔誠，才得不到仙姑的指點迷津，實在是可悲又可笑！

　　無獨有偶，二〇〇二年春節期間，筆者訪問臺灣，在許多宮廟中見到不少臺灣民眾捧著大把大把的新臺幣，虔誠地在香爐上「過火」（繞數圈），他們深信，經過這一道手續，容易中彩。當時臺灣民眾為中「六合彩」幾乎瘋狂，不少人無心工作，不顧家庭，聖嚴法師還專門在電視臺上說法，勸告民眾不要心存僥倖。

　　據《臺灣舊慣習俗信仰》記載，嘉義縣竹崎鄉的龍山岩，供奉觀音為主神，陪祀神有玄天上帝、國聖、吳鳳等，廟神對於「拜賽者的祈禱，可以避免疾病而獲得幸福。甚至於能讓賭博者贏錢，還可以讓為非作歹的人免除災禍，據說對於這些歹徒還相當靈驗」[7]。無獨有偶，宜蘭縣冬山鄉的大伯爺廟，「據說本神對於邪惡事情也很靈驗，例如能使賭徒贏錢，以及使盜賊作案成功等，因而信仰的人很多。」[8]

　　更有甚者，鬼神信仰有時成為洩恨害人的工具。閩臺民間有一種稱為「放口術」的巫術，「大都互相為仇時，因不能以力制，即用巫術放口報復，以至仇敵被害為至。更有叫飛口者，當飛口不中對方時，必會反害自己，放時，受放之人會突然身罹無名惡疾，使用百藥

7　鈴木清一郎著、高賢治編、馮作民譯：《臺灣舊慣習俗信仰》（臺北市：眾文圖書公司，1980年），頁351-354。

8　鈴木清一郎著、高賢治編、馮作民譯：《臺灣舊慣習俗信仰》（臺北市：眾文圖書公司，1980年），頁363-364。

亦無法治癒。然則有專業巫術之人，能破解飛口惡害，中口者如果治癒，則放口者必自斃，無法收之。」[9]

　　至於在福建民間流行甚廣的蠱毒，也是害人的巫術。蠱毒即金蠶蠱，其說由來已久，明代謝肇淛《五雜俎》提及此事時，謂：「閩廣之蠱，大約以端午日，取蛇、蜈蚣、蜥蜴、蜘蛛之屬，聚為一器，聽其自咬，其蟲盡死，獨留其一，則毒之尤矣。以時祭之，俾其行毒，毒之初行，必試一人，若無過客，則以家中人當之。中毒者絞痛吐逆，十指俱黑，嚼豆不腥，食礬不苦，是其怪也。……又有挑蟲蠱，食雞魚之類皆變為生者。又能易人手、足、心、肝、腎、腸之屬，又有金蠶蠱，取其糞置飲食中，毒人必死。能致人財物，故祀之者多致富。或不祀，則多以金錢雜物，放之道左，謂之嫁金蠶。」《閩部疏》載：「閩中多畜蠱，其神或作小蛇毒人，有不能殺者，獨泉之惠安最多。八十里間，北不能過楓亭，南不敢過洛陽橋。云蔡端明（即蔡襄）為泉州日，捕殺治蠱者幾盡，其妖至今畏之，以橋有端明祠，而楓亭仙遊縣屬，端明仙遊人也。」

　　總之，閩臺人民是按照自己的需要塑造神靈，又用實用功利性的心態來奉祀神靈，一般是無事不登三寶殿，有所求才到神廟燒香磕頭，「平時不燒香，臨時抱佛腳」的實用功利心態在閩臺民間信仰中表現得十分充分。他們把世俗的人與人的關係移植到神與人的關係中去，相信神人的關係猶如人際間的接受人家的錢財，就必須為人家排憂解難一樣，神靈接受善男信女的虔誠膜拜和豐盛祭品，也必定會為人賜福消災。因此，「有靈必求」、「有求必應」以及「有應必酬」成為閩臺民間信仰的普遍心態。

9　沈平山：《中國神明概論》（臺北市：新文豐出版公司，1979年），頁322。

二　放任性與融合性

就世界宗教發展史而言，宗教信仰的一般發展規律是從多神教發展到一神教。早在原始社會，宗教就產生了，當時社會尚無一個最高的統治者，所以反映在宗教上也沒有一個至高無上的統一神。原始社會神靈眾多，萬物有靈即是其集中的表現。進入階級社會後，人世間出現了最高的統治者——奴隸主國王，折射到天國也出現了至高無上的統一神，宗教信仰逐漸從多神教向一神教轉化。中國在夏商時期就出現了諸如「帝」或「上帝」這樣至高無上的統一神，但由於中國的「帝」或「上帝」是一個具有功能性特徵的概念，所以在百姓看來，僅有一個上帝是難以處理人世間的繁雜事物，需要許多神靈來協助處理，因此不但原始社會中自然崇拜、圖騰崇拜、祖先崇拜被承襲下來了，而且還根據現實需要創造出許許多多的神靈，使神鬼的隊伍越來越龐大，越來越繁雜。

中國宗教信仰的放任性在閩臺民間信仰中表現得尤為突出。由於受到實用功利性宗教信仰心態的支配，在一般信徒看來，多一個神靈就多一層保護，神靈越多就可以得到越多的保佑，因此各種神靈被大量地創造出來，幾乎達到氾濫成災的地步。閩臺民間究竟有多少神靈，至今還沒有一個準確的統計數字，實際上也不可能準確地加以統計，因為閩臺民間所奉祀的神靈畢竟太繁雜了，既有閩越族和其他土著民族殘存下來的鬼神崇拜，又有從中原傳入的漢民族所奉祀的各種神靈，還有從印度、中東、歐洲、日本等地傳入的神靈崇拜，同時閩臺土生土長的神靈的數量也十分驚人。總之，閩臺境內的神鬼幾乎無處不有，充斥著天上、人間、地府，構成了十分龐雜的神鬼體系。

在福建，不但神話傳說中的人物（如盤古、女媧、西王母、彭祖等）、古典小說中的角色（如齊天大聖、豬八戒、通天教主、姜子牙、八仙、四海龍王等）被奉為神靈，而且岩石、老樹、花草、枯

骨、家禽家畜、泥土、家具等等也會成為崇拜對象，所謂「淫祠南方為盛，猴、犬、豬、狐，均有小廟，曰王曰侯，曰聖母，曰仙姑，為類至夥」[10]。其放任性是中國其他地區所不能比擬的。一些偶像崇拜甚至是荒誕不經，如有同性戀之神，有能幫助淫蕩之徒勾引女人之神，有能使人害病甚至害死人的惡神，有賭博之神，有破壞他人家庭和睦之神，神聖的宗教信仰竟然成為一些無恥淫蕩和居心險惡之徒為所欲為的工具！《重纂福建通志》指出：「照得閩人好鬼，習俗相沿，而淫祀惑民，……從未有淫污卑辱，誕妄凶邪，列諸象祀，公然祈報，如閩俗之甚者也。」[11]又曰：「自城邑至村廬，淫鬼之有名號者不一，而所以為廟宇者，亦何啻數百所。……一廟之迎，動以十數像。」[12]清末泉州人吳增在《泉俗激刺篇》〈多淫祠〉中對泉州民間信仰的放任風氣進行了猛烈的抨擊：「淫祠多無算，有宮又有館，捏造名號千百款，禽獸與水族，朽骨與枯木，塑像便求福。人為萬物靈，自顧毋乃太菲薄……」《廈門志》云：「邪怪交作，石獅無言而爺，大樹無故而立祀，木偶飄拾，古柩嘶風，猜神疑仙，一唱百和，酒肉香紙，男婦狂趨。」[13]

　　臺灣的宗教信仰幾乎是閩南宗教信仰的翻版，神靈眾多，宮廟林立。一九四〇年調查統計，臺灣有神靈一百七十五種，宮廟總數三千六百六十一座；一九七〇年調查，奉祀於二縣市以上的神靈八十五種，僅祀於一縣市的神靈有一百六十種（其中八十五姓王爺、十四姓元帥爺和五姓將軍均以一種神靈計算），宮廟總數三千八百四十座；一九七六年調查，廟神種類一百九十八種，宮廟四千七百八十六座；一九八五年調查，廟神二百五十七種，宮廟總數五千三百三十八座；

10　林紓：《畏廬瑣記》〈淫祠可笑〉。

11　道光《重纂福建通志》〈風俗志〉，卷55。

12　道光《重纂福建通志》〈風俗〉，卷56。

13　道光《廈門志》〈風俗志〉，卷15。

圖三　福建宮廟中的眾多神明

據仇德哉《臺灣廟神傳》說，臺灣有廟神三百餘種，扣除現在不受奉
祀的和性質相同的，還有二百六十八種，應該說數量是十分驚人的。[14]

圖四　臺灣宮廟中的神明

14 余光弘：〈臺灣地區民間宗教的發展——寺廟調查資料之分析〉，《「中央研究院」民
　　族學研究所集刊》1982年春季第53期，頁67-103。

　　與信仰的放任性相聯繫，閩臺民間信仰又帶有融合性的特徵。由於受實用功利性的宗教信仰目的所支配，善男信女們所關心的是神靈是否「靈驗」和自己所祈求的是否如願以償，至於他們所祈求的是哪一路的神仙佛祖，以及這些神仙佛祖屬於哪一種宗教，這些神仙佛祖的來歷，主要職能是什麼，在他們看來都無關緊要，根本不必去過問。甚至連大多數廟祝也不甚明瞭，他們往往一問三不知。同一個人，他既可以是佛教的信仰者，也可以是道教的信仰者，還可以信仰基督教或其他宗教，同時又是民間俗神的信仰者。遇到疑難問題需要求助神靈時，哪一位神靈特別「靈驗」，就頂禮膜拜。如果求佛祖不靈就求助於神仙，求神仙再不靈就求土神，求土神還不靈就求巫覡作法。本村的神靈祈求不應，就祈求於鄰村的神靈，鄰村的神靈還不靈，就祈求於外鄉、外縣的神靈……總之，在大多數人的觀念中，神靈不分彼此親疏，只要有「靈驗」，儘管燒香磕頭便是。

　　在閩臺眾多的寺廟宮觀中，不同宗教教派的神靈被供奉於同一座宮廟，共享百姓香火的現象相當普遍。如建甌縣的福慧寺建於明末清初，寺中供奉的神像有佛教的三寶如來、迦葉、阿難、文殊、毗盧佛、十八羅漢、金剛、韋馱等，又有道教的太陽公、月亮娘娘、祖師公、文昌帝君、魁星等，還有儒家的孔子、顏子、曾子、孟子、子思等。莆田黃石玉溪祠內供奉著三十多尊神像，有佛教的釋迦牟尼、觀音等，有道教的玉帝、玄天上帝、三官大帝等，有儒家的孔子，有三一教主林兆恩及其弟子，有俗神朱衣先生、破寇將軍、鹿兒老母等，簡直就是莆田縣諸多宗教信仰的縮影。臺灣北港朝天宮主祀媽祖，另祀媽祖的分神二媽、三媽、副二媽、副三媽、糖郊媽、太平媽等，從祀千里眼、順風耳，陪祀五文昌帝、三官大帝、神農大帝、觀音、十八羅漢、注生娘娘、土地公等。臺北萬華龍山寺的大殿祀觀音，後殿則祀媽祖、水仙王、關帝、呂祖、關帝、文昌、注生娘娘等。類似的例子不勝枚舉，當然也不一定是寺廟創建伊始就供奉許多不同來路的

神仙佛祖，大多數是隨著寺廟的擴大而逐漸增多，如福州五一廣場附近的接龍亭，在元代時僅供奉龍王，後來神像不斷增多，如今供奉的神像有照天君、九王爺、東嶽溫康二王、黑白仙師、天上聖母、王母娘娘、關帝、浦東浦西仙師、裴仙師、齊天大聖、水面將軍、呂祖、趙天君、王天君、白天君、白馬王爺、白鶴仙師等二十多尊。由於各路神仙佛祖濟濟一堂，能最大限度地滿足善男信女的實用功利性的宗教信仰需要，所以供奉不同教派神靈的寺觀宮廟，一般說來，香火就比較旺盛。

三　區域性與輻射性

閩臺民間信仰的分布與這一地區的自然環境、經濟生活密切相關。

閩臺地區自然條件複雜多樣，從大的方面看，可以分為沿海、平原和山區三大類型。

閩臺沿海地區海域廣闊，海岸線長，島嶼眾多，如福建省海岸線長度三千三百多公里，島嶼一千四百多個，臺灣本島海岸線長一千一百三十九公里。自古以來海上貿易發達，泉州港在唐宋元時期是中國最大的對外貿易港口，廈門、基隆港近代以來一直是中國對外交通的樞紐。

沿海地區的自然環境和由此產生的以漁業、航海為主的經濟生活，決定了民間信仰帶上濃厚的海洋文化的色彩，主要表現在三方面：一是海神信仰盛行。由於漁民和航海者平日出入於喜怒無常的大海之中，隨時都有可能發生船覆人亡的悲劇，為了祈求一帆風順和化險為夷，他們特別崇拜海神，其中海神媽祖的宮廟遍及閩臺沿海地區；二是吸收外來宗教信仰。古代泉州等地海外貿易繁榮，以比較開放的姿態對待外來文化，並對外來文化博採廣取，宋元時期流傳於泉州地區的宗教除了道教、佛教、民間宗教、民間信仰外，還有從外國

傳入的伊斯蘭教、基督教聶斯脫里派、天主教聖方濟各派、婆羅門教、印度教、摩尼教、生殖崇拜等，這些外來的宗教信仰不但為僑民所信奉，在漢族中也擁有不少的信徒；臺灣曾經多次被外國殖民者占據，天主教、基督教、日本神道教等在臺灣有一定的影響。三是具有較強的輻射性，隨著海外貿易的發達和移民海外的浪潮，閩臺間信仰傳入東南亞一些國家和地區。

閩臺地區的平原面積不大，只有若干小平原，如福建有福州平原、興化平原、泉州平原和漳州平原；臺灣有台南平原、屏東平原、宜蘭平原和縱谷平原等。平原地區土地肥沃，自然條件優越，盛產水稻，民間信仰活動主要圍繞著稻作生產展開，信仰的對象多與水稻生產有關，如谷神、田公、田婆、水神、驅蟲神，等等。平原地區人口密集，商業發達，宋元以後逐漸形成重利的風氣，一些被認為能保佑經商成功的神靈獲得了充分發展，如關帝普遍被奉為財神，觀音也兼有賜人錢財的功能。

閩臺山區面積大，福建又素有「東南山國」之稱，又有「八山一水一分田」之說，臺灣的山區面積均遠遠超出平原。山區的民間信仰與沿海、平原有所不同。首先，山區的經濟支柱是林業，如臺灣的森林覆蓋率超過全省土地的百分之五十，居全國首位。福建的森林覆蓋率百分之四十三，居全國第二位。出於對大山賜予的感激和對大山高深莫測的畏懼，百姓普遍信仰山神，許多山上都有山神廟，儘管一般比較簡陋，但山民的信仰十分虔誠，深信山神會降禍福於人。其次，普遍崇拜樹神。山民認為「千年的古樹會成精」，會降災賜福於人，對一些古老的大樹（主要是樟樹、榕樹，稱之樟樹公、榕樹王等）進行頂禮膜拜，甚至經常在老樹下蓋神廟。第三，山區群山連綿，交通比較閉塞，同一種民間信仰很難得到廣泛傳播，內部差異性極大，這一山頭與對面山頭的民間信仰完全不同的情況並不稀奇。

民間信仰的區域性特徵還受方言的影響。方言是指與漢語標準語

音有區別的，只在一個地區使用的話，它與漢語標準語音的根本差異是發音的不同。由於人口的遷徙、民族的融合以及交通的阻隔等因素的影響，形成八大方言，即北方方言、吳語、贛方言、閩北方言、閩南方言、客家方言、粵語、湘方言等。福建省的方言以紛紜複雜著稱於世，除湘方言外，其餘七種方言在不同地區使用，連城、清流、大田等山區縣竟然沒有本縣通用的方言，甚至相鄰的鄉村不能進行語言交流。在民間信仰方面，像觀音、關帝、媽祖這樣能突破方言界限的神靈並不是太多，比較普遍的情形是，不同的方言區之間的民間信仰或多或少存在著差異。如臨水夫人、五帝信仰主要在古田、福州為中心的閩東方言區內流行，王爺、廣澤尊王、清水祖師、保生大帝、三平祖師、開漳聖王信仰主要流行於閩南方言區，馬仙、扣冰古佛信仰主要流行於閩北方言區，定光古佛、三山國王信仰主要流行於客家方言區，等等。

閩臺民間信仰的區域性特徵也受到民族和民系的影響。在閩臺，少數民族主要是畲族和臺灣少數民族等，回族等少數民族人數不多。由於不同民族往往有各自的聚居區和本民族的文化傳統，因此逐漸形成有民族特色的民間信仰。如盤瓠崇拜和與此相聯繫的民間信仰活動只是在畲族中進行，而臺灣少數民族的民間信仰也只是在少數民族中長期流傳。

漢族人口眾多，由於居住在不同地域、受不同的歷史、人文、經濟等諸多因素的影響，形成許多具有特殊社會經濟和文化民俗的民系，僅福建省就有六大民系。[15]在民間信仰上，不同的民系之間既存在著某種聯繫，又存在一定的差別。在東南沿海地區，最具特色的漢族民系恐怕要算客家了。客家的民間信仰既有漢民族民間信仰的一般特點，如天公崇拜、土地公崇拜、自然物崇拜、祖先崇拜、先賢崇

---

15 詳見陳支平：《福建六大民系》，福州市：福建人民出版社，2000年。

拜、厲鬼崇拜、媽祖信仰等，也有客家獨具特色的民間信仰，如定光古佛、伏虎禪師、三山國王、莘七娘、石固大王等信仰。[16]

　　由於地理環境和人文歷史的影響，閩臺民間信仰又具有強烈的對外輻射的特性。閩臺民間信仰對外輻射與閩臺海外貿易和海外移民相聯繫，主要有三條對外傳播路線：

　　一是向東南亞地區傳播。福建與東南亞地區的貿易往來開始於唐五代，宋元時期特別是明清時期，福建與東南亞地區的關係日益密切，還有大批沿海百姓移居東南亞，《明史》記載：「呂宋居南海中，去漳州甚近。……先是閩人以其地近且饒富，商販者數萬人，往往久居不返，至長子孫。」[17]清代，移居東南亞地區的閩人更多，福建華僑足跡遍布東南亞，其中菲律賓的呂宋，蘇門答臘的舊港，爪哇的巴城和下港，暹羅（今泰國）的大城，越南的廣南等地，都是福建華僑相對集中的聚居地。隨著閩人移居東南亞，福建民間信仰也傳入僑居地，如媽祖在東南亞地區就很有影響，明代隆慶元年（1567）馬來西亞建有青雲亭，供奉媽祖。清代，東南亞各地建造許多媽祖廟，如馬來西亞檳榔嶼有六座媽祖廟，馬六甲有八座媽祖廟。福建的清水祖師、保生大帝、臨水夫人、廣澤尊王、三平祖師、大伯公等諸多神靈也分靈到東南亞，成為當地華僑信仰的對象。[18]

　　二是向日本本土傳播。自宋元起，福建便成為中日海上貿易的主要口岸，明末清初，福建與長崎的貿易相當興盛，許多福建人定居長崎，後來成為華僑。福建的媽祖信仰也隨之傳播到日本，其傳播路線沿九州島北上傳到日本本州各地，在日本的薩摩半島、鹿兒島、長崎、平戶、岐阜市、茨城縣、青州縣等地都有媽祖廟，甚至有人說日

16　詳見汪毅夫：《客家民間信仰》，福州市：福建人民出版社，1995年。

17　《明史》〈呂宋〉，卷323。

18　詳見林國平、彭文宇：《福建民間信仰》（福州市：福建人民出版社，1993年），頁373-380；林金水、謝必震：《福建對外文化交流史》（福州市：福建教育出版社，1997年），頁108-109。

本本島有百座媽祖廟。[19]

　　三是向琉球（今沖繩）傳播。明代初年，閩人三十六姓移居琉球，媽祖信仰隨之傳入。琉球有三座媽祖廟，一座在那霸，建於明代，俗稱下天后宮；另一座在久米村，建於清代，又稱上天后宮；還有一座落於姑米島，建於清乾隆年間。琉球國王還多次派人到福建學習風水、占卜等。[20]

　　另外，近代以來，特別是二十世紀九十年代以來，隨著閩人大批移居歐美，福建民間信仰也傳播到那裡。筆者二〇〇一年訪問美國紐約，臨水夫人、關帝、觀音、泰山神等受到當地華僑、華人的信仰。

四　宗族性與群體性

　　閩臺地區相對於中原來說，宗族勢力較大。閩臺自古以來就有聚族而居的傳統，一個村社往往是由單一的家族組成，所以村社寺廟大多由家族集資興建，所建造的寺廟也為家族所有，所奉祀的神靈自然也就成為家族的保護神，因而民間信仰在其發展的過程中深深地打上了宗族的烙印。

　　福建的家族寺廟至遲在唐代已出現，長樂江田陳氏家族寺廟泗洲佛寺、靈峰寺，建陽徐氏家族寺廟應跡寺，建陽麻沙劉氏家族的長興寺，莆田方氏家族的薦福寺，晉江留氏家族的南禪寺、玉泉廣濟院、崇先廣教院和菩提院等，均建於唐代。宋元時期，福建各地家族興建族廟漸多。如建陽徐氏家族的龍鳳庵，浦城蓮湖祖氏家族寺廟福全寺、鐘興庵，浦城陳氏家族寺廟普濟寺，永定邵氏家族捐資獨建觀音

19　童家洲：〈日本華僑的媽祖信仰及其與新、馬的比較研究〉，文載《海內外學人論媽祖》（北京市：中國社會科學出版社，1992年），頁318-334。
20　林金水、謝必震：《福建對外文化交流史》（福州市：福建教育出版社，1997年），頁200-202。

樓、靈官廟，仙遊金石山福神道院、名賢宮等等均是。明清以來，福建民間絕大多數家族都建有家族寺廟，不少家族為了顯示本家族的興旺發達和經濟實力，建造多座族廟。如周寧縣周氏家族建有文昌閣、關帝廟、水晶閣、孝義庵、林忠平王廟等，鄭氏家族建有文昌閣、關帝廟、萬福庵、萬壽庵、興隆庵等族廟，葉氏家族建有水雲庵，林氏家族建有永慶庵，蕭氏家族建有興福寺、法華庵、回龍庵等家族寺廟；閩侯縣螺州陳氏家族建有文廟、文昌宮、徐女仙廟、天妃宮等，尚干林氏家族建有奎光閣、興林寺、文昌宮，觀音閣、泰山亭、天后宮等，義序黃氏家族先後興建的族廟有將軍廟、水陸尊王廟、奎光閣、定光寺、文昌閣、玄帝廟、大王宮等，南通陳厝村陳氏家族建有帝君閣、六景庵、雷部堂等；長樂城西龍門鄉高氏家族建有泰山宮、清礁塢、東社大王廟等。古槐中街石氏家族建有石碧山廟、靜宿庵、關帝廟等；福清高山厚安陳氏家族建有黑堂廟、泰山廟、大王廟、五顯廟、淩尾潭等；莆田戴氏家族的族廟有戴公廟、狀元廟、天妃廟、三教祠、廣濟庵、半月堂、城隍廟等十餘座；惠安北部十三都陳氏家族建有福德正神廟、東嶽廟、相公廟、姑媽庵、關帝廟、天妃宮、祖師廟、九峰宮、三教祠等，惠安山腰莊氏家族建有各類寺廟、齋堂不下五十座。[21]由於福建的家族與村落往往重疊在一起，導致這一地區家族宮廟與村落宮廟合而為一的情況比較常見，從而在一定程度上使民間信仰的分布與宗族的分布經常聯繫在一起。

臺灣的家族寺廟雖不及福建普遍，但數量也不少，諸如彰化鹿港施氏家族建有真如殿，奉祀玄天上帝，該廟係錢江派祖先施家堡於乾隆四十五年（1780）從晉江祖廟分香到臺灣去的。有的族廟與祠堂合而為一，如臺北李氏家祠在五層樓，而六層樓為玄元殿，祀太上老君。南投縣草屯鎮李氏宗祠的結構與臺北李氏宗祠相仿，有太清宮專

---

21 詳見林國平主編：《閩臺區域文化研究》（北京市：中國社會科學出版社，2000年），頁425-428。

祀太上老君。新竹縣關西鎮羅氏家族的祠堂並祀祝融，臺北龍江區高
氏祖祠則並祀神農氏，桃園縣新厝九斗羅氏豫章公屋並祀關帝、媽
祖、灶君，臺中南區林氏宗廟並祀從湄洲分靈而來的三尊媽祖像，臺
北永和孫氏代並祀釋迦牟尼和保生大帝，等等。[22]

　　閩臺族廟大多供奉本家族祖先的牌位，以體現此寺廟族有的性
質。為了加強對族廟的控制，福建許多家族都設置寺田、廟田等族
產，專門用於族廟的修葺及日常香火等開支。[23]

　　閩臺民間信仰的宗族性集中表現在迎神賽會活動相當多是由宗族
出面組織的，此問題已經在第七章第二節做了詳細論述，不再重複。

　　閩臺民間的群體性特徵十分突出，主要表現在三個方面：一是大
型民間信仰活動多由祭祀圈的多數群眾參與；二是大型民間信仰活
多由宗族或神明會等出面組織；三是同一祭祀圈的信眾形成命運共同
體。關於閩臺民間的迎神賽會活動和宗族參與組織大型民間信仰活
動，前面已經作了介紹，這裡著重論述神明會和同一祭祀圈的信眾形
成命運共同體的問題。

　　神明會是由信仰同一神靈的信徒自發組織的宗教團體，在閩臺
地區和廣東等省均有，各地名稱不同，有會、社、堂、季、黨等稱
呼，如福德會、媽祖會、佛祖會、義安社、金義興、文昌堂、福仁
季，等等。臺灣的神明會數以千計[24]，據《臺灣宗教調查報告書》統
計，一九一九年臺灣有各種神明會五千二百四十個[25]，會員超過二十

---

22 詳見陸炳文：《臺灣各姓祠堂巡禮》，臺灣省政府新聞處，1987年。

23 詳見林國平主編：《閩臺區域文化研究》（北京市：中國社會科學出版社，2000
　年），頁429-431。

24 詳見臺灣省文獻委員會：《臺灣省通志》〈人民志・宗教篇・上〉，卷2。據該書記
　載，臺灣地區還有由同姓組成的神明會，會員各自捐獻若干金額購置產業，以其收
　益充為族廟的修建及祭祀之用，剩餘部分用於補助神明會會員子弟的學費。

25 詳見丸井圭治郎：《臺灣宗教調查報告書》附錄〈神明會創立緣起〉，臺北市：捷幼
　出版社，1993年。

九萬人。[26]頻繁的迎神賽會等民間信仰活動多由它們出面主持，部分資金由會員捐獻。

　　關於同一祭祀圈的信眾形成命運共同體的問題，臺灣學者林美容透過臺灣宮廟的「年籤」和「地理」兩個民間信仰事象的調查，第一次提出的很有見地的觀點。所謂「年籤」是指村廟或公廟在年初或歲末，由宮廟負責人或值年爐主代表本村信眾占卜抽籤，所抽的靈籤預示村莊未來的一年的運氣，有的分四季分別占求，有的分人口、稻穀、雨水、生意、六畜等逐項占求，通稱「年籤」或「四季籤」，居住在同村莊的人享有共同的流年運氣。筆者在福建民間調研時，也在寺廟中見過關係到村莊一年運氣的「年籤」，與臺灣完全相同。所謂「地理」是指信徒所居住地村莊、街鎮、城市和所在寺廟的風水，他們認為這些地方的風水關係到所在地興衰，自然也影響居住在這裡的百姓。因此，同一祭祀圈的信眾形成命運共同體，其深層的理念是群體性或集體性。[27]

　　另據《新港奉天宮志》記載：該宮在新正期間，循例由董事去抽出「公籤」，來預測該年一整年的全盤運勢，這項活動已進行三百多年了。「公籤」分「港運」、「人口」、「早冬」、「豆冬」、「晚冬」、「半冬」、「六畜」等，抽出之後張貼在宮廟的大門口，供民眾查看。[28]

五　本土化與正統性

　　閩臺民間信仰的本土化表現在四個方面：一是一些從北方傳入的

26　詳見丸井圭治郎：《臺灣宗教調查報告書》附錄〈神佛會及會員〉，臺北市：捷幼出版社，1993年。

27　詳見林美容：〈由地理與年籤來看臺灣漢人村莊的命運共同體〉，《臺灣風物》第38卷第4期，頁123-143。

28　林德政：《新港奉天宮志》（財團法人新港奉天宮董事會，1993年），頁438。

民間信仰與福建人文地理相結合，產生了變異。如關帝信仰傳入福建
後，隨著宋元時期福建商業的繁榮和海外貿易的發達，從原來的忠義
化身演變為財神和海上保護神。又如玄天上帝信仰傳入福建後，變成
了泉州人，以殺豬為業，後來放下屠刀，立地成佛了。二是原有的一
些神靈逐漸被當地神靈所取代，如邵武廣佑王原是隋朝洛陽人歐陽祐，
宋乾道四年（1168），當地百姓以「秉心剛正，處事明敏，為鄰里推
重」的建陽人陳煥取代他。《夷堅丁志》載：「邵武軍北大乾山廣祐王
廟，考圖記，乃唐末歐陽使君之神。距縣二十里，對路立屋數楹，以
館祠客。有王道人者居其旁，躬灑掃事，頗謹樸憨直。乾道四年秋，
夢車騎滿野，羽儀輿蓋如迎方伯連率而又過之，皆自廟中出。趨問何
所往，一吏曰：『遠接新廣佑王。』曰：『敢問王何人？今居何地？』
曰『在浦城縣，故臨江丞陳公也。』覺而記其語。明日，徑走其處詢
訪之，果有陳丞，以進士登第，平生廉正，為鄉里所稱，死方五日。
道人驗夢可信，喜而歸，稍以告人，今猶處祠側。」[29]三是用土生土
長的神靈排擠外來神靈。如福州的瘟神五帝信仰影響很大，特別是明
清時期，家家戶戶奉祀五帝，因此外來神靈被五帝排擠，甚至連關帝、
觀音這樣在百姓中很有影響的也不能倖免。在福州流傳有「五帝沒捏，
廟祝也沒吃」的俚語，說是關帝廟原來香火冷清，後來將五帝移入，
結果香火鼎盛，關帝也沾了不少光。俚語的意思是說如果沒有五帝的

---

29 洪邁撰、何卓點校：《夷堅志》第2冊，《夷堅丁志》，卷15（中華書局，1981年），
　　頁665。洪邁《夷堅志》又載：「陳煥宣教，建陽人，乾道三年，待南城丞闕。十二
　　月十九日，夢謁邵武（大）乾山廣祐王廟，王迎見之，謂曰：『香火久寂，符印當
　　交與公。』陳辭曰：『煥官期不遠，子幼累眾，不願就此職。』王曰：『冥數詎可
　　辭？』既寤，竊憂之，自知不久于世，不敢為人說。明年正月二日，索酒獨酌三
　　杯，始告家人以夢，談笑而逝。其日有二丐者自邵武北樂村來，至其門，聞哭聲，
　　問曰：『此非陳宣教居乎？昨日在驛前方臥，見甲士數百輩，蹴我亟去，云：『吾迎
　　新廣祐王陳宣教，汝那敢在此！』驚起，不能曉，今乃知之。』于是益驗其為
　　神。」見洪邁撰、何卓點校：《夷堅志》第4冊，《夷堅志》補卷15（中華書局，
　　1981年），頁1689。

靈顯，廟祝是沒有祭品吃的，言下之意，關帝的角色類似於廟祝，是靠五帝吃飯。福州還流傳「拆觀音堂起五帝廟」的故事，反映了當時五帝信仰興盛，其他廟宇紛紛改建為五帝廟的本土化傾向。四是在閩臺民間崇拜的神靈中，有不少是土生土長的。福建在唐宋時期出現了一場規模浩大的造神運動，許多至今在閩臺民間影響較大的神靈諸如媽祖、保生大帝、臨水夫人、開漳聖王、清水祖師、定光古佛等都是在這個時期被創造出來的。臺灣在清代初以後也創造了不少土神，諸如開臺聖王、吳鳳公、有應公、大眾爺、義民爺、寧靖王等。[30]

　　由於民間信仰的本土化，導致了不同區域之間民間信仰的差異。不同的府、縣也有自己的保護神，以閩南方言區為例：三平祖師、保生大帝、開漳聖王陳元光及其部將輔順將軍馬仁、輔勝將軍李伯瑤、輔義將軍倪聖芳、輔仁將軍沈毅的宮廟在漳州府屬各縣較多，而王爺、廣澤尊王、清水祖師信仰在泉州府屬各縣影響較大。這種分布特點，也直接影響到臺灣民間信仰的分布，臺灣同胞的祖籍多來自閩南的泉州府和漳州府，雖然祖籍方言相同，但民間信仰有所差異，所以，遷居地的民間信仰也打上鄉土的烙印，不盡相同。在同一縣內，每個鋪境村落都奉祀一個或若干個特定的神靈作為保護神，舊稱境主、福主、土主、社神等。以泉州為例，舊時泉州城分為三十六鋪九十四境，鋪有鋪主，境有境神，共有大小神廟一百三十多座，奉祀著不同神靈，有一百多尊。境主神的神廟由居住在該境的百姓捐資合建，各種宗教活動也由該境的百姓參加，抬神出遊也不能越出本境地界。

　　閩臺民間信仰又具有正統性的特徵，主要表現在三個方面：一是所奉祀的神靈以朝廷的封敕為正統。宋代地方神明追封敕號蔚然成風，敕封的程序一般是地方官僚或鄉紳上表請封，列舉所謂「功及生民」的種種「靈異」，朝廷派人到實地核實後，就頒誥敕封。敕封神

---

30 陳小沖：《臺灣民間信仰》（廈門市：鷺江出版社，1993年），頁162-180。

明有一定的規制，史稱：「諸神祠無爵號者賜廟額，已賜額者加封爵，初封侯，再封公，次封王，生有爵位者從其本封。婦人之神封夫人，再封妃。其封號者初二字，再加四字。如此，則錫命馭神，恩禮有序。欲更增神仙封號，初真人，次真君。」[31]民間所崇奉的土神一旦得到朝廷的封敕，就具有合法性，否則往往被視為「淫祠」而遭拆毀。因此，民間信仰的土神千方百計謀求朝廷的封敕，以取得正統的地位。查閱閩臺地方志，相當一部分神明都得到帝王的封敕，但實際情況並非如此，要得到帝王封敕絕非易事，只有少數神明經過地方士大夫的極力爭取，才能得到封號。因此，在閩臺民間諸神的種種封號中，有相當一部分是信徒私諡的，其目的在於抬高所信奉神靈的地位，反映了民間信仰具有濃厚的正統意識；二是盡可能與皇帝或官府攀上關係。前面已經專門論述過，在閩臺民間，流傳許多有關神祇顯靈為帝王或皇后治病的故事，至於顯靈救助落難皇帝或幫助官兵鎮壓各種匪寇的傳說故事更多，百姓之所以喜歡編造此類傳說故事，目的就是試圖證明所信奉的神靈有功於社稷民生，或強調神靈與扶持王朝之間有某種內在的聯繫，從而使所信奉的神明打上「正統性」的烙印；三是以祖廟為榮耀，或特別強調與祖廟的密切關係。前面已經論述過，閩臺民間信仰在發展的過程中，存在分靈、分香的傳播形式，因此就有祖廟和分靈廟之分，祖廟的地位崇高，分靈廟要定期到祖廟進香謁祖，香火才會比較旺盛，所以無論是歷史上還是現實中，祖廟之爭時有發生，如媽祖的祖廟是在湄洲天后宮還是泉州天后宮，保生大帝祖廟是白礁慈濟宮還是青礁慈濟宮等的爭論，至今尚無最後定論。特別是臺灣民間信仰更加注重正統性，如為了爭奪媽祖信仰在臺灣的正統地位，自二十世紀五十年代以來一直爭論不休，捲入爭論的有大甲鎮瀾宮、北港朝天宮、新港奉天宮、鹿港天后宮、臺南天后

---

31 《宋史》〈禮八〉，卷105。

宮、北斗奠安宮、馬公天后宮等。臺灣「民間其他種類的廟宇也常透過誇張本廟興建沿革可遠溯幾百年，以及偽造寺廟碑文、匾額等事，來證明自身的歷史正統性」[32]。

　　必須著重指出，閩臺民間信仰的本土化和正統性關係從表面上看似乎是相互矛盾的，實際上是相輔相成的。前面提到的唐宋時期福建民間信仰發生的一場造神運動，創造了大批土生土長的神靈，但同時福建地方神明追求朝廷封敕也蔚然成風，這絕不是偶然的巧合，而是歷史的必然。另外，造神的原則也是嚴格遵循中國文化的傳統，即社稷神祇則以祀，崇功報德則以祀，護國佑民則以祀，忠義節孝則以祀，明宦鄉賢則以祀，不敢有任何的背離。因此，本土化進程並沒有脫離中國傳統文化的軌道，而是在中國傳統文化的正統意識的大背景下進行的。

第二節　閩臺民間信仰的社會歷史作用

一　提供精神支柱，拓展生活空間

　　在古代，甚至當代的農村，民間信仰作為俗文化，為多數百姓所認同，成為百姓重要的精神支柱。從閩臺開發史來看，民間信仰所起的作用不可低估。我們多次提到，北方漢族長途跋涉移民福建、福建人又東渡臺灣海峽移民臺灣，遷徙途中充滿各種生命危險，移民們隨身攜帶的小神像或香灰之類的聖物酒成為重要的精神支柱。平安到達目的地後，移民者在新的環境下遇到更加嚴峻的生存與發展的考驗，那些隨身從家鄉帶來的小神像或香灰之類的聖物仍然是他們的精神支柱。開墾獲得成功，村社甚至城鎮的逐漸形成，百姓仍然要祈求神靈

---

32 翁佳音：〈民間宗教意識中的正統觀〉，《臺灣風物》第37卷第4期，頁93-95。

保佑。民間信仰雖然隨著社會的變遷而變化，但有一點是不變的，那就是民間信仰自始至終起著精神上的慰藉作用。

民間信仰為善男信女開拓生活空間提供精神支柱，在媽祖信仰上表現得淋漓盡致。古代的航海者和漁民，生活在驚濤駭浪中，隨時都有可能發生生命危險，因此，希望能有一種超自然的力量幫助他們，化險為夷，平安航行。他們從媽祖的神話傳說中，得到某種力量，認為媽祖是「上帝有命司滄溟，驅役百怪降魔精，囊括風雨雷電霆，時其發洩執其衡」的神靈，遇到狂風惡浪，媽祖就會化為紅衣女子閃現在桅杆上導航，直到化險為夷。因此，航海者和漁民在精神上有了精神支柱，有了戰勝狂風惡浪的勇氣和信念，有恃無恐地在大海中航行，開創自己的事業。即使真的遇到驚濤駭浪，他們堅信媽祖一定會降臨來拯救他們，不慌張，不忙亂，沉著應戰，往往能涉險過關。他們便歸功於媽祖的保佑，更加崇拜媽祖。[33]

明朝鄭和七下西洋，必到出發港口的媽祖廟進香，並將媽祖神像供奉在船上，途中在港口停泊，也要到當地媽祖廟進香，對媽祖的信仰可以說是虔誠之至！媽祖信仰成為鄭和漫長航行中戰勝困難險阻的精神支柱。明清時期，我國經常派使者冊封琉球（今沖繩）等友好國家，與鄭和一樣，媽祖也給冊封使戰勝驚濤駭浪的巨大力量。[34]宋代以後，媽祖信仰隨華僑傳到海外，成為華僑開拓新的生活空間的重要的精神支柱，新加坡天福宮一八三〇年樹立的碑文寫道：「……我唐人由內地航海而來，經商茲土，惟願聖母慈航，利涉大川，得於安居樂業，物阜民康，皆神庥之保護。」反映了媽祖信仰在海外移民中所起的重要作用。[35]

---

33 詳見陳國強：《媽祖信仰與祖廟》（福州市：福建教育出版社，1990年），頁33-35。

34 詳見徐恭生：〈海神天后信仰與中琉友好往來〉，《媽祖研究論文集》（廈門市：鷺江出版社，1989年），頁148-161。

35 詳見陳國強：《媽祖信仰與祖廟》（福州市：福建教育出版社，1990年），頁38。

　　媽祖信仰在開發臺灣寶島中所起的作用最為突出。閩人早期移民臺灣，面臨著波濤洶湧的臺灣海峽，稍有不慎或運氣不佳，就有觸礁傾覆的危險。因此，閩人在登船渡海時，無不忐忑不安，心懷恐懼。為了尋求精神上的寄託，他們將威震四方的海神媽祖帶上船隻，希望能在她的蔭護下平安渡過海峽。船隻抵達臺灣後，為了報答媽祖的幫助，閩人移民們便在落腳的地方建起廟宇，將媽祖供奉起來。上岸後，移民們又遇到了新的挑戰：茫茫無邊的荒野，瘴氣橫溢的森林，獵取人頭的土著部落，無一不在威脅著他們的生存。因此，移民們只好求助於萬能的媽祖。在移民們開發臺灣的過程中，媽祖信仰伴隨著他們的足跡，傳布了整個臺灣。

　　不可否認，民間信仰所提供的精神支柱是一種非科學的世界觀，但在客觀上所起的作用卻不可低估。

二　整合鄉族力量，維繫社區秩序

　　中國封建社會雖然長期實行專制主義中央集權統治，但在村社這樣的基層社會中，官府的直接統治並不是十分嚴密，宗教信仰在維繫村社秩序上起著相當重要的輔助作用，甚至在某些村社起著決定作用。

　　一般而言，公共宮廟或神靈信仰有一定的地域範圍，有的為某一村社或數個村社所有，有的為某一家族所有，在廟宇所轄的地域範圍內，有共同的祭祀組織和活動，有的還有共有的廟產。廟宇所轄的地域範圍內的所有成員都有義務對宮廟的修建、宮廟的正常運轉做出貢獻，同時也有權利參與宮廟的各種活動，接受宮廟神靈的保佑。共同的神靈崇拜和祭祀活動，有效地把分散的鄉族力量整合起來，形成了祭祀共同體。

　　一旦形成祭祀共同體，村社成員的命運往往就被一條無形的紐帶聯繫在一起，宮廟就是這條紐帶的中心。在絕大多數百姓心目中，宮

廟是十分神聖的地方，宮廟的命運決定著宮廟所在村社的命運，因此他們對宮廟興衰傾注極大的宗教熱情，積極參與宮廟的修建和各種宗教活動。宮廟也通過各種宗教活動來使村社成員之間的人際關係更加密切，增進村社成員之間的團結，化解矛盾，維繫村社的安定秩序。

許多宮廟設有董事會等機構，對宮廟進行管理。由於董事會基本上是由在地方上有威信的鄉紳組成，因此往往能得到所轄地域民眾的信賴。宮廟雖然不是行政組織，但經常成為處理爭端、維繫村社秩序的場所，具體表現在調解當地水利、公產、風水、械鬥等糾紛中，扮演著重要角色，甚至成為社區權力的象徵。如福建莆田江口東嶽觀，建於元朝，香火很盛，而且這一帶民間糾紛，均要由東嶽觀的董事會出面調解裁決，《重修錦江東嶽觀碑》記載：「錦江立觀，始于有元，迄今五百餘載，香火之盛甲于全莆。其所以禦災捍患、造福斯民于冥冥中者，不可殫述。至于排難解紛，彰善癉惡，其威權實足輔地方官吏所不及。」東嶽觀還主管當地的農田水利系統，創辦書院、小學、育嬰堂、孤老院、義塚等文教及慈善機構。[36]

宮廟不但是民間社會管理的中心，有時還成為國家意志貫徹到民間社會的中介。從明代開始，官方倡導「鄉約」制度，由里長推選若干名有威望的鄉紳為耆老，負責推行鄉約，教化百姓。民間宮廟被視為神聖之地，往往是村社的活動中心，而且地方有威望的鄉紳參與宮廟的管理，因此許多宮廟成為鄉約所的所在，約所與廟、堂、宮、庵合而為一現象相當普遍，鄉約制度很大程度上是通過宮廟的支持，才真正起到維繫社會秩序的作用。[37]

舊時，政治腐敗，有些涉及面廣的群眾性活動，政府無能為力，而民間信仰卻能一呼百應，起到組織作用。如民國三十二年（1943），

---

36 詳見陳支平主編：《福建宗教史》（福州市：福建教育出版社，1996年），頁471-474。
37 詳見李玉昆：〈明清時期泉州推行鄉約的若干問題〉，泉州民俗學會、泉州閩臺關係史博物館編《閩臺民俗》第2期（1998年12月），頁5-17。

泉州鼠疫大發，遍及郊區鄰縣，死亡無數，全城陷於一片恐怖之中。當時的政府無能為力，任瘟疫蔓延。後來，泉州通淮關帝廟出面，以關帝巡狩全城、鎮妖驅邪為由，巡狩前一個月出示通告，要求城內外民眾齋戒沐浴，全市大掃除，清泥溝，洗廁所，拆雞塒，除障礙。巡狩時千家萬戶擺設香案，熏燒貢木、檀香。巡狩後，果真疫情大減。泉州通淮關帝廟在制止瘟疫的蔓延上，起到很好的組織作用。又如一九二四年，晉江縣前港十八個村莊與後港二十餘個村莊因風水爭端發生大規模械鬥，波及近百個村莊，損失慘重。後來延請石獅城隍巡視雙方地界，督令雙方拆除各自的防禦公事，消弭了這場已持續半年多的大規模械鬥。[38]二十世紀三〇年代，晉江的邸江蓮埭村的蔡氏和林氏械鬥、祥芝東埔與伍堡械鬥，也均延請城隍巡境得以平息。[39]類似的例子還有很多。

　　另外，民間信仰所宣揚的積善積德，安分守己，和睦相處，和氣生財，不要以勢欺人等，無疑有利於社會穩定。臺灣學者阮昌銳甚至認為，即使像巫術這樣迷信色彩較濃的民間信仰，也可以達到維繫社會秩序的目的。他在一次以「臺灣民間的巫術信仰」為主題的研討會上，作如下的發言：「……常常當人和人之間發生衝突時，個人和社會都沒有辦法解決的時候，一定要訴諸於暴力，這樣的話會破壞社會的秩序，但巫術可以解除個人心理的緊張。比方害人的黑巫術，我很恨你、要害你，我就畫一個紙人，也許本來要拿把刀去殺，我就不殺你，我就畫一個紙人，寫上某某名字，用刀刺幾下，表示已經殺了你，至於你沒有死，那是另外還有一些原因保護你，所以你命不該絕。如果一個社會是很信仰巫術的社會，它的社會也許比較平靜。」[40]

　　不過，任何事物都是相對的，民間信仰有時會破壞正常的社會秩

---

38 施伯箴：〈前後港大規模械鬥概況〉，《晉江文史資料》第2輯，頁138。
39 李天賜：〈石獅城隍信仰的探討〉，《福建道教》2000年第4期，頁26。
40 〈第二十九次臺灣研究研討會記錄〉，《臺灣風物》第35卷第2期（1985年）。

序。宮廟往往成為村社之間械鬥的策劃、作戰、防禦的中心，廟神則
成為械鬥的旗幟和保護神。臺灣分類械鬥也是以宮廟為據點，以攻進
對方宮廟、奪走廟中神像為最大光榮。當然，「成也蕭何，敗也蕭
何」的情況常常出現，民間信仰有時又扮演調解械鬥的角色，如清朝
道光年間，泉州羅溪發生了黃姓和賴姓的宗族大械鬥，雙方共死亡二
十四人，傷者上百人。此後數年間，年年都有規模不等的械鬥，雖然
有人從中調解，但雙方互不相讓。後來，由林姓出面，在龜峰岩關帝
廟舉辦一次大祭會，全羅溪人都參加，並讓黃、賴各派二十四位代表
參加調解會，在龜峰岩董事會的努力下，多年的黃賴械鬥終於結束
了，並商定以後若出現矛盾，先提交龜峰岩董事會調解，以避免衝
突。由於黃、賴兩姓都信仰關帝，才使雙方的調解成為可能，或者說
使得調解更加順利。

三　傳承文化傳統，豐富民眾生活

　　張新鷹曾對民間宗教信仰與傳統文化的關係做過精闢的分析，認
為：「真正形象地、徹底地表明暸儒、道釋三家殊途同歸的歷史走
向，造成了三家在理論和實踐上的全面合流的，是下層民眾出於現實
的宗教撫慰需求而逐漸確立起來的民間宗教信仰。……站在這個角度
上，民間宗教不是被『正統』宗教所指斥的『邪門歪道』，也不是被
上流社會所蔑視的低俗迷信，而是在不斷吸收、改造其他觀念形態過
程中愈加宏富的中國傳統文化體系『普化』於下層民間的縮影。儒家
的道德信條、道教的修煉方技、佛教的果報思想，在民間宗教那裡有
機地結合在一起。中國傳統文化不但通過別處，也通過民間宗教，展
示了它『海納百川』、『有容乃大』的品格。」[41]張先生在這裡主要是

---

41 張新鷹：〈臺灣「新興民間宗教」存在意義片論〉，《世界宗教文化》1996年秋季
　　號，頁4-9。

論述的是民間宗教的文化價值，筆者以為民間信仰又何嘗不是如此，甚至有過之而無不及。

　　傳統文化的傳承主要依賴三種方式，一種是文字的記載，另一種口頭傳承，第三種是習俗包括民間宗教信仰的傳承。民間信仰重要特點之一就是具有強烈的傳承性，或者說是相對的穩定性，因此中國傳統文化的許多內容在文獻中沒有記載或語焉不詳，但在民間信仰中卻得到比較完整的保存。如百越族的鳥崇拜，文獻中記載語焉不詳，但在福建建陽縣崇雒一帶流行的鳥步求雨舞中可以窺視一斑。由於鳥步求雨舞是在與農業生產密不可分的祈雨時表演，漢族入主福建後，祈雨也是主要的宗教活動，所以百越族的鳥步求雨舞被漢民族繼承下來，保存至今。又如，至今在閩南地區流傳的拍胸舞，表演者裸體赤腳，斷髮紋身，群體聚跳，舞蹈動作多模仿動物或昆蟲，因人而異，風格粗放奔放。從舞者裸體赤腳和舞蹈動作多模仿動物或昆蟲來看，拍胸舞帶有濃厚的原始社會舞蹈的色彩，許多舞蹈動作與福建華安仙字潭摩崖石刻裸體舞者的圖像很相似，很可能也是閩越族宗教祭祀舞蹈的遺存。至於閩越族蛇圖騰崇拜，在福建南平樟湖坂也得到比較完整的保存，我們在前面已經做了詳細的介紹，這裡不再重複。

　　在日據臺灣時期，民間信仰面對著日本文化的侵略，大力宣揚中國傳統文化，客觀上對中國傳統文化在臺灣的延續起積極作用。如當時風靡臺灣的以扶乩為基本特徵的所謂儒宗神教，「以儒為宗，以神設教」，制定十二條法則：「三綱五常，以重聖門」，「克敦孝悌，以肅人倫」，「謹守國法，以戒爭訟」，「篤愛宗族，以昭雍睦」，「崇重法門，以堅信賴」，「黜革異端，以崇正道」，「明修禮讓，以厚風俗」，「尚節持儉，以惜財用」，「解釋讎怨，以重生命」，「內外兼修，齋戒慎栗」，「體天行化，克己渡眾」，「勤求精進，日就成功」。[42]上述十二

---

[42] 《儒門科苑》卷1，轉引王志宇：《臺灣的恩主公信仰——儒宗神教與飛鸞勸化》（臺北市：文津出版社，1997年），頁90-91。

條教規實際上是以儒學的倫理綱常為基本內容的，而儒學的倫理綱常是中國傳統文化的核心，因此，其客觀作用不可低估。臺灣學者在做了深入研究後指出：「從日據初期臺灣住民對日本政府的抵抗過程看來，儒宗神教正式漢人從顯性的武力抗日轉為隱性的以文化認同抗日的表現，在武力抗日不成之下，轉入以宗教因設神教的教化功能，保存漢文化，應是相當成功的應對方式。」[43]

　　在廣大鄉村，民間信仰的各種祭祀活動，如迎神賽會、道場、法式等自古以來均是百姓文化生活的重要組成部分。特別是閩臺地區自古以來就有「歌舞媚神」和「演戲酬神」的傳統，為貧乏枯燥的鄉村文化生活注入了活力，因為無論是「媚神」還是「酬神」，其客觀效果是「娛人」，因此往往是「舉國若狂」。[44]即使在今天，「歌舞媚神」和「演戲酬神」仍然是民間文化生活的重要組成部分。以晉江石鼓廟為例，該廟建於南宋，供奉順正王，在臺灣的高雄、臺南、臺中也有若干座分廟。自明代開始，每逢神誕節就有演戲酬神儺之舉，清末要演七天七夜的木偶戲慶祝神誕。時至今日，演戲酬神之風不但未滅，而是愈演愈烈。據調查，一九八〇至一九八九年，石鼓廟每年演戲二十至三十天；一九九〇至一九九二年，每年演戲三十八至四十天；一九九三年演戲五十二天；一九九四年演戲六十五天；一九九五至一九九六年，每年演戲八十四天；一九九七年演戲八十九天，從農曆八月初一開始至十月三十日結束，每場觀眾都在二千人之上，觀眾總數共約二十三萬人次，花費戲金達三十五萬之多。[45]

　　又如儺戲，其本意是驅逐疫鬼，但閩臺的儺戲具有濃郁的地方特

---

43 王志宇：《臺灣的恩主公信仰——儒宗神教與飛鸞勸化》（臺北市：文津出版社，1997年），頁56-57。

44 道光《廈門志》〈風俗〉，卷15。

45 莊長江：《石鼓廟戲劇演出景觀》，《晉江市歷史文化研究總會、閩臺石鼓廟文化學術研討會論文集》，晉江市歷史文化研究總會、石鼓廟管理委員會董事會編，1998年11月，頁73-81。

色，一方面，「改驅鬼為招魂，化干戈為玉帛，易驅鬼為禮送，易冷遇為優待；經歷了從『刑』到『禮』的改造，上古儺祭『執戈揚盾』、『索室驅疫』的模式不是閩、臺儺祭的基本模式，『禮』的穿插和充彌才真正構成了閩、臺儺文化的特色」[46]。另一方面，閩臺儺祭是「驅鬼與娛神並舉，『禮』與『戲』對舉。」[47]在臺灣，「元旦起至元宵止，好事少年裝束仙鶴、獅馬之類，踵門呼舞，以博賞賚，金鼓喧天，謂之『鬧廳』。」[48]這裡所說的「鬧廳」實際上就是儺戲的演變形式。此風俗源於福建，如龍海「元日至元宵，童子多帶面具遊戲，夜則燃魚龍竹馬燈，金鼓朝喧，絲肉夕奏，並集喜門式歌且舞。」[49]龍岩「先有赤棍扮鬼弄獅，呼群嘯隊，自元旦至元夕，沿家演戲，鳴鑼索賞。」[50]民國《漳平縣志》稱：「元旦……少年裝扮獅猊獰鬼之屬，向人家演弄，謂之跋獅、跋鬼、亦古者逐疫之意也。」[51]《上杭縣志》稱：「新年民間多鬧鑼鼓……又有打獅之戲，蓋古大儺之意也。」[52]康熙《建陽縣志》亦云：「童子自（正月）初六、七日起，演扮各戲搬唱，或朱裳鬼面，或舞獅子以為儺，至十七日乃止。」[53]所以，儺戲之所以能在民間流傳下來，其重要原因之一就是豐富了百姓的日常文化生活，受到百姓的歡迎。

四　參與社會教化，凝聚民族精神

雖然民間信仰造神帶有很大的隨意性，但基本上還是遵循著儒家

46　汪毅夫：《臺灣社會與文化》（福州市：海峽文藝出版社，1994年），頁16。

47　汪毅夫：《閩臺歷史社會與民俗文化》（廈門市：鷺江出版社，2000年），頁94。

48　高拱乾修：《臺灣府志》〈風土志〉，卷7。

49　乾隆《海澄縣志》〈風土〉，卷15。

50　道光《龍岩州志》〈風俗〉，卷7。

51　康熙《漳平縣志》〈輿地志‧風俗〉，卷1。

52　乾隆《上杭縣志》〈典禮〉，卷2。

53　康熙《建陽縣志》〈輿地志‧風俗〉，卷1。

的「禮法施于人民則祀之，以死勤事則祀之，以勞定國而祀之，有禦
大災、捍大患則祀之」的造神原則，在這一觀念的指導下，能成為民
眾信仰對象的大多是歷史上忠義之士和為百姓做過好事的人，諸如關
帝、岳飛、許遠、張巡、文天祥、媽祖、陳元光、王審知等等，凶神、
惡神畢竟占極少數。神靈們的高尚道德，往往被編成生動的神話傳說，
教育著一代又一代信仰者，對百姓的教化起著潛移默化的作用。

　　民間信仰雖然沒有系統的宗教理論和嚴密的組織，但卻有著融合
儒道釋三教的內容豐富的宗教道德，以儒家的忠孝為主，兼收並蓄佛
教的因果輪迴、道教的承負報應等宗教倫理，並且加以渲染，對百姓
的教化的作用不可低估。民間信仰宣揚的倫理道德，與其他宗教道德
一樣，主要是利用百姓對神鬼的恐懼，規勸民眾遵循，這對那些目不
識丁的百姓而言，所起的教化作用更大。許多士大夫看到民間信仰的
教化作用，認為民間信仰有助於儒家倫理的提倡。《汀州府志》：「汀
俗尚鬼信巫，土木而衣冠者，比比皆是。主持風教之君子，不禁之，
且紀之，豈不揚起波乎？夫禍福者，聖賢之所以定命，而庸眾人之所
以生其喜懼者也。今巫祝假神之言曰：『爾惟忠孝善則福汝，不則殃
及之。』是非神道設教之微意乎！《周禮》曰：以祀教民，則莫不敬。
然則典制之外，叢祠古廟，苟非淫黷之甚者，亦可以無惡矣。」[54]
《長汀縣志》的作者也說道：「夫不明聖學之源源，不足功三藏之窟
穴，習貝葉之章句，又豈窺上乘之法門，就其清淨報應之說，廣布施
行，有識以之寡欲，無知以之懼禍，朝夕祈禱，有所敬畏，亦聖人神
道設教之一助也。」[55]因此，不少士大夫積極參與民間信仰的活動。

　　民間信仰的教化作用，在宣揚忠孝的倫理道德方面表現得相當突
出。在東南地區，祭祖活動備受重視。祭祖本身就是孝道的體現，所

54　同治《汀州府志》〈祠祀〉，卷13。
55　光緒《長汀縣志》〈寺觀〉，卷27。

謂「事死如事生，事亡如事存」。在祭祖的過程中，族長往往要向晚輩講述本家族的歷史，宣讀祖訓，要求族人不忘根本，發揚光大祖先的美德和事業，激勵族人積極進取，不要做有辱祖先的事。一次祭祖活動，實際上就是一次以孝道為主的傳統倫理道德教育。而古人認為「孝慈則忠」，把「孝祖」之心推廣到對君主國家態度上，就是「忠君愛國」。除了祭祖外，各地還有很多的忠義孝悌祠，作為「厚風俗之勸，扶世教之助」[56]。

在近代，面臨著基督教文化侵略，民間信仰起著傳承中國文化傳統、凝聚民族精神、抵禦外來文化侵略的作用。鴉片戰爭以後，基督教依靠西方列強的堅船利炮，強行在中國傳播，基督教禮拜堂遍布於各大小城市甚至窮鄉僻壤。「當民眾看到矗立在土屋茅舍、寺廟族祠間的教堂時，總會感受到傳統的宗教氛圍和社會秩序所面臨的威脅。而如果失去舊有信仰及體現於其中的文化傳統的依託，民眾就會找不到自己在既定社會格局中的位置，產生無可憑依的失落感。尤其令民眾感到擔憂的是，新出現於面前的洋教似乎並不滿足於與原來宗教並存的現狀，它還在不斷地吞併廢廟；即使是一些香火鼎盛的民間寺觀，也不由自主地感到來自洋教咄咄逼人的威勢。在文化本土意識的支配下，民眾以傳統信仰為出發點，通過各個角度及不同方式的努力來試圖消除日益逼近的信仰危機，重建舊有宗教信仰的權威。民眾的這種努力在十九世紀末發展為一場轟轟烈烈而又深入民心的義和團運動；在這場運動裡，民眾以民間傳統的信仰習俗作為反對洋教的精神武器，沉重打擊了帝國主義利用基督教侵略中國的囂張氣焰。使西方列強終於認識到『瓜分一事，實為下策』。」[57]

無獨有偶，在日據臺灣時期，日本殖民者強行推行日本宗教，禁

---

56 嘉靖《汀州府志》〈詞翰〉，卷18。
57 范正義：《基督教與中國民間信仰》，福建師範大學碩士學位論文，2001年。

止、摧殘最具中國文化特色的道教和民間信仰，然而中國民間信仰深入人心，決不會輕易放棄。時人回憶說：日本推行「皇民化運動」，對百姓變得更加嚴厲，「尤其是對我們民間的宗教，限制得很死，好像是怕我們會反動，神明都不讓我們拜，廟裡面也派日本兵來占據。我們不得已只好將神明偷偷請回家服侍，表面上就假裝信他們日本國的什麼『天照教』的神明。雖然情勢是這樣，但是大家私底下還是偷偷地拜佛祖，他才是我們真正相信的神明。所以日本仔用『強軋』的手段也是沒有用。」[58]臺灣人民還利用民間信仰來宣傳抗日，如當時臺灣民間信仰借助降筆會（扶乩）宣傳抗日，主要內容有：「一、降筆會之神厭惡日本人，忌用日本物品，故凡用日本貨或親近日本人者，必遭天譴。二、日本政府經營臺灣之唯一財源為鴉片。所以，本島人有朝一日改掉吸食鴉片的惡習，日本政府的財政將破產，因而撤離本島。三、日本據臺前並無鼠疫等疾病，近來卻流行，造成多數人死亡，此乃關聖帝君的神罰。是故，死亡者中，日本人多，本島人少。而本島人之死亡者中，則全都與日本人有關係者。」[59]

　　在臺灣，鄉土神備受推崇，臺灣民眾特別看重從祖籍傳來的神靈，稱之為「桑梓神」，定期捧神像回福建祖廟進香謁祖，這在客觀上發揮著維繫閩臺血濃於水的骨肉之情的橋樑和紐帶的社會作用。連橫指出，泉州籍臺灣人祭祀保生大帝，除了保平安外，「是皆有追遠報本之意，而不敢忘其先德也。」[60]在因人為因素而阻隔海峽兩岸交往的歷史條件下，人們無法回故鄉探親，就自然轉向神的世界，尋找精神寄託，中華民族的向心力往往通過民間信仰的進香謁祖活動曲折

---

58 蔡欣茹訪談整理：〈游文衍先生訪談錄——員山普照寺廟公談觀音佛祖濟世佚事〉，《宜蘭文獻雜誌》1999年第37期，頁101。

59 丸井圭治郎著、呂國良譯：〈臺灣之宗教〉，《臺灣風物》第48卷第3期（1998年），頁124-125。

60 連橫：《臺灣通史》〈宗教志〉，卷22。

地折射出來。如甲午戰爭之後，臺灣淪為日本的殖民地，侵略者大張
旗鼓地開展所謂「皇民化運動」，企圖以此來征服臺灣人民，但臺灣
人民心向祖國，除了開展形式多樣的反殖民統治運動外，各地神廟衝
破種種關卡，千方百計回大陸祖廟進香謁祖，以表達閩臺祖脈一體、
根在大陸的民族感情。若實在無法成行，則往往要舉行儀式，面西而
祭，通過民間信仰來寄託臺灣同胞對故土的深深眷戀之情。在日本侵
占臺灣期間，臺灣同胞開展了規模浩大的「拜媽祖，懷故國」活動，
每逢三月二十三日媽祖誕辰，各地媽祖廟要抬出媽祖神像「繞境弘
法」，有的人組織進香團，假道香港、日本，前往福建莆田湄洲島祖
廟謁祖，據統計，日據時期，臺灣媽祖廟到湄洲祖廟進香至少有九
次。近十幾年來，數以百萬臺灣同胞，通過各種途徑，跨越海峽，前
往福建各地祖廟謁祖朝聖，有力地推進兩岸關係的發展。從歷史上
看，在臺灣，民間信仰在對維護祖國統一、增強中華民族的凝聚力方
面所起的作用遠相當大。每一次的謁拜祖廟的活動，都能吸引成千上
萬的信仰者參加，愛國思鄉、兩岸同根的情懷通過宗教信仰活動得到
進一步昇華，並沉澱於閩臺民俗文化之中。[61]

五　形成廟會集市，活躍鄉村經濟

　　在廣大鄉村，神誕等重大的宗教活動，往往就是當地特定的節日，
屆時，善男信女紛紛聚集在廟裡，焚香磕頭，祈求神明保佑，形成廟
會。有的廟會人山人海，各路商販瞧準這時機，匯集在一起，使廟會
具有商貿的色彩。久而久之，約定俗成，廟會成了有固定日期的交易
活動，短則一日，長則三到十天，在活躍鄉村經濟中扮演重要角色。

61　參見林國平主編：《閩臺區域文化研究》（北京市：中國社會科學出版社，2000
　　年），頁442-453。

　　在福建的山區，廟會是商品流通的重要渠道。各地會市，都是以當地廟神的誕辰而定。會市期間，除迎神賽會，龍舟競渡，善男信女焚香點燭，求神拜佛、許願還願、祈禱平安豐收外，主要是購買生產、生活必需品和出售農副產品。清流縣每年八月廿八為樊公誕辰，屆時邑人必舉辦廟會，稱「樊公會」，八月初，直隸、江西、浙江、廣東四省及福建客商雲集於清流縣城，交易活動至九月間才結束。寧化縣的天后宮、普惠宮、五通廟、武聖廟、城西廟、城隍廟、草蒼廟、福星廟等，每逢廟中神靈生日，均要舉辦規模不等的廟會。連城縣的朋口鄉馬埔村的哈瑚廟，每年二月初二必舉辦廟會，河源十三個鄉村的群眾聚集在這裡，進行各種商品交易。崇安「鄉村之神會，各賽其地之土神。是日，遠近皆至，百貨俱集，最盛者星村之九月十五，曹墩之十月初一，上梅之重九也。」[62]平和縣有一種特殊的趕廟會，叫「湊坪」，每次趕坪都以一個主神命名，如九峰地，農曆二月二十九日叫「觀音坪」，大溪鄉四月初一日叫「佛公坪」，雙溪地方二月初九叫「保生大帝坪」，小溪地方農曆二月十四日叫「開漳聖王坪」。開坪是以某一神靈的名義進行，顯然最初是祭祀某一神明日子，後來，湊坪的人最關心的是能否買賣順利，並不看重祭祀禮儀。廟會集市的形成，說明民間信仰不但滲透到民間文化中去，而且還在促進當地商品流通、活躍鄉村經濟方面起積極作用。

　　總之，閩臺民間信仰曾經為閩臺先民拓展生活空間提供精神支柱，並在維繫基層社會的正常秩序、傳承文化傳統、豐富民眾經濟文化生活，以及參與社會教化，凝聚民族精神等方面起著重要作用。時至今日，閩臺民間信仰仍然在民間發揮其特有的社會作用，其中聯繫海峽兩岸骨肉親情關係的紐帶作用還得到一定的強化。

---

62 康熙《崇安縣志》〈風俗〉，卷1。

參考文獻

汪毅夫　《閩臺歷史社會與民俗文化》　廈門市　鷺江出版社　2000年

汪毅夫　《閩臺社會與文化》　福州市　海峽文藝出版社　1994年

汪毅夫　《客家民間信仰》　福州市　福建人民出版社　1995年

陳支平　《近500年福建家族社會與文化》　上海市　上海三聯書店　1991年

陳支平　《福建六大民系》　福州市　福建人民出版社　2000年

陳支平主編　《福建宗教史》　福州市　福建教育出版社　1996年

鄭振滿　《明清福建家庭組織與社會變遷》　長沙市　湖南教育出版社　1992年

林金水、謝必震　《福建對外文化交流史》　福州市　福建教育出版社　1997年

陳小沖　《臺灣民間信仰》　廈門市　鷺江出版社　1993年

陳孔立主編　《臺灣歷史綱要》　臺北市　九州圖書出版社　1996年

田　玨　《臺灣史綱要》　福州市　福建人民出版社　2000年

王振忠　《近600年來自然災害與福州社會》　福州市　福建人民出版社　1996年

徐曉望　《福建民間信仰源流》　福州市　福建教育出版社　1993年

林國平　《中國靈籤研究——以福建為中心》　廈門市　廈門大學博士學位論文　1998年

林國平主編　《福建省志・風俗志》　方志出版社　1997年

林國平、彭文字　《福建民間信仰》　福州市　福建人民出版社　1993年

林國平主編　《閩臺區域文化研究》　北京市　中國社會科學出版社
　　　2000年

泉州市區道教文化研究會編　《泉州市區寺廟錄》　1996年

羅耀九主編　《吳真人研究》　廈門市　鷺江出版社　1992年

張國峰主編　《吳真人學術研究文集》　廈門市　廈門大學出版社
　　　1990年

陳曉亮、萬淳慧　《尋根攬勝話泉州》　臺北市　華藝出版社　1991年

劉子民　《尋根攬勝漳州府》　臺北市　華藝出版社　1990年

湄洲媽祖廟董事會、媽祖文化研究中心、莆台新聞交流協會編　《湄
　　　洲媽祖巡遊臺灣記》　1998年

蕭一平主編　《媽祖研究資料彙編》　福州市　福建人民出版社
　　　1987年

泉州市民政局、泉州志編纂委員會辦公室編　《泉州舊風俗資料彙
　　　編》　1985年

鄭國棟、林勝利、陳垂成編　《泉州道教》　廈門市　鷺江出版社
　　　1993年

謝水順、李珽　《福建古代刻書》　福州市　福建人出版社　1997年

陳國強主編　《媽祖信仰與祖廟》　福州市　福建教育出版社　1990年

何滿子　《忌諱及其他談片》　上海市　上海古籍出版社　1998年

朱合浦主編　《莆田風情》　福州市　福建人民出版社　2000年

劉浩然　《閩南僑鄉風情錄》　香港　香港閩南人出版公司　1998年

王明元　《泉州民俗禁忌縱談》　臺北市　聯亞出版社　1981年

沈繼生　《泉州人文風景線》　福州市　福建人民出版社　1999年

蔣維錟編校　《媽祖文獻資料》　福州市　福建人民出版社　1990年

陳建才主編　《八閩掌故大全・民俗篇》　福州市　福建教育出版社
　　　1994年

鍾敬文、許懷中主編　《中國民間故事集成・福建卷》　1998年

中國戲劇家協會福建分會、福建省戲曲研究所合編　《福建戲曲劇
　　　種》　1981年

《中國戲劇志‧福建卷》編輯委員會　《中國戲劇志‧福建卷》

諸仁海主編　《福建省志‧氣象志》附錄二《500年來福建主要氣象災
　　　害》　方志出版社　1996年

彭景舜、陳堅主編　《福建省志‧民政志》　北京市　方志出版社
　　　1997年

戴啟天編　《福建歷史上災害饑荒瘟疫輯錄》　福建省民政廳、福建
　　　省民政學會　1988年

福建省考古博物館學會編　《福建華安仙字潭摩崖石刻研究》　北京
　　　市　中央民族學院出版社　1990年

《中國民族文化大觀‧畬族編》編委會　《中國民族文化大觀‧畬族
　　　編》　北京市　民族出版社　1999年

胡樸安　《中華全國風俗志》　鄭州市　中州古籍出版社　1990年

李　喬　《中國行業神崇拜》　北京市　中國華僑出版公司　1990年

呂宗力、欒保群　《中國民間諸神》　石家莊市　河北教育出版社
　　　2000年

馬書田　《全像中國三百神》　南昌市　江西美術出版社　1995年

宋兆麟　《中國生育信仰》　上海市　上海文藝出版社　1999年

王景麟、徐匋　《中國民間信仰風俗辭典》　北京市　中國文聯出版
　　　公司　1997年

高國藩　《中國巫術史》　上海市　上海三聯書店　1999年

張紫晨　《中國巫術》　上海市　上海三聯書店　1996年

向柏松　《中國水崇拜》　上海市　上海三聯書店　1999年

何星亮　《中國自然神與自然崇拜》　上海市　上海三聯書店　1992年

任　騁　《中國民間禁忌》　北京市　作家出版社　1990年

金　澤　《宗教禁忌》　北京市　社會科學文獻出版社　1998年

劉曉明　《中國符咒文化大觀》　上海市　百花洲文藝出版社　1995年

吳友如等　《點石齋畫報》　上海市　上海文藝出版社　1998年

許地山　《扶箕迷信的研究》　長沙市　商務印書館重版　1999年

葉大兵編　《中國漁島民俗》　溫州市　溫州市民俗文化研究所
　　　1993年

葛劍雄主編　《中國移民史》第一卷　福州市　福建人民出版社
　　　1997年

姜彬主編　《稻作文化與江南民俗》　上海市　上海文藝出版社
　　　1996年

連　橫　《臺灣通史》　臺北市　臺灣商務印書館　1996年

臺灣省文獻委員會編　《重修臺灣通志》　1992年

劉枝萬　《臺灣民間信仰論集》　臺北市　聯經出版事業公司　1983年

劉枝萬　《中國民間信仰論集》　臺灣「中央研究院」民族學研究所
　　　1994年第2次印行

關山月主編　《臺灣古跡全集》　《戶外生活雜誌社》　1980年

《馬祖地區廟宇調查與研究》　馬祖　連江社會教育出版社　2000年

林衡道主編　《臺灣古跡全集》第1集　《戶外生活雜誌社》　1980年

蔡相輝　《臺灣的王爺與媽祖》　臺北市　台原出版社　1989年

郭金潤主編　《大甲媽祖進香》　臺中縣文化中心　1988年

劉文三　《臺灣宗教藝術》　臺北市　雄獅圖書公司　1979年第3版

王見川　《臺灣的齋教與鸞堂》　臺北市　南天書局　1996年

王見川　《臺灣的宗教與文化》　臺北市　博揚文化事業公司　1999年

玄道子編　《靈符神咒全書》　滿庭芳出版社　1992年

劉敏耀　《澎湖的風水》　馬公市　澎湖縣立文化中心　1998年

龐　緯　《中國靈籤研究》（資料篇）臺北市　龍記圖書公司　1976年

林明峪　《臺灣民間禁忌》　臺北市　聯亞出版社　1981年

吳瀛濤　《臺灣民俗》　臺北市　眾文圖書公司　1979年

鄭志明　《臺灣的宗教與秘密教派》　臺北市　台原出版社　1990年

鄭志明　《中國社會的神話思維》　臺北市　谷風出版社　1993

沈平山　《中國神明概論》　臺北市　新文豐出版公司　1979年

鈴木清一郎著、高賢治編、馮作民譯　《臺灣舊慣習俗信仰》　臺北
　　　市　眾文圖書公司　1980年

凌志四主編　《臺灣民俗大觀》　臺北市　大威出版社　1985年

董芳苑編著　《臺灣民間宗教信仰》　臺北市　長青文化事業公司
　　　1980年第3版

劉昌博　《臺灣搜神記》　臺北市　黎明文化事業公司　1981年

陸炳文　《臺灣各姓祠堂巡禮》　臺灣省政府新聞處　1987年

臺灣省文獻委員會　《臺灣省通志》卷2　《人民志・宗教篇上》

丸井圭治郎　《臺灣宗教調查報告書》　臺北市　捷幼出版社　1993
　　　年重版

王志宇　《臺灣的恩主公信仰——儒宗神教與飛鸞勸化》　臺北市
　　　文津出版社　1997年

吉元昭治著、陳昱審訂　《臺灣寺廟藥籤研究》　臺北市　武陵出版
　　　公司　1993年第2版

鄭元慶主編　《臺灣原住民文化》　《光華畫報雜誌社》　1984年

作者簡介

林國平

　　一九五六年八月生，中國社科院哲學碩士、廈門大學歷史學博士，福建師範大學社會歷史學院教授、博士生導師，福建省高等院校教學名師，國務院特殊津貼專家。長期從事閩臺民間宗教信仰研究，先後出版二十餘部著作（含合作），發表論文近二百篇。其研究方法多以歷史學、宗教學為主，結合人類學、社會學的方法，學術成果以詳實的文獻資料和田野調查資料相結合見長，其求是務實創新的學風得到國內外學界的廣泛讚譽。論著先後獲全國普通高校人文社會科學研究優秀成果獎二等獎一項、三等獎一項，福建省社科優秀成果獎一等獎三項、二、三等獎各四項。

本書簡介

　　《閩臺民間信仰源流》是一本研究福建、臺灣兩地民間信仰的關係以及相互影響作用的專著。全書共分十二章，分別研究閩臺民間信仰的由來與社會基礎，閩臺兩地的自然崇拜祖先與行業祖先崇拜、醫藥神與瘟神崇拜、海神與功臣聖賢崇拜，和齋醮普度迎神賽會與廟際網路、符咒與民俗療法、風水術與民間禁忌、神明傳說與宮廟壁畫、媚神歌舞、酬神戲劇等，探討閩臺民間信仰的基本特徵與社會歷史作用。該書不但具有豐富詳實的文獻資料，還提供十分珍貴的田野調查資料，並有數百幅資料圖片，作者對閩臺民間信仰源流的理論思考也為學界提供獨特的觀察視角。

福建師範大學文學院百年學術論叢·第七輯　1702G03

閩臺民間信仰源流

作　　者　林國平

總 策 畫　鄭家建　李建華

發 行 人　林慶彰

總 經 理　梁錦興

總 編 輯　張晏瑞

編 輯 所　萬卷樓圖書股份有限公司

　　　　　臺北市羅斯福路二段 41 號 6 樓之 3

　　　　　電話 (02)23216565

　　　　　傳真 (02)23218698

發　　行　萬卷樓圖書股份有限公司

　　　　　臺北市羅斯福路二段 41 號 6 樓之 3

　　　　　電話 (02)23216565

　　　　　傳真 (02)23218698

　　　　　電郵 SERVICE@WANJUAN.COM.TW

香港經銷　香港聯合書刊物流有限公司

　　　　　電話 (852)21502100

　　　　　傳真 (852)23560735

ISBN 978-986-478-806-4

2023 年 1 月初版二刷

定價：新臺幣 760 元

如何購買本書：

1. **劃撥購書**，請透過以下郵政劃撥帳號：

　　帳號：15624015

　　戶名：萬卷樓圖書股份有限公司

2. **轉帳購書**，請透過以下帳戶

　　合作金庫銀行　古亭分行

　　戶名：萬卷樓圖書股份有限公司

　　帳號：0877717092596

3. **網路購書**，請透過萬卷樓網站

　　網址 WWW.WANJUAN.COM.TW

大量購書，請直接聯繫我們，將有專人為您服務。客服：(02)23216565 分機 610

如有缺頁、破損或裝訂錯誤，請寄回更換

國家圖書館出版品預行編目資料

閩臺民間信仰源流/林國平著. -- 初版. -- 臺北市：萬卷樓圖書股份有限公司, 2023.01 印刷

　　面；　　公分. -- (福建師範大學文學院百年學術論叢；第七輯；1702G03)

ISBN 978-986-478-806-4(平裝)

1.CST: 民間信仰 2.CST: 文集 3.CST: 福建省 4.CST: 臺灣

271.907　　　　　　　　111022311